Philip Jaisohn

The First Korean American – A Forgotten Hero

서재필 기념 재단

The Philip Jaisohn Memorial Foundation

Philadelphia, PA

표지: Tidal Impact
Oil on Canvas (24" x 18")
윤심주 (Sim Joo Yoon) 화백
Ehwa Women's University, College of Art.
Exhibited at the Aegis Gallery in Saratoga, CA 2012.

To People
Who Sacrificed Their Lives
For Korea's Independence

TABLE of CONTENTS

영어원본 제목

Philip Jaisohn

The First Korean American – A Forgotten Hero

저자 임창영 교수

(Professor Channing Liem)

1983

서재필 기념 재단

The Philip Jaisohn Memorial Foundation

Philadelphia, PA

한글번역본 제목

위대한 선각자
서재필 박사 전기

번역자 유기홍 박사

(공병우 글자판 연구소 후원)

1984

서재필 기념 재단

The Philip Jaisohn Memorial Foundation

Philadelphia, PA

편집자 주:

　　임창영 교수가 미국 펜실베니아주 필라델피아에 있는 서재필 기념 재단 (The Philip Jaisohn Memorial Foundation)을 위해서 1983 년에 영문으로 서재필 전기를 쓰셨고, 1984 년 유기홍 박사께서 공병우 글자판 연구소 후원 하에 한글로 번역하였다. 이번 서재필 박사 전기의 한글판을 준비하게 된 가장 큰 이유는 임교수께서 쓰신 책이 영어판 뿐 아니라, 한글 번역판도 절판되어 구할 수 없어서, 임교수의 책을 오늘의 독자들이 읽을 수 있게 하려는 것이었다. 독자들이 좀더 흥미있게 책을 읽을 수 있도록 관련된 사진들을 인터넷에서 찾아 책에 수록하였고, 유박사께서 번역하신 한글 표현들을 좀 더 현대적인 문체로 바꾸었고, 대화 내용을 일인칭으로 표현하여 보다 생동감을 주려고 노력하였다.

　　이제까지 한국에서 약 20 권의 책이 서박사에 관해 출판되었지만, 대부분의 저자들은 서박사를 개인적으로 만난 적이 없는 분들이다. 서박사와 직접 대화하면서 많은 세월을 보내셨고, 또 서박사께서 돌아가신 후, 서박사가 남기신 모든 서류와 편지들을 인계 받으셨던 임교수께서 쓰신 이 책이야 말로 서박사께서 겪으신 삶의 희망과 기쁨, 그리고 슬픔과 고뇌를 서박사 개인의 입장에서 독자들에게 말하고 있는 유일한 책이라고 믿는다.

　　필라델피아 남쪽 미디어시에 있는 서재필 기념관을 방문하시는 분들이 서박사의 삶을 이해하는데 도움이 되기를 바라며, 또 서재필 기념 재단 창립 50주년을 축하하면서 서재필 전기를 출판하게 되어 기쁜 마음이다. 편집자로서는 이 한글판을 준비하며 보낸 지난 겨울 4 개월 동안 정말 행복했던 나날들이었고, 이처럼 서박사의 생애에 깊이 몰입할 수 있는 기회를 주신 서재필 기념 재단에 이자리를 빌어 진심으로 고마운 마음을 전한다

필라델피아에서 2025 년 6 월
조영일 (드렉셀 공과대학 교수)
서재필 기념 재단 이사

Philip Jaisohn

The First Korean American – A Forgotten Hero

서문 - 임창영 교수

서박사와의 첫 만남

　이 책은 한국의 근대화와 한미 관계에 있어서 그 영향력이 당시의 누구와도 비교할 수 없는 인물에 대한 이야기다. 그러나 그는 대체로 막후에서 활동한 까닭에 최근까지도 사람들에게 널리 알려지지 않았다. 그의 본명은 서재필이었으나 미국에 이주하여 그는 이름을 필립 제이슨(Philip Jaisohn)이라고 바꾸었다. 이 영어 이름은 자신의 한글 이름 서재필(Soh Jai-Pil)을 역순으로 쓴 것이다.

1926 년 어느 날, 서울에서 발간되던 동아일보는 '향년 60 세로 서재필 박사 의과대학에 되돌아갔다' 라는 표제의 기사를 실었다. 그 기사에 의하면 이 노장 독립지도자는 4 년간에 걸친 독립운동에 자기의 재산을 모두 소비하고, 다시 병원 개원을 하기 위해 재 연수과정을 밟고자 펜실베니아 대학교 의과대학에 재입학 하였다는 것이다. 그 무엇도 그분을 독립운동으로부터 물러서게 할 수 없으리라 생각해 왔던 나는 이 말을 도저히 믿을 수 없었다.

　　수백만의 사람들이 자유 조선의 희망으로 점 찍었던 그분이 독립운동을 그만둔다면 누가 그 일을 대신할 것인가?

　　기사를 계속 읽어가니 그의 건강이 나빠졌다는 말도 나왔다. 재산만 잃은 것이 아니라 건강도 잃은 것이다. 조선 독립의 희망이 꺾인 것 같아 나의 실망은 컸으나 그분에 대한 나의 존경심은 더욱 커졌다. 고령에 더구나 병든 몸으로 자기의 직업 기술을 재 연마하겠다는 그의 결의는 그가 얼마나 불굴의 의지와 뛰어난 지혜를 가진 사람인가를 증명하였다. 옛 중국의 성인이 "수신제가치국평천하(修身齊家治國平天下)" 라고 말했듯이, 나라를 잘 다스리고 세계를 평화롭게 하려는 자는 먼저 자신을 닦고 자기 가정을 잘 다스려야 하는 것이다. 서 박사는 참된 의미에서의 위대한 투사이자 혁명가라고 생각하면서 나는 혼자 말로 하나님의 뜻이라면 이분을 언젠가는 꼭 만나보리라 고 다짐했다.

이 꿈은 1931 년에 이루어졌다. 나는 이보다 2 년 전에 미국으로 건너와 펜실베니아주 이스턴(Easton)에 있는 라파엣(Lafayette) 대학에 들어갔다. 2 학년 첫 학기는 1931 년 2 월 초에 끝나고 둘째 학기가 시작되기 1 주일쯤 앞둔 어느 날, 나는 대학 도서관 정기 간행물의 이곳저곳을 뒤져보고 있었다. 그러다 최근에 나온 라파엣 대학 동창회보의 겉장에 실린 사진 속에서 한 동양 신사의 얼굴이 내 눈을 끌었다. 당시만 해도 그러한 일은 상당히 희귀했다. 사진 옆에 실린 기사에 그 신사는 필립 제이슨(Philip Jaisohn) 박사라고 설명되어 있었고, 그분이 라파엣 대학의 Class of 1892 (입학은 했지만 졸업은 하지 않았음)로서, 레딩(Reading) 지역 동창회의 오찬회에서 연설을 했다는 내용이었다. 그런 이름을 생전 들어본 적은 없었지만 그에 관한 묘사는 참으로 흥미진진하였다. 그래서 계속 그 기사를 읽어보니 그분은 조선 출신으로서 조선 황제의 고문을 지낸 바 있다고 했으며, 끝으로 그는 레딩에 있는 세인트 조셉 병원의 임상 병리의사(Pathologist)라고 적혀 있었다. 생각하면 할수록 그가 서재필 박사 일 것으로 생각되었다. 사실을 알아보려는 조급한 마음으로 나는 그에게 편지를 썼다. 먼저 내 자신을 소개한 다음 나는 당신이 조선의 서재필 박사라고 생각하는 나의 추측이 옳은 지의 여부와 만약 사실이라면 서로 편리한 시간에 내가 당신을 찾아 뵐 수 있겠느냐 고 물었다.

그는 즉시 회답을 보내왔다. 그 회신 속에는 "그렇소, 내가 서재필이요" 라는 문구와 함께 그는 "당신이 라파엣에 온 것을 대학 총장인 윌리엄 루이스 박사로부터 들어서 알고 있었으며, 당신이 레딩에 올 수 있을 때 언제든지 만나고 싶다" 는 내용이 들어있었다. 나는 그 자리에서 답신을 써서 빠르고 친절한 회신에 감사하며 될 수 있는 대로 빨리 방문하겠다 고 약속했다.

오랫동안 기다리던 그와 만나볼 기회는 레딩으로부터 멀지 않은 마을에 있었던 모임에 필자가 초청받은 5월에 가서야 생기게 되었다. 나는 그분에게 편지로 5월 첫째 토요일에 그 도시에 가는데 그날 만날 수 있겠느냐 고 문의했다. 역시 신속한 답장이 오기를, 주말마다 펜실베니아 미디아 (Media)에 있는 가족과 함께 지내는 것이 상례이지만 귀하가 온다면 출발 계획을 그 후로 미루고 당신을 만나보고 싶다 고 하였다.

1931 년, 그날은 향긋한 봄날이었다. 벽돌로 품위 있게 지어진 세인트 조셉 병원 건물은 잘 가꾸어진 잔디로 둘러싸여 정다운 인상을 주었다. 정문 가까이에는 양면으로 커다란 라일락 나무 두 그루가 서 있었다. 꽃이 활짝 피어서 마치도 나에게 어서 들어오라고 반겨주는 듯싶었다. 안으로 들어가자 상냥한 수녀가 나와서 나를 1 층에 있는 서 박사 사무실로 안내하고 그분이 2 층에서 곧 내려오실 것이라고 말했다.

방은 크지는 않으나 깨끗한 전형적인 의사 사무실로서 책상에는 현미경과 메모 용지와 펜이 놓여있었고, 벽에 붙어있는 책장에는 책과 의학 전문 잡지들로 꽉 차 있었으며,

방안에는 소독약 냄새가 풍겼다. 내가 오랜 세월 동안 국제적으로 이름있는 독립투사로 생각해 온 서 박사가 이렇게 작은 방에서 미생물들과 싸우고 있다는 사실을 발견하고는 깜짝 놀라지 않을 수 없었다. 나는 의학 분야에 대해 존경심을 가지고는 있었지만, 그는 우리 민족의 영도자요, 국제적인 인물로서 이렇게 시간을 쓰고 있기에는 너무나 아까운 존재가 아닌가! 또한 그야말로 일제에 대응하여 싸워 조선을 해방시키고 인류의 정의를 실현하기 위해 일해야 할 인물이 아닌가! 라고 생각했다.

나는 문득 정신을 차렸다. 서 박사가 들어와서 내가 이렇게 멍청히 앉아있는 것을 발견하면 실례다 싶어 일어나서 복도로 나갔다. 대기실로 향하여 몇 발자국 나갔을 때 저쪽 끝에서 계단을 천천히 내려오고 있는 서 박사의 모습이 눈에 띄었다. 머리가 희고 다소 야윈 듯하였으나, 내가 생각했던 것보다는 젊고 기운이 있어 보였다. 키가 크고 훤칠하고 어깨가 넓었으며, 반듯한 이마를 가진 외풍이 당당한 어른이었다. 나를 보자 그는 빠른 걸음으로 다가와 악수를 하면서 "임 선생, 만나서 반갑습니다" 라고 말하고는 나를 자기 사무실로 안내했다.

우리는 서로 마주 보고 앉았다. 그는 책상 옆 회전의자에, 나는 벽 옆 걸상에 앉았다. 그는 아무 말도 하지 않고 시가 담배 연기를 뿜으면서 얼룩무늬 진 안경테 너머로 무표정하게 나를 쳐다보기만 하였다. 가까이하기 힘든 인물이란 인상을 주었다. 사실 어떤 이들은 그의 첫인상이 너무 차갑고 엄하다고 생각했다. 그러나 그건 외양이었을 뿐 실상과는 달랐다. 내가 그와 얘기할 시간은 두 시간 뿐이었다. 이 시간을 낭비하지 않으려는 조바심에서 내가 먼저 말을 꺼냈다.

"서 박사님, 저를 이렇게 만나 뵙게 해 주신 것을 기쁘고 영광스럽게 생각합니다" 그러자 그의 엄하디 엄하게 보이던 얼굴이 풀리면서, 온화하기 그지없는 음성으로 "그 기쁨은 나도 같소" 라고 네 마디로 대답하였다. 그리고나서 그는 조용하고 어른 같은 배려로 "대학 생활에 어려움은 없소? 미국 생활에 적응하는데 힘들지 않은가요?" 하며 이것저것 묻기 시작했다.

그런 다음 그는 동양의 어른들이 흔히 하는 식의 훈계를 하는 대신, 자기의 지난 일을 짤막이 회고함으로써 나에게 둘도 없는 귀중한 교훈을 주었다. 그는 젊은 시절에 큰 뜻이 있었으나, 모든 일을 너무나 급히 서둘러서 본래의 훌륭한 목적을 잃어버리고 비참한 실패를 하였다 고 하였다.

이것은 자신이 주요 역할을 맡았던 갑신정변(1884 년)의 실패를 뜻하였다. 그 후 그는 고귀한 목적을 저버리지 않고, 그것을 달성하고자 노력하면서, 매일 주어진 일을 하나하나 최선을 다 하기로 결심했다 고 말했다.

그의 이야기를 들으면서 나는 이분이 동양과 서양의 가장 좋은 점들을 골고루 갖춘 어른이라고 감탄했다. 그는 손님의 마음을 편하게 해주는데 뛰어난 능력을 가지고 있었다. 어떤 화제에 관해서나 식견이 넓은 반면 남의 의견을 존중했고,

화술이 능하면서도 남의 말을 열심히 들을 줄 아는 분이었다. 물어보고 싶은 말은 태산 같았지만 시간이 쏜살같이 지나감을 느끼면서, 나는 혹시나 무례한 질문을 하게 되지는 않나 하는 걱정이 되었다. 그런데 오히려 말하기를 "당신은 나의 손님이니 무슨 질문을 하더라도 내가 할 수 있는 데까지 답하겠소" 하였다.

나는 그다지 많은 질문을 할 필요를 느끼지 않았다. 왜냐하면 그가 나에게 일러주는 말들은 모두 지극히 중요한 이야기들이었고, 그는 그것을 너무나 재미나게 엮어 나가고 있었기 때문이었다. 그러면서도 그는 자기 말을 중단하고 상대방의 말을 들을 준비가 되어 있는 훌륭한 청취자이기도 하였다. 일이나 직업의 선택 문제에 있어서, 사람들이 어떤 직업을 선택하는 이유는 그것이 좋아서 하는 경우와 어쩔 수 없어서 하는 경우가 있다 고 하면서, 자기의 경우 의사가 된 것은 병의 근원과 그 치료 방법에 관한 지대한 관심사가 그 동기였다 고 말했다. 또한 그는 한때 조선의 개화 운동에 절대적인 신념을 갖고 정치에 참가했었다 고 하면서,

"사람이 어떤 한 분야에 관심이 있고 그것이 인류 동포의 이익이 되는 일이라면 그것을 직업으로 선택해야 하는 것과 마찬가지로, 우리 마음속의 작은 목소리가 '네가 속한 단체나 나라에 기여하라' 고 부르는 소리를 들을 때면 누구나 그 부름에 응해야 한다" 고 말했다.

자기로 말하자면 의사로서 전적으로 만족을 느낀다 고 하였다. 과거 두 차례에 걸쳐서 병든 조선을 치료하는데 이바지하라 는 부름을 느낀 바 있었으며, 그 일을 하는데 적지 않은 재산과 건강의 손실을 보았다고 했다. 그리고 서둘러서 덧붙여 말하기를 "조금도 후회하지 않는 것은 훌륭한 목적을 위해 노력했었기 때문이다" 고 하였다.

"조선 독립운동은 이제 희망이 없습니까?" 하고 묻자, 그는 절대로 그렇지 않다 고 대답하면서 조선의 자유는 정치적인 문제만이 아니었다 고 주장하며 그것은 도의적으로 불가피한 임무라고 덧붙였다. "일본이 조선에서 저지른 바와 같이 한 국가를 겁탈한다는 사실은 하나님에 대한 선전포고이다!" 라고 하면서, 지상의 어떤 세력도 하나님을 굴복시킬 수는 없다 고 역설했다. 민중이 하나님의 뜻을 저버리기를 거부하고 하나님 편에 서서 힘을 합친다면 조선이 해방될 것을 그는 확신하고 있었다.

"한때 나는 생각하기를 나의 친구 몇 사람들과 내가 조선 국왕을 납치해 놓고 그의 명의로 개혁조치를 내리면, 퇴화한 조선을 하룻밤 사이에 근대화되는 강력한 나라로 변화시킬 수 있으리라고 생각했었으나 그것은 잘못이었다. 국민이 눈을 떠서 힘을 합하여 노력함으로써 만 조선의 자유는 가능해 질 것이다" 라고 말했다.

서 박사는 이어 1884년 실패로 끝난 갑신정변에 관하여, 또 해외로의 망명 후 12년간 미국에서 교육받으면서 고생한 일,

그리고 조선을 개혁하기 위해 1896년 조선에 귀국하여 그가 노력한 두 번째 시도에 관하여도 회고하였다.

서 박사의 이야기에 도취하여 듣고 있는 사이에 어느새 두 시간이 지나가 버리므로 나는 내키지 않는 작별 인사를 해야 했다. 서 박사는 병원 문 앞까지 나와서 따뜻한 작별 인사를 하고 계속 연락하기 바란다 고 당부하였다. 그분이 진심에서 하는 말인 것을 알고 그렇게 하겠노라고 약속하였다.

그 후 20년에 걸친 그분과의 서신 교환과 대면 접촉은 내 일생에 가장 귀중한 시간이자 교훈이 되었다. 이 책에 나타나는 서 박사의 삶의 이야기가 독자들에게 그의 한 면모 만이라도 깨달을 수 있는 기회를 주게 된다면, 나는 이 책을 낸 노력의 대가를 충분히 얻었다고 만족할 것이다.

1983년 임창영 (뉴욕 뉴팔츠에서)

New Paltz, N.Y.
June 24, 1983

제 1 장 출생 시의 상황

19 세기 후반, 후진성을 띠고 있던 조선에서 서재필은 보통의 인물이 아니었다. 진보 사상의 소유자인 그는 당시 소위 '은둔의 나라'에서 태어나서 이 나라의 고립주의에 반항하여 국제 교류의 운동을 개척했고, 수천 년간 조선을 통치해 온 절대 군주주의 체제를 개량하여 책임있는 통치를 하도록 촉구했으며, 세습적인 귀족 제도를 하늘의 명령으로 생각하던 당시의 백성을 향하여 만민 평등 운동을 전개하였다. 그는 <독립>, <민주>와 같은 생소한 단어들을 국민 앞에 소개함으로써 권력층을 놀라게 만들었고 일반 백성을 흥분의 도가니로 몰아넣었다.

조선의 고립주의

조선의 고립주의 기원은 태고부터의 일이지만 그것이 철두철미한 것도 아니었고 엄격히 실시되지도 않았다. 즉 조선이 중국을 배타한 일은 한 번도 없었다. 중국을 동양의 예의적 사상 아래 '형의 나라'라고 생각했기 때문이었다. 또한 19세기 중엽까지도 조선의 쇄국주의는 상당히 느슨해져 외국인의 입국을 허락하게 되어 일본인들이 부산에 거주했듯이, 국한된 지역 내에서의 외국인 거주를 허용했는가 하면, 서양 학문 혹은 기독교에 관한 문헌을 비밀리에 국내로 들여오는 것을 모르는 체 하기도 했고, 또한 서양 선교사들이 조선 법을 어기면서 조선으로 밀입국하는 것을 눈감아 주기도 하였던 것이다.

즉 1784년 2월 이승훈이라는 양반 계급의 청년이 조선 사신단의 일원으로 북경을 방문하여 천주교 예수회 선교사들로부터 세례를 받음으로 조선인 최초의 신자가 되었고 여러 권의 기독교 서적을 가지고 돌아왔다. 분명히 이것은 조선에서는 불법 행위 이었음에도 불구하고 그는 처벌을 받지 않았을뿐더러, 오히려 이 새롭고 신비한 종교를 같은 양반 계급에게 전파하는 일이 묵인되었던 것이다.

그 뒤를 이어 19세기 초에는 십여 명의 서양 선교사들이 조선 땅에 몰래 들어와 은근히 선교 활동을 하였으나 조선 관원들의 조사를 받지 않았다. 심지어는 조선이 그 쇄국 정책을 강화했을 때에도 중국인 만은 예외였으며, 일본인들의 부산 거류 역시 부산 지역에 한해 예외로 허락되었다. 그렇다면 서 박사가 탄생하였을 당시 조선의 상황은 어떠했는지 알아보자.

조선의 고립 정책

첫째로 서 박사의 탄생 당시 조선 조정은 고립 정책을 강화하였다. 즉 1860 년 말기에 조정에서는 조선인들과 외국인과의 접촉을 엄격히 금지 시켰다. 심지어 북경의 사절들이 조선을 공식 방문하였을 때도 중국 사절단의 왕래하는 길을 따로 조심스럽게 배정해 놓고 안내했기 때문에, 중국인들이 조선의 일반인들과 만나거나 국내의 이모저모를 관찰하는 일은 거의 불가능했다. 일반 사람들이 해외로 여행하는 것은 물론, 중국을 제외한 다른 나라에 관한 서적을 소유하는 것조차 극형의 대상이 되었으며, 외국인이 조선에 들어 온다는 것은 목숨을 내놓는 일이었다. 그리하여 조선인과 외국인 사이에는 오로지 무지와 분리 밖에는 존재하지 않았다.

1842 년 중국에게, 그리고 1854 년에는 일본에게 강제로 문호를 개방하게 했기에 의기양양해진 서방 세력들은 조선에도 그와 같이 하려고 시도하였으나, 뜻밖의 맹렬한 저항에 부딪히자 그들은 더 애쓸 가치가 없다고 생각하고 포기하였다.

그러나 조선을 그대로 내버려두려고 했던 이들의 결정은 일시적인 것에 불과하였다. 왜냐하면 그들의 처음 노력이 좌절됨으로 말미암아 이 은둔의 나라에 관한 호기심은 더욱 커졌기 때문이다.

"조선이 너무나 부유한 나라이기 때문에 그 백성들이 외국인을 들어오지 못하게 하는 것일까?" 아니면 "너무나 가난하고 약하기 때문에 외국인들이 쉽사리 정복할 것을 두려워하는 것인가?" 그들은 이러한 의문점들에 대한 답을 얻기 위하여 중국 관원들에게 질문했지만 그들도 조선에 대해 별로 더 잘 알고 있지는 못하였다. 그리하여 "서양의 오랑캐"들은 저희들 재량 껏 "조선이 황금 천지이거나 혹은 너무 가난하여 쇄국을 고집하는 나라, 둘 중의 하나일 것이다"고 생각했다.

극동 아시아에서 마지막 고립국으로 남아 있었던 미지의 조선에 대한 그들의 견해가 어떠한 것이었든 간에, 어떻게 해서라도 그 문호를 열어서 어느 면으로든지 이익을 보고자 하는 그들의 욕구만은 한결같았다. 서양 사람들이 조선과 그 민족에 대한 상식이 그렇게 부족했던 것과 마찬가지로 조선인들도 서구 오랑캐들과 그 나라들에 대해 전혀 모르고 있었다. 한 가지 예로 1855년 어느 날 강원도 통촌이라는 바닷가 마을에 털이 많고 괴이하게 생긴 뱃사람의 일당이 나타나서 비틀거리며 육지로 올라왔다. 그들은 바다에서 풍랑을 만나 여러 날 동안 고생하다가 마지막에 배가 파선되어 기진맥진한 상태로 겨우 육지로 올라와 마을 사람들에게 손짓발짓해 가면서 음식을 구걸하였다. 마을 사람들은 정부가 알게 되면 외국인 배척 법령에 저촉되어 처벌당할 수 있다는 위험에도 불구하고, 인간적인 동정심에서 그들에게 음식 뿐만이 아니라 마른 옷과 잠자리를 제공하였다. 손짓발짓으로 배가 고프다는 표현을 하는 일은 비교적 쉬웠으나 그들이 어느 나라에서 왔는가를 설명하기란 그리 쉽지 않았다. 그리하여 어느 나라 사람인 줄도 모르면서 그 마을 주민들은 인정상 이들에게 먹을 것과 잠자리를 제공하였고, 법규에 따라 이들의 출현을 관찰사에게 보고한 결과, 한양에서 사령이 내려와 이들 외국인들을 데려가게 되었다. 한양에서도 이 외국인들의 정체를 알 수 없어 중국의 수도에서는 알 것이라 믿고 그리로 데려갔을 때, 비로소 이들이 미국인이었다는 것을 알게 되었다는 것이다. 그러나 미국이란 한문으로 아름다운 나라(美國)를 뜻하는 것 외에 그 나라가 어디에 있는지, 얼마나 큰 나라인지 전혀 몰랐다. 다음의 사실은 서로 알지 못하는 것이 얼마나 비참한 결과를 빚어내는가를 명확히 보여주고 있다.

(편집자 주: 조선의 수도를 뜻하는 '서울'이라는 표현은 오래전부터 일반인들에게 사용되어 왔는데, 고려 시대와 조선 시대에는 한양(漢陽)으로 불렸으며, 조선 후기에 서울의 공식 이름은 '한성'(漢城)이었다. 1897년 고종이 조선을 '대한제국'으로 바꾸면서 서울이라는 명칭을 공식으로 사용하기 시작했다. 하지만 1910년부터 일제 강점기 동안 '경성'(京城)이란 이름이 사용되었고, 해방 후 다시 서울이란 이름이 사용되었다. 이 책에서는 대한제국 이전의 명칭으로 한양을 사용하였고, 1897년경, 서재필이 조선으로 귀국하였을 때를 전후해서부터 서울이라는 이름을 사용하였다.)

1866년 여름 미국인 선장 프레스턴(Preston)은 셔먼호(S.S. General Sherman)라는 배에다 소형 무기들과 여러 가지 상품을 싣고, 조선과 교역을 열겠다는 굳은 결심으로 조선으로 항해하여 들어왔다. 그러나 그는 불리한 시기에 잘못된 장소에 도착하여 그릇된 방법으로 목적을 달성하려 하였던 것이다.

- 평양에 배를 대었는데, 사실은 인천에 배를 대었어야 했다.
- 그때는 장마철이 끝날 무렵이어서 평양을 끼고 흐르는 대동강에 가득하였던 물은 점점 빠지기 시작하여 정박하고 있었던 배는 위험하게 되었다.
- 평양 시민들은 교역을 원하는 프레스턴의 요구를 한양 조정의 허락 없이 들어줄 수 없었다.

평양 감사 박규수는 프레스턴이 함부로 그의 도시에 침입한 것을 질책하면서 "너희 미국인의 요구를 한양에 전달은 하겠다"고 했다. 동시에 그는 "한양의 답변이 부정적일 것이 분명하지만 대답이 온다고 해도 수십일이 걸릴 것이다"고 경고하였다. 그가 예측한 대로 한양으로부터의 전갈은 "야만인 해적들을 내쫓으라"는 명령이었다.

그러나 이 전달이 도착하기 전에 이미 미국 배에서는 불상사가 일어났다. 즉 장마철이 지나자마자 대동강 물이 줄어들기 시작하여 이 배는 뜰 수가 없게 되었고, 엎친 데 덮친 격으로 미국인들은 식량까지 떨어졌다. 그들은 식량을 사려고 시도하였으나 조선 상인들은 조정의 허락 없이는 식량을 팔 수 없다고 하였다. 미국인들은 굶어 죽든지 그렇지 않으면

도적질을 해야 하는 기로에 놓이자 후자를 택하였다. 이에 화가
난 조선인들은 보복으로 미국 배에 불을 질렀으며, 그 배의
모든 승무원들은 그 안에 갇힌 채 나오지 못하고 모두 불에 타
죽고 말았다. 프레스턴과 승무원들은 조선인들을 잘 몰랐고,
조선인에 대한 그의 오만한 태도 때문에 쓰라린 댓가를 치르게
되었던 것이다. 그러나 불행하게도 프레스턴의 행동과 태도는
그의 뒤를 이은 미국인들의 대표적인 것이었다. 그리고 이로
말미암아 미국은 막대한 댓가를 치르게 되었던 것이다.

셔만호가 대동강으로 들어올 때부터 해양 포대와 강변에서
바라보고 있던 주민들은 "들어오지 말라"고 맹렬하게 손을
내저으며 말렸었다. 그러나 선장은 조선인들이 자기를
적대시한다고 생각해서인지 이들을 무시하고 항해를
계속하였던 것이다. 사실 조선 사람들이 애써 전달하려 했던
것은 "앞으로 강 수위가 낮아지므로 강을 따라 더 올라가는
것이 너희들에게 큰 위험이다"는 것이었다. 미국의 셔면호
사건에 대한 소식이 한양에 전달되자 조정의 반응은 미국
못지않게 우둔하고 오만했다. 그들은 마치 조선이 미국을
패배시킨 것으로 자처하고 행동했다. 오랑캐들을 대항하여
조선이 승리했다고 <척화비>를 전국에 세우고 대대적인 축제를
마친 뒤에, 그들은 양키들에 대하여 알려고도 하지 않고 국방
강화에 대한 어떠한 조치도 취하지 않은 채, 현실 외면의 고립
정책을 계속했다.

그림:상선 제네랄 셔먼호로 개조하기 전 미국 군함이었을 때 모습. (셔먼호 사건 1866 년)

　　이렇듯 조선 조정은 당시 인도와 중국과 일본을 휩쓸고 있던 서구의 확장 정책이 의미하는 바를 검토하려 하지 않았으며, 반드시 오고야 말 서구의 물결이 들이닥쳤을 때를 대비하여 나라를 준비시키지 못하였기에 결국 조선을 외세의 지배하에 패망하게 만들었다.

대원군의 섭정

　　둘째로 서재필 출생 당시의 조선은 대원군 시대라고 흔히 불린다. 대원군 자신은 조선의 무력적 쇄국주의의 창시자였고, 그는 다음의 세 가지 목적을 위해 부단히 노력하였다.

- 조선인을 위함
- 조선 이씨 가문의 권세를 위함
- 대원군 자신의 권세 유지를 위함

그는 재력과 실제적인 지식이 없었으므로 주로 쇄국주의 정책을 통하여 그의 목적을 달성하려 하였다. 초기에는 모험과 행운이 따라와서 그의 쇄국 정책이 성공하는 듯 보였다. 그러나 이씨 가문과 그 자신에게 영광을 가져오려던 그의 편협한 정책은 그 뒤에 볼 수 있듯이 불상사로 종말을 맞게 되었다.

1864 년 정월 초순, 갑자기 철종 임금이 승하 하였는 데, 그에게는 왕위를 계승할 왕자가 없었다. 그간 한 세기 전부터 세도를 잡아 온 안동 김씨들은 의외의 일이라 어리둥절했다. 그러나 조대비(순조의 며느리로 당시 왕가의 가장 웃어른)는 철종의 임종이 가까움을 예측했다. 그녀는 자기의 심복으로 하여금 왕을 밤낮으로 시중들게 하였고, 왕이 궁전을 거닐다가 쓰러졌다는 보고를 받자 즉시 달려가 왕으로부터 옥새(玉璽)를 받아냈다. 철종이 승하하자마자, 옥새를 손에 쥔 조대비는 중신들을 긴급회의로 소집하여 철종의 후계자로 '미친 왕자'의 12 살 난 둘째 아들을 지명하겠다는 의사를 밝혔다.

사진: 조선 왕실에서 사용된 옥새.

김씨 가문의 지도자인 "김문근"은 처음에는 반대하였으나 실권이 조대비에게 있으며 조대비의 결심이 확고한 것을 알아차리고 이에 동의하였다. 그가 반대했던 주요 이유는 왕위 계승자의 부군(父君, 미친 왕자)이 살아있다는 사실이었다. 그러나 김문근과 그의 일족들이 불행 중 다행으로 생각한 것은 그 아버지가 하도 미쳐서 죽은 인간이나 다름없다고 믿었기에 반대하지 않기로 한 것이다. 그리하여 미친 척 하였던 왕자의 수줍은 12세의 어린 아들이 <고종>이라는 이름으로 이씨 왕조의 26번째 왕이 되었고, 미친 왕자로 알려진 흥선군은 <대원군>이라는 존칭을 받게 되었다. 그러나 아무도 그가 대원군이란 직위가 무엇을 의미하는 지를 알 것이라고는 추호도 생각하지 못했다.

그러나 뜻밖에도 대원군은 정신이 멀쩡하였다. 고종은 12살 어린아이이고, 섭정인 조대비는 정무에 생소한 여자인지라, 국사의 결정권이 섭정의 보좌인 자기 손안에 있다는 것을 누구보다도 더 명백히 알고 있던 대원군은 이를 서서히 세상에 보여주기 시작했다. 그는 조대비에게 섭정이라는 이름을 주고, 자기 자신을 섭정의 고문으로 임명했다. 또 그는 김씨 가문을 조정에서 몰아냈지만, 조씨들에게 세도권을 준다, 안준다 아무런 언급 없이 행동함으로, 앞으로 '어떤 가문이든지 세도 부리는 것을 허용치 않겠다'는 것을 은연 중에 암시했다.

그리고 대원군은 실질적으로 섭정 행사를 하며 조선 정부의 전권을 자기 손에 쥐어 잡았다.

대원군이 이렇게 이씨 조선의 법과 전통을 깨뜨리고 권력을 휘어잡도록 용인되었던 까닭은 그 자신의 출중한 수완과 용단성에도 있었겠지만, 다른 한편으로는 온 나라가 애타게 정국의 변화를 기다려 왔기 때문이었다. 수백 년에 걸친, 특히 지난 한 세기 동안, 세도 정치의 부패와 탐욕과 가혹한 억압을 당해온 국민들은 어떠한 정권이 들어서든 간에 변화를 갈망하고 있었고, 대원군은 그 국민의 염원을 수락한 셈이었다.

즉 그는 김씨 세도를 둘러싸고 있던 노론(조선 후기의 대표적인 정치 세력 중 하나로, 송시열을 중심으로 한 서인 계열에서 분리되었음)의 권력 독점을 타파하고 양반 계급이 아닌 사람들, 특히 서북 지방 출신 사람들도 능력만 있으면 관직에 더 많이 등용하겠다고 약속하였으며, 자기의 가난했던 과거 배경을 지적하면서 사회 정의를 약속했고, 국민들로 하여금 낭비스럽고 사치한 생활을 삼가기를 촉구했다. 심지어는 기생들에게까지도 값비싼 옷을 입지 말라고 경고했다. 그의 공약 가운데 가장 두드러지게 나타난 것은 이씨 왕조의 위력과 존엄성을 복귀시키겠다고 맹세한 사실이었다. 그는 말과 행동을 같이하는 사람이었다. 섭정의 고문이라는 직에 오르자마자 그는 부패하고 무능한 관리들을 모조리 쫓아내고 새로운 인재들을 등용했다. 반면에 조대비에게 "김씨의 세도를 조씨 세도로 바꾸겠다"고 했던 약속에 관해서는 그런 말을 언제 했더냐 는 듯이 묵살해버렸다.

그러나 곧 그가 약속을 수행하는 데에 일관성이 없음이 드러났다. 그는 관직의 문을 모든 계열의 정치 파벌과 상민(Commoners)들에게까지 열겠다고 약속했지만 이것은 겉치레에 불과했고, 실제로 등용된 사람들은 그의 비위를 맞추지 않으면 안되었다. 대원군의 개혁 중 또 하나는 <서원 철폐>였다. 몇백 년 전에 시작된 이 서원 제도는 처음에는 나라에 좋은 영향을 끼쳤고, 평판이 좋아서 그 수가 많이 증가해 19 세기 중반기에 이르러는 600 개가 넘었다. 그러나 <서원>들이 마치 조선 정부인양 행세를 하며 민가에 세금을 강제로 징수하는 등 악폐가 적지 않았다. 대원군은 이러한 서원들을 철폐시킴으로써 농민들의 대대적인 환영을 받은 것은 사실이지만, 시간이 갈수록 대원군의 그와 같은 과감한 행동의 동기는 악습의 제거보다 국가의 모든 권력을 자기 수중에 넣으려는 데 있다는 것이 드러나게 되었다.

또한 사치와 낭비를 피하라는 훈령을 자기 자신은 지키지 않는다는 사실이 알려지게 되었다. 거의 매일 밤 대원군의 사저인 운현궁에서는 잔치가 벌어졌고, 운현궁에 드나드는 기생들은 비싼 옷을 입고 나타났다. 그러나 무엇보다도 국민들을 실망시킨 것은 이조 왕실의 위력과 존엄성을 회복한다는 명분으로 채택한 정책들이었으니, 이는 국내 정책과 대외 정책으로 나뉜다. 먼저 국내 정책을 살펴보기로 한다.

대원군의 국내 정책

1865 년에 대원군은 "경복궁" 개축 공사를 시작했다. 경복궁은 임진왜란 (1592 년) 때 불타 무너진 이후에 보기에도 창피스러운 모습이 된 것이 사실이었다. 따라서 이 궁전을 개축하여 이씨 왕가의 위신을 선양한다고는 하였으나, 수십 년에 걸친 탐관오리들의 부패와 약탈로 백성들은 가난할 대로 가난했고 국고는 텅 비어 있었다. 이 경복궁 개축 작업의 비용은 약 750 만 원 (미화 7 백 4 십 만 불)이었는데, 이는 당시로는 천문학적 거액으로 전액을 백성이 부담하게 되어 있었다. 그러므로 경복궁의 개축은 이씨 왕가의 위풍을 증가시키는데는 도움이 되었지만, 대원군의 횡포의 상징이 되었다.

다음으로 대원군은 경제적인 억압만으로는 만족지 않다는 듯이 천주교 교회 배척 정책을 무자비하게 실시함으로 허다한 국민의 피와 눈물을 자아냈고, 외세들의 악감을 격화시켰다는 점이다. 그는 철두철미한 보수주의자로서 서양 문화에 호감을 갖지 않았으나 천주교의 이용 가치를 인식한 나머지 얼마 동안은 이 서양 종교를 학대하지도 후대하지도 않았다. 그에게는 양반 거물급 인사들이 천주교에 몰두하여 정치를 등한시하면 할수록 자기에게 유리하다고 생각했기 때문이었다. 반면에 교리에 지나치게 충실한 일부 천주교 신도들이 조상에 제사 드리는 것을 거부하자, 이를 전적으로 방임하지도 않았다. 다만 선교사들을 비롯하여 모든 신도가 자기의 비위를 맞추지 않고는 조선에서 살아남을 수 없다는 것만은 확실하게 했다.

대원군이 실권을 잡은 1864년부터 러시아 사람들이 조선 북방의 경계선을 넘어 들어 오기 시작했다. 그러면서 이들은 러시아 정부의 국서를 조정에 전달하며 통상을 요구했는데, 러시아가 어떤 나라인지도 모르는 대원군은 당황했다. 정부 고관들과 의논한 후 조선에 와 있던 프랑스 선교사들에게 그들의 나라인 프랑스 정부에 요청해서 이들 러시아인이 조선에 들어오지 못하게 하면 그들 프랑스 선교사들에게 선교 자유를 허락하겠다고 약속했다. 이런 교섭이 누설되자 천주교 신자들은 사기가 충천하여 교인 수가 격증했지만, 한편으로는 신도들이 우상 숭배란 이유로 조상의 사당을 불태우는 행동으로 국민의 반감을 사기도 했다. 게다가 조선 교구 책임자 베르뇌(Berneux) 주교 신부가 "자신이 신부로서 정치적인 문제에 관여할 수 없다"고 대원군의 요구를 거절하여 대원군의 분노를 일으켰다.

　　한편 시일이 지나감에 따라 러시아인들은 큰 위협이 아니라고 보여지는 반면에, 천주교인들 뿐 아니라 프랑스 선교사들의 세력이 너무 커지자 대원군은 이들이 위험하다고 단정하게 되었다. 대원군은 지금 이 문제를 바로잡지 않으면 얼마 안 가서 자기가 천주교인들의 발 밑으로 들어갈 수도 있다고 판단한 나머지 1866년 2월 당시 약 3만 명으로 추산되던 천주교인들과 조선에 있던 12명 중 9명의 선교사들을 다음과 같이 발령하여 체포하고 또 학살하여 전 국민을 깜짝 놀라게 만들었다.

모든 조선인 천주교 신자들은 천주교 신앙을 포기할 것을 선언해야 하고, 또 모든 외국인 선교사는 즉시 조선에서 출국해야 할 것이며, 이에 불복하는 자는 모두 극형에 처할 것이다.

그 후 대량 검거 조치가 급속히 뒤따랐는데 체포된 사람들 가운데는 대원군 자신의 친구였던 남종삼과 그의 80세 된 노부도 끼어 있었다. 9명의 프랑스 선교사들도 붙잡혔다. 그 중에 지도자인 베르뇌(Berneux)주교 신부는 더럽고 추운 감방에서 사흘 동안이나 갇혀서, 죄를 인정하지 않는다는 이유로 심한 육체적 고문을 당했다. 나흘째 되던 날 대원군 앞에 불려 나와 "조선에 들어와서 조선인들을 개종 시키려한 것은 사형을 받아 마땅한 죄이다" 라는 질책을 받았다.

대원군은 베르뇌 신부에게 "네 죄를 인정하고 조선을 떠나라"고 명령하였다. 그러나 베르뇌 신부는 자기가 이 땅에 들어온 것은 하나님의 명령에 순종하여 한 일이므로 자신은 떠날 수 없다 고 주장하면서 "전하께서 하시는 행위는 하나님께 도전하는 것입니다" 라고 덧붙여 말했다.

베르뇌 신부의 행동이 건방지다고 생각하여 화가 난 대원군은 그의 목을 치라고 명했다. 그해 2월에서 7월 사이에 순교한 프랑스 선교사는 모두 9명이 되었고, 순교한 조선인 천주교 신도 수는 남종삼을 포함하여 약 8,000명에 달했다.

사진: 1866년 병인박해 때 순교한 베르뇌 주교, 이 때 많은 천주교도들이 순교한 갈매못 순교 성지에 세워진 기념 동상 (대전교구) (2023년)

프랑스와 미국의 보복 행동

한편 조선 사람들이 자기네 생명의 위험을 무릅쓰고 감추어 준 세 명의 선교사 중 한 사람이 청국으로 도망가 이 사실을 북경 주재 프랑스 공사에게 보고하게 되자, 나폴레옹 3세의 명을 받고 북경에 주재하고 있던 벨로네(Bellonet) 공사는 노발대발하여 다음과 같이 소리쳤다.

"조선의 왕이라는 자는 내 백성을 해침으로 스스로에게 사형선고를 내렸다. 그의 사형 선고를 집행하고야 말리라" 하고서는 프랑스 해군 제독 로즈(Roze)를 조선에 보내어 조선 왕을 처벌하라고 명했다.

1866년 로즈 제독은 세 척의 전함을 거느리고 조선으로 향해 떠났다. 프랑스 함대가 인천 바다에 나타나자 한양 장안은 놀라서 수라장이 되었다. 그러나 대원군만은 꿈쩍도 하지 않았다. 로즈는 병력을 증강하기 위하여 일단 청국으로 돌아갔다가 다시 5척의 전함을 이끌고 돌아와서 인천 해안을 봉쇄시켰다. 그러나 한양이 협상하려는 기미를 전혀 보이지 않자, 로즈는 강화도 섬에 있는 한 마을을 점령하라고 명령했다. 그 마을로 쳐들어온 로즈 군대는 그 지방 관청에 있던 서적과 예술품 등 값진 물건들을 아무것이나 마구 약탈했다. 그래도 한양은 버티고 있었다. 두 주일 동안 기다려도 아무런 반응을 얻지 못하자 로즈는 120명의 척후병을 한양으로 보냈다. 그러나 양화진에서 조선 군대의 복병 사격을 받자, 놀란 프랑스 병정들은 쓰러진 동료 수십 명을 내버려두고 황급히 후퇴해 돌아갔다. 조선 측의 사상자는 5명에 불과했다. 승리를 얻어 자신만만해진 대원군은 로즈에게 사신을 보내어 프랑스 선교사들을 처벌했던 이유를 설명하고 퇴거하기를 권했다. 그러자 로즈는 다음 두 가지 조건 아래에서 떠나겠다고 답변했다.

첫째, 선교사들을 죽인 데 대한 보상금을 낼 것
둘째, 그 범행 주모자들을 처벌할 것

대원군은 이와 같은 요구 조건에 대답할 생각조차 하지 않았다. 이에 조선 사람들의 버릇을 단단히 고쳐 놓겠다고 맹세한 로즈는 60명의 척후대를 파견하여 강화도를 점령하고 정족산성 주위를 정탐하도록 했다. 그러나 척후대가 접근하자 500명의 조선인 병사들이 배후로부터 뛰어들어 다수의 프랑스

병사들에 사상자를 내게 하니 겁에 질린 프랑스 병사들은 꽁무니를 감추고 도망쳤다. (병인양요 1866년)

로즈는 자기가 가지고 있던 병력보다 훨씬 더 큰 병력을 동원하지 않고는 이들을 정복할 수 없다는 것을 알게 되었다. 그러나 프랑스는 그 당시 인도차이나 전쟁(Indo-China war) 때문에 병력을 움직일 수 없었으므로, 로즈는 실패를 인정하고 되돌아 가는 수밖에 없었다. 결국 대원군은 '조선인을 위한 조선'을 고수하고 이씨 왕가의 위세를 앙양시키며 자기 자신을 불굴의 조선 왕국과 그 왕조의 상징으로 만들기 위한 전쟁에서 승리한 셈 이었다.

그러나 그는 승리의 쾌감 속에 오래 머물러 있지 못했다. 정체가 불명한 또 하나의 오랑캐 나라가 인천 바다 수평선 위에 나타났다. 1860년에 러시아의 동부 전선을 조선 국경까지 넓히게 만든 청-러 협정 이후, 러시아 사람들은 자주 조선 땅으로 침입해 들어왔다. 이 러시아인들은 조선 주민들을 괴롭혔으며, 대원군이 프랑스 선교사들의 도움을 청한 것도 이들의 침입을 막으려는 데 있었다. 프랑스로부터 거절을 당하자 대원군은 조선인 천주교인들과 프랑스 선교사들에게 앙갚음을 했음은 이미 언급한 바 있다.

그런데 대원군에게 만만치 않은 도전을 해 온 오랑캐 나라는 러시아가 아니었다. 이는 대원군에게 거의 미지의 나라였던 <미국>이었다. 미국의 도전은 아마도 혼돈상태에서 시작된 듯하다. 왜냐하면 미국이 1866년에 있었던 "셔만" 호의 손실에 대한 배상을 받아내고, 나아가 통상조약을 체결하기 원해서 1871년에 조선으로 해군 원정단을 파견했다고 보기는 어려운 까닭이, 그들이 셔먼호 사건을 기억하고 있었다고 보기에는 시간이 너무 지났기 때문이다. 미국은 아시아 함대 사령관 라져스(Rogers)에게 프랑스의 경우와 같이 5척의 전함 (콜로라도 호, 모노캐시 호, 등)을 주어 조선에 보냈는데, 이는 조선을 굴복 시키기에는 너무나 불충분한 군대였다.

미국은 또한 북경 주재 미국 공사 프레드릭 로우(Frederick Low)를 시켜 조선과 외교 계약을 맺도록 교섭하려고 하였지만, 로우는 그의 사명이 성공하리라고 생각하지 않았다. 그러나 인천에 상륙한 로우는 한양 조정에 외교 회담을 요구하는 전갈을 보내는 동시에, 함대 사령관 라져스는 한양으로 향한 군함들을 한강 어귀로 올려보냈다. 대원군은 이것을 도전으로 간주하여 강화 유수에게 침략군에 항전하라고 명령했다. 이리하여 미국 군함들이 총격을 받게 되자 침입자들은 이것을 자기 나라 국기에 대한 모독으로 여기고, 강화도 포대들을 조선인들보다 몇 배나 강한 화력으로 공격했다. 조선 방어군은 최후의 한사람이 쓰러질 때까지 대항하여 싸웠고, 이 전투 후 미군은 한양을 공격한다는 것은 꿈에도 생각할 수 없는 것으로 여기게 됐다(1871년 신미양요). 미국인들은 조선 방어군을 전멸하여 그들 나라의 명예는 지켰으나, 그들이 목적하였던 조선과의 통상 및 외교 협정은 체결하지 못한 채 돌아가야만 했다.

사진: 신미양요 미국 군함 Monocacy 호 (1871 년)

사진(왼쪽): 신미양요 – 한강 둑에서 경계 근무하는 미국 수병들 (신미년 1871 년), (오른쪽): 대원군이 세운 척화비.

(편집자 주: 척화비에 쓰인 글:

　洋夷侵犯　非戰則和　主和賣國　(양이침범 비전즉화 주화매국) 서양 오랑캐가 침범하매 싸우지 않음은 곧 화친을 주장하는 것이요, 화친을 주장함은 곧 나라를 파는 것이다. 현재 전국 각지에 척화비 30 여 개가 지방 문화재로 지정되어 있다. 2023 년)

미국이 목적을 성공하지 못하고 돌아가자 의기양양한 대원군은 전 국민을 동원하여 승리를 경축하고 전국 각지에 척화비를 세웠다. 그러나 그를 비방하는 사람들은 그를 너무 완고한 고립주의자, 외국인 배척자, 과대망상증 환자 중 하나가 아니면 이 모두를 다 겸한 사람이라고 불렀으나, 그의 지지자들은 그를 나라와 국가 명예의 수호자라고 칭송했다. 그러나 대원군은 위 두 부류의 어느 쪽에도 속하지 않았다는 것이 좀 더 적절한 평가였을 것이다. 그가 조선에서 천주교를 강제로 축출하려고 했던 것은 크나큰 잘못이었지만, 그 동기는 외국인 배척주의자이어서가 아니라, 이미 건국 초부터 확고히 자리 잡은 유교이념이 조선인들에게는 널리 퍼져있었기에, 더 이상 새로운 종교가 필요치 않다는 그의 신념과 이 천주교가 자기에게 정치적인 위협을 줄 수도 있다고 생각한 데 있었다.

초기에 소수의 외국인들이 간간이 조선에 나타났을 때 대원군은 '손님을 선대 하라'는 조선의 전통을 따라 외국인들을 후대했었다. 그리하여 1866년 7월 모든 선교사들을 조선에서 쫓아내고 기독교를 말살시키려는 운동이 한창 성행했을 때, 평안도 선사포 해안에서 난파 당한 미국 함선 서프라이즈(S.S. Surprise) 호의 승무원들에게 안전 통행권을 주라고 명령한 적도 있었다. 대원군이 외국의 간섭과 생소한 서양 종교가 민심을 현혹하지 못하게 하려는 이유로 외국인들을 배척하는 것에 대해서는 찬성하는 사람들도 많이 있었다.

그러나 이 정책이 격화하여 수만 명의 조선 천주교인들을 학살하기에 이르자 대원군은 국민의 원한과 공포의 대상이 되었다. 어떤 사람들은 그를 살인마라고 했는가 하면, 많은 사람들은 그에게 미국 군대를 물리친 데 대해 경의를 표하면서도, 그들의 마음 한구석에는 서방 세력이 그대로 가만히 있지는 않을 것이며, 다음 번에는 조선이 이처럼 운 좋게 화를 면치 못하리라는 우려가 자리 잡고 있었다. 특히 불안해했던 사람들은 대원군만큼 보수적이었으나, 영국이 아편 전쟁에서 청국을 이긴 것과 미국이 강제로 일본과의 통상을 체결시킨 것을 알고 있었던 선비들이었다.

이들은 청국과 일본은 둘 다 조선 보다 훨씬 강대한 나라들인데 서방 세력들이 이 나라들을 굴복시켰다면, 대원군이 프랑스와 미국을 패배시켰다고 생각하는 것이 올바른 것인지 의문시 했다. 이런 선비들 가운데 많은 이들은 또 다른 이유에서 공포심에 사로잡혀 있었다. 그들은 자기들 주변에서 천주교인들이 쇠사슬에 묶여서 끌려간 후 다시는 살아서 돌아오지 못하고, 또 다른 교인들은 겁에 질려서 산속으로 도망가는 것을 목격한 바 있었기에, 대원군이 자기에게 못마땅한 종교를 믿는다는 이유로 그처럼 많은 사람을 희생시킬 수 있다면, 자신들도 그의 비위에 맞지 않으면 똑같은 운명을 면할 수 없게 될 것으로 생각되어 심한 두려움에 쌓여 있었다.

그들이 불안감을 느낄 만한 또 다른 요인이 있었으니, 그것은 누구나 다 알고 있던 사실로 그 당시 대원군과 그

추종자들이 한편이 되고, 고종과 그 일파가 상대 편이 되어 서로 간에 커지고 있는 알력이었다. 고종과 그 편 사람들은 고종이 성년에 이르러 정권을 계승할 때가 왔음에도 불구하고 대원군이 계속 권력을 잡고 있다는 사실을 무엇보다도 불만스럽게 생각하고 있었다. 반면에 대원군이 두려워했던 것은 고종이 정권을 잡기만 한다면 왕비가 실질적인 통치자가 될 것이고, 그렇게 되면 왕비의 친정인 민씨 일파가 세도를 잡게 되어 세도 정치의 병폐가 되살아 나리라는 것이었다. 조만간 두 당파 간에 쌓이고 있는 갈등이, 결국은 유혈극을 불러일으킬 것이라는 생각에 백성들은 몸서리 쳤다.

양반제도

서 박사 탄생 시의 **세 번째** 특징은 흔히 <양반 제도>라고 불리는 계급 제도였다. 원래 양반이라는 말은 고려시대 (서기 918 년부터 1392 년) 처음으로 나타났다. 즉 고려 광종 (서기 950-975)은 공자의 가르침을 따라 자격 있는 사람을 등용하는 소위 <과거제도>를 시작했다. 이렇게 하여 등용된 사람들은 두 부류로 갈라졌는데, 즉 무반과 문반이었다. 그러나 서로 비슷한 사람들끼리 같이 모이는 관습으로 인하여, 문반은 궁전의 동쪽에 살았고, 무반은 궁전의 서쪽에 살았다. 이렇게 세월이 흐름에 따라, 군관과 그들의 가족들은 <서반>이라고 부르게 되었고, 문반과 그 가족들은 <동반>이라고 부르게 되었으며, 그 뒤로 이 두 계급 사람들의 숫자가 늘어나고 서로 어울려 살게 됨으로써, 그들을 <양반>이라고 부르게 된 것이다. 애초에 우리나라에는 왕족과 평민 두 계급 밖에 없었기에, 양반은 계급이 아니라 대관들을 일컬어 부르는 말이었으므로 일단 관직을 떠나면 양반 자격을 상실하게 되어 있었다. 그러나 이씨 조선(서기 1392 년에서 1910 년)에 들어와 계급 제도는 다음과 같이 변하였다.

- 양반은 사회적인 계급이 되었다. 즉 양반은 관직을 가진 사람 뿐 아니고 그 가족을 모두 포함했다. 양반 계급은 셋으로 나뉘어졌다. 양반, 중인, 그리고 서인이었다. 국한된 세습제가 생겨나서 왕족이 4 대 째 가서는 양반으로 내려갔고. 양반도 4 대 째 가서는 중인이 되었다.
- 왕족과 양반 계급 밑으로 두 계급이 더 있었는데, 이들은 평민과 천민(노예)이었다.
- 양반의 첩이 낳은 자식은 '서자'라고 불리어 법적으로 제한된 권리를 가졌다. 예를 들어, 상속이나 과거시험 응시 등 에서 정식 부인의 자식에 비해 제한을 받았다.

사진: 시종을 데리고 말 타고 가는 양반에게 절하는 평민.

　　　이론적으로 왕족이 세습적 계급제도의 맨 윗자리를 차지하고 있었으나, 사실상 왕족과 양반 사이의 구분은 분명치 않았다. 그 밑의 계급에서도 천민을 제외하고는 위 계급으로 올라가는 일이 가능했었다. 그리하여 빈곤한 평민 출신의 사람도 과거에 합격하면 관직에 등용되었다. 가난하지만 재주가 뛰어난 평민이 호롱불 밑에서 밤을 새워가며 여러 해 동안 공부를 한 끝에 결국은 과거에 급제해서 양반이 됐다는 형설지공(螢雪之功 - 반딧불과 눈빛으로 공부하여 이룬 공) 이야기는 우리들이 많이 들어온 바다. 그러나 서 박사의 탄생 시(1864 년)에 이르러서 조선의 계급제도는 인도의 <캐스트> 제도와 비슷한 정도로 견고하게 굳어져 있었다. 양반과 그 아래 계급 사이의 상호 교류란 거의 존재하지 않았다. 천민을 제외한 모든 계급의 사람들도 과거를 칠 자격이 있었지만, 각 계급의 사람들은 자기네 계급에게 주어진 과거만을 택할 수 있었다.

그리하여 중인들은 중인들이 보는 과거를 치루어 합격하면 중간 계급의 관직을 갖게 되었고, 서인이 자기 계급의 과거에 합격하면 하급의 관직만을 갖게 되었다. 또 평민들에게도 낮은 계급의 과거를 치르도록 기회를 주었다고는 하지만 실상 이들이 과거를 준비한다는 것은 너무 엄청난 비용이 들기에 감히 생각도 못하는 것이 당시의 현실이었다. 과거란 어려운 한문으로 쓰인 중국의 고전을 통달하는 것에 대한 시험이기에, 시험을 치르자면 여러 해 동안 꾸준히 공부하지 않으면 안 되었다. 이런 이유로 전 인구의 대부분을 차지하는 평민들은 사실상 과거 시험을 보는 게 거의 불가능했다. 게다가 1592년에 시작한 임진왜란을 겪으면서 일본과의 전쟁은 끝났으나, 조선의 남자 수가 줄어들게 되어 남자를 종으로 쓰는 제도가 불법이 되기는 했지만, 옛날 전통대로 천민 계급은 그대로 존속하였다. 천민 계급의 숫자가 얼마였는지 정확히 알 수는 없으나, 그들이 하인이나 도살업(백정), 광대 등, 천하게 인정되는 일에 종사하였다는 사실로 판단할 때, 그들의 수가 양반보다 훨씬 더 많았을 것으로 추측된다.

그리하여 백성의 거의 90 퍼센트가 국민으로서의 권리를 완전히 상실한 채 살았다. 그 자신이 가난한 왕족이었던 대원군은 사회 부조리에 대하여 일반 대중이 어떻게 느끼는가를 잘 알고 있었기에 자신이 힘있는 자리에 올라가기만 한다면 이것을 시정하겠다고 결심했었다.

후에 서재필은 돈 많은 삼촌 집에서 과거 준비를 하려고 한양으로 가게 되었고, 대원군의 이름이 사람들의 입에서 오르내리는 것을 들었는데, 왜 어떤 이들은 그를 칭찬하기도 하고, 어떤 이들은 그를 욕하는 것일까? 하고 의아 했었다. 그러나 누구나 이구동성으로 말하는 한가지는 "대원군이 조선에서 가장 무서운 존재이며, 누구든지 그를 두려워한다" 는 것이었다.

제 2 장 소년 시절

쌍경

계해년은 서광언과 그의 아내 함평 이씨에게는 참으로 행복했던 시간이었다. 그해 서광언은 과거에 급제하여 전라남도 보성군의 원님으로 임명되었다. 같은 해 음력 11 월 28 일 (서기 1864 년 1 월 7 일) 그의 가정에 건강한 차남이 태어났다. 그리하여 계해년은 두 가지 복이 겹친 해가 되었기 때문에 그의 양친은 그 아이의 이름을 <쌍경>, 두 가지 경사가 겹쳤다는 뜻으로 지어주었다. 그러나 이는 그의 애칭이었고, 가족회의에서 결정된 그의 법적 이름은 <재필>이었는데, '임무를 맡다' 라는 뜻이었다.

쌍경은 전라남도 보성군 문덕면 가내리에 있는 외가에서 태어났으나, 그의 본적지는 충청남도 논산으로서 그곳에서 서씨 가문은 대대로 살아 내려왔다. 가내리에는 그의 외가가 있었다. 그 당시의 풍습에 따라 서광언의 부인은 가내리 자기 친정 부모 댁에 가서 자녀들을 분만하였다.

쌍경은 조선에서도 가장 이름있고 부유한 집안 가운데서 태어났다. 즉 아버지 쪽으로 8 대조는 "달성군" 으로 그는 영조 대왕의 장인이었다. 또 서씨 가문은 다수의 고관대작과 선비들을 배출했다. 서 박사의 외조부 "이기대" 씨는 이성계의 후손으로 알려졌으며 그는 전라도에서 제일 큰 부자 중에 한 사람이라고 소문 나 있었다. 지금은 6.25 동란으로 불타 없어졌지만, 당시에 그의 집은 조선 남부에서 대단한 구경거리였다고 한다. 망일봉의 중턱에 자리 잡은 이 집은 일곱 개의 큰 건물들로 구성되어 있었고, 중앙에 조그마한 별장도 있었는 데, 바로 이 별장에서 쌍경이 태어났다.

행복했던 아동 시절

일곱 살이 될 때까지 쌍경은 가내리에서 많은 시간을 보내면서 외조부의 귀여움을 독차지했다. 사교적이며 활동적이었던 소년으로서 그는 달리기, 씨름, 혹은 외갓집 농장에서 언덕을 굴러 내려오는 놀음을 즐겨하였다. 농부들이 들에서 일하면서 부르는 노래소리를 듣고 배우며, 그들과 같이 노래하는 것도 즐거운 일이었다. 농부들은 그가 아름답고 선율이 고운 목소리를 갖고 있다고 칭찬하면서 쌍경에게 그들과 함께 노래하기를 권장하였다. 일하다가 쉴 때 농부들이 서로 손을 잡고 둘러서서 춤을 출 때는 그도 한몫 끼었다. 농부들은 그가 훌륭한 광대가 될 소질을 가지고 있다고 하면서도 "양반으로 태어나서 참 안 되었다" 고 아쉬운 듯 말했다. 노래, 춤, 곡예와 같은 연예 행위는 그 당시 사회적으로 가장 비천한 계급의 사람들이 하는 일이었기 때문에, 쌍경이 이런 놀이에 오랫동안 도취할 수 없으리라는 사실은 이 농부들에게도 너무나 뻔한 일이었기 때문이다.

사진: 서재필이 태어난 전남 보성군 문덕면 가내리 생가.

(편집자 주: '가내리'는 현재 '가천리'라고 불리고 있음)

쌍경은 가내리 이웃들과 재미있는 나날을 보낼 때부터 훗날 위인이 될 특성을 보였다. 쌍경이 여섯 살 쯤 나던 해 어느 무더운 여름날, 인근 고을의 원님이 시종들을 거느리고 가내리를 지나가다가 마을 주변의 큰 느릅나무에 이르러 그늘에서 잠시 쉬고자 머물렀다. 가마에서 내려와 그는 나무 밑에 앉아서 커다란 부채를 들고 부치기 시작했다. 그가 자리에 앉자 동네 아이들이 모여들어 천진난만한 호기심으로 원님과 그의 가마를 구경했다. 살이 찌고 배가 불룩 나온 원님이 말털로 짠 큰 갓을 쓰고 굽실거리는 하인들의 삼엄한 호위를 받고 앉아 있는 것을 구경하는 아이들 틈에는 쌍경도 끼어 있었다. 그러자 상전을 편안하게 모시려는 하인들은 아이들에게 저리 물러가라 고 호통을 쳤다.

쌍경을 빼놓고 다른 아이들은 모두 놀래서 도망쳤다. 그 아이들은 자기 부모들로부터 정부 관원들이 얼마나 무서운가를 듣고 잘 알았기 때문이었다. 그 아이들은 이 원님의 모습과 그의 시종 드는 사람들의 고함소리에 어른들의 말이 정말로 옳았음을 깨달았다. 그러나 쌍경만은 움직이지 않았다. 그는 무서워하지 않았다. 오히려 그는 이 모든 광경이 흥미로워서 원님 앞으로 더 가까이 가서, 그의 눈을 빤히 들여다보았다. 원님은 이 조그만 도전자를 엄한 눈초리로 살펴보다가 곧 누그러져서 가까이 와서 노래를 한 곡조 불러 보라고 명했다. 그러자 쌍경은 "네, 노래는 부르겠는데요, 먼저 나리의 부채를 좀 빌려도 되겠습니까? 부채를 곁들이면 저는 노래를 더 잘 부를 수 있거든요" 하고 대답했다.

원님은 순간적으로 쌍경의 대담함에 놀랐지만, 그의 요구가 자기를 즐겁게하기 위한 것이라고 생각하여 승낙하였다. 쌍경은 부채를 받아 놀라운 손재주로 그것을 펼쳐 가며 가락에 맞추어 이리저리 흔들면서 자기가 좋아하는 노래를 불렀다. 그는 맑고 힘찬 목소리로 흥겹게 노래했다. 원님과 그 부하들은 탄복하여 한 곡조 더 부르라고 하였고, 쌍경은 쾌히 승낙했다.

원님이 "네 이름이 무엇이냐?" 고 물었을 때 쌍경은 이렇게 대답하였다. "제 이름은 서재필인데 우리 부모님과 조부님들은 제가 태어났을 때, 두 가지의 경사가 우리 집에 생겼다고 해서 저를 쌍경이라고 부릅니다. 즉 저희 부친께서는 과거에 급제하셨고 또 제 어머니는 저를 낳았답니다" 그러자 원님이 "그것참 재미난 이야기구나! 내 말을 잘 들어라. 쌍경아, 너는 장차 위대한 인물이 될 것이다" 라고 말했다.

안동 김씨 댁에 양자로 들어간 쌍경

쌍경이 7 살 되던 해, 서씨 가문의 어른들은 서광하라는 일가 중의 한 사람이 아들이 없어서 대를 계승할 아들을 입양해 주기로 결정했다. 관습에 따라 이 양자는 서광하 아들 대의 사람이어야 했으므로 쌍경을 택하기로 결정되었다. 그리하여 쌍경은 양부모인 서광하와 그 부인인 세도 가문 출신 안동 김씨 댁에 가서 살게 되었다. 그 후 쌍경은 친부모를 방문할 수는 있었으나 가내리에 있는 조부모 댁을 방문하는 것은 거의 불가능하게 되었다.

한편 그의 양부모들은 쌍경에게 가난한 농부의 자식들과 노는 것은 양반의 자식으로서는 하지 말아야 할 천박한 행동이라고 말하므로, 쌍경은 '자신이 태어난 것은 삶을 즐기기 위해서가 아니라 주어진 사회 제도 안에서 그 제도를 유지하기 위하여 주어진 역할을 하도록 태어났다'는 것을 다른 어린아이들보다 더 이른 나이에 깨닫게 되었다.

사실상 다른 집에 양자로 들어가는 결정도 자신의 의견과는 상관없이 친족들 가운데 한 집안의 대를 이어줄 목적으로, 가문의 어른들에 의해 결정되었다. 그러므로 자연히 양부모와 그의 관계가 서로 따뜻한 관계가 되지는 못했던 것으로 보였다. 말년에 자기의 어린 시절을 회고했을 때 그는 "양부모에 관한 기억이 희미하다"고 말한 것도 이해할 만한 일이라 하겠다.

여하간 서광하가 쌍경을 양자로 삼고자 했던 동기는 자기 가문의 이름을 전승시키려는 것만이 아니라 양자를 통하여 자기 집안의 부와 명성을 유지하려 한 것이었음이 분명했다. 소년 쌍경은 총명하고 준수하게 생겼으며 건강했다. 그가 이름을 떨치기 위하여 필요한 것은 과거에 합격하는 일이었다. 관직에 등용되는 관문인 과거에 합격하기 위하여서는 가능한 가장 훌륭한 유학자를 선생으로 모시고 장래에 힘이 될 선비들을 사귀는 것이 쌍경에게 필요하다고 생각하여 서광하와 그의 아내는 쌍경을 한양으로 보내기로 하였다. 쌍경의 양부모는 어느 날 "쌍경아, 너를 한양으로 보내야겠다. 어부가 큰 고기를 잡으려면 큰 바다로 나가야 하듯이 사람이 큰 이름을 얻으려면 큰 도시로 나가야 하느니라"고 말한 뒤 "네가 외삼촌 댁에 가서 살게 되면 그분은 돈이 많고 권력도 있어서 한양에서도 제일 가는 선생님 밑에서 네가 공부하게 해 주실 것이다"고 설명했다.

쌍경은 그 말에 공손히 복종하였고 그 후 얼마 안되어 양부모에게 작별 인사를 드리고 한양으로 떠났다. 한양에 가서 쌍경은 김성근과 그의 가족이 사는 궁전 같은 집에서 살게 되었다. 쌍경의 양어머니의 친 오빠인 김성근은 참판으로서 안동 김씨 집안의 지도급 인물이었다. 그는 또한 조선에서 가장 돈이 많은 부자 가운데 하나로 국내 다른 지역 뿐만 아니라 한양 장안에만도 여러 채의 호화로운 주택을 갖고 있었다. 쌍경이 살러 갔던 김참판의 집은 대원군의 사저인 운현궁 근처에 위치해 있었으며 대원군의 집 못지않게 호화스러웠다. 이 집에 관하여 서 박사는 그 후 다음과 같이 회고했다.

한양에서 나는 외삼촌, 외숙모와 그들의 아들 병억과 함께 궁전 같은 집에서 살았다. 제일 기억나는 것은 훌륭한 조선식 집에 도착한 날이다. 남자들의 숙소에는 여덟 명의 청지기 외에도 다른 사람들이 많이 있었다. 여자들의 숙소는 통로로 연결된 별개의 건물에 위치해 있었는데 거기에는 여자들 만이 들어갈 수 있었다. 남자 가족들이 방문할 수는 있으나 그들이 도착하는 것을 큰 소리로 미리 알려야 만 했다. 남자들 숙소는 내 외삼촌의 거실을 제외하고도 그의 시종들과 그들의 종들이 쓰는 방들, 면접실, 김씨네 조상을 모신 방, 그리고 내 사촌과 나와 대여섯 명의 다른 소년들을 위한 서당이 있었다.

가내리에서 쌍경은 사교적이고 대담한 성격을 드러냈었는데 한양에 와서는 그의 다른 성격이 나타났으니, 그중에 첫 번째가 다른 사람들에 대한 배려와 독립심이었다. 그의 타인에 대한 배려는 서 박사가 후년에 피력한 김성근 참판 집에서 일하던 사람들과의 관계에서 엿볼 수 있었다. 그는 외숙댁에서 지난 첫날의 경험을 다음과 같이 회상하였다.

그 방에는 낯선 사람들이 가득 차 있었는데, 그들은 나를 쳐다보고 웃었다. 나는 그들이 나를 상대로 웃는 것을 보고 기분이 나빴다. 그러나 후에 나는 그들이 왜 웃었는가를 알게 되었다. 아주 어려서 나는 고기를 먹으면 부작용이 생겨서 고기를 먹지 못해 오히려 오곡과 야채, 그리고 과일을 먹고 자랐다. 그러다 이 부잣집에 도착하자 온갖 종류의 고기를 대접받았다. 그러나 나는 그것을 모두 거절하였다. 사람들이 왜 고기를 안 먹느냐? 고 묻자, 나는 그런 것을 먹으면 피부가 가려워진다 고 말했더니 사람들은 그런 말은 생전 처음 들어본다 고 웃었다.

서 박사가 언급한 그 방 안에 가득하였던 사람들이란 대부분 김참판의 하인들이었다. 그들은 고기를 한 번도 먹어보지 못했던 까닭에 자신들이 고기에 부작용을 일으키는지를 알아볼 기회 조차 갖지 못했던 것이다. 그래서 이 사람들은 쌍경이 고기를 먹으면 피부가 가렵다 고 말했을 때 농담하는 것으로 생각했던 것이다.

쌍경이 점차 깨닫게 된 사실은 이들이 웃고 놀리는 이유가 재미나서일 뿐만 아니라, 쌍경이 고기를 먹도록 유도하려는 데

있었던 것이다. 왜냐하면 하인들은 쌍경이 고기를 잘 먹지
않아서 몸이 약해지면 김참판 내외가 그들을 탓할 까 겁이 났던
것이다. 쌍경은 하인들의 입장을 생각해서 고기를 억지로
조금씩 먹기 시작해서 드디어는 면역력이 생겨서 고기를 잘
먹게 되었다고 했다.

독립심은 쌍경이 한양에 온 이후에 나타나기 시작한 또 다른
하나의 특성이었다. 자기가 기억하는 한, 어렸을 때부터 그는
집안에 하인들이 항상 있었지만 혼자서 목욕하고 옷을 입고
벗고 하였다. 그러나 그의 사촌은 자기 몸을 씻는 일을 모두
하인들에게 맡기는 데 만족하였기에 하인들은 쌍경에게도
똑같이 해 주고자 하였다. 쌍경과 그의 사촌은 같은 나이였다.
처음에는 하인들의 호의를 거절했으나 쌍경은 결국 하인들의
일상 업무를 방해하지 않으려고 자기 자신이 인형처럼 취급
당하면서도 하인들에게 자기 몸을 씻도록 양보했다. 그러나
쌍경은 참으려고 많이 노력하였지만 결국은 너무나 견딜 수
없어, 나중에는 정중한 말로 자신의 목욕과 옷 입는 것은 혼자서
하겠다 고 말했다.

과거 준비

그 당시 귀족 사회의 교육이란 극히 소수에 국한된 일이었다.
즉 가정에서 따로 선생을 두고, 선생은 그 집의 정해진 방에서
그 집의 아들과 다른 친지와 친척들의 아들들에게 한문과 유교
고전을 가르쳤다. 여자 아이들은 남자 아이들과 같이 공부하는

것이 허용되지 않았고, 자기 부모나 다른 선생이 가르쳤다. 선생을 두는 경우 여자 아이들과 선생 사이에는 대나무 줄기로 만든 휘장을 쳐 놓았기 때문에 선생과 여자 학생들이 서로 말은 주고받았으나 얼굴을 볼 수는 없었다.

김참판은 자기 집의 남자 숙소 안에 방 하나를 서당으로 삼아서 자기 아들과 쌍경, 그리고 대여섯 명의 친지의 아들들이 배우도록 했다. 그는 이름이 잘 알려진 선생을 고용하여 이 아이들을 훌륭한 선비로 만들도록 지시했다. 쌍경은 이 서당에서 만난 아이들이 어렸을 때 함께 놀던 아이들과 너무도 다른 데 놀랐다. 즉 가내리의 아이들은 보통 사람처럼 행동했었는데, 서당에서 만난 아이들은 동화 속의 인물들처럼 행동했다. 서당에 나오던 아이들 가운데 한 아이는 안에 양털을 댄 비단 두루마기를 입고 매일 가마를 타고 서당에 왔다. 그가 바로 훗날 내각 총리대신이 되어 1910년에 조선의 독립을 파기하는 조약에 날인한 이완용 이었다.

보통 쌍경과 그의 사촌 병억은 아침 7시에 일어나 세수하고 옷 입은 후에 아침 식사를 하고 서당에 갔다 서당의 일정은 아침에는 한문과 동몽선습(童蒙先習: 천자문을 익히고 난 후의 학동들이 배우는 초급교재 - 조선 중종 때 학자 박세무(朴世茂)가 저술함) 책을 공부하고 오락 시간을 가진 후, 한문 붓글씨를 배웠다. 12시에 점심시간이 한 시간 동안 있었고, 오후 과정에도 오전과 비슷한 공부를 했다. 저녁 밥을 먹고 나면 쌍경과 병억은 방으로 돌아가서 낮에 배운 것을 다 외울

때까지 몇 시간 동안 책을 반복해서 읽고 또 읽었다. 당시 교육의 목적에는 두 가지가 있었으나 실제로는 두 번째 목적이 훨씬 더 중요했다.

- 아이들의 인격을 길러주는 것과
- 과거 시험 준비

당시 과거라는 이름 아래에는 여러 가지 종류가 있었고 각각 정도의 차이가 있었다.

- **왕족 과거**
- **지방 과거**
- **문관 과거**
- **무관 과거**

이들은 모두 공통적으로 <사서삼경>(四書三經: 유교에서 경전으로 삼는 책으로 논어, 맹자, 중용, 대학을 <사서>라고 부르고, 시경, 서경, 역경(주역)을 <삼경>이라고 부름)으로 되어있는 유교 고전들의 통달을 중요시했다. 이 시험 제도는 결국 고전의 기계적인 암송 대회로 전락하게 되었다. 그래서 시험관들이 채택한 문장들을 암송할 수 있으면 그 사람은 과거에 합격했고 그 문장들을 하나도 틀리지 않고 암송하면 장원 급제가 되었다. 쌍경과 같은 반 학생들이 처음 사용한 교과서는 다음과 같았다.

- 우주에 관한 이야기를 1,000 자 안에 요약한 〈천자문〉
- 초보적인 윤리학과 다섯가지 인간관계를 담은 〈동몽선습〉
- 중국 역사의 연속물인 〈초학〉 그리고
- 중등생을 위한 〈소학〉과 〈사서삼경〉

각 학생은 개인 지도를 받았기 때문에 머리가 좋은 학생들은 진도가 빨리 나갔다. 그 서당에서 아마도 머리가 제일 좋았던 쌍경은 삼촌 댁 서당에서 6 년을 지내는 동안에 모든 초보자 교과서와 상급 학생들이 주로 읽는 여러 유교 고전들을 배웠다. 이것은 그의 동급생들이 12 년 동안에도 끝내지 못했던 일이었다.

쌍경의 공부 진도가 그처럼 놀랍게 빨랐던 것은 그가 공부한 과목들이 흥미롭고 좋아서가 아니었다. 사실상 그 당시 조선의 교육은 진부하기 짝이 없었다. 학과목은 학생들의 관심사와는 별로 관계없는 과목들로 구성되어 있었다. 운동이라든가 미술, 과학이나 사회 문제 같은 것은 교과에 포함되어 있지 않았다. 휴식 시간이 잠깐 있기는 하였으나 서당에는 뛰어놀 수 있는 운동장이나 운동을 하기 위한 기구도 없었다. 운동에는 전혀 관심이 없었던 선생은 육체적인 운동을 시간 낭비로 생각했고, 학생들을 날마다 하루 종일 마룻바닥에 꿇어앉혀 놓고 한문만 가르치고 암송시키는 것이 자기 의무라고 생각했다.

그림: 서당 선생과 학생들

설상가상으로 학생들은 아침에 서당에 갈 때마다 서당에서 매 맞는데 겁이 나 있었다. 그 당시 낡은 관습을 따라서 선생들은 필요하다고 생각만 하면 언제나, 어떤 방식으로 든 학생을 때리는 것이 허용되었으며 아무도 이것을 반대하지 않았으므로, 선생들은 이 권한을 멋대로 행사했던 것이다.

왜냐하면 쌍경의 삼촌은 선생에게 자기의 아들과 조카와 다른 학생들을 제대로 된 선비로 만들기 위하여 필요하다면 체벌을 포함한 어떠한 방법이라도 사용하라 고 말했기 때문이었다. 그래서 서당의 일과는 선생한테 엎드려 절하는 것으로 시작되었다. 그럴 때 선생은 가끔 학생의 절하는 태도가 옳지 못하다고 해서 기다란 대나무 회초리로 한차례씩 후려갈겼다. 그는 이 회초리를 늘 손에 들고 교과서의 중요한 부분을 지적할 때마다, 혹은 한 눈을 판다든지 또 졸고 있는 학생을 혼내 주는 데 사용했다.

쌍경은 선생의 가혹한 행동이 학생들이 공부하는데 도움이 되기보다는 역효과가 된다고 판단하여 선생을 조용하게 만드는 방법을 하나 모색해 냈다. 그들의 선생은 천식증이 약간 있는 살이 찐 사람으로 가만히 오래 앉아 있거나 계속해서 학생들의 암송 소리가 들리면 꾸벅꾸벅 조는 버릇이 있었다. 그리고 학생들에게 특정 과목을 가르친 후, 그 내용을 암송하라고 "읽는 시간" 하고 외치는 것이 상례였다. 이 암송 시간이 가장 지루하였다. 그러나 학생들이 큰 소리로 계속해 읽고 암송하는 소리가 나면 선생은 졸음이 와서 얼마 안 되어 잠이 들었다. 일단 잠이 들면 방 안에서 책 읽는 소리가 나는 한, 그는 계속해 잠을 잤다. 이것을 이용해서 쌍경과 다른 아이들은 두 패로 나누어 한 패가 마치 전체가 읽는 듯이 큰 소리로 읽는 동안, 다른 한편은 쉬다가, 얼마 후에는 글 읽던 아이들이 쉬고, 쉬던 아이들이 소리 내어 글을 읽음으로써 서로 교대로 쉴 수가 있었다.

다행히도 쌍경은 기억력이 좋아서 암송이 쉬웠을 뿐 아니라 통찰력이 강해서 각 문헌에 들어있는 성현들의 가르침의 참 뜻을 쉽게 터득할 수가 있었다. 그는 유교의 가르침의 본질이 그것을 기계적으로 암송하는 데 있는 것이 아니라 지혜와 미덕을 추구하는 데 있음을 깨달았다. 그렇기 때문에 그는 진부한 교육방식에도 불구하고 서당 교육을 통해 많은 유익을 얻었다. 그러나 다른 아이들은 그렇지 못했던 것 같다. 부유한 환경에서 태어나 하인들이 모든 것을 해주는 습성에 젖어 있던 아이들에게는 아마도 서당 생활이 너무도 재미가 없었을 것이다. 그들은 자기 멋대로 하는 것이 버릇이 되어 있었고, 또 자기네 부친들이 부유하고 세력이 있는 사람들이었기 때문에 어떻게 하든 과거에는 합격될 것을 잘 알고 있었다. 그래서 그들은 공부하는 척 하기가 일수였다.

유년 시절의 즐거운 시간들

쌍경은 서당의 다른 아이들과 같이 노는 것이 그다지 재미있지 않았다. 비싸고 깨끗한 옷만 입고 가마에 실려 다니는 아이들은 육체적인 운동은 무엇이든지 노동으로 여기는 듯했다. 그러나 쌍경은 외숙댁의 일꾼들과 같이 놀기를 즐겼다. 그가 즐겨 하던 놀이는 고리던지기와 동전치기였다. 동전치기는 땅에 조그만 원(Circle)을 만들어 놓고 약 15 피트(약 4 미터) 정도 거리에서 동전을 원 안에 던져 넣었다. 동전을 던져서 상대방보다 원에 더 가까이 던진 사람이 동전을 모두 갖는 놀이였다.

쌍경의 소년 시절 중, 무미건조했던 한양 생활에서 한 가지 예외가 있었다면, 그것은 그의 조부님이 감사(The Governor)로 있었던 수원을 가끔 찾아가는 일이었다. 감사의 저택은 수백 정보(Acres)로 둘러싸인 특수한 지역에 위치해 있었다. 여기서 그는 조부님 댁에서 키우는 사냥개들과 함께 달리기도 하고, 그를 위해 사준 나귀를 타고 놀기도 하면서 넘치는 힘을 발산시켰다. 수백 가지의 나무, 각양각색으로 얽힌 수많은 돌과 식물, 꽃과 동물 등으로 가득 차 있는 넓은 정원은 호기심에 가득 찬 그의 마음을 충족시키는 이상적인 실습장이었다. 쌍경은 될 수 있는 대로 자주 조부님이 계신 수원을 찾아갔다. 지난 날의 문명과 사회 도의(Social ethics)를 강조하는 <사서삼경>을 공부하는 것이 전혀 재미없는 것은 아니었으나, 그는 현재 살아있고 느낄 수 있는 것들, 즉 천지의 만물과 자연에 더 많은 관심을 쏟았다. 숲 속을 거닐면서 그는 식물과 동물들의 벗이 되었고, 밤에 풀밭에 누워 별과 해와 달을 쳐다보면서 저들이 그처럼 공중에 떠 있으면서 빛과 열을 발산하는 비결이 무엇인지 알기를 열망했다.

장원급제

열세 살쯤 되어서 쌍경은 사서삼경을 모두 마치고 이것을 모두 암송할 수 있게 되었다. 그러자 그의 친척들은 그에게 과거를 치르도록 권유했다. 왜냐하면 첫 번 쳐서 합격하는 사람은 드물었기에 일찍 시험을 치기 시작할수록 결국 합격할 가능성이 많아지기 때문이었다. 그런데 때마침 고위층의 양반들만 칠 수 있는 <왕족 과거>를 치르게 한다는 통고가 내렸다. 쌍경은 시험을 치도록 설득받고 19 명의 수험생 가운데 최 연소자로 과거 시험을 보게 되었다

시험 치는 날 그는 다른 시험 보는 사람들과 더불어 경복궁 대궐 안으로 들어갔다. 임금님도 친히 왕림 하시었다. 시험 보는 학생들은 한사람씩 임금님 앞에 무릎 꿇고 절했다. 그

후에 시험 감독하는 사람들이 그들 앞에 각각 다른 책의 이름과 권수, 제목이 담긴 시험지를 내어놓았다. 수험생들은 한사람씩 시험 감독관 앞에 불려 나가 자기에게 주어진 제목을 발표하고 그것을 암송해야 했다. 어떤 수험생들은 겨우 외웠고, 어떤 이들은 말문이 막혀 아무 말도 못 하고 있었다. 쌍경의 차례가 왔을 때 그는 앞으로 나가 무릎을 꿇고 앉은 후 제목을 발표한 후, 마치 책을 보고 읽듯이 구절구절을 암송하여서 시험 감독관은 그의 총명함에 놀랐고, 곧이어 "쌍경(서재필)이 장원으로 급제했다"고 발표했다.

이제 쌍경에게는 유망한 정부 관직이 기다리고 있었다. 그뿐 아니라 그처럼 훌륭한 장원 급제를 하고 나니 이제는 아무도 그를 쌍경이라고 부르지 않았다. 아직 10대의 소년이었으나 집안 하인들은 그를 "도령님"이라고 불렀고, 그의 동년배와 친구들은 그를 "재필"이라고 부르게 되었다.

제 3 장 청년 시절

앞서도 말했듯이 대원군은 서재필이 태어나던 해에 자신의 둘째 아들을 이조 26 대 통치자(고종)로 왕위에 올려놓고 자신은 섭정 조대비의 고문이 되었다. 1864 년, 그때부터 그의 세력은 지배적이어서 <섭정 대원군>이라고 불리게 되었다. 당시 조선에서는 그를 개혁자라고 칭송하는 사람들도 더러 있었지만, 대부분의 사람들은 그를 극히 두려워하고 미워했다. 전해지는 말에 의하면 조선의 어머니들은 아기가 울면 "대원군이 온다" 고 하면서 울음을 그치게 했을 정도였다고 한다.

그러므로 십여 년 후에 대원군이 강제로 은퇴 당하게 되자 소년 재필을 비롯한 대부분의 사람들은 안도의 한숨을 쉬게 되었다. 1867 년 고종이 16 세 성년기에 접어들자 이름 뿐이었던 섭정 조대비는 섭정기가 끝났다고 반포했으나, 대원군은 계속 권력을 행사하여 사람들은 그를 <섭정 대군>이라고도 불렀다. 그러나 결국 10 년 만에 그는 섭정의 자리를 내놓아야만 했으니 아무리 대원군의 수단이 비상하다 해도 10 년 집권 동안 백성의 반감을 많이 샀을 뿐 아니라, 왕이 성년에 이른지 오래됐으므로 더 이상 집권할 수 없게 되었다.

대원군의 섭정에서 민씨 세도

그러나 얼마 안 가서 사람들은 대원군의 실각이 자신들에게 별로 나을 것이 없다는 사실을 알게 되었다. 대원군의 변덕스럽고 억압적이었던 통치 대신 똑같이 부패하고 억압적인 민씨들의 세도 정치가 시작되었던 것이다. 대원군의 섭정과 민씨들의 세도정치 사이에 한 가지 다른 점이 있었다면, 그것은 후자의 경우 여자, 즉 민중전(Queen Min)이 그 두목 이었다는 사실 뿐 이었다.

1874 년부터 일본인 자객들의 손에 처참한 죽임(명성황후 시해 사건)을 당한 1895 년까지 거의 20 년 동안, 성격이 강했던 민비는 자기 시아버지에 못지않게 남편의 왕권을 철저히 행사하였다. 그러나 이 동안 민비의 이름이 많은 사람의 입에 오르내렸음에도 불구하고, 그녀를 개인적으로 아는 사람은 극소수에 불과했다. 소문에 의하면 암살에 대한 염려 때문에 그녀는 거의 공석에 나타나지 않았을 뿐더러 자신이 사진에 찍히는 것을 허락하지 않았으며, 심지어는 충신들과 회담 할 때도 대나무 커튼을 쳐 놓고 자신이 잘 보이지 않게 하였다는

것이다. 미신을 극복하지는 못했으나 놀라울 정도로 총명했던 민비는 독학으로 언문, 즉 한글을 읽고 썼으며, 한문도 간단한 것은 배워서 알고 있었다.

그녀의 외모에 대해서는 이렇다 할 의견을 내놓을 만한 근거가 별로 없다. 서 박사가 그녀를 직접 만나 본 소수의 사람 중 한 분이었기 때문에 그녀가 어떻게 생겼더냐고 물어본 즉 "그녀는 교활한 여자 (A cunning woman)였다" 고 대답했다. 또 초대 조선 주재 미국 공사의 부인으로 민중전을 만날 수 있었고, 그녀에게서 깊은 인상을 받았던 로즈 푸트(Rose Foote) 여사도 그녀를 "재미나게 생긴 얼굴과 멋스러운 머리 모양" 을 가졌다고만 묘사했다. 그러나 그녀의 외모는 미인이 아니었을지 모르지만, 자기가 원한다면 무엇이든지 또 누구든지 자기의 말을 듣게 만들 수 있는 매력을 가지고 있었던 여자였음은 틀림없었다.

사진: 명성황후 시해 사건을 전했던 뉴욕 해럴드 기사에 실린 민비 모습 (1895 년)

민비는 귀족 가정 출생이었지만 가난했던 집안에서 1850년에 태어났다. 일찍이 부모를 여의고 고아가 되었던 그녀는 역시 넉넉지 못했던 삼촌 댁에서 자랐다. 그래서 그녀는 나이가 어려서부터 여러 가지 미천한 집안 일을 해야 했었다. 그러나 그녀는 확실한 목적을 세우고 인내하며 근면한 생활을 했다. 그리고 지혜가 높은 양반일 뿐 아니라 부유하고 권력 있는 남편을 만나겠다는 강철 같은 의지를 갖추고 있었다. 당시에 결혼은 흔히 적령기 남녀들의 본인 의사와 상관없이 부모나 보호자들이 결정했기 때문에, 그는 삼촌 내외가 자기의 꿈을 실현해 주기만 기다릴 수 밖에 없었다. 따라서 그는 삼촌의 환심을 사려고 최선을 다했다. 그러기에 그녀는 지극히 공손하고 얌전했고 부지런하고 민첩하게 행동했으며 몸을 극히 청결하게 가꾸었다. 이렇게 해서 그녀는 삼촌과 숙모의 마음을 사로잡을 수 있었다. 그들의 눈에는 그녀가 아주 소중한 보물같이 보였기에 그들은 친구나 친척 앞에서 그녀의 칭찬을 아끼지 않았다.

이 훌륭한 처녀에 대한 소문을 듣고 그를 만나본 후 감복한 사람 중의 하나가 대원군의 부인 민씨였다. 고종이 등극한 지 4년째 되던 해, 결혼 적령기에 이르자 대원군과 부인 민씨는 아들에게 적합한 신부감을 고르는 데 깊이 몰두하게 되었다. 그러나 부인 민씨에게는 이미 마음에 정해 놓은 처녀가 있었으니, 이는 자기 집안 친척 중에 고아가 된 처녀였다. 처음에는 대원군이 이에 반대했는데, 그 이유는 전에 섭정 조대비에게 은밀히 "조씨 가문의 처녀를 택하겠노라"고 약속한 바 있었기 때문이었다.

그러나 심사숙고 끝에 자기 아내의 말을 쫓기로 했다. 조씨 가문에서 왕비를 택한다는 것은 조씨 세도를 몰고 올 위험을 내포하고 있는 반면, 그의 아내가 민씨이기 때문에 민씨 집 처녀를 데려오는 것이 더 안전하다고 생각되었던 것이다. 실로 이것이야 말로 민씨와 이씨 집안 간의 결합을 재 확인하고, 자신이 가장인 이씨 왕조의 위신을 더 높이는 길이라고 판단하였다.

고아 처녀에서 왕비 민비

그리하여 고종 왕과 민씨 댁 고아 처녀와의 결혼이 성사되어 신부에게 <명성황후>라는 칭호가 부여되었으니, 전날 고아 처녀의 결심은 보상받고도 남음이 있게 되었다. 동시에 그녀는 장차 조선의 실권을 잡기로 결심하고 몇 해 동안 지극히 상냥하고 공손함으로 대원군의 기대에 어긋남이 없었다. 더구나 왕이 성년이 된 후에까지 지속된 대원군의 권력 행사 등이 몹시 불쾌했으나, 그녀는 그것이 조금도 위협이 되지 않는 듯이 행동했다. 그러나 겉으로 상냥하고 공손한 것과는 달리 민비는 내심으로는 원한이 가득해 대원군에게 반격을 가할 시기만을 기다리고 있었다. 하지만 시아버지에게 공격을 가할 시기는 그녀가 왕자를 낳을 때까지는 오지 않을 것을 분명히 알고 있었다. 또한 그녀가 남자아이를 낳지 못 한다면 자신은 후손을 낳을 다른 여인에게 밀려나야 하는 것은 너무나 당연한 일이었다. 다급해진 민비는 무당과 점쟁이들을 불러들여 "제발 아들을 낳게 해달라"고 빌었고, 그러는 동안 두 번이나 임신 했었지만 모두 유산으로 끝나 버렸다.

그러다가 마침내 1873 년 왕자를 출산하여 그녀의 꿈은 실현되었다. 한편 고종은 너무나 좋아서 국사를 돌보기 보다는 아이 보기를 더 좋아했고, 조선의 왕위를 계승할 왕자의 탄생은 국민들도 큰 기쁨으로 받아들였다. 이렇게 그녀의 왕비 위치가 확고해지자 이제는 '시아버지 대원군과 대결할 때가 왔다'고 판단했다.

그리하여 그 아들이 한 살도 채 되기 전에 민비는 남편을 설득해 갓난아기를 왕세자로 책봉하는 의례를 치렀으며, 청국 황제의 승인을 얻기 위해 사신을 북경으로 보냈는데, 그 사신은 대원군의 정적이었다. 이 모든 일들은 대원군과는 의논 한마디 없이 이루어졌으며, 한 걸음 더 나아가서 민비의 요청에 따라 고종은 대원군의 이름으로 반포 되었던 많은 칙령을 철회시켰다. 대원군은 노발대발했지만 백성들의 심리를 알아차린 조정 대신들이 아무도 자기편을 들지 않게 되자, 자신의 권력이 끝장난 것을 인정하지 않을 수 없었다. 백성들은 아들이 성년이 되었음에도 불구하고 대원군이 권력을 행사한다는 것은 불법이었으므로 그의 은퇴를 갈망한 것이 분명했다.

민비는 재빨리 대원군이 임명했던 사람들을 모두 해고하고, 그 자리에 자신의 혈족들과 그들이 믿는 사람들로 가득 채웠는데,

새로운 임명된 대관들은 구 대관들보다 더 부패하여 국고를 약탈하였으므로 실질적으로 백성들은 더욱 곤고함에 빠졌다. 예를 들어 민비의 친척인 민병석은 평안도에서 5 년간 평안감사로 지내면서 악정을 펼쳐 백성들의 원망이 높았고, 덕분에 국내에서 첫째가는 부자가 되었다고 한다. 이와 같은 일들은 민씨의 세도 아래에서 일어났던 부패 중 빙산의 일각에 불과했다.

민씨 세도의 시작은 막을 수 없는 서구의 세력 확장 정책이 물결처럼 조선을 향해 밀려 들어오던 때였다. 비록 당시 조선을 향한 침략 세력이 서방이 아닌 일본이었으나, 일본의 행동은 전형적인 서양 제국의 방식이었다. 일본은 20 여 년 전에 미국과 유럽 열강이 자기들에게 했던 것과 똑같은 방법으로, 자기들이 배운 서구식 군사력을 조선에게 휘둘렀다. 이에 대해 골수 보수파인 민씨 파의 집정자들은 일본의 도전을 무력으로 항거할 수 있기를 바랐으나 오랫동안 군비가 미약하여 사기가 저하되어 있었던 소수의 조선 군대는 전혀 일본의 상대가 되지 못했다. 그런가 하면 조선의 보호자로 믿었던 청국도 서방 세력의 가혹한 압력에 무너지고 있었다. 이러한 실정 아래에서 일본에 대항한다는 것이 허사인 것을 깨닫고, 민씨 일파는 일본이 요구하는 외교 및 통상 수호조약 체결 요구안을 수락했다. 이것이 1876 년에 맺어진 조-일 수호 조약이었다. 이 조약의 열 가지 항목 중 주요 조항은 다음과 같다.

- 일본은 조선이 독립국 임을 인정한다.
- 조선은 일본 외교 사신의 조선 입국을 허락한다.
- 부산 이외에 인천과 원산을 일본과의 교역항으로 개방한다.

은둔에서 외세 침입의 도가니로

일본의 군사력이 압도적으로 우세했던 것을 고려할 때 이 조-일 수호 조약의 요구 조건은 비교적 온건한 것처럼 보일 수도 있다. 그러나 좀 더 넓은 안목으로 볼 때, 일본의 이득은 막대한 것이었다.

첫째, 일본이 조선의 독립을 인정한 것이 너그러운 행동처럼 보였지만, 사실상 이 말은 조선 반도의 종주국으로서 청국 대신 일본이 그 자리에 들어서는 것을 조선이 인정한다는 표시였다.

둘째, 일본이 외교 사신들을 조선에 보낼 권리를 갖겠다는 말은 그들이 조선 내정에 간섭하겠다는 말을 미화했을 뿐이었고, 조선 항구를 둘이나 일본에게 열게 강요한 것은 일본이 은둔의 나라 조선을 경제적으로 침투할 권리를 가지겠다는 말이었다.

조-일 수호 조약의 쓰라린 결과는 조선에게 민씨들이 생각했던 것보다 훨씬 더 광범했다. 민씨들은 대원군 못지않은 보수파로서 자기들의 이권이 유교 사상의 철저한 보존에 있었던 까닭에 유교 사상을 고수하고자 안간힘을 다했다. 그들이 조-일 수호 조약에 응했던 것도 일본이 조선의 독립을 인정하기 때문에 조선이 마음대로 정치, 사회 제도를 채택할 수 있으리라는 생각에서 비롯되었다. 또한 그들은 청국의 권유에 따라 조-일 수호 조약 이후 미국 및 다른 서방 국가들과도 비슷한 수호 조약을 맺었다. 청국의 실권자 이홍장은 일본과 서방 세력들이 일단 조선 땅에 발을 들여놓은 다음에는 이들 서양 오랑캐들 사이에 서로 싸움이 일어나서 저희들끼리 싸우느라고 조선을 가만히 내버려두리라고 믿었던 것이다.

그러나 서방 세력이 서로 적대시 했던 것은 사실이었지만, 열강국들은 조선으로부터 이권을 추구한다는 점에 있어서는 모두 똑같은 면모를 드러냈다. 조-일 수호 조약의 결과로써 한 가지 확실한 점은, 조선이 태고로부터 지켜왔던 '고립주의'적인 이념이 서서히 붕괴되기 시작했다 는 사실이었다. 이 조약을 체결하자 곧 일본은 한양 조정이 문명국 사이에 우호 관계를 유지하려면, 서로 간에 외교 사절을 교환하는 법이라고 하면서 이번에는 조선 측이 일본에 사신들을 보낼 차례라고 주장하고 나섰다. 하는 수 없이 민씨 파들은 80명의 사신을 일본으로 파견했다.

이로부터 8년 동안 두 차례 더 일본으로 사신들을 보냈는데, 그들은 모두가 서양화된 일본이 보여준 신식 생활 양식과 교육 정책들에 매료되었기에 조선인들의 구미를 돋우어 주는 자극제 역할을 하게 되었다. 이렇게 해서 조선에서의 <개화 운동>이 탄생했으며, 조-일 수호 조약을 계기로 그 이후 다른 서방 제국들과의 수호 조약을 체결한 결과, 밀물처럼 밀려 들어오게 된 서구 사상을 적극적으로 받아들이는 새로운 세력들이 생겼고, 이 세력과의 치명적인 싸움에 민씨 일가는 어쩔 수 없이 말려 들어가게 되었다.

이 새로운 세력들이란 <동학당>과 <개화당(독립당)> 둘로 구분될 수 있었다. 이들은 다같이 민씨 가문의 세도정치를 적극적으로 반대했음에도 불구하고, 두 세력은 서로 불화 반목의 관계에 있었다. 원래 동학교도들은 철저한 종교 단체의 신도들로 서양 것이면 무엇이나 사악하다고 반대했고, 한편 독립당은 서구 제도를 긍정적으로 보고 전면적인 도입을 주장했다.

동학당과 개화당

서양학이라고 알려진 천주교에 대해 반대하는 세력으로 1850년 서민 출신의 유교 학자에 의해 시작된 동학당은, 조선 민중의 보수적인 추세에 편승하여 번성했다. 천주교 교리에 반대한다고는 했으나 실제로 동학당은 조선 재래의 종교적 관념과 불교, 유교, 및 천주교가 혼합된 모임이었다. 이들은 누구나 <천주>(The Heavenly Master)를 믿고 그를 경배하면 죽어서 천당(Heaven)에 들어가게 될 뿐 아니라 살아 있을 동안에도 병을 앓지 않을 것이라고 가르쳤다. 그들의 예배는

주여 지금 내려오셔서 천주와 더불어 만물을 새롭게 하고 영원토록 잊지 않고 모든 것을 알게 하여 주옵소서

지기금지원위대강 至氣今至願爲大降,

시천주조화정 侍天主造化定,

영세불망만사지 永世不忘萬事知

라는 신주를 외운 다음, 나무로 만든 칼을 들고 예식에 맞추어 춤을 추는 것으로 되어 있었다.

격식과 교리가 단순하고, 그 약속이 방대한 것이었으므로 동학 교리는 농민들 사이에서 많은 지지자를 얻게 되었다. 농민 계급이 조선에서는 절대다수였음에도 불구하고 가장 억압당한 계급이었던 까닭에, 동학 교도들이 그들의 사회 및 경제적 위치를 향상시키기 위하여 점차적으로 그들의 잠재력을 인식하게 된 것은 당연한 일이었다. 민씨의 세도정치 시기에 가중해지는 정부의 억압과, 다른 한편으로 인간의 기본권이라는 관념을 인식시키기 시작한 서방의 영향으로, 동학 교파는 실질적으로 민중의 정당이 되었다.

개화당은 동학운동이 일어난 지 약 20년 후에 발족하였다. 동학당과는 달리 개화당의 지도자들은 조선의 특권층인 양반 계급에 속해 있었고 그들의 목적은 좀 더 개혁적인 것이어서, 부패하고 강압적인 현 정권을 쫓아내고 진보적이고 유능한 정부, 즉 자기들이 구성하는 정권으로 대체하려고 계획했다. 이 개화당 조직은 야심 있고, 머리가 비상한 귀족 출신 김옥균을 중심으로 구성됐다. 1850년대 세도 가문이었던 안동 김씨 출신인 김옥균은 22세의 나이에 과거에 장원 급제한 후 대원군 정권 아래에서 관직을 맡고 있었다.

그러나 대원군은 자기가 실권을 잡은 후 모든 정적과 안동 김씨들을 중요한 관직에서 다 쫓아냈고, 안동 김씨인 김옥균에게도 실권 없는 관직을 주었다. 그리하여 김옥균은 은근히 분개했고, 광범위하게 책을 많이 읽으며 다양한 배경과 특이한 경험을 가진 많은 사람들과 교제하였다. 그가 만난 사람들 중 특히 마음에 맞았던 사람들은 1866년 평양에 미국 셔먼호가 들어왔을 당시 평안도 관찰사를 지냈고 북경 사신으로 파견된 바 있었던 박규수, 조선 사신들을 따라 여러 차례 청국을 다녀온 바 있는 유대치, 그리고 청국 파견 조선 사신들의 번역관이었던 오경석 등 이었다. 서박사의 딸 뮤리엘 양은 김옥균과 서재필의 관계에 대해 자기 아버지의 회고를 다음과 같은 말로 표현했다.

"그들은 사촌 간이었다. 나의 아버지는 김옥균을 교양 많고 매력적이며 다재다능한, 장안에서도 세련된 인간으로 묘사했다"

김옥균은 이들 사신들이 청국에서 보고 들은 바 모두를 조선 정부에 제출한 공식 보고서에 올리지는 않았으리라 짐작하고, 그 숨은 이야기들을 듣고자 했다. 김옥균의 짐작은 바로 들어맞았다. 이들이 모든 것을 보고하지 않은 이유는, 서양인들에 대해서 집요한 편견을 갖고 있었던 대원군에게 역사 깊고 위대한 중화 제국이 언젠가 필연코 서방 세력에 의해서 정복되리라는 견해를 보인다는 것은 자살 행위와 마찬가지였기 때문이었다.

그러나 이들은 진실을 알리고 싶은 마음을 버릴 수 없었고, 김옥균이 나이가 좀 어리기는 했지만 애국심에 불타는 믿을 수 있는 관리로 생각되자, 자기들이 본 청국의 실상을 말해주기로 합의했다. 김옥균이 이들로부터 들은 이야기의 요점은 대강 이러했다.

청국은 거대하기만 했지 실제로는 침체되고 활기를 잃은 지라 서방 세력으로부터 조직적인 공격을 받고 있으며, 따라서 과학 기술의 발달로 진보적인 사회 사상과 우월한 군사력을 지닌 서방 세력을 막아낼 길이 없을 것이다.

이들에 의하면 청국은 더 이상 과거의 중국이 아니고 쇠퇴 일로에 있는 나라이기 때문에, 조선이 청국의 보호에 계속 의존하는 것은 스스로 자멸을 초래하는 길이었다.

김옥균은 청국에 관해 그리고 청국의 서방과의 관계에 대해서 알면 알수록 박규수와 오경석이 말이 사실이라는 확신이 들었다. 그는 서방 국가들이 "어떻게 청국과 같은 대제국을 정복할 힘을 길렀을까?"고 스스로에게 물었다.

김옥균과 불교 스님 이동인

그의 이런 호기심에 답을 해 준 사람은 "이동인"이라는 부산 태생의 학식 있는 불교 승려였다. 부산은 일본 거류민을 위하여 개항되었던 유일한 항구였던 까닭에 일본 아이들과 한 동네에서 자란 이동인은 일본말을 배울 수 있었다. 성인이 되어 스님이 된 후, 통도사에 들어가 불교와 유학에 전념한 끝에 그는 불교와 유교의 권위자가 되었다. 그런데 당시 이씨 왕조의 <불교 배척주의>로 인하여 불교도들은 많은 수모를 겪었다. 그 일례로 스님들이 불교를 다른 사람에게 가르치는 것이 금지되었을 뿐 아니라, 장안으로 마음대로 출입하는 것조차 금지 되었다. 그러나 조선 법규에 순종하는 한, 조정에서는 승려들을 가만히 내버려두었기에 이동인은 일본인으로 가장하여 일본을 몇 차례 다녀올 수 있었고, 덕분에 그는 급격히 서구화하는 근대 일본에 대해 박식한 조선 최초의 권위자가 되었다.

김옥균이 어떻게 언제 처음으로 이동인을 만났는가는 잘 알려져 있지 않다. 다만 알려진 바에 의하면 이동인 스님을 존경하게 된 김옥균은 1879 년 봄, 그를 한양 장안 밖에 있는 절로 몰래 오게 하여 자기와 마음을 같이 하는 친구들에게 소개하였다고 한다.

한편 지긋지긋했던 대원군의 섭정이 끝나기가 무섭게 민씨의 폭정이 시작되자 백성들의 원성은 높아졌다. 주로 일반 대중들로 구성된 동학교도들은 더 이상 종교 전파 활동만으로 만족하지 못하고 민씨 일족을 반대하는 정치 활동을 시작했다. 그리고 그들의 불만은 김옥균의 진보사상을 따르던 한양의 똑똑한 청년 양반층에 의해 메아리 쳐 울리게 되었다. 세계 실정을 잘 아는 사람들의 말을 듣고, 이에 관한 책을 많이 읽은 김옥균은 "조선이 살길은 오직 거만하고 무지하며 **친청 사대사상**에 가득한 민비 주변 일당을 없애고, 일본의 명치유신(明治維新)의 주동자들과 같은 개혁파 지도자들이 조선에서 집권하는 것이다"고 확신하게 되었다.

그리하여 그는 이 목적을 위하여 동지들을 모으기 시작했다. 단시일 안에 규합된 동지들의 숫자는 수십 명에 달하였는데 그 가운데 중요한 인물로서는 전왕 철종의 사위인 박영효, 전 영의정의 아들 홍인영, 역시 전 영의정의 아들 서광범, 그리고 서재필이 있었다. 서재필은 최 연소자로서 다른 사람들보다 훨씬 나이가 어렸다. 그는 아직도 16세, 십 대의 나이였다.

그러나 김옥균이 나이 어린 재필을 가장 중요한 동지의 한 사람으로 선택한 사실은 별로 놀라운 일이 아니다. 왜냐하면 재필의 양 어머니가 안동 김씨였으므로 김옥균과 서재필은 먼 친척 간이 되었고, 그들은 둘 다 대원군을 포함한 세도가들이 살고 있었던 동네(경복궁과 창덕궁 사이에 있던 북촌)에서 같이 살았기 때문이었다. 그래서 처음 만나면서부터 그들은 연령 차이가 컸음에도 불구하고 서로 가까운 친구가 되었다. 또한 김옥균이 서재필보다 14년이나 연상이었으나 이들은 여러 가지 공통점을 갖고 있었다. 둘 다 양자로 들어갔고, 머리가 뛰어나게 좋았으며, 모험심이 강했고 담대했다. 서재필이 김옥균을 선배요, 동지로 존경하는 마음은 끝까지 변함이 없었다. 말년에 그는 김옥균에 대하여 다음과 같이 말했다.

김옥균은 조선이 무력한 이유는 조선의 일반 대중이 과학 문명의 지식에 어둡고, 지도 계급에 있는 사람들도 무지하고 우둔하기 때문이라고 믿었다. 그는 누차에 걸쳐 나라를 구할 수 있는 유일한 길은 백성 전체를 교육시키는 데 있으며, 이 교육의 임무는 젊은이들이 맡아야 한다는 점을 강조하면서, 늙은이들은 이런 일을 할 능력이 없다고 말했다.

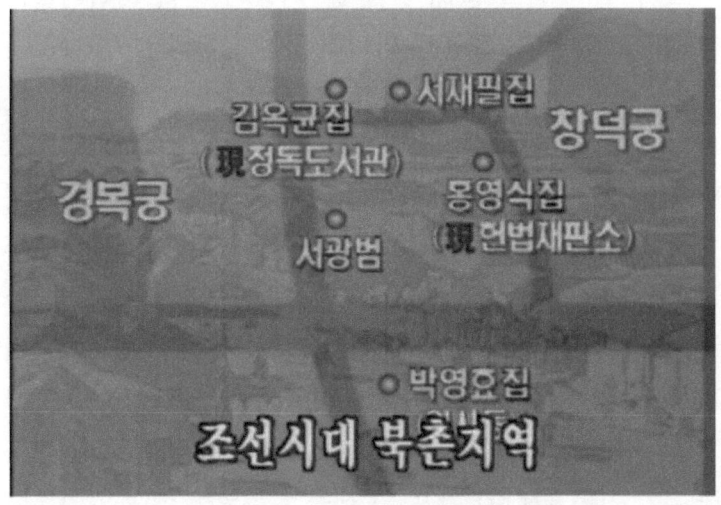

그림: 조선시대 북촌 지역에 있던 집 위치. 현재 서울 종로구 가회동, 안국동, 삼청동 지역 임.

개화당의 탄생

1879 년 어느 날 김옥균은 한양 문밖에 위치해 있는 봉원사라는 절로, 위에 열거한 동지들을 불러냈다. 이 은밀하고 역사적인 모임에 관하여 서재필은 후일 다음과 같이 피력했다.

어느 해라고 정확히 기억할 수는 없으나, 어느 봄날 김옥균은 나와 몇몇 친구들에게 봉원사에서 만나자고 했다. 그러겠노라 하고 절에 가보니, 유식해 보이는 불교 승려 하나가 내 동료들 가운데 앉아서 김옥균이 묻는 말에 대답하고 있었다. 그는 이동인 스님으로 일본을 여러번 방문한 적이 있었다. 그가 일본에 관하여 하는 이야기와 그가 일본 책을 통해 알게 된 서양에 관한 이야기들은 나를 도취 시키고 말았다. 그 뿐만 아니라 그는 일본과 서양의 도시, 선박, 기차 등의 사진을 보여주었다. 우리는 그가 갖고 온 만화경(kaleidoscope)을 통해서 이 사진들을 구경하며, 그 사진들에 담긴 화려함과 만화경이라는 도구에 놀라서 입을 다물지 못했다. 그는 또 우리들에게 성냥을 보여주었다. 우리는 모두 번갈아 가며 성냥불을 켜 보았다. 성냥을 성냥갑 옆에 거칠거칠한 쪽에 문질러서 불꽃이 일어나게 하는 것을 보고, 우린 어린아이들처럼 좋아서 소리쳤다. 그는 또한 〈서양사정(西洋事情)〉이라는 일본말로 쓰인 책을 갖고 있었다. "후쿠자와 유키치(福澤諭吉)"가 쓴 그 책은 일본말로 쓰여 있었으나 한문이 많이 섞여 있었던 까닭에 우리도 꽤 많이 이해할 수 있었다. 우리들은 일본이 얼마나 빠른 속도로 근대화하고 있는가를 알고 그저 아연실색할 따름이었다. 서양 문물을 받아들임으로 일본은 불과 20 년 만에 부강국이 되었던 것이다.

사진: 서대문 구에 있는 봉원사 모습 (2023년).

사진: 만화경(Kaleidoscope).

서방 세계에 대해 더 알고 싶은 욕심에 김옥균은 그 스님에게 그 책을 팔 수 있느냐 고 물었다. 그는 그것이 자기에게 한 권 밖에 없는 책이라 팔지 못하겠다며, 머지않아 그가 다시 일본에 가게 되므로 그때 구해서 갖다 주겠다 고 했다. 김옥균은 그에게 돈을 주면서 될 수 있는 한, 다른 책들도 많이 갖다 달라고 부탁했다. 이에 관하여 서재필은 다음과 같이 말했다.

이동인 스님은 인상적인 분이었다. 뛰어나게 박식하고 세련되었으면서도 겸손했다. 그 당시 불교 스님들은 사회에서 추방당한 사람처럼 취급 당했고, 보통 사람들이 갖는 평범한 권리조차 모두 박탈당했으므로 절에서 염불이나 하는 것으로 위안을 찾는 처지였다. 따라서 집권자들은 이들이 자기네 정권 유지에 위협을 줄 만한 사람들이 아니라고 확신하여 이들의 거취를 별로 감시하지 않았으므로, 이동인 스님은 별반 어려움 없이 외국을 드나들 수 있었다. 약 6 개월후에 그 스님은 여러 권의 책과 서방 여러 나라에 대한 사진, 그리고 만화경 한 개와 성냥 여러 통을 갖고 왔다. 우리들은 너무나 좋아서 기회만 있으면 이곳 저곳에 비밀리 모여 흥미진진하게 그 책들을 읽고 만화경을 통하여 사진들을 구경하며 또 성냥불을 켜보곤 했다.

그 책들은 서양 강대국들에 대한 역사, 지리, 사회 관습, 및 정부에 관한 것들이었다. 일본어로 쓰였기는 했으나 한문이 대부분이어서 우리는 그 내용을 잘 이해할 수 있었다. 약 반년 정도 걸려서 우리는 그 책들을 모두 읽었다. 다 읽고 나자 우리는 마치 새롭고 황홀한 다른 세계를 알게 된 것처럼 느꼈다. 그리고 조선을 살리는 길은 서양의 본을 받아 일본이 거쳐 간 것과 같이, 정치 제도의 혁신에 있음을 추호의 의심도 없이 믿게 되었다. 그래서 우리는 서구 제도를 조선에 들여오고, 일본이 이룩한 것과 같이 조선을 일으키기 위해 필요한 일이라면 무슨 일이든지 해 보자고 서로 다짐했다. 이것이 바로 조선에서 최초의 **개화 운동**이 일어나게 된 시작이었다.

조선에서의 개화 운동은 두 가지 점에서 주목할 만하다.

첫째, 중국이나 일본과는 달리 외부의 도전에 의해서가 아니라, 조선인들 자신에 의해 시작되었다.

둘째, 중국이 강제로 서방과 국제 조약을 맺은 후 30 년이 지나도록 조선은 외세를 완강히 배척하고 있었음에도 불구하고, 김옥균, 박영효 등은 중국의 강유위 같은 개혁 운동가들보다 10 년이나 앞서 개혁 운동을 시작했다.

이러한 면에서 김옥균과 서재필 및 그 동지들은 조선에서 뿐만 아니라 아시아에서 뛰어난 개혁 운동가로 손꼽힐 만한 인물들이라 하겠다.

김옥균과 임오군란

1881 년은 조선 근대사에 기록될 만한 해였다. 그해 김옥균은 오랫동안 꿈꾸었던 일본 방문을 실현하였다. 그는 조선이 최초로 해외에 보낸 수신사 일행의 한 사람으로 가게 되었다. 그는 일본의 모습에 너무나 도취하여 사절단이 모두 귀국한 후에도 일본에 남아있기로 작정했다. 8 개월 더 머무는 동안 그는 일본의 근대화와 서구화된 모습을 두루 다니면서 시찰했을 뿐 아니라, 새로운 일본의 개척자들과 만나 대화하는 데 많은 시간을 보냈다.

김옥균은 "이노우에"와 "오쿠라" 같은 정치인들 뿐 아니라 "시부자"와 같은 자본가, "후쿠자와"와 같은 교육자와도 만났다. 일본에 오래 머물러 있으면 있을수록 김옥균은 새로운 조선을 건설하는 일은 일본의 본을 받는 것이라고 점점 더 확신하게 되었으며, 그 일을 하려면 고종의 지지를 받아야 할 것이라고 믿었다.

전례를 깨뜨리고 일본과의 교류를 연 것은 고종이 아니었던가! 조-일 수호 조약에 조선이 독립 국가라고 선언했으니, 그것을 현실화하기 위하여 일본을 본떠서 조선의 군사, 경제, 정치력을 기른다면, 그것은 조선의 이익일 뿐더러 자신의 권위가 높아질 것이라고 고종이 생각했기 때문이었다. 그러나 슬프게도 불행한 소식이 그를 기다리고 있었다.

(편집자 주: 후쿠자와 유키치가 1875 년에 쓴 '문명론 개략' 은 새로운 국가, 독립적인 국가를 수립하기 위해서는 서구의 기술 뿐만 아니라 사상과 문화, 무엇보다도 '자유' 와 '독립' 이라는 개념을 적극적으로 받아들여야 한다고 주장함. 총 100 여 권 이상의 책을 집필함.)

사진: 후쿠자와 유키치와 (1862 년) 문명론 개략

사진: 일본은행권 1 만엔권에 후쿠자와 유키치의 초상화가 쓰임.

1882 년 6 월 초에 김옥균이 귀국해 보니 조선은 소위 <임오군란>이라는 반란의 후유증으로 기진맥진한 상태가 되어 있었다. 왕비의 친척이었던 민겸호는 병조판서로 있으면서 재산을 긁어모으는 데 몰두한 나머지 1 년 이상 군졸들에게 봉급을 주지 않았기에 분노한 군인들이 군란을 일으켰다. 민비가 국가의 왕비로서의 임무는 무시한 채 오로지 자기 집안 여흥 민씨들의 사적 이익만을 추구한 결과 발생하여, 조선왕조를 본격적으로 멸망의 길로 걷게 만든 이 사건은, 대규모 외국군이 한양 한복판에 주둔하게 된 직접적인 원인이 되었다. 이처럼 민비가 조선 몰락의 실마리를 제공하였다.

이 군란으로 인해 국왕은 왕위를 잃을 뻔했고, 민비는 변장하고 도망가서 겨우 목숨을 건졌으며, 민비 친척 가운데 민겸호를 포함해 많은 사람들이 살해당했을 뿐 아니라 정부 관청과 살해당한 관료들의 집은 모두 불타 없어졌으며, 한양에 거류하던 일본인들도 많은 인명과 재산의 손실을 입었고 일본 공사관도 불에 탔다. 일본은 이에 조선에 손해 배상을 요구하였고, 이 문제를 해결하기 위해 조선과 일본 사이에 <제물포조약>이 1882 년에 체결되어 일본군의 조선 주둔이 공식화되었다.

조선 조정은 파산 지경이었다. 게다가 반란의 평정을 위해 청국 군대를 불러들여야 했는데, 당시에 중국의 실권을 잡고 있던 이홍장은 전통적으로 내려오던 청국의 조선 내정 불간섭 정책을 파기하고, 조선을 중국의 식민지로 만들려고 했다. 김옥균은 "새롭고 독립된 조선을 만들려던 나의 꿈은 이렇게 허무하게 사라져 가는구나!" 하며 탄식을 금치 못하였다.

그러나 고종과 민비를 만난 뒤 김옥균의 절망은 다소 누그러졌다. 고종은 특히 청국의 광동 수사 제독 "오장경"의 부하였던 "원세개"에 대하여 몹시 불쾌하게 생각하고 있었다. 원세개는 인품이 건방진 데다가 고종을 하인 대하듯이 행동했기 때문에 고종은 어디서고 믿을 만한 후원을 받기만 한다면 당장이라도 청국인들을 조선에서 쫓아내고 싶은 심정이었다.

김옥균의 말에 의하면 고종은 일본이나 미국이 경제 및 군사 원조로 자신을 밀어주기를 바라고 있었으며, 실제로 그 당시 조선과 미국 간에는 교역 및 상호 방위 조약을 맺기 위한 교섭이 은근히 진행 중이었다. 그러나 고종과 민비의 당면한 걱정거리는 우선 어떻게 하면 군난으로 인해 황폐된 건물들을 수리하고 일본에 손해 배상을 지불하며 또 군졸들의 밀린 봉급을 지불해 줄 것인가 하는 문제였다.

그래서 국왕과 왕비는 김옥균에게 그러한 자금을 어떻게 조달할 수 있겠느냐 고 물으면서 어떤 관료들은 '5 전과 10 전짜리 동전 50 만원어치를 찍어내되, 옛날 동전의 반만큼의 동을 섞어서 그전 동전과 똑같은 값이 있는 것처럼 유통시키자는 의견을 내고 있다' 고 말했다.

김옥균은 이에 강경히 반대하고 나서면서 "그런 정책은 화폐 가치를 몰락시키고 국가를 혼란으로 몰아넣게 될 뿐 아니라, 50 만 원 액수가 현재 조선이 당면한 문제를 해결하기에는 너무나 작습니다"고 말했다. 그러면서 김옥균은 오히려 일본으로부터 약 3 백만 불의 차관을 얻도록 해보자 고 주장했다. 이어서 그는 "일본에서 만나본 일본인 지도자들이 조선에 대해 점점 많은 관심을 갖기 시작하는 것을 보았습니다"고 보고하면서 "일본이 조선의 차관 요구에 응할 가능성이 큽니다"고 말했다. 그는 또 다른 한 가지 자금 조달 방법을 제시하면서 다음과 같이 말했다. "동해 연안에는 고래가 무진장 많이 있습니다. 고래는 일본인과 서양 사람들이 매우 귀하게 여기는 것으로서 우리들 자신이 직접 고래를 잡거나 또는 어업권을 규모가 큰 외국 상사에 팔면 상당한 자금을 마련할 수 있을 것입니다"

이 말을 들은 고종과 민비는 퍽이나 기뻐하면서 그 자리에서 즉시 그를 <국왕의 포경사>로 임명했다. 고종은 또한 일본 정부가 요구하는 <임오군란>으로 인한 일본의 재산과 인명의 피해 보상을 사죄하기 위한 <사죄 사절단>의 전권 사신으로 김옥균을 임명하여 일본에 보낼 것을 고려 중이라고 했다. 그러나 김옥균은 자신이 전권 사신이 되면 차관 문제를 자유롭게 협상하는 데 지장이 있을 수 있기 때문에, 대신 박영효를 전권 사신으로 임명하시는 것이 좋겠다 고 상소하면서, 자기는 사죄 사절단의 고문으로 박영효를 따라가겠다고 말했다. 국왕과 왕비는 이에 동의했다.

사진: 김옥균 34 세 (22 세에 장원 급제함). 사진: 당오전

최초의 한국 유학생단

어전을 떠나기에 앞서서 김옥균은 조선과 국왕에 대한 지대한 중대사라고 자기가 확신하는 문제를 제기했다. 그것은 두뇌가 우수하고 양심적인 젊은이들 약 50 명을 일본으로 보내 현대식 군사 및 기술 과학을 배워오게 함으로써 새롭고 활력있는 조선을 건설하자는 제안이었다. 그와 같은 유학생 파견이 조선과 또 국왕에게 얼마나 가치 있는 일인가 하는 것을 설명한 후에 김옥균은 "일본에 그들을 보내면 일본이 이미 서양으로부터 배운 기술을 그들이 한번에 배울 수 있기 때문에,

일본으로 유학생을 보내는 것이 가장 효율적일 것입니다"고 말했다.

더욱이 일본에 유학생을 보내는 것이 가장 경제적일 뿐만 아니라, 조선 사람들에게 일본말은 서양말보다 배우기가 쉽다는 점을 지적했다. 그리고 만약 고래잡이 흥정이 성공하게 되는 경우, "그 수익금의 일부를 우선 20명의 유학생을 일본에 보내는 데 사용할 수 있도록 윤허하여 주십시오"라고 부탁을 드리며, 자기는 이 역사적인 사명을 띤 학생 수가 앞으로 100명으로 늘어나기를 바란다 고 덧붙였다. 고종은 그의 요구를 재가해 주었다.

김옥균은 즉시 부산에 있는 어떤 일본 어업 상사와 접촉하여 동해에서의 <고래 포경권>을 허락해 주는 대가로 2만 5천 불을 받기로 하였고, 그 금액의 반을 현금으로 받아 수중에 넣게 된 김옥균은 서재필을 불러서 자랑스럽게 드디어 조선 역사상 처음으로 유학생들을 외국에 보내려는 우리의 꿈이 실현되었다고 말했다. 그리고 그는 재필에게 조선 최초의 일본 유학생을 인솔할 책임을 맡겼다. 이어서 그는 이 계획은 고종의 재가를 받은 것이며 그에 대한 경비도 마련되었다 고 하면서 유학생 수를 20명 이내로 국한해야 한다 고 전제한 다음, "조선에서 가장 시급한 요구가 국방력을 기르는 데 있으므로, 이들 중 약간은 일본의 군사학교에 보내야 할 것이며, 따라서 총명하고 굳은 의지를 갖추고 있을 뿐더러 육체적으로 건강한 청년들을 뽑아야 할 것이다"고 말했다.

그리고 나서 결론적으로 자기 자신은 박영효와 함께 일본에 가는 사죄 사절단을 따라 곧 떠나기 때문에, 유학생 후보들의 면접과 선발, 그리고 신속한 출발을 위한 준비 등의 모든 책임을 서재필에게 일임한다 고 하면서, 자신은 동경에서 서재필 일행을 기다리겠다 고 하였다.

　　서재필은 그 임무를 주저하지 않고 수락했다. 수백 년 동안 조선의 숙적으로 여겨 왔던 나라에 가서 자기 동포들이 못마땅하게 생각하는 서양인들의 문물을 배우려 하는 일이, 자신의 장래 출세나 신변에 위험을 초래할지도 모른다는 사실을 잘 알고 있었지만, 무언가 새롭고 색다른 것에 대한 매력이 너무나도 강하게 그의 마음을 이끌었기 때문이었다. 불교학자 이동인 스님이 소개해 준 책들과 사진들이 보여주었던 신비한 사실들을 직접 자신의 눈으로 볼 수 있는 기회가 왔다는 사실 뿐 아니라 장차 조선의 지도자를 양성하는 데 도움이 될 기회를 얻게 되었다는 사실이, 그에게는 또 하나의 커다란 도전 거리로 다가왔던 것이다.

　　그래서 그는 시간을 놓칠세라 우선 유학 후보생들 모집에 착수했다. 그러나 그것은 결코 쉬운 일이 아니었다. 그가 아는 사람들은 모두 양반의 자식들이었는데, 그들은 야만의 국가인 일본으로 공부하러 간다는 생각 자체가 제정신이 아니라 고 생각했기 때문이었다.

　　그렇지만 김옥균은 유학생을 될 수 있는 대로 빨리, 그해 말까지는 일본으로 출발시켜야 한다 고 주장했다. 아마도 김옥균은 변덕스러운 고종이 유학생 일행을 일본으로 보내는 데 대해서 마음을 바꾸기 전에 떠나게 해야겠다 고 생각했을 것이었다. 그래서 서재필은 쉽게 찾을 수 있는 사람들을 뽑지 않으면 안 되었다.

이렇게 해서 첫 번째로 뽑힌 사람은 자기 동생 서재창이었다. 그는 재필 자신을 제외하고는 유일한 양반집 자식이었다. 그 나머지는 모두 서민 출신으로 박영효의 집 하인이었던 이규완, 서재필의 집 하인 김은명, 노동자였던 윤경순과 그의 형, 그리고 박응학, 신중모, 및 그의 동생 신복모 등이었다. 재필이 모집한 사람의 수는 그를 포함해 모두 14명에 불과했다. 20명의 청년을 찾지 못한 데 실망하지 않을 수 없었지만, 그는 그 이유를 잘 이해하고도 남았다. 그 당시 조선의 사회 환경에 비추어 볼 때 재필 자신까지도 가족의 반대를 극복하기가 여간 힘든 것이 아니었다. 그는 자기 가족들의 생각도 충분히 이해할 수 있었다. 그들은 재필을 전통적인 서당에 보내어 과거 준비를 시켰고 많은 어려움을 극복하고 과거에 합격하여 장래가 보장된 정부 요직에 들어갈 수 있도록 뒷받침하였던 것이다. 그런데 이제 일본 유학생으로 일본에 간다는 것은 이 모든 것을 내 던지고 잘못하면 조선 권력층의 눈으로 볼 때 패가망신하는 결과를 가져오게 될지도 모르는 일이기 때문이었다.

후쿠자와 유키치와 도야마 군관 학교

　여하간 1882 년 12 월 서재필과 동료 학생들은 동경으로 떠났다. 이 역사적인 사건이 조선 동포들의 눈에 띄지 않고 조용히 이루어졌다는 사실은 충분히 그럴만한 일이었다. 또한 서재필을 선두로 일본 유학생들이 동경에 도착했을 때, 일본인들은 대수롭지 않은 구경거리로 여겼고, 심지어 한 일본인 역사가는 다음과 같이 기록하였다.

　　독립당은 별로 힘이 없었기 때문에 이 조선 학생 일행은 대개가 시골 양반이나 평민 혹은 노예의 자식들이었다. 정부 고관 집 자식은 하나도 없었다.

　박영효를 전권 대신으로 한 사죄 사절단은 모두 조선으로 귀국했으나 김옥균은 그때까지 동경에 머물러 있었기에, 동경에 도착한 유학생들은 김옥균과 "후쿠자와"의 영접을 받았다. 후쿠자와는 일본의 으뜸가는 정치-교육-자선가로서 이 젊은 일본 유학생들이 학교에 입학하기에 앞서 그 준비 단계로 자신이 1858 년에 도쿄에 창립한 경웅의숙(慶應義塾 - 오늘날의 게이오 대학)에서 일본말 개인 교수를 받도록 알선했다. 그들에게 약 6 개월간 일본말을 가르친 "가네꼬"라는 일본어 교사는 조선에서 가장 가까운 섬인 대마도 출신으로 조선말도 할 줄 알았다. 그는 이 유학생들과 너무나 우정이 깊어져, 후에 그들을 따라 조선으로 나갔다가 1884 년 갑신정변 때 희생된 인물이었다.

여하간 반년 간의 집중적인 일본말 공부를 끝마친 후에, 이들은 도야마 군관 학교(陸軍戸山学校)에 입학할 수 있게 되었다.

첫날 서재필과 조선 동료들이 수업실에 들어서자 일본인 학생들은 모두 놀라서 입이 벌어졌다. 자신들에 비해 조선 청년들이 모두 몸이 거인같이 컸기 때문이었다. 그 후로 어떤 일본 학생들은 그들을 괴물이라고 부르면서 놀렸다. 이렇게 놀림을 받는데 너무도 화가 난 "임은명"은 놀려대는 어떤 일본 학생의 목을 잡고 병아리 잡듯이 들어서 마당에 내던져버렸다. 그 후로는 더 이상 놀리는 일이 없어졌다.

이 유학생들은 일본에서의 학창 생활을 즐겼다. 얼마 되지 않아 그들은 일본말을 꽤 자유롭게 할 수 있었고, 체능에 재질이 있어서 군사 훈련이나 체조에 뛰어났다. 그들은 질서 정연하고 모든 것이 정확한 군관 학교의 분위기와 '일본 제국의 장래 수호자'를 자칭하는 일본 학생들의 긍지가 마음에 들었다. 자신들의 유학 목적이 근대화되고 활력이 있는 조국 건설의 역군 노릇을 하는 데 있음을 기억하면서 그들은 온 힘을 다해 공부했다. 유학생들의 일본에서의 경험은 모두가 인상 깊었지만, 무엇보다도 매주 김옥균과의 만남은 가장 기다려지는 일이었다.

김옥균과 일본 유학생들

앞서 말했듯이 김옥균은 박영효가 이끄는 사죄 사절단의 고문으로 일본에 갔지만 박영효가 조선으로 귀국한 후에도 일본의 근대화를 관찰한다는 명분으로 일본에 머물러 있었다.

그러나 그의 진짜 의도는 일본으로부터 300 만 불의 차관을 얻어보려는 것이었다.

1883 년 3 월까지 일본에 머물고 난 후, 그는 차관 설정을 위하여 고종으로부터 공식 위임장을 얻기 위해 잠시 조선에 귀국했다. 그러나 공식 위임장을 받고 동경에 돌아와 1883 년 말까지 있으면서 차관을 해결하려 노력했으나 허사였다. 실패의 원인은 한양에 있는 그의 정적들이 일본 정부에 그가 갖고 있는 고종의 위임장은 날조된 것이라고 거짓 통보를 했기 때문이었다.

이렇게 되어 그의 공식 임무는 결국 실패로 돌아가고 말았지만 장기간 동안에 걸친 그의 일본 체류는 그가 유학시켰던 조선 유학생들에게는 큰 도움이 되었다. 그들은 매 일요일 '추구치 마치'의 여관에 머물고 있던 김옥균을 방문했다. 그러면 그는 반가운 형님처럼 '조선이 그들로 하여금 지도자가 되기를 기다리고 있다'고 훈계하는가 하면, 또 때로는 그들과 함께 어울려 노래 부르며 조선의 고전 악기인 가야금을 타기도 했다. 한번은 조선과 일본의 관계를 프랑스와 영국에 비교하면서, 일본이 아시아의 대영 제국인 것 같이 조선은 '아시아의 프랑스'가 되어야 한다 고 말했으며, 또 어떤 날은 조선 내의 빈곤과 조선인들의 무관심에 관해 이야기하면서 슬픈 표정을 짓기도 했다. 그리고 청국을 숭배하는 아첨배 민씨 일족들과 그 일당이 얼마나 부패하고 교활하며 근시안적이며 어리석은 사람들인가를 이야기할 때는 그의 눈은 분노로 불타올랐다. 그러면서 민씨 친척들이 곧 물러나고 그 대신

자네들같이 젊고 애국심에 불타며 재주있고 교육 잘 받은 사람들이 출세할 수 있게 되기를 바란다 고 소신을 피력한 후 "만일 그렇게 되지 못하게 되면, 우리는 그들을 없애 버리지 않으면 안된다" 고 비장한 어조로 말하였다.

1884 년 한양 조정에서는 유학생들을 더 이상 지원해 줄 재정적 능력과 의사가 없게 되어 유학생 파견은 중지되었다. 지난 2 년 동안 이 유학생들을 지원해 주는 데 필요한 자금은 조선 정부가 일본에 지불할 배상금에서 일본 정부가 선불하여 준 12 만 달러에서 충당되었다. 반면에 재필과 14 명의 동료 유학생들은 도야마에서의 공부를 끝내고 귀국하여 조국을 방위할 수 있기를 몸달아 기다리고 있었고, 마침내 그들은 1884 년 4 월 한양으로 돌아왔다.

사진: 이조 말기 서울 지도 (1880 – 1910 년)

제 4 장 깨어진 꿈

　　1884년 4월 서재필과 그의 동료 14명은 일본의 도야마 군관학교를 졸업하고 귀국했다. 그들의 가슴 속에는 소수의 오합지졸에 불과한 조선의 군대를 혁신하고 육성 강화할 결심이 깊이 자리 잡혀 있었다. 그러나 그들은 곧 자기네들이 지나치게 낙관하고 돌아왔음을 알게 되었다. 그들은 영웅적인 환영은 기대하지 않았지만 <역적> 취급을 받으리라고는 전혀 예측하지 못했다. 그런데 뜻밖에도 그들의 친지들은 그들을 멀리했고, 친척들은 그들을 차갑게 대했다. 왜냐하면 그들이 조선의 숙적으로 간주 되던 일본으로 건너가 교육을 받고 돌아옴으로 그들 자신에게는 물론 가족들에게까지 치욕을 가져왔다고 생각되었을 뿐 아니라, 그들이 일본에 있는 동안 청국이 조선에서 실권을 행사하기 시작했기 때문이었다. 따라서 그들은 민비파 일색의 조정으로부터 무시를 당할 수밖에 없었다. 오랫동안 고립주의 사상에 젖었고, 조선에 대한 일본의 계속적인 침략의 야심을 들어 알고 있던 이들 유학생들의 동료 및 친척들은 일본으로부터 무언가 배워 보려는 자들을 밉상스럽게 여길 만도 했다.

그러나 이들 도야마 군관학교 졸업생들은 민비 일파의 세도 정치하에서 조-일 수호 조약을 통해 일본과 수교의 문이 열렸는데도 어떻게 민비파가 자기들을 적대시할 수 있는지는 도저히 이해하기 힘들었다. 특히 서재필로서는 비록 정치인들이 변덕스럽다고는 하지만 그래도 자기를 위시한 자기 동료들을 나랏돈으로 일본에서 군사 훈련을 받게 한 이상 자기들이 배운 바를 선용함으로써 투자의 대가를 뽑아보려는 노력은 할 만한 사람들이라고 믿었기 때문이었다.

개화당과 보수당

이와 같이 서재필과 그의 동료들이 실망에 차 있을 때 한 가닥 희망의 빛줄기가 지평선 위로 떠올랐다. 이들이 조선으로 돌아온 지 몇 주일이 지난 어느 날, 그들에게 고종 황제를 배알하고 임금 앞에서 그들이 일본에서 배운 것을 시범해 보이라는 명령이 떨어졌다. 이러한 소식을 듣고 사기충천하여 그들은 군복을 잘 다려 입고 군화를 닦아 신은 후, 총을 어깨에 메고 경복궁으로 행진해 들어갔다. 옥좌에는 수많은 조신으로 둘러싸인 가운데 왕께서 앉아 계셨다. 이 존귀한 고종과 정부

대신들 앞에서 서재필은 그의 부하들을 이끌고 행진과 사격의 묘기를 보인 후 검도를 위시한 체조 실기도 해 보였다. 생전 처음 보는 그와 같은 묘기를 구경하면서 고종은 동심에 찬 기쁨을 감추지 못했다. 고종이 손뼉을 치면서 그들의 묘기를 대신들에게 환기시키는 모습은 마치도 서커스를 구경하는 어린 아이같이 보였다. 이로 미루어 서재필은 고종이 그들의 시범에 만족하고 자랑스럽게 여기고 있다는 것을 알 수 있었다.

이런 일이 있은 뒤 고종은 서재필을 위시한 그의 동료 도야마 군관학교 졸업생들을 교관으로 하는 군관학교를 설립하도록 병조판서 한규집에게 명령했다는 말이 떠돌았다. 서재필과 그의 동료들의 사기가 충천했음은 말할 나위도 없었다. 그러나 군관학교 창설의 꿈은 실현되지 못했다. 오히려 그들에게 궁궐 수비대로 근무하라는 명령이 하달되었다. 해외에서 거의 3년간 전쟁 역사와 세계 지리를 널리 공부하고 어려운 군사 훈련 및 군사 작전을 연마한 대가가 겨우 궁궐 문지기라니, 그들에게 얼마나 실망스러운 일이었겠는가! 설상가상으로 궁궐 수비대 대장과 그의 부하들은 도야마 출신들을 마치 일본인 첩자들처럼 취급하였다. 그들은 이러한 모욕적인 처사를 참을 수 없어 문지기 노릇을 포기하고 싶어 했지만, 김옥균은 참고 그대로 견디어 가노라면 밝은 앞날이 올 것이라고 이들을 위로하였다.

사실 서재필과 그의 동지들은 이미 10여 년 전부터 계속되고 있는 격심한 당쟁의 죄 없는 희생자들이 된 것이었다. 앞서 지적한 대로 1874년 민비 및 그녀의 집안은 그들의 일파와 공모해서 대원군을 권좌에서 쫓아냈다. 그러자 대원군을 비롯한 그의 일파가 앙심을 품게 되므로 결국은 민비를 선두로 한 파와 그녀의 시아버지 대원군을 중심으로 한 파로 나뉘어져 적대관계의 두 파벌이 생겨났다. 그러나 이 두 파는 여러모로 공통점을 가지고 있었기 때문에, 서로 자기의 이해관계상 최소한의 협력을 해 나가는 것이 바람직하다고 생각하고 있다고 서재필은 느끼고 있었다.

두 파는 모두가 극단적인 보수파인 동시에 '친청파'였고, 대내적으로는 양 파가 모두 언제 반기를 들지 모르는 격분한 국민과 대치해 있었으며, 대외적으로는 전략적으로 조선을 호시탐탐한 눈으로 노리고 있는 중국과 일본이라는 공동의 적을 가지고 있었다. 그러나 민비를 비롯한 그녀의 일파는 너무 근시안적이고 극심한 감정과 편견에 얽매여 있었을 뿐만 아니라, 권력을 장악하기는 했으나 그것을 감당해 나갈 만한 실력이 전혀 없었다. 이들은 국민과 정적들을 탄압하고 자기들의 사사로운 이익만 채우면서 그날 그날을 살아가는 데 만족하고 있었다. 또한 대원군과 그의 일파도 거의 비슷했다. 이렇게 당시 이씨 조선의 지도층은 극단적으로 분열되어 있었기에 나라 정세는 점점 악화되고 있었고, 자칫 잘못하면 유혈 사태가 벌어질 수도 있는 위기 촉발 상태가 불가피한 상황이었다.

임오군란

앞서 지적한 불가피한 유혈사태로 터져 나온 것이 바로 1882년 6월 초에 일어난 임오군란이었다. 이 사건은 조정에서 군졸들에게 지급하는 봉급 지급을 1년 이상 지체하다가, 모래를 섞은 봉미(봉급으로 주는 쌀)를 지급한 데서 발단된 것이다. 이에 분개한 군졸들은 지급받은 봉미를 내던지고 병조(현 국방부)에 몰려 들어갔으나 무장을 하지 않은 것으로 보아, 그들의 의도가 폭력을 행사하려던 것이 아니라 단순히 항의만 하려 했었다는 것이 분명했다. 그러나 이 사건의 장본인인 병조판서(현 국방부 장관) 민겸호는 잘못을 시정하기는 고사하고 항의하던 군졸들의 주모자들을 체포하도록 명령하였기에, 격분한 군졸들은 대원군에게 도움을 요청하였다.

민비 일파의 숙청 기회를 노리고 있던 대원군은 이때를 놓칠세라 부하들에게 비밀 지령을 내리자, 그들 중 일부는 재빨리 군복을 입고 군인으로 가장한 후 일단의 군졸을 이끌고 궁궐로 들어갔으며 나머지 부하와 군졸들은 민비파 두목들의 집으로 쳐들어갔다. 민비는 변장하고 간신히 피신했으나, 그녀의 일파 가운데 병조판서를 비롯해 많은 사람들이 살해되었고, 그 외의 민비파들은 은신하였거나 도피하였다. 한편 목숨은 보존했으나 공포에 떨고 있던 고종은 아버지인 대원군에게 국사를 관장해 줄 것을 간청했는가 하면, 살아남은 민비파 두목들은 그들의 은닉처에서 청국으로 긴급 지원 요청을 발송했다. 바야흐로 쇠퇴해 가고 있던 청국은 조선에서 대제국으로서의 위신을 회복할 기회를 찾고 있었기에, 재빨리 이 긴급 지원 호소에 응해 조선으로 3,000명의 군졸을 파견하기에 이르렀다.

중국의 조선 내정 간섭

그러나 청국 군대가 중국을 출발하기 전에 이미 조선에서의 반란은 진압됐기 때문에 그들이 조선으로 군졸을 파견한 목적은 반란군 진압보다는 조선을 직접 완전히 장악하는 데 있었다고 볼 수 있다. 이러한 목적을 위해 청국은 강한 의지력을 가진 대원군보다는 고종 황제를 지원하는 것이 자신들에게 유리하다고 생각했다. 따라서 청국군 사령부는 계략을 꾸며 대원군을 납치해서 청국으로 데려가 비밀리에 감금하였다. 국왕과 왕비가 직접 이에 관련하지는 않았다 하더라도 이와 같은 추잡한 사건 전모를 그들은 미리 알고 있었다. 그러나 대원군 납치 소식이 공개적으로 알려지자 고종은 놀란 척 하면서 청국군 사령관에게 사신을 보내어 대원군의 석방을 요청하였다. 그러면서 고종은 만일에 석방이 도저히 불가능한 일이라면 그의 부친인 대원군을 잘 보살펴 달라고 부탁하였다.

청국과 민비파 일색의 조선 조정에게는 조선에 대한 청국의 직접 통치가 조선의 문제를 해결한다기보다는 오히려 더 많은 문제를 야기하였다. 대내적으로 조선에서 대원군을 제거한 것이 결코 국내 안정을 가져오지 못했고, 대외적으로는 그와 같은 조치를 통해 청국이 자신들의 힘에 버거운 일을 하게 됐을 뿐만 아니라, 조선과 청국 간의 관계에 노골적인 모순을 드러내게 되었다. 이제까지 중국은 조선에 대해 종주국인 듯 행세했지만, 실제로 조선 국내 문제에 간섭한 일은 거의 없었기 때문이다. 그리고 같은 해(1882년 5월 22일) 조선과 미국 간의 <조미 수호 통상 조약> (朝美修好通商條約)이 체결될 당시, 청국은 조선이 청국의 속국은 아니라고 미국에게 말한 바 있었다. 청국의 이홍장이 중재자로 나서 제물포 화도진에서 조선과 미국 대표들 사이에 체결된 조미 수호 통상 조약은, 다른 조약에 비해 조선이 주권 독립 국가 간에 맺은 최초의 평등한 쌍무적 협약으로, 그 전문 14조로 된 조약의 핵심 내용은 다음과 같다.

조미 수호 통상 조약(朝美修好通商條約)

- 대조선 군주와 대미국 대통령 및 그 인민은 각각 모두 영원히 화평하고 우애있게 지낸다. 타국의 어떠한 불공평하거나 경멸하는 일이 있을 때 일단 통지하면 서로 도와주며 중간에서 잘 조처하여 두터운 우의를 보여준다. (제1조 한문 원문의 다른 한글 번역: 조선이 제3국으로부터 부당한 침략을 받을 경우 조약국인 미국은 즉각 이에 개입, 조정을 행사함으로써 조선의 안보를 보장한다. 혹은 제3국이 한쪽 정부에 부당하게 또는 억압적으로 행동할 때는 다른 한쪽 정부는 원만한 타결을 위해 주선을 한다.)
- 미국은 조선을 독립국의 한 개체로 인정하고 공사 급 외교관을 상호 교환한다.
- 치외 법권은 잠정적이다.

- 관세 자주권을 존중한다.
- 조미 양국 국민은 상대국에서의 상업 활동 및 토지의 구입, 임차(賃借)의 자유를 보장할 뿐만 아니라 영토권을 인정한다.
- 조미 양국 간에 문화 학술의 교류를 최대한 보장한다.

(편집자 주: 미국은 1905 년 카쓰라-태프트 밀약으로 이 조약을 무위로 돌려놓았다는 주장도 있지만, 조미 수호 통상 조약(朝美修好通商條約)이라는 명칭에서 "수호"라는 말은 무엇을 지킨다는 뜻의 수호(守護)가 아니라 우의를 다진다는 뜻의 수호(修好)다. 이 제목에서 보듯이, 그것은 어디까지나 통상에 관련된 약속이지 무슨 군사동맹 같은 것이 아니었다.)

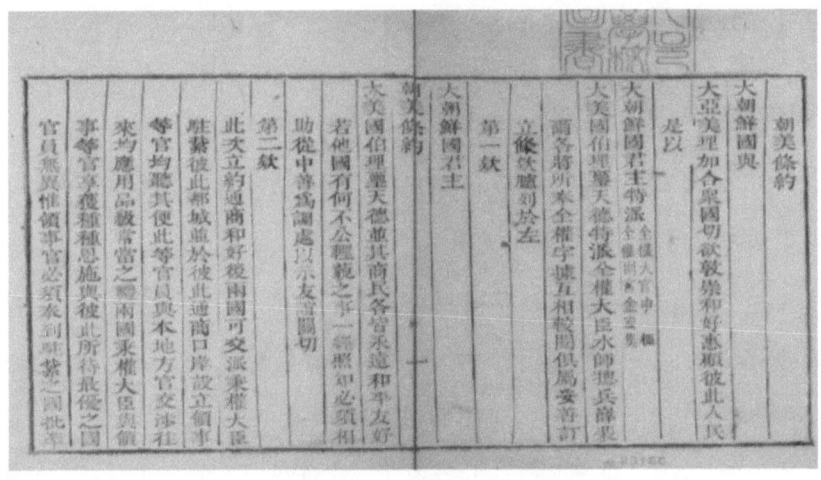

사진: 조미 수호 통상 조약 사본(1882 년)

사진: 조미 수호 통상 조약 서명식 (제물포 항), 미국을 대표해서 슈펠트 제독, 조선을 대표해서 신헌과 김홍집이 서명함 (1882 년 5 월 22 일)

묄렌도르프의 등장

한편, 청국 통감 원세개의 거만 방자한 대인관계와 전제주의적 경향 때문에 조선인들 사이, 특히 조선의 지식층 사이에는 반청 감정이 격화되는 반면, 세계 열강국들이 조선에 대해 청국이 무모한 제국주의 정책을 실시하고 있다는 비난을 하게 만들었다. 심지어 철저하게 청국을 조선의 보호국으로 받아들였던 고종 황제와 민비까지도 원세개의 천박한 허영심에 반감을 품게 되었다.

조선 국내 문제에 대한 청국의 간섭 조치는 조선에 여러 가지 불미스러운 현상을 가져왔다. 즉 1882 년에 조-미 수호 조약이 체결된 지 불과 1년도 안 되어 조선은 그 밖의 다른 서방 국가들과 유사한 조약들을 체결함으로써 은둔 상태를 완전히 벗어났고, 곧이어 세계 열강들의 이권을 추구하는 국제 경쟁의 도가니 속에 내던져지게 되었다. 그래서 외교 관계에 전혀 상식조차 없었던 조선 조정에서는 청국의 당시 실력자 이홍장에게 조선 조정의 고문 역할을 해 줄 국제법과 재정문제에 밝은 전문가 한 사람을 추천해 주도록 요청했다.

그러자 이홍장은 1847년 독일의 "브란덴버그" 태생의 "폴 본 묄렌도르프"(Paul G. von Mollendorff)라는 사람을 추천했다. 묄렌도르프는 선천적으로 모험심이 강했던 사람으로 독일에 있는 "홀 " 대학에서 법학과 동양어를 공부한 후, 청국으로 건너와 <해관>(Maritime Customs Office)에 취직자리를 구할 수 있었다. 그는 중국어를 배워 유창하게 말할 수 있었으며, 중국 옷을 입고 돌아다니기를 좋아했다. 그 후 묄렌도르프는 독일 영사관에 취직 되었지만 윗사람과의 관계가 좋지 않아 결국 독일 영사관 직장을 사직하고 이홍장 정부에서 일자리를 알아보았다. 이홍장은 사람들의 마음을 끄는 그의 용모와 능통한 중국어 실력 때문에 그에 대해 좋은 인상을 받았고, 대원군을 한양에서 납치하던 당시 배후 조종자였던 조영하도 이홍장의 추천을 받아들이게 되어, 묄렌도르프는 1883년에 한양으로 오게 되었다.

(편집자 주: 이홍장은 묄렌도르프를 조선 정부에 심어 놓아 자신을 위한 비밀 스파이 노릇을 하게 했다.)

사진: 이홍장.

사진: 묄렌도르프.

묄렌도르프는 고종이 난생 처음 만나 본 서양인이었지만 고종 역시 그로부터 좋은 인상을 받았기에 그를 조정의 고문직인 외무협판과 재무총감 자리에 정식으로 임명했다. 그는 조선 조정의 봉급을 받게 되어 있었지만, 사실상 그가 갖고 있던 비밀 사명은 조선에서 이홍장의 첩자 역할을 함으로써 청국의 이익을 도모하는 일이었다.

당시 김옥균은 조선 정부에서 참판과 동등한 급수를 가지면서 대외 통상 관계에 관한 자문 역할을 하고 있었고, 따라서 묄렌도르프와 함께 '외부' (현 외무부)에 배치되어 있었기 때문에 그들은 피차 서로 잘 알 수 있는 처지였다. 그런데 김옥균은 묄렌도르프라는 인간이 알면 알수록 지식 면에서 천박하고 성격 면에서 더욱 믿기 어려운 사람이라는 느낌을 갖게 되었다. 묄렌도르프는 올바르고 진정한 자문을 할 능력도 없었지만, 그렇게 할 의도도 가지지 않았기에 국왕과 왕비를 비롯한 여러 대신들의 환심을 사는 데만 관심이 있었고 그들이 듣기 좋아할 말들만 하였다. 그런가 하면 최소한 조선 조정으로부터 봉급을 받는 사람으로서 청국을 계속 옹호하는 그의 행동은 이상하게 보였다.

그러나 무엇보다도 김옥균과 묄렌도르프 사이에 큰 의견 차이로 등장한 중요한 문제는, 당시 조선이 당면하고 있던 긴박한 재정적 곤경을 어떻게 대처할 것인가 하는 것이었다. 이 문제를 해결하는 한 가지 수단으로서 민비파 거두들은 청국군 사령관 오장경 수사제독이 권유하는 대로 50%의 동으로 100% 가격의 동전을 주조하려 했던 반면에, 김옥균은 그와 같은 정책은 국가 재정을 파괴하는 것이라고 전적으로 반대하고 나섰다. 그러자 민비파의 거두 민영익은 이 문제에 대해 묄렌도르프의 의견을 들어 보자고 제의했고, 묄렌도르프는 민영익의 주장을 전적으로 지지했다. 김옥균은 민비파의 동전 주조 안에 대해 긴 반론을 제기하며, 차라리 일본으로부터 300 만 달러 차관을 도입하므로 단편적인 해결책이 아니라 건전하면서도 근본적인 해결책을 강구하자고 제의했으나 그의 주장은 무시되었다. 이렇듯 민비파 및 묄렌도르프와의 회의에서 자신의 제안이 채택되지 않게 되자, 김옥균은 고종을 배알하고 그들에게 말했던 바를 되풀이했다. 결국 고종은 민비파와 묄렌도르프를 만족시키고 싶은 마음에서 비밀리에 민비파의 동전 주조 안을 재가해 주었지만, 동시에 일본으로부터 차관 도입 문제를 협상해 보도록 김옥균에게 위임장을 주었다.

독립당과 사대당

김옥균은 국왕으로부터 차관 협상 권한을 위임 받기 만 한다면 차관을 허락할 용의가 있다는 일본 외무성 측의 말을 계속 들어오던 터라 국왕으로부터 그러한 위임장을 받자마자 곧 일본으로 건너갔다. 물론 그 당시에 김옥균은 고종이 민비파의 동전 주조 안을 재가했다는 사실을 알지 못했다. 이와 같이 표면상으로는 조선의 재정난을 극복하는 방법론이 쟁점으로 등장했으나 실제 내막은 조선이 계속 청국의 속국 노릇을 할 것이냐 아니면 시대감각에 맞지 않으며 비틀거리고 있던 청국과의 인연을 끊고 조선이 자주 노선을 추구해 나갈 것이냐 하는 보다 커다란 문제가 쟁점이 되어 있었다.

민비를 위시한 그 일파에게는 수천 년을 이어온 대 제국 청국이야말로 숙명적으로 앞으로도 계속 대국의 위치를 누리게 될 것 같이 보였기 때문에, 원세개의 오만불손함과 청국의 방종으로 야기된 온갖 격분할 만 한 처사에도 불구하고, 그들은 청국의 보호 아래 사는 것이 차라리 낫다 고 생각했다. 그런가 하면 김옥균을 위시해 진보적 경향을 가지고 있던 그의 동료들은 청국이야 말로 가망 없는 그저 덩치 큰 나라일 뿐만 아니라 모든 것이 구식이며 무가치한 것뿐이다 고 단언하였다.

더구나 청국은 조선 국내 문제에 무자비하게 간섭함으로써 오히려 조선을 서서히 멸망의 구렁텅이로 끌고 가고 있으므로, 청국의 굴레에서 벗어나는 일이라면 무엇이든 해 볼만한 일이라고 믿고 있었다. 이렇게 해서 조선에는 청국의 보호를 바라는 친청 사대당과 청국으로부터 자주 노선을 주장하는 독립당이 맞서게 되었다.

비록 김옥균은 고종으로부터 차관 협상 권한을 위임받고 일본으로 건너갔지만 그 뜻은 이루어지지 못한 채 모든 것이 수포로 돌아가고 말았다. 그 이유는 김옥균의 정적들이 그가 지참한 고종의 위임장이 위조된 것이라고 일본 당국에 거짓말을 했으며, 또한 일본이 한국에 대한 정책을 아직 확정치 못하였기 때문이었다. 이러는 동안 국내 민비파의 사대당 인사들은 결국 50% 동으로 만든 동전을 찍어내고 말았고, 앞서 김옥균이 경고한 대로 그 결과는 물가 폭등으로 경제 파멸을 초래하게 되었다.

이와 같은 경제적 실책으로 야기된 파괴적인 인플레 때문에 사대당은 난처한 입장에 처하게 되었다. 더구나 조폐국 책임자의 위치에 있던 사대당 거두들 가운데 한 사람이 동과 은의 잉여량을 매점해서 사적인 이익을 챙긴 것이 백성들에게 알려지자 사대당은 심각한 곤경에 빠지게 되었다. 이러는 동안 김옥균은 1884년 3월, 일본 정부로부터 차관을 얻지 못한 채 빈손으로 귀국하고 말았다. 고종은 그의 귀국을 손꼽아 기다리고 있었으니, 무언가 신속히 격분한 대중의 감정을 진정시킬 대책이 절실히 요구됐던 입장에서, 김옥균만이 그에게 올바른 조언을 해 줄 것으로 믿었다. 김옥균이 고종에게 올린 조언이란 두말할 필요도 없이 가치 없는 동전의 주조 조치를 즉각 중단할 것과 사리사욕을 채운 관계 관헌들을 즉각 처벌해야 한다 는 것이었다.

물론 민비파에서는 김옥균이 자기들을 멸망시키려 하고 있다는 것을 잘 알고 있었기에 악감을 품고 있었지만, 동시에 동전 제조 과정에서 관련된 탐관오리들을 처벌하지 않으면 격분한 백성들이 그대로 있지 않을 것이라고 판단하였으므로 이 문제에 대해 조사하는 일에 호응해 나서게 되었다. 이리하여 조사는 형식상으로 나마 책임을 져야 할 자가 과연 누구냐 하는 문제를 둘러싸고 서로가 서로에 대해 물어보는 형식으로 진행되었다. 한결같은 대답은 그러한 비행이 모두 묄렌도르프의 권고에 따라 일어났다 는 것이었다. 결국 고종은 묄렌도르프 고문에 대한 처벌 조치로 그가 재무총감 직에서 해임됐다 고 발표했다.

하지만 그 다음날 묄렌도르프 는 조정의 외무협판 직은 그대로 유지하면서 그의 사무실에 여전히 앉아 있는 것이 눈에 띄었다. 묄렌도르프는 자기가 희생 제물이 되고 있다고 느껴 감정이 상할 대로 상했다. 그러나 그는 본능적으로 결코 이러한 일로 자기의 목이 잘릴 수는 없다 는 것을 알고 있었기에 아무 불평도 하지 않고 있었다. "나의 진정한 정적은 김옥균이다.

그러나 김옥균은 민비파의 적이기도 하지 않은가!" 이렇게 상황을 판단한 묄렌도르프는 사대당 인사들을 만나 자기와 함께 손을 잡고 김옥균과 싸워 나간다면 우리 모두가 다 이길 수 있다 고 말했다.

그의 이와 같은 말은 설득력이 있는 말이었다. 더구나 묄렌도르프는 이홍장이 자기를 절대 신임하고 있다는 사실도 명백히 했다. 이렇게 해서 묄렌도르프를 포함한 민비파 인사들은 서로 힘을 합치는데 합의했고, 그 결과 그해 (1884년) 봄과 여름 사이에 청국이 지지하는 수구파들이 정권을 공고히 굳히게 되었고 독립당파 인사들은 몰락하는 신세가 되었다. 서재필과 그의 동지들이 모욕을 당했다는 것은 자명한 사실이었다. 그러나 김옥균은 "독립당파가 끝장을 볼 때는 아직 멀었다" 고 그들의 사기를 북돋웠다.

사실인 즉 청국에 잡혀 있던 대원군이 곧 돌아올지도 모른다는 소문이 떠돌므로 고종과 민비는 공포에 사로잡혀 있었다. 대원군이 돌아오게 되면 그동안 그로 하여금 온갖 모욕과 수난을 당하게 한 장본인인 고종과 민비에게 보복을 가하리라는 것은 너무 당연한 일이었기 때문이다. 그래서 그들은 있는 힘을 다해 대원군이 석방되어 귀국하지 못 하도록 이홍장을 설득하는 한편, 청국이 대원군을 석방할 경우를 대비해서 그들이 피신할 수 있도록 비밀리에 일본 공사관에 피신처를 교섭하기까지 했다. 사대당파에게는 신경을 곤두세울 만한 또 다른 이유가 있었으니, 그것은 같은 해 (1884년)에 일어난 인도차이나 전쟁에서 청국이 프랑스에게 패전한 사실이었다. 이로써 사대당파 인사들은 '설사 청국이 조선을 보호할 의도를 가졌다 하더라도 실제로 그렇게 할 능력이 있을까' 하는 의문을 품기 시작하였다.

고종과 민비와 김옥균

이상과 같은 상황 속에서 1884 년 봄 어느 날 저녁, 김옥균은 고종과 민비의 부름을 받고 고종을 배알할 기회를 갖게 되었다. 그 자리에서 김옥균은 일본의 견지에서 국제 사태를 총괄해 말해 보라는 고종의 명령을 받고 다음과 같이 말했다.

과거 10 여 년 간은 영국과 프랑스가 모두 아시아를 지배하기 위해 경쟁해 왔으나, 근자에 와서는 중국에 대한 그들의 이권 확립과 그 밖의 다른 아시아 지역에서 통상 이권 획득 면에서 서로 협조하기로 합의했습니다.

한때 위세를 떨쳤던 중국이 이제는 더 이상 아시아 최강의 대제국은 아닙니다. 중국과는 대조적으로 일본은 미국의 '페리호' 침입 이래로 중국과는 정반대되는 정책으로 모든 세계 열강국에 대한 문호를 개방했을 뿐만 아니라, 그 열강국들로부터 서양 방식들을 배워 들였습니다.

중국보다는 서구화 한 일본이 조선에 한층 더 심각하고 긴박한 위협이 될 것으로 믿습니다.

고종은 "일본과 중국이 전쟁을 하는 경우 어느 편이 승리할 것 같은가?"고 물었다. 이에 대해 김옥균은 "현재로 보아서는 그 어느 편도 압도적인 승리를 거둘 수가 없겠지만, 중국이 썩어 빠진 구식 체제에서 벗어나 전면적인 개혁을 실시하지 않는 한, 불원간 중국은 일본의 상대가 안 될 것입니다"고 대답하였다.

때마침 고종은 대원군을 조선 영토 밖 멀리에서 계속 귀양살이 시키는 문제에 관해 청국이 우유부단한 태도를 보이고, 원세개가 예의 없는 짓들을 하므로 청국에 대한 감정이 좋지 않았기에, 김옥균의 이상과 같은 말들에 감명을 받고는 당시 상황으로 보아 "조선이 청국으로부터 자주 노선을 취할 때가 오지 않았느냐?"고 물었다. 김옥균은 고종의 말씀이 전적으로 옳다고 대답한 후, "그러나 조정이 청국 의존 정책을 지지하는 여러 신하들(즉 민비와 그의 일파를 의미함)과 청국의 첩자 노릇을 하는 묄렌도르프에 둘러싸인 가운데 감히 원하시는 대로 뜻을 이루실 수 있겠습니까?"고 반문하였다.

고종과 함께 그의 말을 듣고 있던 민비는 수세에 몰리게 되었다. 민비도 머리로 판단하기는 김옥균의 말이 모두 옳다고 생각되었으나, 마음은 여전히 청국에 가까이 가 있었다. 여하간 민비는 김옥균을 향해 "조정의 대신들도 모두가 마음속으로는 조선의 이익을 최우선으로 생각하고 있소"라고 말하면서 "자네의 여러 가지 견해를 최대한 염두에 두고 고려하겠소"라고 덧붙였다.

김옥균은 고종이 문제점을 잘 파악한 것으로 느꼈다. 세계 추세와 조선의 진로에 대한 김옥균의 분명하면서도 예리한 평가에 고종은 어린애 같이 경탄하면서 김옥균이 보는 앞에서 친필로 <고종 폐하의 영구 고문 위임장>을 써서 그에게 하사 했다. 그리고 나서 민비 자신이 손수 차와 다과를 대접했다. 고종은 김옥균을 진심으로 신임했다. 그들은 어렸을 때 같은 동네에서 자라났으며, 김옥균이 가진 매력과 재주로 인해 항상 그를 경탄했었다. 그러나 고종은 의지력이 약했고, 따라서 어떤 문제를 결정할 때 옳고 그름을 따져서 결정하기 보다는 그의 측근자들의 의견에 따라 결정하였다. 그렇기 때문에 남자를 위주로 하던 국가에서 최고 실력자로 군림 했어야 할 국왕이, 교육도 제대로 받지 못했고 미신의 종이며 개인적 야욕에 가득 찬 일개 여성 왕비의 지배를 받게 되었던 것이다.

민비 스스로는 '조선이 자주 국가가 될 수 있고 또 그렇게 되어야 만 한다' 는 생각을 한 번도 해 본 일이 없었다. 일본에 반대하는 편견이 골수에 너무나도 깊이 박혀 있었기 때문에, 청국과 일본의 국력 비교 면에서 김옥균이 제 아무리 설득력을 가졌다 하더라도, 그녀로서는 도저히 중국이라는 나라를 떠날 수 없었던 것이다. 그러므로 김옥균의 말에 감명을 받았다고는 했지만 민비의 본심은 여전히 강력한 친청 사상에 사로잡혀 있었다. 따라서 그녀는 국왕에게 "김옥균은 위험한 사상을 팔고 다니는 행상인이다" 고 말했다. 결국 민비의 등쌀에 못 이겨 고종은 한양수비대 대장직에서 한규직을 해임하고, 대신 철저한 청국 숭배자 민영익을 임명하게 되었고, 이와 더불어 군관 학교 설립 계획도 취소함으로써 서재필과 그의 동료들에게 커다란 실망을 안겨다 주었다.

민영익은 민비의 총애를 받던 친 조카로서 군사 문제에는 전혀 교육도 받지 못했고 경험도 없었다. 그러한 민영익이 한양수비대 대장직에 임명되자 즉시로 그는 당시 청국의 조선 통감 원세개의 지휘권 밑으로 자진해서 기어 들어갔다. 그의 부관들도 모두가 철저한 친청파였다. 그 후 군의 위풍을 과시하는 군사 작전 훈련들이 자주 실시되었다. 이는 분명히 독립당 인사들에게 조심하라는 경고였다. 김옥균이 고종을 배알했을 때 고종은 돌아가고 있는 실정을 잘 알고 있었지만 민비파 사람들은 그런 훈련들이 군대에서 보통 하는 일이라고 고종을 안심시켰다. 그러나 김옥균은 고종을 향해 "그와 같은 군사훈련들이 결과적으로 국민을 놀라게 할 것이고, 나아가 자신을 위시한 동료들에 대해 위협이 되기 때문에, 소인은 필요할 때는 언제든지 분부하심에 응하겠지만 당분간 은거하며 몸을 낮추는 것이 현명하다고 생각됩니다" 고 말했다.

독립당과 친청 사대당의 대립 격화

그 후 김옥균은 반 은거 생활을 시작했다. 박영효도 처음에는 외국으로 망명할 계획을 하다가 마음을 돌려 은거 생활로 들어갔다. 그런가 하면 홍영식과 서광범은 낮은 자세를 유지하면서 비밀리에 김옥균, 박영효 두 사람과 연락을 계속했다. 그러면서 이들은 그해 (1884 년) 7 월과 8 월 사이에 그들의 지지자들을 확대하고 유대를 공고하게 만들기 위한 비밀 공작을 시작했다. 이때 새로 가담하게 된 저명 인사들로는 고종의 사촌 형 되는 이재원, 전에 일본 특사로 파견되었던 김홍집, 그리고 윤치호의 부친이자 전직 병조판서 윤웅열 등이 있었다.

이 시기는 또한 예상되던 민비파의 공세에 역습을 가하기 위한 독립당파 사람들의 비밀 모의에 서재필이 가담하게 되는 시기이기도 했다. 김옥균은 서재필에게 국내외 정세가 사대당파 지도자들을 어떠한 궁지에 몰아넣고 있는가에 대해 그 당시의 상황을 다음과 같이 설명해 주었다.

대내적으로는 민비파가 채택했던 파멸적인 통화 정책 때문에 사대당파의 인기가 최하로 떨어졌고, 대외적으로는 인도차이나에서 일어난 청불전쟁 (1884-1885 년)에서 청국이 패배하고 있기 때문에, 청국은 인도차이나에서 계속 줄어들고 있는 청국군들을 보충해 주기 위해 조선에서 그들의 군대를 철수하게 될지도 모른다. 그러므로 청국 군대가 조선에서 철수하기 전에 사대당파 사람들은 우리의 독립당파를 제거하려 할 수 있으며, 민영익의 온갖 행동이 바로 이와 같은 증상을 드러내고 있는 것 같다.

통계적으로 보아 당시로서는 독립당파가 분명히 열세에 처해 있다는 사실을 김옥균은 솔직히 시인하면서, 그러나 세 가지 점에서 그들의 위치가 열세를 벗어나 오히려 우세하게 될 것이라고 주장했다.

우리에게 유리한 세 가지는 바로 '시간, 독립당파의 사기, 국제 추세'이다. 사대당파 사람들은 일반 대중의 지지를 받을 만한 것이 아무것도 없는 데 반해, 우리에게는 독립된 조선, 그리고 조선 국민의 보다 나은 장래를 위해 싸운다는 명분이 있는 동시에, 세계 추세는 바야흐로 현상 유지책에 급급한 나라들이 개방적이며 진보적인 나라들에게 패배당하고 있다는 것을 역력히 실증하고 있기 때문에, 사대당파 사람들이 공세의 시간을 끌면 끌수록 우리 독립당파 측의 입장은 한층 강화될 것이다.

이와 같은 김옥균의 말에 서재필은 용기를 얻게 되었다. 그러나 그는 독립당파 사람들만으로 과연 사대당파 사람들을 몰락시킬 수 있을 것인지 의문스러웠다. 이러한 의아심을 가지고 서재필은 김옥균에게 다음과 같이 물어보았다.

서로의 이익을 위해서 저는 진보적인 일본이 진보적인 조선을 원할 것이기 때문에 우리를 지지해 줄 것으로 생각했습니다. 하지만 선생님께서 제시하신 차관 제의에 대해 일본 정부가 보여준 경솔한 행동을 생각해 보면 도저히 일본을 믿기 어려운 것 같습니다. 그렇다면 우리에게 필요한 지원은 어디서 받을 수 있겠습니까?

김옥균은 일본인들, 특히 일본 공사가 '독립당 인원이 많지 않다' 는 점을 강조하고 있는데 화가 났다 고 실토했다. 그러나 다행히도 일본에는 서재필이 생각했던 대로 믿음직하고 현명한 사람들이 상당히 있으며, 그 가운데 일부는 조선으로 무기를 몰래 갖고 들여옴으로써 독립당파를 돕고 있다 고 말했다. 이어서 김옥균은 시간이 흐르면 그와 같은 일본인들의 수가 더 많아질 것으로 확신한다 고 말하면서 "일본 정부 역시 최근에는 독립당을 지원해 주는 것이 일본에게 이롭다고 생각하기 시작한 것 같은 징후를 보여주고 있지만, 아직도 그와 같은 확고한 메시지를 일본 정부로부터 실제로 받은 일은 없다" 고 덧붙였다.

그리고 이어서 이 일로 자신이 먼저 일본 공사관을 접촉할 의사도 없다 고 밝히면서, 서재필에게 다음과 같이 당부하였다.

우선 서재필군은 도야마 군관학교 출신 동지들을 우리 편으로 단단히 묶어 놓기 바라오. 머지않아 있을 사대당파와의 최후 대결에서 당신들이 절대로 중요한 역할을 해야 만 할 테니까, 최선을 다해 새 사람들을 더 많이 뽑아 모집하시오. 상세한 내용은 후에 더 밝히리다.

갑신정변의 서막

서재필은 사기충천하여 그렇게 하겠다고 속으로 다짐하며 김옥균과 헤어졌다. 서재필이 모든 것을 단념하려 했을 때 '앞날은 밝을 것' 이라고 한 김옥균의 말을 회상하면서, 그에 대해 더욱 깊은 존경심을 갖게 되었다. '보다 나은 조국의 장래'를 위한 많은 구상과 감화력 및 실천력, 그리고 묘안을 가진 수려한 인물 김옥균이, 보수적인 중국에 의존하는 친청 사상에서 벗어나 자주와 진보의 방향으로 조선의 새로운 역사 이정표를 재 정립해 나가는 일에 '자신을 참모장 격으로 선발했다'는 사실에 서재필은 흥분을 감출 수 없었다. 그러나 흥분이 가라앉자 그는 앞으로 벌어질 극적 사건의 한 주인공으로서, 김옥균이 그에게 부여한 책임감을 절실히 느꼈다.

서재필이 즉시 착수해야 했던 임무는 도야마 군관학교 출신 동료들을 결속시키는 일이었다. 사실 그때 이들 가운데 일부는 사대당파에 매수되어 있다는 소문이 떠돌았고, 나머지 사람들, 즉 일부 독립당파 사람들의 하인들은 그들이 당하고 있던 학대에 화가 나서 제각기 자기네 길을 가겠다고 위협한 적도 있었다. 이 모든 사람들을 서재필은 개인적으로 접촉했다. 그리고는 그들이 품고 있던 자유 사상과 애국심 그리고 조국 개혁에 몸을 바치겠다던 그들의 서약에 호소하며, 상전들이 하인들에게 가해 왔던 모든 비행을 시정할 것 등을 약속했다. 서재필은 또한 사대당파 사람들의 국가적 비행 사례도 길게 열거하면서 "그들 밑에서는 조선 국민이 영원히 노예 신세를 면치 못할 것이다"고

한탄하였다. 그는 동지들에게 "독립당 산하에 뭉쳐 사대당파를 권좌에서 쫓아낸 후 자유롭고 번영하는 조국을 건설하든지, 아니면 긴 역사의 눈으로 볼 때, 조국의 배반자로 자네들의 여생을 노예로 보내며 영원히 지탄을 받든지, 둘 중의 하나를 택해야 하는 갈림길에 서 있다"고 설명했다.

그러자 도야마 군관학교 출신 동지들 가운데 한 사람인 이규원은 서재필의 말에 너무나 감동되어 "서재필, 당신을 영원히 지지할 것이고 나아가서는 사대당파의 거두인 민영익의 목을 내가 자르겠소"라고 자청해 나섰다. 그때부터 서재필은 이규원을 '이 장군'이라고 부르면서 그에 대한 경의의 표시로 환도를 선사했다. 그러자 도야마 군관학교 출신 동지 모두가 독립당이 하는 일에 충성을 다할 것을 맹세하고 나섰다.

서재필은 서로를 격려하고 조선 역사는 물론 세계 역사까지도 공부하기 위해 몰래 자리를 옮겨 다니면서 동지들과 자주 만났다. 그들은 또한 미국 공사 "루시어스 푸트"(Lucius Foote)의 집에도 가끔 들려 미국의 이모저모에 관한 푸트 공사 부부의 이야기를 듣기도 하였다. 푸트 공사 부인은 "그들은 예의 바르고 세련되었으며 대단한 포부와 용기를 가진 사람들인 동시에 자유를 갈망하는 좋은 사람들이다"라고 말했는데, 서재필과 그의 동지들이 얼마나 이 부부의 이야기를 성의 있게 잘 들었는지 알 수 있겠다.

사진: 미국 공사 루시어스 푸트(Lucius Foote)와 푸트 부인.

사진: 가마를 타고 가는 미국 공사 푸트

사진: 정동에 있던 미국 공사관 (1887 년).

　　1884 년 9 월 과 10 월, 두 달 동안 서재필은 새로운 동지들을 규합하고, 그들을 독립당의 이상과 목표로 교화시키면서 바쁘게 지냈다. 이러한 일을 하는 데 그는 두 가지 사태 발전으로 큰 도움을 받았다.

　　그 하나는 인도차이나 전쟁에 대한 청국의 정책 전환이었다. 즉 프랑스가 대만 봉쇄와 더불어 베트남에서의 승리에 박차를 가하게 되자, 청국에서는 주전파와 반전파 사이에 논쟁이 일어난 끝에, 결국 나이 어린 청국 황제의 아버지인 태종을 선두로 하는 반전파가 득세함으로써 청국 지도층에 큰 변화가 생기게 된 것이다. 독립당파 사람들은 이 기회를 이용하여 고종의 부군인 대원군의 석방과 귀국을 부르짖고 나섰다. 청국이 대원군을 볼모로 잡아가도록 허락한 국왕과 왕비의 소행을 용서하지 못했던 조선 국민에게, 독립당파의 이와 같은 요구는 좋은 반응을 불러 일으켰다.

또 하나의 다른 사태 발전은 조선에 주둔해 있던 청국 군대와 조선 국민 사이의 감정이 점점 악화 일로를 걷고 있었다는 사실이었다. 그동안 조선에서는 청국 군대에 의한 강탈, 강간, 살인사건, 등 수많은 불법 사건들이 일어났었다. 그러던 중 1884년 여름, 한 청국 상인이 청국 군대의 힘을 빌려 한 조선인 고관의 재산을 강제로 빼앗았고, 그 고관이 이에 항의하자 그를 투옥하므로 조정을 놀라게 한 사건이 발생하였다. 두말할 것도 없이 이러한 사건으로 사대당파 사람들의 입장이 대단히 난처하게 되었다. 이와 같은 상황 속에서 독립당파가 인기 면에서나 숫자적인 면에서 분명히 세력을 확장하고는 있었지만, 사대당파에 도전하기에는 아직도 세력이 너무나 약했다.

일본 공사 다케조에 신이치로

그러나 이 같은 사건이 발생한 지 수주일 뒤에, 김옥균을 위시한 독립당파 동지들은 가능하면 조속한 시일 내로 사대당파와 최후의 대결을 하기로 결정했다. 이런 결정을 하게 된 주요 원인은 같은 해 1884년 10월 30일에 일본 공사 "다케조에 신이치로"가 한양으로 귀임해 온 데 있었다.

원래 김옥균은 변덕스럽고 익살스러울 정도로 친청 사상을 가진 다케조에를 만나 볼 생각조차 하지 않았었다. 그러나 며칠이 지나기도 전에 다케조에는 적극적으로 독립당파인에게

113

호의를 보이면서 사대당파 사람들의 청국에 대한 노예근성을 공박함으로써 그가 전혀 다른 사람이 됐음을 드러냈다.

그래도 심상치 않아 김옥균은 다케조에를 직접 만나지 않고 대신 박영효를 보내 그를 만나보도록 하였다. 다케조에를 만나고 돌아온 박영효는 김옥균에게 일본 공사가 새로운 지령, 즉 사대당파를 조선의 권좌에서 몰아내고 한양에 자주적인 정부를 세우도록 독립당파를 도우라는 본국의 지령을 받아 가지고 왔다고 보고하였다. 그제야 김옥균이 다케조에를 만나 장시간 이야기를 나누었고, 그 자리에서 다케조에는 김옥균에게 "나는 일본 정부로부터 조선의 독립당파가 취하기로 한 여하한 조치, 심지어는 거사까지도 지지해 주라는 명령을 받았다"고 말하면서 이 말이 진정임을 새삼 강조했다.

김옥균은 이번에야 말로 다케조에가 진심을 말한다고 흡족해 하면서 자리를 떴다. 그 후 김옥균은 홍영식의 집에서 박영효, 서광범, 홍영식 등과 만나 다케조에와 나누었던 대화 내용을 상세히 말했을 때, 모두 한결같이 드디어 결정적인 행동을 취할 시기가 왔다 는 데 동의하였다.

그러자 김옥균은 "다케조에가 변심하기 전에, 즉 12월 초순에 일본 어선 '치토세마루호가 인천항에 도착하기 이전에, 사대당파를 제거하는 거사가 이루어져야 한다"고 강조하였다. 그 이유는 치토세마루호가 인천항에 1884년 12월 10일에 도착할 예정이었는데, 그 편에 우유부단한 일본 외무장관이 변심한 메시지를 다케조에에게 전달할 가능성이 있기 때문에, 거사는 늦어도 12 월 10 일 이전에 일어나야 한다 는 결정이 즉석에서 이루어졌다.

사진: 일본 공사 다케조에 신이치로

이때부터 독립당파 사람들은 일본 공사관 측과 자주 긴밀한 연락을 취했다. 다케조에 자신이 이 거사 준비에 가담했으며 이 거사가 치토세마루호 인천 입항 이전에 일어날 것이라는 말을 듣고, 그는 "이번 거사가 그 선박과 무슨 관련이 있느냐?"고까지 반문했다. 김옥균이 웃음을 지으면서 "귀국의 정부로부터 우리의 거사 계획에 대한 지지를 철회하라는 명령이 올까 봐 그렇다" 는 말에, 다케조에는 크게 웃었다.

비록 반 농담식으로 한 답변이었지만, 김옥균으로서는 그것이 진담이었다. 왜냐하면 김옥균에게는 변덕스런 다케조에가 본국 정부 지령의 한계를 넘어서 행동할 수 있지만, 이런 사실을 알면 일본 외무성이 그에게 조심하라는 경고 메시지를 보낼 가능성도 있다 는 예감이 들었기 때문이다.

김옥균의 예감은 들어맞았다. 거사가 일어난 후에야 알았지만 실제로 일본 정부는 치토세마루호 편에 그에게 그와 같은 경고의 메시지를 보냈던 것이다.

이 거사 계획에 관해서는 여러 가지 방법이 고려됐으나 최후로 결정된 계획은 조선 우정국 창립 축하연과 관련되었다. 즉 동년 1884년 초에 조선이 세계 체신 연맹에 가입한 후 한양에는 우정국 건물이 준공되고, 독립당 거두 가운데 한사람인 홍영식을 우정국 국장으로 임명하면서 모든 우체 업무가 시작될 만반의 준비가 갖추어져 가고 있었다. 그러므로 홍영식이 사회를 담당하는 그 우정국 개관 기념식장이, 역사적 거사를 편리하게 치를 수 있는 이상적인 무대가 될 수 있을 것으로 생각된 것이다.

구체적으로 말해서 이 거사 계획은 우정국 개관 기념으로 축하연을 베풀고 거기에 모든 우리나라 고관들과 외국 외교관들을 초대하기로 한 것이다. 물론 초대장은 홍영식이 우정국 국장의 명의로 발송하게 되어 있었다. 그리고 축하연이 한창 벌어지고 있을 때, 궁궐 안의 한 건물에 불을 지르면 한양 전체가 소란해질 것이고, 축하객들이 모두 밖으로 뛰어 나가는 아수라장 가운데, 숨어 있던 독립당원들이 사대당파 대신들을 살해한 후, 혼란을 틈타서 거사의 주모자들이 창덕궁으로 달려가 국왕과 왕비에게 반란이 일어났음을 알리고, 이들을 안전한 소궁으로 자리를 옮겨 국왕을 보호하면서, 왕의 칙령을 받아 조선을 현대화된 진보적인 왕국으로 변천시키게 될 수 있을 것으로 생각하였다.

이와 같은 계획 밑에 11월 한 달 동안 독립 당원들은 철야 불식, 비밀리에 구체적인 거사 준비를 진행해 나갔다. 이러는 동안 한양에는 다케조에 공사가 퍼뜨린 가짜 소문들이 가득했는데, 예를 들자면 인도차이나에서 프랑스 군대와 싸우는 청국 군대를 돕기 위해 조선의 사대당원들이 조선 군졸들을 인도차이나에 파견할 계획이라는 소문, 이민자로 가장하고 청국 군대가 더 많이 조선으로 들어오고 있다는 소문, 그리고 독립당원들을 상대로 사대당원들이 싸울 준비를 갖추고 있다 는 등의 소문들이었다.

한편 김옥균 측은 이러한 소문들이 역효과를 가져올 가능성이 있음을 알고 다케조에 공사에게 더 이상 이런 소문을 퍼뜨리는 행동을 삼가 달라고 경고했다. 그러면서 일본 검과 총기 등을 밀수입 함으로써 독립당원들을 도와준 적 있는 '이노우에 가꾸고로' 같은 영향력있는 우군들에게까지도 김옥균 자신은 거사 여부나 시기에 대해 입을 굳게 다물고 일언반구의 암시조차 주지 않았다. 심지어는 일본 군대의 야간 연습 때문에 잠을 잘 수 없다 고 불평하면서 "무슨 일이 진행되고 있는지 알고 싶다"는 고종에게까지, 김옥균은 "하념하실 것이 전혀 없습니다"고 말했다.

한편 서재필에게는 또 하나의 의무가 부여되었다. 그것은 자기 산하 군대와 "무라가미" 대위가 이끄는 일본 군대 사이의 긴밀한 연락을 취하는 일이었다. 그러던 중 11월 6일 서재필은 일본 군대의 기동 연습을 참관해 달라는 무라가미 대위의 초대를 받게 되었다. 그 기동 연습은 적군(일본군)과 백군(청국군) 사이의 모의 전쟁을 하는 것이었는데, 적군이 이기므로 다케조에는 무척 기뻐했다. 그 후 11월 9일 서재필은 한 밤중에 민영익과 원세개 사이에 이유 모를 회합이 있었다는 보고와 그들의 각 산하 군대에게 경계 명령이 하달됐다는 소식을 듣고, 즉시 이와 같은 사실을 무라가미 대위에게 전달했다. 그리고는 11월 27일 거사 전에 마지막으로 김옥균과 서재필, 그리고 무라가미 세 사람이 만나, 거사 준비 태세에 관한 소식을 주고받았다.

갑신정변 - 첫째 날: 호레이스 알렌의 등장

드디어 거사 일이 닥쳤다. 1884년 12월 4일이었다. 우정국 개관 기념을 위해 찬란한 축하연 모임이 시작된 저녁 일곱 시, 일본 공사와 독일 영사 그리고 윤태준, 세 사람을 제외하고는 초청받은 귀빈 전원이 현장에 참석했다.

그 자리에는 중요한 외국 사신들이 참석했고, 특히 조선인 대관들은 각별히 신경을 써서 호화 찬란한 조선 예복을 입고 나타났다. 한동안 어색하고 조용했으나 일본인 요리사가 솜씨 좋게 준비한 축하연 만찬 식탁 앞에 자리를 잡고, 술과 만찬을 나누어 주기 시작하자 모두의 긴장이 사라졌다. 그러나 김옥균 한 사람만은 저녁 시간이 지나갈수록 더욱 초조함에 사로잡혔다.

그는 음식을 나르는 시중꾼에게 연방 귓속말로 시간을 끌라고 속삭였다. 그는 도중에 두 번이나 밖으로 나가서야 궁궐 내에서 거사가 계획대로 진행되지 못하고 있음을 알게 되었다. 불을 지르기로 돼 있던 건물에 불이 잘 붙지 않는다 는 보고를 받았다. 그 궁전과 붙어 있던 옆집에 대신 불을 지를 수도 있었겠지만, 그 집은 그들의 동지 가운데 한 사람이 살고 있던 집과 너무나 가까이 붙어 있었다. 그래서 김옥균은 그의 전령에게 "빨리 돌아가 아무 집에나 불을 질러라"고 명령하였다. 그 후 그는 제자리에 돌아와 시치미를 떼고 앉아 일본 공사관 시마무라에게 "하늘 천(天) 자를 아느냐" 고 농담조로 물어보자, 시마무라는 "잘 알고 있다" 고 대답했다.

나머지 귀빈들에게 이것이 별 의미 없는 농담으로 들렸겠지만 사실은 그것이 거사의 암호였던 '하늘 천 자'에 대한 연습이었다. 이 하늘 천 자는 바로 캄캄한 밤중에 독립당원들이 서로 서로를 알아볼 수 있게 하기 위한 암호였던 것이다. 시치미를 떼고 김옥균과 시마무라가 잡담을 계속하고 있을 때 별안간 대궐 쪽에서 불이야 하는 큰 소리가 들려왔다. 좌석에 앉았던 여러 귀빈들이 일어나 창밖을 내다보았으나 불이 난 기색이 보이지 않자 모두들 제자리로 돌아가 앉았다. 그러자 미국 공사 루시어스 푸트 장군이 흥분된 귀빈들을 안정시키기 위해 자기가 전에 겪었던 화재에 관한 이야기를 시작하였을 때, 또 다시 더 큰 소리로 불이야 하는 소리가 들려왔다. 그러자 사대당의 거두 민영익은 불이야 하는 소리가 내 부친 댁 쪽에서

들려온 것 같으니 나가서 알아보고 싶다 고 양해를 구하면서
자리를 떴다. 그런지 수 분만에 그는 머리와 어깨에 중상을
입고 유혈이 낭자하여 신음을 하면서 비틀대며 돌아왔다.

사진: 서울 종로구 견지동에 있는 옛 우정국의 현재 모습
(2023 년)

별안간에 축하연 만찬은 아수라장으로 변했고 조선인
대관들이 황급히 화려한 예복을 벗어 던지고 모두 도망쳐 버리자,
피를 흘리고 있는 민영익을 돌 볼 사람은 푸트 공사, 묄렌도르프,
그리고 미국 공사관의 서기관 세 사람 뿐이었다. 푸트와
묄렌도르프는 민영익을 묄렌도르프 사무실로 옮긴 후, 한국에
있던 유일한 서양 의사이자 미국인 선교사인 호레이스 알렌을
불러 치료하게 하였다. 알렌이 도착할 무렵 한의사 14 명이
알렌의 치료를 결사 반대하며 막았으나 알렌은 이들을 쫓아낸
후, 밤새 지혈을 하고 상처를 봉합 한 다음, 일본인 군의관을
불러 함께 치료했다. 이는 한반도에서 최초로 행한 서양의사의

외과 수술이다. 이렇게 민영익은 간신히 목숨을 구했지만, 그날 밤 그의 부친을 위시한 대부분의 그의 동료들이 참변을 당했다.

한편 김옥균과 박영효, 그리고 서광범 세 사람은 함께 술 좌석을 빠져 나와 어둠 속에서 그들의 동지로부터 봉변을 당하지 않도록 하늘 천 자를 외치면서 대궐을 향해 들어갔다. 얼마 후에 그 축하연 만찬의 주인이었던 홍영식도 대궐 안으로 들어왔다. 세 사람이 대궐로 접근하자 서재필은 그의 도야마 출신 동기들과 대궐 정문 앞에서 기다리고 있다가 김옥균의 명령이 떨어지자 대궐 문을 열어 젖히고 고종의 침전을 향해 들어갔다.

그러자 은밀히 독립당원들을 지지하던 궁내 시종관 "변수"가 이 독립당 거두들을 맞이하면서 김옥균에게 귓속말로 국왕과 왕비는 그날 저녁에 일어난 일을 아직 모르시면서 잠자리에 계신다고 속삭였다. 이것은 좋은 소식이었다. 그러나 사대당원의 충실한 지지자였던 환관 "유재현"이 갑자기 나타나 밤이 깊었는데 국왕과 왕비를 깨우는 것은 안 된다고 하면서 시간을 끌려고 했다. 그는 우선 민비를 깨워 그녀와 대책을 세우려는 모양이었다. 여하간 침전 밖에서 큰소리가 들리자 국왕과 왕비는 잠에서 깨어 침전 문 밖으로 나와 김옥균을 보고 그의 이름을 부르면서 무슨 일인가 하고 물었다.

이에 김옥균은 반란이 일어났으므로 국왕의 안전을 위해 경비를 더 삼엄하게 할 수 있는 별궁으로 즉시 옮기셔야 한다고 전해 올렸다. 그러자 민비는 그녀의 가까운 지지자들이 한 사람도 눈에 띄지 않는 것을 보고 의아스럽게 생각한 나머지, 그 반란을 일으킨 자들이 누구인가 알고 싶어했다. 바로 그 순간 계획했던 대로 궁전 다른 쪽에서 폭탄이 터지면서 요란한 폭음이 울렸다. 그 폭음 소리에 김옥균은 민비의 질문에 대답할 필요가 없게 됐고 놀란 민비는 사뭇 부드러워졌다.

이렇게 해서 고종과 민비를 위시해 200 여 명에 달하는 궁중 시종들이 <경우궁>으로 순조롭게 피신했다. 이 경우궁은 본 궁 주변에 위치한 여러 별궁 가운데 하나로서 결혼한 왕세자들 부부가 사용하던 것이었으며 그 규모와 위치가 독립당원들에게 그들의 군졸들이 조정 내부로부터의 여하한 반대 세력에도 대항해 이길 수 있다는 자신감을 줄 만한 장소이었다. 그러나 외부(청국 군대)로부터 쳐들어올 가능성이 있었던 상황에서는 경우궁조차 수비하는 데 불안감을 느꼈기 때문에, 고종 일행이 경우궁으로 피천하는 도중, 김옥균과 그의 동지들은 일본 공사에게 원병을 보내 달라는 메시지를 전달하도록 고종에게 건의했다. 공포에 떨고 있던 국왕은 그 제안에 동의하여 박영효로부터 종이와 연필을 받아서 다케조에 공사에게 원병을 요청하는 다섯 자의 칙서를 써 주었다.

그러자 곧 다케조에는 일본군을 데리고 도착했으며 일본 군인들이 대궐에 있는 모든 궁문 앞에 배치되었다. 이제는 별궁 안에서 엄격한 군기를 확보하는 것이 서재필이 할 일이었다. 이때 궁중 시종들 가운데 일부 사람들이 자리가 너무 비좁고

춥다고 불평하자 독립당원들은 화가 났다. 물론 그같은 불평을 할 만한 이유가 전혀 없었던 것은 아니지만, 다소 불편하다는 것을 이유 삼아 의도적으로 문제를 야기시키려는 기색이 역력히 보였기 때문이었다. 춥다고 떠들었던 궁녀들 뒤에서 심통한 민비와 환관 유재현이 자주 속삭이며 서로 이야기를 나누는 것이 눈에 띄었다. 이를 본 김옥균은 서재필에게 명하여 부하들을 시켜 유재현을 잡아 결박해 놓고 그의 죄상을 일일이 낭독한 다음, 당장 처벌하라고 명령하였다. 그러자 서재필 부하 중 한 사람이 유재현의 가슴에 칼을 찔렀고, 유혈이 낭자한 가운데 그가 바닥에 넘어지자 궁녀들은 공포에 떨면서 양같이 순해졌다.

한편 우정국 축하연에 참석했던 사대당원들 가운데 그 자리에서 위기를 모면할 수 있었던 자들이 예상대로 하나 둘 씩 고종을 배알하러 궁중으로 들어왔다. 그들은 도착하는 대로 외딴 지역으로 끌려가 독립당원들에 의해 즉각 처형되었다. 충실한 민비파 장군들인 한규직과 이조연도 경우궁으로 와서 고종에게 무언가 직접 여쭙겠다고 주장했다. 아마도 간밤에 우정국 축하연 현장에서 일어났던 일을 고종에게 알림으로 고종이 독립당원을 미워하도록 그의 마음을 돌리려고 하였던 것 같았다. 그래서 그들이 침전 쪽으로 다가서자 서재필은 칼을 휘두르며 한 걸음만 더 내어 디딘다면 아무도 그대로 놔두지 않겠다고 경고하니, 하는 수 없이 그들은 뒤로 물러날 수밖에 없었고, 그때 서재필의 부하들이 이들을 밖으로 끌고 나가 처형해 버렸다.

갑신정변 - 신정부 내각과 정책

거사 다음날 아침 1884 년 12 월 5 일, 밤을 꼬박 새운 김옥균과 그의 동지들은 우리나라 최초의 혁신 정권인 신정부의 내각 명단을 발표하였다. 이 내각은 여러 가지 면에서 특이한 점들이 있었다.

첫째, 모든 최고위 직책이 대원군의 가까운 친척들에게 안배되었다. 오늘날 내각 수반 격인 영의정 직은 바로 대원군의 조카가 되는 이재원이 차지했다.

둘째, 홍영식은 〈좌의정〉, 박영효는 〈전후 영사 겸 좌포장〉, 서광범은 〈좌우 영사 겸 대리 외무 독판 우포장〉이라는 전방과 후방의 방위 사령관 직을 맡았지만, 실제 군대의 총 작전 지휘관을 가진 〈병조참판 겸 점령관〉의 직위는 이제 스무 살이 갓 넘은 서재필에게 일임되었다.

셋째, 독립당의 거두가 김옥균임에는 틀림없었으나 그가 맡은 직책은 오늘날 차관급에 해당하는 〈호조 참판〉이었다.

끝으로, 오늘날 육군 최고 사령관직에 해당하는 〈군무 총재〉 직에는 11 살 된 저능아인 왕세자가 임명되었다.

도표: 쿠데타 내각

　이와 같은 내각 조치가 결코 얼빠진 아마추어들의 작품이었다고만 말하기는 어렵다. 우선 이 내각 조치는 민비파만을 제외한 나머지 주요한 각 파, 즉 대원군파, 고종파, 그리고 중립파를 모두 포함하면서, 실제 지배권은 독립당파가 장악하려던 예리한 노력을 나타내고 있음을 알 수 있다. 이와 같은 사실은 김옥균 자신이 별로 대수롭지 않으면서도 실제로 가장 중요한 <호조 참판>직을, 그리고 박영효, 서광범, 서재필, 특히 그 가운데서도 서재필이 <국방>을 담당하게 되었다는 점에서 잘 증명되었다. 한 가지 예외는 독립당 핵심 당원 가운데 한 사람이었던 홍영식이 오늘날 내무장관 격인 <좌의정>직에 임명된 경우였다. 이 경우 '홍영식은 명예욕이 강했다'는 일부 사람들의 비난이 맞을 수도 있겠지만, 사실상 김옥균의 본 계획은 홍영식을 내각 수반 격인 <영의정>직에 임명함으로써 독립당이 신정부를 확고히 장악하려 했지만 여의치 않아서 <좌의정>에 임명하였다.

이와 같은 내각 발표에 이어서 신 정부가 추구하려는 신 정책들도 발표되었다. 그 가운데서 중요한 정책들을 열거하여 보면 다음과 같다.

- 사회적 불평등의 제거
- 국민의 기본 자유
- 실력에 바탕을 둔 관리 선발
- 토지 없는 농민에 대한 세금 면제
- 부정 축재자의 처벌
- 청국에 대한 조공 지급 중단
- 청국에 볼모로 잡혀 있는 대원군의 석방과 송환
- 사회 안정 유지와 무고한 국민 보호를 위한 순사(경찰) 제도 개혁
- 모든 정치범과 귀양자에 대한 자유 부여
- 온갖 재정 문제 관리
- 대신과 참판 회의에 정책 결정 권한 부여
- 국가 발전에 유익한 여러 분야에 교육 받기 위해 재주 있고 애국심이 강한 청년들의 해외 유학 파견
- 모든 성인 남자의 단발(상투를 깎음)

후에 서재필이 솔직하게 시인했지만 이러한 시정 정책 가운데 어떤 것은 모순적이며 경솔함이 없지 않았으니, 그 대표적인 예가 모든 성인 남자들에 대한 강제 단발령이었다. 왜냐하면 <상투>란 옛날부터 내려온 조상 숭배 사상과 연관되어 있었으므로 단발령은 일반 대중의 강력한 반대를 야기했다.

또한 청국이 어차피 대원군을 조선으로 귀환시킬 계획을 하고 있었기 때문에 조선 정부가 그의 귀환 조치에 압력을 가하겠다고 발표한 것도 불필요했고 경솔하였다. 더구나 조정의 요직을 양반들이 모두 차지함으로써, 사회적 불평등을 없애겠다던 개화파의 시책이 실제 행동과 모순되었다. 그러나 당시의 백성은 대체로 이런 사실들을 전혀 모르고 있었다. 실제로 독립당의 거사가 실패한 데는 크게 두 가지 원인을 들 수 있겠다.

- 하나는 그 거사에 일본이 너무 많이 관여한 것이었고,
- 다른 하나는 민비파 잔당이 청국과 공모하여 반격을 가한 것이었다.

물론 거사가 백성을 놀라게 한 것도 사실이지만 일본 군대가 조선의 궁문들을 경비하는 것을 본 백성들은 격분하였다. 또한 개화파들로부터 빠져 도망했던 민비파 사람들은 한편으로 청국의 지원을 호소하면서, 다른 한편으로는 '국내의 친일파 역적들이 왕족과 대신들을 무자비하게 학살하고 있다'는 헛소문을 퍼뜨린 결과 백성들의 분노가 하늘까지 높아졌고 무턱대고 뻐기기만 하던 원세개는 '조선의 구세주'인 것처럼 그의 청국군대를 궁중으로 입성하도록 명령을 내린 것이다.

갑신정변 - 둘째 날

한편 12월 5일, 같은 날 미국 공사와 영국 총영사 그리고 독일 총영사들이 고종을 배알했다. 그 길에 미국 공사 푸트는 김옥균을 만나 이야기하는 가운데 이번 거사를 기정 사실로 인정한다는 뜻을 표명했다. 그러면서 그는 조선에 주재하는 외국인들의 신변 안전을 약속해 달라고 부탁했다. 하지만 영국 총영사는 독립당원들에 대해 노골적으로 냉담했고, 독일 총영사는 입장을 확실히 밝히지 않았다. 이 세 나라 외교관들이 한결같이 표명한 공동 관심사는 한양에 있는 자국 국민들의 신변 안전 문제였다. 김옥균은 그들의 신변 안전을 위해 가능한 모든 조치를 다 취할 것을 약속하는 동시에 그들이 이해와 협조를 해 줄 것을 당부했다.

이날 12월 5일은 또한 궁내 시종들의 요청으로 이들을 이리저리 이동시키는 일로 대부분의 시간을 보낸 날이기도 했다. 우선 고종과 그를 모시던 시종들 일행이 경우궁을 떠나 영의정인 이재원 댁으로 옮겼다가 그 후 다시 본궁인 창덕궁으로 돌아갔다. 창덕궁의 규모가 크기 때문에 경비하기 어렵다는 이유를 내세워 김옥균과 서재필은 창덕궁으로 왕족들이 환궁하는 것을 적극 반대했으나, 군사 전략 이외의 다른 전문 지식이 없었던 다케조에는 군사적 방어와 경비 면에서 볼 때 어느 궁이나 마찬가지일 것으로 생각했고, 이미 그 전에 고종의 환궁에 동의한 바 있으므로 이에 반대하지 않았기에 결국 모두 창덕궁으로 돌아가고 말았다. 전해지는 말에 의하면 바로 그날 밤 민비는 저녁 식사가 끝난 후 밥그릇 밑에 <청군 내원> 즉 '청군이 와서 후원해 달라'라는 밀서를 숨겨 내 보내, 원세개에게 청군을 궁으로 오게 하여 자기들을 독립당의 지배로부터 구출해 줄 것을 요청하였다 고 한다.

갑신정변 - 셋째 날

거사가 있은 지 3일째 되는 12월 6일, 김옥균은 긴박한 재정 문제에 총력을 기울일 계획이었으나 그에게 더욱 급박한 일은 궁을 방위하는 일 이었다. 그래서 김옥균은 박영효와 서광범에게 사용할 수 있는 무기를 모두 점검해 줄 것을 당부하였다. 그 후 김옥균, 박영효, 서광범은 한양 병기창에 있는 총이 모두 녹이 나서 사용할 수 없다는 부하의 말을 듣고 서재필이 지휘하는 산하 군대 전체에게 총을 분해 청소하도록 명하였다.

이러는 동안 다케조에는 독립당원들에게 일본 군대가 궁으로부터 철수할 것이라는 의도를 통보해 옴으로 그들을 아연실색하게 했다. 다케조에는 일본 군대가 궁문을 여러 날 동안 경비하게 되면 조선 백성의 반일 감정을 더 확대할 위험을 자초하게 될 것 같다 고 그 이유를 설명하였다. 김옥균은 이 중대한 시기에 일본군이 철수한다는 것은 이제껏 거두어 놓은 성과를 모두 내 던져 버리는 것과 같다고 주장하면서 철군 의도에 강경하게 반대했다. 물론 김옥균은 일본군이 조속한 시일 내 철수해야 한다는 데 이의가 없었으나, 신정부가 확고한 기반을 굳힐 때까지는 일본군이 철수해서는 안 된다는 주장이었다.

일본 군대와 독립당 군졸들의 연합 세력은 숫자는 작지만, 그보다 두 배나 많은 청국군을 섬멸시킬 수 있다는 점, 그리고 일단 서재필의 군졸들이 녹슨 총들을 분해해서 청소하면 충분한 무기와 탄약을 갖게 될 것이라는 점들을 강조하면서, 김옥균은 다케조에 공사에게 인내력을 가지고 그들의 공동 목적을 끝까지 성공적으로 밀고 나가자고 호소했다. 그는 또한 그렇지 못할 때는 조선의 개혁은 물론, 일본에도 재난이 초래하게 될 것이라고 경고했다. 그러자 다케조에는 며칠 동안 일본 군대의 철수 조치를 연기 하기로 동의했다.

한걸음 더 나아가서 김옥균의 3 백만 달러 차관 요청에 다케조에가 주저하지 않고 그와 같은 액수의 차관이 허락될 것이라고 대답함으로, 김옥균, 박영효, 홍영식, 서광범 그리고 서재필은 드디어 거사의 성공이 확실해졌다고 자신한 나머지 너무나 기뻐서 어쩔 줄을 몰랐다.

그러나 한 시간 전까지만 해도 그렇게 성공이 확실해 보였던 거사가 갑자기 하향길로 들어섰다. 우선 다케조에가 궁문으로부터 일본군 철수 조치를 연기하기로 동의했었지만 일본군이 조선 사람들의 눈에 띄면 그들의 격분을 사게 될 것으로 생각하여, 일본군을 궁궐 안으로 끌어들이므로 오히려 조선 동포들의 분노를 한층 격화시키게 되어 더 많은 수의 분노한 백성들이 창덕궁 궁문을 향해 몰려들게 만들었다. 더욱 심각했던 문제는 정오경에 이르러 원세개가 청국군 1,500 명을 풀어 이미 대궐로 들어가는 궁문을 공격하고 있었다는 것이다.

서재필은 군졸들을 이끌고 창덕궁의 <선인문> 지붕 위로 올라가 그 밑에 있는 대궐 문을 향해 엎드려서 총을 겨누었다. 청국군이 그 궁문을 향해 육박하자, 서재필의 부하들은 청군 수십 명을 사살했다. 실탄이 다 떨어져 없어지자 그들은 기왓장을 집어 던져 청군 수십 명을 더 부상시켰다. 그러나 서재필 지휘 아래에 있던 소수의 군졸에 비해 청군의 수는 너무나 많았다. 결국 그들은 지붕에서 뛰어내려 김옥균과 다케조에, 그리고 공포에 사로잡힌 고종이 숨어서 몸을 움츠리고 있는 바위 뒤를 향해 뛰어갔다. 마침내 청국 군대가 선인문을 돌파하고 총을 쏘며 여러 궁궐에 불을 지르면서 그들 앞으로 다가오고 있었다. 한편, 그 밖의 다른 청군 부대들도 또 다른 대궐 문을 통해 밀려 들어오고 있었다. 도망갈 수 있는 길은 <북대문> 하나밖에 남지 않았다. 그들과 적군 사이에는 어둠만이 깊어가고 있었다. 차디찬 암흑의 장막 속에서 고종과 독립당원 사이의 마지막 회의가 열렸다. 우선 김옥균은 모두가 제각기 자기 생명을 구하도록 최선을 다해 뿔뿔이 헤어졌다가, 후에 한 장소에 다시 만나 싸워 보자고 제의했다. 그러자 서재필은 김옥균에게 고종을 모시고 다같이 인천으로 도망쳤다가 일본군과 함께 한양 수복 계획을 세우자 고 제의했다. 그러나 고종은 이 제안에 반대했고 다케조에도 그 제안이 적당하지 않다고 생각했다.

결국 그들은 대궐 안, 한쪽에서 대기 중이던 청국 군대에게 고종을 모셔다 놓은 후, 그들만 인천으로 도망가기로 결정을 지었다. 그러자 홍영식, 박영효의 형님인 박영교, 그리고 도야마 군관학교 출신 여러 명이 고종을 모시고 가기로 자원해 나섰다. 한편, 김옥균, 박영효, 서광범, 서재필 등은 여섯 명 가량의 부하들과 함께 그들을 쫓아오는 조선 및 청국군 추적자들과 대항하면서 도망치는 일본 군대와 함께 후퇴했다.

　　이렇게 해서 <삼일 천하>의 조선 최초 개화 운동 <갑신정변>은 종말을 고하였다. 그렇다면 과연 이 개화 운동은 애초에 성공할 가능성이 있었던 것인가? 아니었다면 그 실패의 원인은 어디에 있었을까? 특히 거사 주모자들의 근본 동기는 무엇이었을까? 하는 등의 많은 질문을 하지 않을 수 없다. 이에 대해 세월이 흘러감에 따라 해답들이 나타나기 시작했다.

　　우선 김옥균 일파는 당시의 정권을 잡고 있었던 사대당파를 제거하지 아니하면 조선이 불가피하게 멸망할 것이라고 확신하였기에 그들은 그러한 거사가 나라를 구하기 위해 반드시 필요한 수술로 생각하였다. 그리고 이와 같은 수술을 단행하는 데에는 그들 자신만의 힘이 절대 부족했기 때문에 일본으로부터 도움을 받지 않을 수 없었다. 그 뿐만 아니라 일본은 당시로서 조선에게 절실히 요구됐던 과학적이며 기술적인 지식과 현대화된 진보 사상을 가지고 있었다.

　　그러나 이 개화파는 그와 같은 중차대한 거사를 시도하기에 앞서 철저한 준비 태세는 말할 것도 없고, 그들이 빠질 수 있었던 함정과 성공할 수 있는 가능성에 대해서 철저한 검토가 있었어야 했다는 점을 간과했다. 또한 그들은 어느 한 나라(청국)로부터 독립하는 데 있어서 또 다른 나라(일본)의 지원을 받는다는 것이, 얼마나 위험천만 한 일인가 에 대해서도 제대로 알지 못하고 있었다. 다시 말하면, 그들은 젊은 이상주의자들로 국가가 취하게 되는 행동이 결코 정의나 동정에 의해서가 아니라 '국가 자체의 이해관계'에 바탕을 두고 있다는 사실을 잘 모르고 있었다.

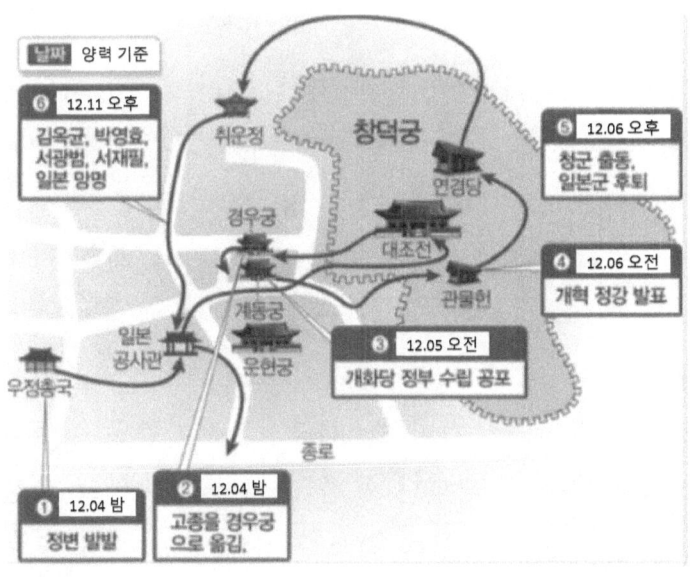

그림: 1884 년 갑신정변 진행 상황.

제 5 장 1차 망명

후퇴

거사가 수포로 돌아가자 결코 용감한 인물이 못 되었던 다케조에에게는 근심 걱정이 한 두 가지가 아니었다. 죽지 않고 자기와 부하들이 창덕궁을 빠져나갈 걱정, 그와 일본 공사관 직원들은 물론, 당시 조선에 살고 있던 일본인들에 대한 신변 걱정, 그리고 그 자신의 생명에 관한 걱정 등 이었다.

다케조에는 급히 도망치려 했다. 그러나 그와 함께 피신하기로 결심한 김옥균, 박영효, 서광범, 서재필과 이들의 추종자들은 고종이 부들부들 떨면서 한 도야마 군관학교 출신 군졸 등에 업혀 청국 군대가 있는 쪽으로 향해 가는 것을 모두 물끄러미 서서 바라보며 눈물을 흘리고 있었다. 이에 앞서 고종의 왕족들은 이미 청국 군대가 있는 쪽으로 걸어서 넘어간 뒤였다. 이러한 상황 속에서 정신적으로 압박감에 눌려 있던 일본 공사 다케조에는 김옥균과 그 일당에게 자기들과 함께 지금 당장 떠나지 않으면 그들을 그대로 놔두고 떠나겠다 고 말했다. 그러자 무라가미 대위의 지휘 아래의 일본 군대가 다케조에와 아홉 명의 독립당원들을 둘러싸며 앞뒤에 2조로 나뉘어 섰다. 그들이 후퇴할 때 쯤에는 벌써 사방이 컴컴해져서 궁궐 밖으로 쉽게 나갈 수 있었다. 그리고 그들이 그리 멀지 않은 곳에 있었던 일본 공사관으로 가는 길목에 도착했을 때, 길거리의 사람들은 "왜놈들을 죽여라, 역적들을 잡아라" 라고 소리치면서 작대기와 돌멩이를 던졌고, 심지어는 청국 군대로부터 실탄 세례까지 받았다. 실제로 앞에 섰던 분대장은 총탄에 맞아 일본 군인들이 그를 업고 걸어가야 했다. 일본 군인들은 공중을 향해 공포탄을 쏘아 댔지만 군중의 위협이 너무나 강해졌기 때문에, 독립당원들은 그 일본 군대 대열에서 떨어져 나가 숨어버릴 생각까지 잠시 해보았다. 하지만 역적들에게 피신처를 제공해 줄 사람은 없을 것이라고 생각하고 그런 생각을 단념하기로 했다.

드디어 그들은 가까이 있는 일본 공사관 건물이 보이는 지점에 도달해 안도의 한숨을 내쉬었다. 그러나 그들은 일본 공사관 측으로부터 총탄 세례를 받게 되었다. 오후 늦게부터 거리의 군중들이 일본 공사관을 기습하려고 여러 번 시도하였었기 때문에, 그 공사관 수비대가 어둠 속에서 일본 군대와 독립당원들을 거리의 군중으로 오인하여 사격한 것이다. 그들의 정체가 판명될 때까지 이미 15 명의 사상자가 발생하였고, 이 사망자들 가운데 한 사람은 전에 조선인 유학생들이 일본에서 공부할 때 그들에게 일본말을 가르쳐주던 스승 가네꼬였다. 그는 서재필을 따라 조선에 나와 독립당원들과 운명을 같이 하고 있었다. 이런 가네꼬의 몸을 관통한 실탄이 서재필의 머리카락을 스치고 지나갔다. 한편 일본인 수비대는 독립당원들에게 피신처를 제공해 줌으로 조선인과 청국인들로부터 공격받게 되지 않을까 두려워 주저하였지만, 결국 그들을 한양 일본 공사관 안으로 들어가도록 허락했다.

　서재필이 지칠 대로 지친 몸을 벽에 기대고 조용히 눈을 감고 쉬고 있을 때, 그는 조선인들을 근방의 우물 속에 처넣자고 하는 일본인들 사이의 귓속말을 엿들을 수 있었다. 그들은 서재필이 잠든 줄로 생각했었다. 그러나 서재필은 눈을 뜨고 목청을 가다듬은 후 이렇게 말했다. "당신들의 신변 안전 문제 때문에 그다지도 불안하다면 우리를 우물에 빠뜨릴 필요는 없소. 즉시 우리가 이곳을 걸어 나가, 차라리 우리 동포들에게 맞아 죽겠소" 이 말을 듣고 당황한 일본인들은 자기들은 농담을 하고 있었다 고 주장하면서, 미안해 하며 잘못을 사과했다.

　이에 안심하고 독립당원들은 마룻바닥 위에 쓰러져 깊은 잠에 빠지고 말았다. 몇 시간 후에 잠에서 깨어난 후 그들은 일본인이 떠날 준비를 하고 있는 것을 발견했는데, 분명히 그들을 남겨놓고 자기네들만 떠날 의도인 것 같았다. 서재필은 그들과 합류하는 것이 안전한 길이며 후에 다시 정치적으로 만회할 수 있는 길이라고 생각했기 때문에, 일본인들에게 다소 냉대를 받았지만 대수롭지 않게 무시해 버렸다.

이들을 따라 인천으로 가기 위해 일본 공사관 밖으로 나왔을 때 그들은 차디찬 밤 하늘에 여기저기서 커다란 불길이 치솟는 것을 보고 그들의 집들이 불타고 있음을 알고 망연 실색할 뿐이었다. 사실 그들이 생각한 대로 정적들에 의해 거물급 독립당원들의 가옥이 모두 소실되거나 차압 당했다. 또한 한양 장안에 이름있던 홍영식의 가옥은 홍영식 자신과 그의 친구들의 인척이나 친구들을 고문하는 고문장으로 변했다. 후에 피로 물들은 이 가옥은 당시 미신에 심취했던 조선 사람들에게 버림받고, 기독교 선교사들이 차지하게 됨으로써, 조선 최초의 서양식 병원으로 사용되었다.

사진: 호레이스 언더우드과 그의 아내, Dr. Lillias Underwood.

(편집자 주: 제중원 설립은 조카 민영익의 목숨을 살려준 은인 알렌에 대한 고종과 민비의 전폭적인 신임 덕분이었다. 이 병원이 광혜원(제중원)이었고 후에 세브란스 병원으로 명칭이 변경되었다. 갑신정변 다음 해 1885 년에 알렌은

스크랜톤(William B. Scranton)과 언더우드(Horace G. Underwood)를 초청하여 의료진을 보강했는데 운영비는 주로 미국의 선교 단체들이 충당했다. Lillias 의사가 제중원에서 일하며 호레이스 언더우드를 사귀게 되어 결혼함. 언더우드 부인은 여자 환자들을 치료하였으며, 민비의 주치의이었음.)

절망의 순간에 나타난 치토세마루호 선장

여하간 비운의 이 망명객들은 더 이상 감상에 젖어 있을 수만은 없었다. 그들이 빠져나가려 했던 길가에서 군중들은 소리 지르고 돌을 던졌고, 청국 군인들은 총까지 쏘아 대고 있었기 때문이었다. 게다가 다케조에가 그들을 조선 조정에 인도하기로 합의했다 는 소문까지 나돌았다.

결과적으로 이 소문은 사실이 아니었다. 많은 일본 집들과 상점들이 불에 타고, 한양에 있는 일본 공사관까지 불에 타게 되자, 다케조에와 서재필을 포함한 개화파 인사들은 청군에 쫓기며 서대문을 나와 한강을 건너 인천의 일본 영사관에 도착하였는데, 끼니를 때우지 못한 채 철야의 행군을 하여 모두 기진맥진했으나, 목숨을 건진 것만도 다행이었다. 그러나 다케조에는 다음과 같이 말하면서 이들을 인천 일본 영사관에 들이는 것을 허락하지 않았다. "당신들을 영사관 안에 수용하면, 공식적으로 일본 정부가 망명을 허용한 결과가 되니 본국에 조회해 봐야겠소" 이에 김옥균이 다음과 같이 말했다. "궁궐에서 동행을 권한 사람이 누구요? 여기까지 와서 우리를 거절하다니, 말이 다르지 않소" 다케조에가 김옥균의 항의를 들은 체도 하지 않자, 이때 옆에 서있던 치토세마루 (千歲丸)호의 선장 "쓰지 가쿠사브로"가 말했다.

다케조에 공사! 이분들은 비록 대사에 실패했으나, 나라를 위한 지사들이오. 궁조가 품안에 오면 보호하는 것이 도리가 아니겠소이까! 공사는 모른체 하시오. 선장의 권한으로 내가 승선을 허가 하겠소이다.

(편집자 주: 궁조 窮鳥 - 쫓기어 도망할 곳이 없어 곤궁에 빠진 새)

이처럼 극적으로 김옥균과 개화파 인사들은 선장의 도움을 받아 배에 오를 수 있었다. 조선 조정의 관헌들이 그들의 행방을 찾아냈을 때에는, 조선 망명객들은 이미 치토세마루호에 들어가 있었다. 조정의 관헌들은 이 사실을 알게 되자 순사들에 명하여 선박에 올라가 그들을 체포하라 고 지시했다. 그러나 키는 작았지만 단단하게 생긴 그 배의 선장은 권총을 빼 들고 "이 배 안에서는 나만이 주인이다. 따라서 나의 허락 없이는 아무도 여기에 들어오지 못한다"고 소리를 침으로써 그들의 목적은 이뤄지지 못했다.

이렇게 해서 서재필과 그의 망명 동지들은, 마침내 더 이상 추격당하지 않는 자유의 몸이 되었다. 그러나 피곤이 골수까지 스며들어 이들은 배 밑의 석탄 창고 바닥에서 정신을 잃은 채 쓰러졌다. 훗날에 서재필은 "그토록 편안한 자리에서 잠을 잔 적이 없었다"고 기술하였다. 몇 시간이 지난 후 서재필은 자기

몸 위로 굴러 내리는 무언가 때문에 잠에서 깼다. 잠이 깨어 보니 그것은 석탄 덩어리들이었다. 아마도 그가 자면서 몸을 움직였을 때 석탄이 굴러 내린 모양이었다.

사진: 치토세마루(千歲丸)호.

치토세마루호는 여전히 인천항에 정박해 있었다. 그 배는 12월 11일에 인천항을 출항하기로 되어 있었기 때문에 그들은 석탄 창고 바닥에 누워 출항을 기다리는 수밖에 없었다. 그러는 동안 그들은 가족과 친척들을 생각하며 그들이 당하고 있을 수난을 생각하니 몸서리가 쳐질 뿐이었다. 이 망명객들은 또한 장차 그들에게 닥칠 일들을 생각해 볼 때 공포감과 흥분이 동시에 교차했다. 즉 한양에서 자기들을 잡아들여 처형하든지, 아니면 자기들을 죽이기 위해 일본으로 자객을 보내려고 끊임없는 노력을 기울일 것을 생각하니 공포감에 사로잡힐 수

밖에 없었고, 그런가 하면 김옥균이 동지들에게 확약한 다음과 같은 내용들을 상기하며 위로를 받으려고 하였다.

- 바야흐로 극동의 역사는 일본이 중국이라는 잠자는 사자의 목을 졸라 질식시킬 순간에 도달했으며,
- 우리들이 조정의 반동 세력을 권좌에서 몰아내기 위해 일본의 도움이 필요한 것과 마찬가지로, 일본 측에서도 자기들의 역사적인 사명을 다하기 위해 우리 개화파들의 도움이 필요할 것이고,
- 일단 우리 개화파들이 정권을 잡게 될 때는 조선을 신속하고 철저하게 개화하고 부흥시킴으로써, 일본은 존경심을 가지고 개화파들을 대해주지 않으면 안 될 것이다.

이 망명객들이 느꼈던 공포감은 결코 근거 없는 것이 아니었다. 그들이 조선 조정의 수사망을 피해 일본으로 도피하자, 즉시 조선 조정에서는 일본으로 하여금 이 정적들, 소위 <사대 역적> 김옥균, 박영효, 서광범 그리고 서재필을 조선으로 송환하기 위해 온갖 노력을 다 기울였다. 그러나 일본 측은 그들이 <정치 망명자>라는 이유를 내세워 조선 조정 측의 요구를 거절했다. 그래서 한양에서는 일본으로 특별 사절단을 파견했는데, 이들은 표면상 조-일 두 나라 간의 상처를 치료하기 위한 것으로 되어 있었으나, 사실 본 의도는 이 역적들을 찾아서 조선으로 송환하기 위함이었다.

사진: 1884년 갑신정변 주역들 (왼쪽부터: 박영효, 서광범, 서재필, 김옥균).

사진: 서광범 (갑신정변 당시 26세)

사진: 홍영식 (갑신정변 당시 30세)

사진: 박영효 (갑신정변 당시 24 세),

　치토세마루호가 출항할 예정 일자는 12 월 11 일이었기에 이틀이나 더 기다려야만 했다. 이 동안 그들은 몸에 받은 상처를 간호하고, 때로는 장래를 생각해 보거나 신세타령을 하면서 시간을 보냈다. 그 당시의 경험담을 서재필은 다음과 같은 말로 회상했다.

　　원래 우리 일행은 43 명이었지만 그 가운데서 일부는 싸우다 죽고, 일부는 적군에 잡혀 참살 당했으며, 일부는 고종을 모시고 청국인들 쪽으로 갔기에 아홉 사람만 남게 되었다. 닷새 전만 하더라도 고국이 일본이나 그 밖의 여러 진보 국가들과 같이 자주 국가로 개혁되어 전진할 위치에 서 있었으나, 이제 우리는 치토세마루 배 밑에 숨어 낯 설은 나라, 미지의 세계로 만리창파를 헤치고 도망가는 신세가 되었으니 우리 운명은 가련하기 짝이 없었다.

　조선인 망명객들은 치토세마루호가 인천항(제물포항)에 정박해 있는 한, 그 배 밑에 숨어 있어도 불안감을 금치 못했다. 변덕스러운 다케조에가 마음이 약해져서 한양에서 파견된 조선

첩자에게 그들을 넘겨주기로 합의할 가능성도 없지 않았기 때문이었다. 그러나 다행히도 그런 일은 일어나지 않은 채 치토세마루호는 예정대로 일본을 향해 출항했다.

12월 13일 새벽, 서재필과 그의 동지들은 배 위에서 떠드는 소리에 잠이 깨었다. 석탄 창고 밖으로 뛰어나와 갑판 위로 올라가서 그들은 닷새 만에 처음으로 서로의 얼굴을 쳐다보며 석탄이 묻어 귀신같이 보이는 얼굴들을 서로 바라보며 놀라 한바탕 웃었다.

나가사키 항구에서 도쿄로

앞을 바라보니 이색적인 전경이 눈 앞에 펼쳐져 있었다. 나가사키의 경치였다. 잠시 동안 이들은 멍하니 구경하다가 선장을 찾아가 그가 베풀어 준 친절에 감사의 뜻을 표하며 작별 인사를 나누었다. 그러자 선장은 그들이 일본에 체류하는 동안 자신들의 보호 조치로 일본 이름을 사용하는 것이 좋을 것이라고 권고했다. 이때부터 김옥균은 1894년에 상해에서 악한의 흉탄에 숨질 때까지 "이와다"라는 이름을 사용하게 되었다. 그러나 서재필은 그의 한국 이름을 그대로 사용하기로 결정하였다.

나가사키에 도착하자 그들은 즉시 경찰서로 끌려갔다. 그들의 초췌한 모습에 놀란 일본 경찰은 그들을 보통 범죄자로 착각했음에 틀림없었다. 일단 그들의 신원이 판명되자 도쿄 외무성에 연락이 취해진 후 호텔로 안내를 받았다. 우선 그들은 목욕을 하고 새 일본 옷(60전짜리 기모노)으로 갈아입은 후 음식으로 배를 채웠고, 다음날 기차를 타고 도쿄로 출발했다. 이 경비를 모두 누가 지불해 주었는지 서재필은 끝내 알 길이 없었다. 여하간 도쿄에 도착한 후, 이들은 우선 유명한 박애주의자였던 "후쿠자와" 백작의 저택에 초대되어 가 있을 수 있었으나, 폐를 끼치기 원치 않아 "게이꼬꾸"의 한 하숙집으로 들어갔다. 그러나 그들은 생계 유지 수단이 없었기 때문에 그 하숙집에도 오래 체류할 수는 없게 되었다. 그래서 그들은 헤어져 각자 자기 생활을 꾸려 가기로 결정했다.

이때 우연하게도 조선으로 떠날 계획이던 몇몇 미국 선교사들이 12월 4일 한양에서 일어난 개화파 거사로 인해 일본에 머물러 있으면서 조선어를 공부할 기회를 찾고 있다는 소식을 듣게 되어, 박영효는 "존 헤론"(John W. Heron) 의사 선교사에게 조선어를 가르치게 되었다. 헤론은 그 후 한양의 장로교파 병원에서 알렌과 함께 일하게 된 선교사였다.

그런가 하면 서재필은 "헨리 루미스"(Henry Loomis) 목사 댁으로 이주해 들어가 4달 뒤에 미국으로 떠날 때까지 그 집에 체류하게 되었다. 이 기간에 서재필은 다다미 대신에 침대 생활을 하게 되었고 아침 식사로 따뜻한 오트밀을 먹게 되었으며, 루미스 목사 부부로부터 미국과 미국 국민의 여러 가지 관습에 관하여 배우게 되는 등, 많은 새로운 경험을 얻게 되었다. 루미스 목사 부부는 미국 성서 학회의 파견을 받고 조선에 지회를 개설 할 준비를 하고 있다가 서재필을 만나 그로부터 조선어를 배우고, 대신 서재필에게 영어를 가르쳐 주었다. 한편 김옥균에게는 유력한 일본 친구들이 있었기에 문제가 없었지만, 서재필의 다른 동지들은 그만큼 운이 좋지 못했다. 직장을 찾지 못한 채 이들은 조선으로 개선할 날 만을 기다리며 하루하루 연명해 나갔다.

근본적으로 이들 조선 망명객들의 마음은 불안하기 짝이 없었다. 그들의 일본 망명 의도가 단순히 목숨을 구해 해외에서 살기 위한 것이 아니었고, 오히려 한양에서 권좌에 앉아 있는 사대당파들을 몰아내기 위한 두 번째 싸움을 준비하고, 그것을 실천에 옮기는 것이 그들의 망명 목적이었기 때문이다.

그러므로 김옥균은 도쿄에 도착하는 즉시로 일본 외무장관 "이노우에"와 회견을 갖기 원했다. 그러나 이노우에는 김옥균과의 회견 대신, 오히려 한양으로 가서 사대당파 정부와 화해조약을 체결했다. 이들 망명객들에게 한 가지 위로가 되었던 점이 있었다면, 이것은 이노우에가 그들의 본국 송환을 거부한 사실이었다. 그러나 이노우에는 한 걸음 더 나아가 청국과도 타협 정책을 추구하기 시작했다. 청국과 한양의 사대당이 일본에게는 증오의 대상이라면서 독립당의 주장에 동조하며 개화 정책이 조선과 일본 양국의 상호 이해에 부합된다는 점을 분명하게 천명한 적이 있었던 일본 정부가 이제 와서 감히 어떻게 정반대의 정책을 추구할 수 있다는 말인가! 라고 김옥균 일파는 아연실색했다.

독립당원들은 일본인들의 약속을 너무나 진지하게 받아들였기 때문에, 그들에게 모든 운명과 자기들 자신은 물론 가족들의 생명까지 걸었던 것이었다. 또한 일차 싸움에서 패배했다고는 하지만, 전투에 패배한 것이지 전쟁에서 패한 것은 아니었지 않은가! 고 생각하면 생각할수록 일본으로부터 배신당했다 는 느낌이 더욱 강해졌다.

실제로 이노우에는 조선의 개화와 자주를 돕는다는 견지에서 일본 정부가 자국 국민에게서 세금을 더 많이 징수하고 있다 고 김옥균에게 말한 적이 있었다. 또한 거사 후 사흘째 되던 날에는 한양에 있던 일본 대표가 조선의 신 개화파 정부에 대해 300 만 불의 차관을 주겠다 는 약속까지 했었다. 그러므로 이와 같은 약속들은 김옥균 일파를 일본 제국주의의 연극을 위한 무대 연습에서, 실험 재료로 사용하려던 속임수에 불과했다고 밖에는 생각할 수 없지 않겠느냐! 고 그들은 자탄하였다. 특히 네 명의 개화파 지도자들 가운데서 가장 연소하고 이상주의자였던 서재필에게는 일본인들로부터 배신을 당했다 는 느낌이 남달리 강하게 다가왔다. 일본이 조선의 개화 정책을 지지했던 것이 단순히 개화파 동지들을 이용해 조선에서 일본의 힘이 어느 정도인지 한번 시험해 보기 위한 예행 연습이었다는 것을 알게 되자 몸서리가 쳐졌다.

미국으로 망명 (1885 년)

서재필은 갑신정변에 대한 책임이 일본인 지도자들 못지않게 자기와 자기 동지들에게도 있다고 판단했다. 외국 정부를 그렇게 노골적으로 믿었다는 것이 천진난만한 행동이었다고 생각했다. 그러면서 서재필은 그들이 천진난만했던 것은 교육이 부족했던 탓이라고 확신했다. 배우지 않고서는 자신은 물론 나아가서 일가 친척과 국가에까지 해를 끼치게 되므로, 교육이 절대로 필요하다 고 절감하였다.

그래서 그는 미국에 가서 공부하기로 결심했다. 그리고 이와 같은 사실을 선배 동지들에게 알리자, 박영효와 서광범은 그 뜻에 찬성하면서 그들도 함께 미국으로 가서 공부하기를 원했다. 김옥균도 이에 찬성하고 그들과 같이 미국으로 가길 원했지만, 결국 본인은 일본에 그대로 남아있기로 결정했다. 그에게는 일본이 조만간에 청국과 조선에 대한 정책을 바꾸게 될 것이며, 자기가 그러한 정책 전환에 촉매 역할을 할 수도 있으리라는 확고한 정치적 예감이 들었기 때문이었다.

이렇게 해서 박영효와 서광범 그리고 서재필 세 사람은 미국으로 가기로 합의하였다. 그러나 결정은 쉬웠지만 그 목적을 달성 시키기 위한 수단을 강구하는 일은 별도의 문제였다. 설상가상 격으로 그들은 조선 정부가 파견한 첩자들에게 봉변 당할 위험도 적지 않았다. 당시 완전히 정부 권력을 장악한 민비파는 일본에 사과사절단(A Mission of Apology)을 파견했는데 거기에는 묄렌도르프가 끼어 있었고, 그의 비밀 사명 가운데 하나가 바로 일본 정부로 하여금 독립당원들을 조선으로 송환 시키도록 하는 것이었다. 또한 그것이 불가능할 경우에는 김옥균, 박영효, 서광범 그리고 서재필 네 사람을 처치하기 위해 일본으로 이미 조선 정부의 암살단이 파견돼 있다 는 소문이 나돌고 있었다.

이러한 상황아래서 박영효와 서광범이 3 개월 만에 미화 90 달러 이상의 여행 자금을 마련할 수 있었다는 것은 기적이었다. 사실은 이 두 사람은 모두 서도(Calligraphy)에 능했기 때문에 비단 족자에 중국 시조들을 써 가지고 다니면서 서예 작품으로 일본인에게 팔았다. 서재필은 일본인들이 유명한 조선인들의 서예 작품을 귀중히 여기기 때문에 족자를 팖으로 그와 같은 돈을 마련할 수 있었던 것으로 믿었다. 그러나 사실은 이들의 일본 출국을 바랬던 일본 외무성 당국이 사람들을 시켜 그들의 족자를 사주도록 만들었을 가능성이 더 컸다. 여하간 필요한 자금이 마련되자 서재필, 박영효 그리고 서광범 세 사람은 1885 년 4 월에 일본을 떠나 미국으로 향했다.

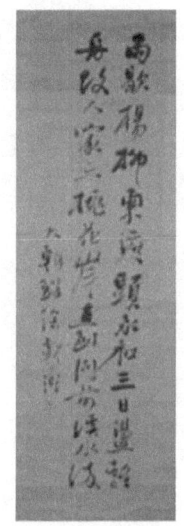

사진: 서재필의 서예 작품.

그들이 탔던 배는 S.S. Empress of China 호라는 이름을 가진 미국 화물선이었다. 서재필에게는 생전 처음 보는 큰 배라고 생각되었다. 이 화물선 한구석의 제일 값싼 좌석 한 칸을 차지하고 태평양을 횡단하는 동안 이 세 망명객들에게는 괴로운 일도 많았으나 즐거운 일도 있었다. 우선 태평양을 건너는 동안 그들은 뱃멀미에 시달렸고 양식이 입에 맞지 않아 고생했다. 낮에는 운동이 부족했고, 밤이면 한양에서 도망하던 당시의 악몽에 사로잡혀 잠을 설쳤다. 청국 군대와 민비파 군졸들에게 그들의 동지들이 대궐 안에서 참살 당하던 장면, 청국 군인들은 실탄 사격을 쏘고, 거리의 군중들은 돌을 던지며 자기들을 죽이겠다고 위협하던 고함소리, 그리고 분명히 자기네 집과 그들의 친척들 집에서 타오르던 붉은 화염 등이 꼬리를 물고 지나가는 연상에 밤이 너무나 길었다. 배에서는 낮에도 운동을 할 수가 없었고 시간은 너무 많았기에 더욱 여러 가지 생각으로 시달렸다. 거사 계획과 실천 단계에서 그들이 저지른 잘못들, 민비의 배신행위 그리고 일본 정부와 한양 주재 일본 공사의 비겁함과 표리부동한 태도, 이러한 생각들이 주마등처럼 머리를 스쳐 지나갔다.

그런가 하면 낮이면 갑판 위에 올라 앉아 단조로움을 깨뜨리는 은색 파도가 출렁대는 푸른 바다를 내려다보고, 밤이면 마음 놓고 청청한 별 하늘을 쳐다보는 등 상쾌한 순간들도 없지 않았다. 또한 민비파는 아직도 이 불우한 망명객들을 '대역적' 으로 몰아세우는 데 만족하지 않고 그들이 가는 곳이면 어디든지 쫓아가서 죽이려고 했기 때문에, 자객을 만날 걱정 없이 이렇듯 바다와 하늘을 쳐다볼 수 있는 것은 그들에게 더 없는 행복한 순간이었음이 틀림없었다.

한편 오래간만에 그들은 자신들의 잘못에 관해, 무엇보다 자신들의 조급함과 무모함에 관해서도 반성해 볼 충분한 시간적 여유를 가지게 되었으며, 미국내 대학에서 공부를 마치고 고국으로 돌아가 동포들과 그들이 습득한 지식을 나누어야겠다는 장래에 대한 꿈도 그려 볼 수 있었다.

샌프란시스코에서의 도전

그러는 동안 1885 년 5 월 말, 그들을 태운 화물선이 샌프란시스코를 향해 파도를 헤치며 들어가고 있었다. 박영효와 서광범, 서재필 세 사람은 갑판 위에 서서 수평선 넘어 보이는 캘리포니아 북부 지역의 그림 같은 아름다운 경치에 도취되었다. 그 순간 그들의 마음 속에는 그동안의 여러 가지 괴로움과 즐거움이 희비의 쌍곡선으로 무한히 교차했다. 그러나 막상 그들을 태운 화물선이 샌프란시스코 만에 서서히 입항하는 순간 '기회의 나라' 인 미국 땅을 보게 된 기쁨은 눈 앞에 전개되는 미지의 이국 땅에서의 생활에 대한 공포심으로 돌변하고 말았다.

사진: 샌프란시스코 크로니클 신문에 실린 기사, "은둔의 나라 한국으로부터 온 망명객들" 이란 기사 제목 아래 박영효, 서광범, 서재필의 이름이 실려 있다 (1885 년).

부둣가에서 사람들이 떠들썩하며 북적거리는 것을 보고 우선 그들은 그들이 배운 대로, 미국이라는 나라는 자력으로 살게 되어있는 나라이기 때문에, 의지만 있으면 원하는 대로 되고, 그것이 없으면 아무 일도 할 수 없다 는 말이 사실인 것 같은 인상을 받았다. 물론 그들에게 의지는 있었지만 방법이라고는 거의 없었다. 남은 돈은 세 사람의 돈을 다 합쳐봐야 몇 달러에 지나지 않았고, 영어라고는 서재필만이 약간 알고 있을 뿐이었다. 또 가능성은 희박했지만 도움을 받을 만한 사람이 있었다면 일본에 있던 미국 선교사들이 소개장을 써 준, 그 선교사들의 몇몇 친지들 뿐이었다.

드디어 3 인의 젊은 망명객들은 1885 년 5 월 25 일 미국 샌프란시스코에 도착했다. 배에서 내리자 이들은 겁이 나서 일본을 공연히 떠나왔다는 후회까지 했다. 특히 박영효와 서광범은 그들이 일본에서 알던 미국 선교사들과 샌프란시스코

부둣가의 양보심 없는 무리들과는 상당한 차이가 있음을 보고 놀랄 뿐이었다.

조선의 양반과 왕족이 이 땅에 들어온 것을 그네들이 알 턱이 없지 않은가! 하고 생각하며 세 사람은 샌프란시스코의 한 과부집에 하숙방을 구했다. 서재필은 그 과부 이름이 "존슨" 여사라는 것 밖에는 기억하지 못했다. 그 과부에게는 고등학교 다니는 "한나"라는 이름의 딸이 있었으며 모녀 모두 그들을 친절히 대해 주었다. 세 사람은 그 집에서 약 한 달을 머물면서 일본에 있는 그들의 선교사 친구들이 소개장을 써 준 바 있는 사람들을 찾아다녔다. 모두가 친절하기는 했지만 아무도 그들을 경제적으로 도와주는 사람은 없었다. 이 세 조선 청년은 은근히 경제적인 도움을 바랐었지만, 그런 것을 요청하기에는 너무나 자존심이 강했다. 또 그들이 만나본 미국인들 가운데서 제임스 로빌스라는 사람은 '먼저 하나님의 나라와 그의 의를 구하라'고 권유했다. 하숙집으로 돌아온 박영효와 서광범은 '하나님의 나라와 그의 의를 구하는 것도 좋지만 우선 먹고 살 수 있어야 할 것이 아니냐!'고 투덜댔다.

얼마 되지는 않았지만 그들이 가지고 있던 돈이 거의 다 떨어져 가고 보니 사정이 급해졌다. 일본에 있는 그들의 선교사 친구들은 미국이 기회의 나라 라고 말한 적이 있었고, 사실상 그들이 처음 미국을 보았을 때는 '과연 이곳이야말로 지상천국이구나!' 하고 감탄을 금치 못했다. 그러나 곧 자신들은 궁지에 몰린 벙어리요 귀머거리이기에 아무리 좋은 천국도 자기들에게는 지옥과 다를바가 없음을 깨닫게 되었다.

그들은 온종일 비좁은 방 안에서 쭈그리고 앉아 서로 얼굴을 쳐다보면서 '우리들이 얼마나 더 이렇게 살 수 있을까?' 걱정스럽게 말했다. 단 한 가지 해결 방도가 있었다면 그것은 밖으로 나가 직장을 찾아보는 일이었다. 어떤 직장이든 상관하지 말아야 했다. 그러나 박영효와 서광범은 '우리 같은 양반에게 노동이란 있을 수 없다'고 생각했다.

그러나 서재필은 직장을 찾아보기로 결심했다. 물론 서재필 자신도 양반의 자식이긴 했지만 그에게는 육체노동이건 정신노동이건 벌어서 생계를 유지해 나가는 데 대해서 아무런 거부감이 없었다. '양반이라도 죽으면 그만이지만, 노동자라도 살아있으면 교육받은 인간이 될 기회가 있다!'고 속으로 혼자 중얼거렸다.

드디어 서재필은 방을 뛰쳐나가 금문교(Golden Gate Bridge)의 도시 샌프란시스코의 거리를 쑤시고 다니면서 직장을 찾아보았으나 어떤 직장도 걸려들지는 않았다. 영어도 못 하고 경험도 전혀 없는 그에게 직장을 주는 사람은 하나도 없었다. 이러는 동안 서광범은 언더우드 타자기의 발명가인 동시에 제조업자로, 당시 뉴욕에 살고 있었던 존 언더우드(John T. Underwood))에게 도움을 청하는 편지를 냈다. 언더우드는 서광범이 1883년에 조선 최초의 친선 사절단 단원으로 미국에 왔을 때 만나게 된 사업가로서, 그의 친동생 Horace

Underwood가 조선에서 최초의 미국 선교사로 일하고 있었다. 그 당시 존 언더우드가 그 사절단에 대해 관심을 가지고 그에게 친절을 베푼 것은 당연한 일이었다. 서광범이 편지를 쓰게 된 본 의도는 '존 언더우드가 돈을 좀 보내주면 나머지 두 친구와 같이 살 수 있겠다'고 생각한 데 있었다. 그러나 언더우드로부터 받은 회답은 돈은 보내지 않고, 대신 '자기를 찾아오라'고 하였다. 그래서 서광범은 뉴욕으로 떠났으며, 그는 후에 뉴저지에 있는 럿거스(Rutgers - 뉴저지 주립대학) 대학에 입학했지만 학교에 오래 머물지는 않았다.

사진: John T. Underwood

이제 샌프란시스코에는 박영효와 서재필 두 사람만 남게 되었다. 박영효가 영어 공부에 몰두하고 있는 동안, 서재필은 거리를 돌아다니면서 직장을 찾았다. 이따금씩 임시 직업을 찾아 간신히 자기와 박영효가 밥을 먹고 하숙방 세를 치를 정도의 돈은 벌었으나, 계속적이며 만족할 만한 직장은 나타나지 않았다. 후에 서재필이 말한 바에 의하면 그는 '이 자연 현상 세계를 초탈하는 그 무엇인가에 도달해 보고 싶은 강력한 충동을 받았다'고 하며, 절망 속에서 교회를 찾아갔다. 한편 박영효는 어느 날 자기에게는 미국이 살 곳이 못 되며 왕족에게 왕족 대우를 해주는 일본으로 가는 것이 낫겠다고 생각하던 중, 미국을 방문한 후꾸자와 백작의 조카를 만나 그에게 돈을 꾸어서 일본으로 돌아갔다.

이제 서재필만이 남게 되었다. 부족하고 무일푼의 신세에 공부를 해보겠다던 그의 꿈도 실현될 가망이 없고 보니, 살고 싶은 생각이 나지 않았다. 그래서 샌프란시스코 만에 빠져 자살할 생각까지 해보았다. 그러나 좀 더 깊게 생각했을 때 그는 '내가 할 수 있는 최선을 다 하지 않았다'고 깨닫게 되었다.

그렇다. 나는 아직 젊고 건강하며 이성이 살아있다. 더구나 항상 나는 한 인생을 자기 마음대로 처분해 버릴 수는 없는 것으로 믿어오지 않았던가? 인간 사회의 한 구성원으로서, 한 인간의 생명은 그 인간 자신의 것이지만, 사회의 것이기도 한 것이다. 그러므로 나의 생명은 내 것인 동시에 조선의 것이다!

이렇게 반성하게 되자 서재필은 방문을 열고 나가 다시 직장을 찾기 시작했다. 가는 곳마다, "영어를 할 줄 아느냐"는 질문을 받았고, "못한다"고 말하면 인터뷰는 끝나고 말았다.

가장 좋은 직장과 영어 공부

십여 번 이상 거절을 당한 후, 마켓 가(Market Street)에 있던 한 가구 상회로 들어갔을 때였다. 또 다시 영어를 하느냐는 질문을 받자 이번에는 팔의 근육을 움켜쥐고 단단히 생긴 긴 다리를 가리키면서, 서투른 영어로 "영어는 잘 못하지만 힘은 세다"고 대답했다. 그러자 주인은 말없이 그를 아래 위로 훑어본 후, "많이 걸어 다닐 용의만 있으면 시내에서 내 가구 상회 광고지를 돌리는 일을 해 볼 생각이 있느냐?"고 물었다.

서재필은 기꺼이 이를 받아들였다. 사방 약 10 마일 가량이나 되는 지역을 돌아다니면서 집집마다 광고지를 돌리면 하루에 일당 2불씩 생겼다. 이렇게 일급을 받아가며 일주일 만에 그는 샌프란시스코 시내 거리를 거의 모두 돌아다녔다. 그 다음 주일에도 같은 방식으로 다른 광고지를 돌렸다. 처음에는 그가 신고 다니던 일본제 신발이 발에 맞지 않아 물집이 생겨 고생했으나 얼마 안 가서 발바닥에는 단단한 군살이 생겨났다. 서재필은 후에 가서 "이것이야말로 내가 가졌던 직장 가운데 가장 좋은 것 중의 하나였다"고 말할 정도로 그 일을 좋아했다. 얼마나 그 일을 즐겼던지 어떤 때는 자기도 모르는 사이에 그 배당된 지역을 두 번이나 돌기도 했다. 그러자 기쁨에 넘친 가구 상회 주인은 서재필의 동료 종업원들을 불러 놓고 으뜸가는 모범 직원이라고 그를 칭찬했다. 이렇게 너무 열심히 일하므로 그는 다른 직원들과 가벼운 마찰도 일으키게 되었다. 당시에는 잘 몰랐으나 후에 가서야 그가 하루에 정해진 시간 이상으로 일하는 것이 당시의 노동관례에 저촉되는 일을 하고 있었음을 알게 되었다.

굶어 죽을 걱정이 없어지자 서재필은 영어의 장벽을 없애야겠다 고 결심했다. 그래서 그는 YMCA가 경영하는 야간 학교에 등록했고, 일요일에는 성경 공부, 예배, 기도회 할 것 없이 집회마다 쫓아다녔다. 그뿐 아니라 그가 항상 가지고 다니던 작은 영어사전을 통해 매일 일정량의 영어 단어들을 외웠다. 그는 한 번도 YMCA 야간 학교를 빠지지 않았다. 특히 영어 발음과 억양을 배우는 데는 교회 예배에 참석하는 것이 큰 도움이 된다는 사실을 발견하게 되었다. 머지않아 그는 성경과 친해져서 수많은 성경 구절들을 암송할 수 있게까지 되었다. 덕분에 영어도 자연히 빨리 배웠다.

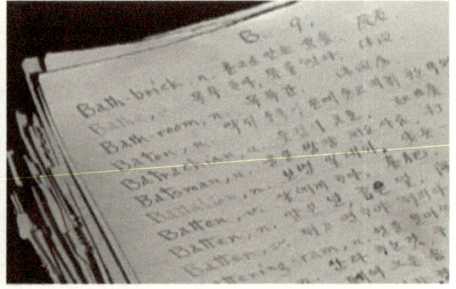

사진: 서재필이 자신의 영어 공부를 위해 만든 영어 사전

신앙인 서재필

그리고 얼마 안가서 서재필은 영어 이상의 것을 배우게 되었으니, 그것은 그 자신이 기독교를 받아들인 것이다.

그에게는 예수 그리스도가 선지자들 말대로 하나님의 아들이기 때문이기 보다는, 하나님이 이 세상에 육신으로 오셨다면 그렇게 사셨을 방식으로 예수가 사셨기 때문에, 신적인 존재로 생각되었다. 또한 서재필이 예수를 존경한 것은 성경의 가르침 때문만이 아니라, 여러 가지 애매한 점과 모순적인 것 같은 점들이 많이 있음에도 불구하고 그 자신의 체험을 통해 '예수가 길이다!' 는 것을 확신했기 때문이었다. 다시 말해서 하나님에 대한 그의 관념은 '그의 인애사상과, 자신 뿐만이 아니라 모든 인간의 안녕과 복지를 도모하려는 그의 열망, 그리고 자기 힘만으로는 자기가 느끼는 의무를 다 수행할 수 없다는 인식' 이었다. 이러한 의미에서 그는 다음과 같이 회상하였다.

이 자연 세계를 초탈하고 그 무엇인가에 도달해 보고 싶은 강력한 충동을 받고 교회에 다니게 된 것이 바로 이와 같은 사실에 대한 인식이었다. 그리고 그가 죽느냐 사느냐 의 갈림길에서 싸우고 있을 때, '내 생명은 나 이상의 것이다'라는 믿음으로 인해 자살을 단념하게 되었고, '나는 포도나무요 너희는 가지니 저가 내 안에 내가 저 안에 있으면 이 사람은 과실을 많이 맺으니 (요한복음 15 장)'라고 한 예수의 가르침을 발견하고 기독교인으로서 새 생명을 맞이하게 되었다.

한동안 서재필은 매주 일요일이면 여러 교회들을 찾아 다니면서 가능한 많은 예배에 참석하였다. 한편으로는 무료로 영어 공부를 하기 위해서였지만, 그보다도 기독교에 대한 그의 갈증을 충족시키기 위함이었다. 물론 그 당시 조선에도 유교와 불교 그리고 천도교 같은 종교들이 있었고 그 자체의 사원이나 사당이 있었지만, 소수의 사람들이 특별한 경우에만 그곳들을 찾아갔다. 이와는 대조적으로 미국인들은 교회 예배 참석을 상당히 중요시하는 것 같았다. 서재필은 바로 '이 때문에 미국이 물질적으로 번영하고 사회적으로 발전할 수 있었던 것이 아닐까?' 생각하게 되었다.

얼마 안가서 그는 미국 사람들이 교회 참석하는 것이 예수의 가르치심을 배운다기보다는 거의 습관에 가까운 것이라고 느끼게 되었다. 그러나 물론 여기에도 예외가 없었던 것은 아니었다. 특별히 <메이슨 가(Mason Street) 장로교회>에서의 신도들은 신앙을 중요시했다고 기억했고, 그래서 서재필도 정기적으로 그 교회에 다녔다. 그 교회에는 신도들이 많았고 활동적이었으며, 특히 일요일이면 아침, 오후, 저녁으로 여러 가지 모임이 많았다. 서재필은 이 모임들에 즐겨 참석했다.

그러다가 서재필은 도쿄에서 만났던 "발라"(Balagh) 목사의 소개로 그 교회의 장로로 있었던 "제임스 로버츠"(James Roberts)라는 사람을 만나게 되었다. 원래 펜실베니아 주 웨스트 체스터(West Chester) 태생인 로버츠씨는 미국인들이 한참 금광에 미쳤을 때 캘리포니아주로 이주해서 샌프란시스코에 정착한 후, 부유한 보험회사 중역이 되었고, 교회에서는 물론 그 도시 내의 여러 가지 시민 활동과 종교 활동에 적극적으로 관여하고 있었던 사람이었다. 이러한 로버츠씨가 서재필에게 깊은 관심을 가지고 일요일에 만날 때마다 어떻게 지내느냐 고 묻기도 하고 염려의 말도 해 주었다. 때로는 그가 늘 혼자 지내는 서재필을 자기 집으로 불러서 일요일 저녁 식사 대접을 하기도 했다.

홀렌벡과의 운명적 만남

어느덧 서재필이 샌프란시스코에 도착한 지도 1년이 지난 1886년 봄 어느 일요일, 서재필은 로버츠씨의 저녁 식사 초대를 받고 갔다가 "윌리엄 홀렌벡"(William Hollenbeck)이라는 나이 든 신사 한 분을 소개받았다. 홀렌벡씨는 펜실베니아주에서 탄광을 소유한 부호였으며, 동시에 열렬한 기독교인으로 휴가 차 샌프란시스코에 왔다가 로버츠씨 부부의 초대를 받게 되었다. 로버츠씨와 홀렌벡씨는 미 동부와 서부로 수천 마일 떨어져 살았지만, 인생 철학이 비슷했기 때문에 오랫동안 서로 가까이 친하게 지내는 사이였다. 또 이들은 강력한 개인주의자들이었고, 종교적 신앙 면에서는 충실한 칼뱅주의 자들이었기에 예정론, 부의 복음(Gospel of Wealth), 자유 방임주의 및 미국의 숙명적인 사명감 등을 철저히 신봉하는 사람들이었다. 따라서 이들은 자신들이 미국에 대한 하나님의 신탁을 받은 자들이라고 확신한 결과로, 자신들의 재물을 기독교를 국내외로 전파하기 위해 사용하는 것이 그들에게 주어진 의무라고 생각하였다.

로버츠씨로부터 보통 사람과 비범하게 다르다는 조선 청년 서재필에 관한 이야기를 듣자, 홀렌벡씨는 그를 알게 되는 것이 하나님의 섭리인 것 같다 고 말하면서 만나보기를 원하였다. 서재필을 목사 공부를 시켜 선교사로 조선에 내보내자 는 것이 그의 생각이었다. 로버츠씨도 이에 적극 동의해서 서재필과 함께 만나게 되었던 것이다. 서재필이 로버츠씨 집으로 들어서는 순간부터 홀렌벡씨는 그로부터 좋은 인상을 받았다. 서재필은 위엄있는 청년이었고 말할 때마다 간결하고 지적인 단어를 골라 쓰는 것이 맘에 들었다. 서재필도 홀렌벡씨에 대해 똑같이 좋은 인상을 받았다. 훤칠한 키에 엄하게 보이기는 했으나 입을 열 때마다 친 삼촌같이 부드러운 표정이 흐르고 있었으며 그러면서도 매력이 엿보였다. 저녁 식사가 끝난 후 로버츠씨 부부가 자리를 뜬 후, 홀렌벡씨와 서재필이 단둘이서 이야기하게 되었다.

이 펜실베니아 출신의 기독교 자선가인 홀렌벡씨는 서재필에게 "어떻게 해서 자네가 혁명가가 되었냐, 무엇 때문에 미국에 오게 되었냐, 기독교에 대한 너의 관심은 어떻게 시작되었냐, 그리고 너의 장래 계획들은 무엇이냐" 등에 관해 여러 가지 질문을 했다. 서재필은 간단하면서도 솔직하게 사실대로 모두 대답했다. 홀렌벡씨는 그에게서 좋은 인상을 받았으며, 미국 온 지 얼마 안 되는데 영어 실력이 대단하다 고 칭찬했다.

서재필은 고맙다고 인사를 한 후, "영어를 더 잘했으면 좋겠지만 정규 학교에 다닐 수 없었기 때문에 영어를 더 잘하는 것이 쉽지 않다"고 말했다. 그러자 홀렌벡씨는 "내 고향인 펜실베니아주의 윌크스-베리(Wilkes Barre)라는 도시로 가지 않겠느냐?"고 물으면서, "만일 그곳으로 가겠다면 내가 창립에 관여했던 고등학교에 입학시켜 주겠다"고 말했다. 또한 잘만 하면 "내가 학교 이사(Board member)로 일하고 있는 라파엣 대학에도 보내 주겠다"고 말했다. 그리고 "네가 일생을 하나님 사업에 바치겠다면, 역시 내가 학교 이사로 있는 프린스턴 신학대학에 가도록 도와줄 수도 있다"고 하였다.

이 말을 듣고 서재필은 너무나 기뻐서 한동안 입을 열지 못했다. 이러한 기회가 오기를 얼마나 꿈꾸었던가! 라고 속으로 외쳤다. 이제 그 꿈이 현실이 되었다. 그래서 두말할 것 없이 서재필은 "물론 그렇게 하지요. 홀렌벡씨, 대단히 감사합니다"라고 대답했다. 이렇게 해서 그해 늦여름쯤 서재필이 윌크스-베리로 가서 미국에서의 그의 새 인생 출발을 하기로 합의가 되었다. 그 후 텅 빈 자기 방으로 돌아와 서재필은 침대에 누운 채 자기에게 이러한 행운이 온 것을 생각하면서 좋아서 어쩔 줄을 몰랐다. 너무나 갑작스러운 일이어서 이것이 꿈이 아닌가 고 걱정되었다.

물론 그것은 꿈이 아니었기에 그는 밝은 미래에 대한 행복한 생각들, 다시 말해서 그가 드디어 대학 입학 준비를 할 수 있는 미국 고등학교에 들어가게 된다는 생각, 또 대학생이 될 수 있다는 생각, 그리고 비틀거리는 조국을 개혁하고 부활시키기 위해 조선으로 다시 돌아갈 수 있다는 생각 등에 잠겨 있었다. 그러다가 그는 하나님께 감사한 생각에서 일어나 진심으로 감격에 찬 감사 기도를 올렸다.

그리고 다시 그는 주저앉아 깊은 생각에 잠기게 되었다. 내가 영웅으로 믿어온 김옥균은 어떻게 되었는지, 일본으로 돌아간 박영효는 어떻게 지내고 있는지, 그리고 뉴욕으로 떠나버린 서광범과 갑신정변 거사가 삼일천하로 수포로 돌아간 그날 밤에 고종을 모시고 갔던 홍영식 등은 어떻게 되었는지, 궁금한 생각이 들었다. 그러다가 문득 그는 고국에 남아있는 그의 가족의 운명에 관해서도 궁금한 생각이 났다. 역적으로 낙인 찍힌 사람의 가족에 대해 가해지는 조선 고대로부터 내려오는 야만적인 극형을 기억했을 때 별안간 소름이 끼쳤다. 생각만 해도 도저히 참을 수가 없어서, 그는 밖으로 나가 이리저리 거닐다가 저녁때 예배를 보기 위해 교회로 갔다.

서재필이 이런 분들의 생사에 관한 소식을 몰랐던 것은 오히려 다행스러운 일이었다. 그 자신의 가족이 수난을 당한 것은 물론이고, 그 나머지 사람들의 가족들도 모두 참변을 당했다. 김옥균의 부인만은 변장한 후 남의 집 종살이를 함으로써 생명만은 구했으나 그의 가족은 조정으로부터 재산을 모두 빼앗겼으며, 박영효의 형은 청국 군인들에게 살해당했고, 그가 살던 가옥은 불타버렸다. 홍영식도 청국 군인들에게 살해당했으며, 그의 집은 고문 장소로 사용되어 후에 많은 독립

당원들이 그곳에서 고통을 받았다. 후에 고종이 이 가옥을
호레이스 알렌(Dr. Horace N. Allen)에게 넘겨주어 그곳이
병원으로 사용되므로 조선 최초의 근대식 병원(광혜원 -
제중원)으로 변하였다.

그해 여름 서재필은 윌크스-베리로 갈 여비를 마련하기 위해
열심히 일했으며, 학교 입학을 대비해서 전보다 더 열심히
공부했다. 그러다가 1886 년 9 월 초 어느 날 그는
샌프란시스코에서 알게 된 로버츠씨 부부 및 친구들과 작별
인사를 나눈 후 그 도시를 떠났다. 이제서야 정말 학생이 된다는
생각에 그날이 몹시 기다려졌으면서도, 그 도시를 떠난다는
것이 전혀 슬픔 없는 기쁨만은 아니었다. 미국에서 첫 일 년 반
동안 피와 땀과 눈물로 보냈던 샌프란시스코를 떠난다는 데는
기쁨과 동시에 슬픔도 금할 수 없었다.

힐만 고등학교 - 펜실베니아

윌크스-베리는 경치 좋고 찬란하며 떠들썩하던 샌프란시스코
같은 도시는 아니었다. 이와는 대조적으로 사방에 석탄이
산더미 같이 쌓였고, 한쪽엔 강이 흐르고 있었는데, 활기 없이
안개가 짙은 조그마한 시골 도시였다. 그러나 여기서 마침내
그가 오랫동안 꿈꾸어 왔던 학창 생활을 시작하게 될 것이라는
기쁨에 그에게는 윌크스-베리가 마치 고향같이 반가웠다.
더욱이 기차역에 내리자 누군가가 자기에게 다가와 "서재필씨
입니까?"하고 물었을 때 너무 반가웠다. 홀렌벡씨가 보낸

마부였다. 마부는 호화로운 마차에 서재필을 태우고 홀렌벡씨 집으로 달렸다. 얼마 후에 자택 문 앞에서 그는 홀렌벡씨 부부의 마중을 받았다. 서재필은 홀렌벡씨 집에서 여러 날을 묵었다. 그 후 홀렌벡씨는 그 도시에 있는 해리 힐만 고등학교(Harry Hillman Academy) 교장인 스콧씨(Mr. Scott))에게로 서재필을 데리고 갔는데, 이 학교가 앞으로 그가 다니게 될 고등학교였다. 스캇 교장 부부는 서재필이 여름에는 잔디를 깎고, 겨울에는 장작불을 때는 등의 집안 잡일을 도와주는 대가로 그 집에서 머물며 공부할 수 있도록 주선해 주었다. 스캇 교장 댁으로 가는 길에 홀렌벡씨는 서재필에게 "생활비는 스스로 벌어야 할 것이다"고 말하며, "하나님이 너에게 튼튼한 두 팔과 두 다리를 주셨으니 이를 활용해서 생활비를 벌어 학교에 다니는 것이 너의 의무다"라고 말했다. 서재필은 당연히 옳은 말이라고 대답했다.

1886년 9월 마침내 서재필은 미국 고등학교에 다니는 정식 학생이 되었고, 그에게 해리 힐만의 학교 생활은 즐겁고 고무적이었다. 매일 일과는 수업 시간으로 가득 차 있었고 엄격했지만, 그가 조선에서 최초의 일본 유학생 신분으로 다녔던 일본 도야마 군관학교에 비교하면 자유스런 편이었다. 선생님들은 의무감이 강하면서도 지나치게 무섭지는 않았으며, 엄하면서도 학생들의 존경을 받고 있었다. 체벌 같은 것은 있지도 않았지만 규율상의 문제는 없었다. 스캇 교장의 말은 학교 안에서 법이었지만, 그는 학생들의 아버지요, 스승으로 학생들로부터 거의 숭배를 받았다.

특히 서재필은 힐만 고등학교가 실시하던 교육 방법에 깊은 인상을 받았다. 암송 대신 주로 토론을 많이 했으며, 이 토론회는 학생들이 참여하게 되어 있었기 때문에, 모든 학생들이 토론 준비를 위해 열심히 숙제를 하지 않을 수 없었다. 숙제는 교과서에서 지정된 부분을 공부하는 것 외에, 교내 도서관에 있는 관련 도서들을 읽는 일이었다. 이 모든 것이 서재필에게는 새로운 일이었으나 모두 배워 자기 몸에 완전히 익혔다.

사진: 홀렌 벡

또한 스캇 교장 부인은 서재필에게 스승일 뿐더러 어머니 역할을 했으며, 특히 첫해에 그가 아직도 영어 때문에 공부하는 데 어려움을 겪고 있을 때 숙제하는 데 많은 도움을 주었다. 더욱이 그들과 함께 살고 계셨던 판사로 은퇴한 스캇 교장 부인의 아버지께서 서재필에게 국민 윤리(Civics)와 미국 역사 공부를 늘 도와 주신 것은 너무도 큰 행운이었다. 변호사 및 판사로서 일했던 그의 과거 경험담을 듣는 것은 그에게 돈으로도 살 수 없었던 귀중한 산 교육이었다. 이렇게 스캇 교장 가정에서 받게 된 교육적 도움과, 그 전에 조선 및 일본에서 받은 교육 배경 때문에, 서재필은 같은 학급 동료보다 훨씬 앞질러 나가면서 4년제 학과들을 2년 만에 모두 마치고, 1888년 6월 초에 우등 성적으로 해리 힐만 고등학교를 졸업하게 되었다.

미국 시민권

서재필이 힐만 고등학교를 졸업하던 1888년은 그의 일생에 있어 또 하나의 획기적인 일이 일어났던 잊을 수 없는 해였다. 그해 6월 19일 그는 미국 시민권을 받음으로써 미국으로 귀화한 최초의 조선인이 된 것이다. 말년에 가서 그때를 회상하는 가운데 서재필은 "당시에 미국인들 사이에 동양인에 대한 인종 차별이 있기는 했지만, 아시아계 사람들에게 미국 시민권의 부여를 금지하는 법은 없었다"고 밝히면서, 홀렌벡씨와 스캇 교장은 "나를 선교사로 만들어 조선으로 내보낼 생각으로, 힐만 고등학교에 들어갈 때부터 미국 시민권을 받도록 권했다"고 말했다. 그들은 서재필이 미국 시민권을 받음으로 그가 조선으로 귀국 후 정치적 처벌을 모면할 수 있을 것으로 믿었던 것이었다.

서재필은 다른 나라 시민이 된다는 것이 조선에 대한 일종의 배신행위로 느껴졌기 때문에 고등학교를 졸업하던 1888년까지

이에 대한 결정을 미루었다. 그러나 점차로 그는 다음과 같은 결정에 이르렀다.

미국 시민권을 획득하는 것이 비애국적인 것이냐, 아니냐 하는 것은 나의 동기에 달렸다. 시민권을 획득하는 나의 동기가 자신의 출세를 위한 것이라면 비애국적인 짓이요. 그것이 조선을 위해서라면 시민권을 획득해야겠다.

1884년의 갑신정변이 그 목적에 있어서는 훌륭한 것이었지만, 젊은 혈기에 급히 그 목적을 달성하려던 가운데 자신과 동지들이 조선 국민의 대중적 지지를 받지 못했었다 는 사실과, 국민들이 젊은 개화파에 등을 돌린 것은 개화파들이 조선의 숙적인 일본의 도움으로, 조선을 망치려는 경솔한 권력 추구자들이라고 국민들은 생각했었기 때문이었다 고 회고하면서, 또 다시 그에게 조선을 위해 봉사할 기회가 온다면, 결코 개인의 영광을 추구하지 않을 것이라고 결심하였다.

이러한 견지에서 보았을 때 서재필은 자기가 미국 시민권을 획득함으로써 받게 될 혜택을 알 수 있었다. 우선 그 당시로서 당장에는 정적들로부터 암살당할 위험이 없다고 느꼈지만, 그런 일을 당할 수도 있다는 잠재적 위험성은 여전히 존재했으며, 언젠가 미국에서 공부를 마치는 대로 어떤 방법으로든지 고국으로 돌아가, 이곳에서 자신이 습득한 지식을 조선 동포들과 나누어 보겠다는 희망이 그에게는 하나의 신앙이 되어 있었다. 그리고 그가 특별히 중심을 두어야 할 지식 분야를 생각해 볼 때, 정치학과 법학이 조선 동포에게 가장 유익할 것으로 느껴졌다. 물론 서재필은 서양 세계에 널리 보급되고 있었던 정치적, 법적 개념과 그 진행 과정들을 조선에 소개하게 될 때에 조선의 노장층 보수파들 사이에 논쟁을 불러일으킬 가능성도 있다는 것도 잘 알고 있었기에, 그럴 경우 그의 미국 시민권이 그를 보호해 줄 방패 역할을 하게 될 수도 있을 것이라고 느꼈다. 이와 같이 추리하면서, 이제는 미국 시민으로 고등학교 교육을 마친 서재필은 자신감을 가지고 대학 진학을 기다릴 수 있게 되었다.

(편집자 주: 필립 제이슨, 한국 이름으로 서재필은 1888 년 6 월 19 일에 미국 시민권을 받았다. 당시 미국의 귀화법은 주로 1870 년 귀화법에 의해 규정되었으며, 이는 아프리카 출신 외국인 및 아프리카 계통의 사람들에게 귀화 과정을 확대 적용하였지만, 아시아인은 제외되었다. 그러나 특정 사례에 대해서는 예외가 인정되곤 했으며, 이는 종종 의회에서 개별 법안을 통하거나 법원 시스템이 법률을 좀 더 관대하게 또는 넓게 해석하여 귀화 과정을 통해 이루어졌다.

서재필의 귀화는 이러한 예외를 통해 이루어졌을 가능성이 크다. 그는 교육을 받기 위해 미국에 온 정치적 망명자였으며, 한국의 개혁 운동에 적극적으로 참여했다. 그의 미국 도착 상황, 그리고 활동은 당시의 제한적인 이민법에도 불구하고 그의 귀화를 가능하게 한 요인으로 작용했을 수 있다. 또한, 이 시기에는 오늘날처럼 이민 및 귀화 법률의 법적 틀과 집행이 엄격하거나 일관되게 적용되지 않았기 때문에, 개별 사례에 일정한 유연성이 있었다는 점을 주목할 필요가 있다. 그의 귀화 과정에 대한 구체적인 세부 사항이 부족한 점을 고려할 때,

필립 제이슨은 그의 독특한 상황, 법원의 재량, 그리고 그의 원인에 동정적이거나 지지하는 영향력 있는 개인(홀렌벡)의 지원을 통해 미국 시민권을 얻게 되었을 가능성이 높다.)

제 6 장 미국에서의 교육

홀렌벡과 결별하는 서재필

　1888년 서재필은 라파엣 대학과 프린스턴 대학으로부터 입학 통지를 받고 펜실베니아주에 있는 라파엣 대학에 진학할 생각을 하고 있었다. 학비는 홀렌벡씨로부터 받게 되어 있었기에 그의 앞날은 밝게 보였다. 그러나 의외로 예상치 못했던 일이 일어났다. 8월 말 어느 날 서재필은 홀렌벡씨 사무실로부터 그곳으로 와 달라는 요청을 받았다. 홀렌벡씨는 보기에 냉담하고 특이한 점이 많기는 했지만, 따뜻하고 이해력 있는 사람이었기 때문에 서재필은 그를 친아버지처럼 대하고 있던 터였다. 처음에는 그의 사무실로 오라는 메시지를 받고 기뻐했으나, 다시 생각해 보니 홀렌벡씨가 자신을 그의 사무실에서 만나 보겠다는 것이 의아스러웠다.

과거에는 항상 그가 서재필을 자기 집으로 저녁 식사에 초대한다든가, 아니면 학교로 들리는 것이 상례였기 때문이었다. 여하간 서재필은 그의 사무실로 찾아가기로 했다. 홀렌벡씨는 엄숙한 표정이었지만 서재필에게는 그것이 조금도 이상하지 않았다. 우선 그는 서재필에게 여름 동안 무엇을 할 계획이냐, 대학생이 된다는 기분이 어떠냐, 어떻게 지내고 있느냐, 등 몇 가지를 물어본 다음, "자네와 상의할 일이 있다"고 말하면서 직접 본론에 들어갔다.

홀렌벡씨는 그들이 샌프란시스코에서 처음 만났을 때 서재필이 기독교에 깊은 관심을 표명한 적이 있음을 지적하고 나서, 만일 서재필이 목사가 되겠다면 자신이 그 일을 위해서 공부를 할 수 있도록 도와주겠다 고 이야기 하였던 당시의 말을 상기시켰다. 그러면서 그는 이점에 관해 "이제 명백하게 서로가 이해해야 할 시기가 왔다"고 말했다. 다시 말해서 홀렌벡씨는 서재필이 라파옛 대학과 그 후 프린스턴 신학 대학을 졸업하고 목사가 되어 선교사로서 조선으로 돌아가겠다는 것을 서면으로 약속을 하면, 하나님 사역에 대한 하나의 투자로서 그가 신학대학을 졸업할 때까지 재정적으로 서재필을 도울 용의가 있다는 말이었다. "내 입장을 분명히 표명하겠네. 나로서는 이 투자가 자선사업이 아니라 엄밀히 말해 하나의 사업적 거래네"라고 말하면서, 그는 이 문제는 빨리 결정할수록 서로의 마음에 안정을 갖게 될 것이므로 당장 이 자리에서 이 일을 해결하자고 단도직입적인 자세를 취하였다.

서재필의 마음은 몹시 괴로웠다. 한편으로는 홀렌벡씨가 자기에 대해 커다란 은인이고 친구였기 때문에 그를 실망시키고 싶지 않았고, 다른 한편으로는 예수에 대한 그의 사랑은 의심의 여지가 없었지만, 기독교 목사가 되라는 부름을 받았다고는 아직 생각해 본 일이 없었으며, 설사 홀렌벡씨의 그와 같은 제의에 동의한다 할지라도 7년 후에 내가 선교사 되기를 원할지, 또 그렇다 해도 조선으로 귀국할 수 있을는지에 대한 확신이 없었다. 그러므로 이와 같은 상황아래서 그의 제의에 당장 서면으로 동의한다는 것이 자기로서는 정직하지 못한 일이요, 홀렌벡씨에게도 공평한 일이 아니라고 생각한 나머지 다음과 같이 대답하고 말았다.

말씀은 고맙지만 오늘 서면 약속을 할 수는 없습니다. 그 이유는 첫째로 선생님이 아시다시피 조선 정부가 저를 역적으로 몰았기 때문에, 제가 귀국하는 즉시 저를 교수형에 처할 것입니다. 물론 역적 선고가 철회되기 바랍니다만, 언제 그렇게 될지 또 실제로 그렇게 될지는 저로서는 알 길이 없습니다. 둘째로 저는 하나님을 믿고 있고 일생 동안 계속 기독교인이 되리라는 것은 보장할 수 있습니다. 그러나 현재로서 저는 선교사가 되라는 하나님의 부르심을 받았다고는 생각하지 않습니다. 아마 7년 후에 가서 그런 부르심을 느끼게 될지는 모르지만 지금으로서는 그것을 미리 말씀드릴 수 없습니다. 이러한 상태에서 제가 선생님의 제의에 동의한다는 것은 선생님과 하나님에 대해 모두 공평하지 못한 처사가 될 것입니다. 대단히 미안합니다.

홀렌벡씨는 크게 실망했다. 그로서는 건전한 기독교인으로서의 사업 제의를 했다고 믿었으나, 서재필의 이와 같은 대답에 더 이상 어떻게 할 수 없었다. 그래서 그는 더 이상 재정적 지원을 하지 않을 것이라고 말했고, 이 말을 들은 서재필은 "이제껏 저에게 베풀어준 여러 가지 도움에 대해 진심으로 감사드립니다"고 대답하였다. 그리고 서재필이 자리에서 일어나자 홀렌벡씨는 그에게 미화 20불을 쥐여 주었다.

서재필을 돕는 사람들

서재필은 자기의 은인을 실망시켰다는 안타까움, 그러면서도 자기의 소신을 지켰다는 자존심, 그리고 장차 대학 학비를 어떻게 조달할 것인가 하는 걱정 섞인 참참한 심정을 갖고 홀렌벡씨의 사무실을 걸어 나왔다. 그 후 그는 누군가와 의논을 해야겠다고 생각하고 스콧씨 부부를 찾아갔다. 때마침 스콧씨 부부 집에는 동부 워싱턴으로부터 찾아온 "데이비스"(Davis) 씨라는 손님이 있어 인사 소개를 받았다. 항상 서재필의 생활문제에 대해 걱정해 주던 스콧씨 부부는 서재필이 무언가 근심에 차 있다는 것을 알고, "데이비스씨도 우리들의 친구로서 우리들 못지않게 너에게 관심이 있으니, 걱정 말고 마음 속에 있는 것을 털어놓아라"고 말했다.

그래서 서재필은 홀렌벡씨를 찾아가 주고 받았던 이야기 내용을 털어놓았다. 이 말을 듣자 모두들 서재필이 처한 곤경에 깊이 동정했다. 그러자 워싱턴의 한 대학에서 영어 교수로

교편을 잡고 있던 데이비스씨는 서재필에게 워싱턴으로 가서 스미스소니언 박물관(The Smithsonian Institute) 지배인으로 있는 "오티스"(Otis)씨를 찾아보라고 하며 소개장을 써 주었다. 데이비스씨의 생각에 그 박물관에는 동양 예술품이 많기 때문에 그 박물관 지배인이 서재필을 번역생으로 쓸 수도 있을 것이라고 판단하였기 때문이었다. 동시에 데이비스씨는 글로버 클리블랜드(Glover Cleveland) 미국 대통령의 개인 비서로 있던 헨들리 (Hendley)씨에게 보내는 소개장도 써 주었다.

한편 어떻게 해서든지 가을에 라파엣 대학에 들어가려는 마음으로, 서재필은 라파엣 대학 소재지인 펜실베니아주 이스톤(Easton)으로 가서, 그 대학 신입생 지도원인 "에드워드 하트"(Edward Hart) 교수와 만나 자기의 사정을 의논했다. 그 자리에는 하트 교수 뿐 아니라 몇몇 다른 동료 교수들도 참석해 있었다. 그들은 홀렌벡씨가 서재필에게 취한 처사를 전해 듣자, 모두 홀렌벡이 위선자요, 폭군이라고 부르면서 분개하였다. 심지어 글로서는 표현할 수 없는 욕까지 하였다. 그러나 아무도 서재필이 당면했던 문제의 해결책을 강구하지는 못했다. 이제는 라파엣 대학의 문이 완전히 자기에게 닫혔다고 생각하면서 서재필이 일어서자, 하트 교수는 희망을 버리지 말라고 하면서 여름 동안 직장을 찾아 학비를 벌라고 권하며, 자기와 같이 살면서 집안에서 자기 아내를 도울 수만 있다면 먹고 자는 것은 걱정하지 않아도 된다고 말했다. 서재필은 이 말이 무척 고마웠다. 그는 하트 교수에게 감사의 뜻을 표하면서 최선을 다해 학비를 벌어 보겠다고 다짐했다. 그리고는 직장을 찾으러 필라델피아로 가서 열심히 직장을 찾아보았으나, 그에게 필요했던 금액을 지불할 만한 직장은 한 곳도 찾을 수 없었다.

워싱턴에서의 새 삶

서재필은 여러 주일 동안 하찮은 여러 일들을 해보고는 결국 그해 가을에 라파엣 대학에 입학하는 것을 포기하고, 워싱턴에 가서 좀 좋은 직장을 찾아보기로 마음먹고, 스미스소니언 박물관 지배인 오티스씨를 찾아갔다. 친절한 오티스씨는 데이비스 교수가 써준 소개장을 읽고 나서, "박물관 직원은 모두 미국 국회가 임명하게 되어있기 때문에 국회의 허락 없이는 아무도 채용할 수 없다"고 말했다. 그러나 그는 "박물관에는 동양에서 온 예술품들이 많이 있으니, 자네가 그것들을 설명할 수 있다면 시간당 1 불의 시간제로 너를 고용하겠다"고 제안했다.

서재필은 기꺼이 이를 받아들이고, 그 박물관에서 중국, 일본, 조선 등지에서 온 칼, 쇠붙이, 또 골동품들을 감정하면서 한 달 동안 일했다. 그러는 동안에 그는 백악관으로 헨들리씨를 찾아가 데이비스씨의 소개장을 내보였다. 헨들리 비서관이 서재필에게 무슨 용무로 왔느냐고 물었을 때, 서재필이 솔직하게 "직장을 구하기 위해 클리블랜드 대통령과 면담을 하고 싶다"고 말하자, 헨들리씨는 깜짝 놀라며 "젊은이여,

미국 대통령이 직업 소개소를 운영하고 있지는 않소"라고 말하면서, "모든 정부 공무원은 새로운 정부 공무원법의 적용을 받게 되어있기 때문에 공무원 지망자는 모두 그 공무원 자격시험에 합격해야 한다"고 설명하였다.

그리고는 미국 공무원 자격시험 심사 위원장인 "오브라이언"(O'Brian)씨에게 소개장을 써 주었고, 그는 즉시 오브라이언씨를 방문했다. 만나 보니 오브라이언씨도 친절한 분으로 서재필에게 "일주일 안에 다시 와서 공무원 시험을 보라"고 하면서, "미국 시민증과 그동안의 그의 품행이 단정하였다는 것을 보증하는 두세 사람의 미국 시민들의 추천서를 받아 제출하라"고 했다. 그래서 서재필은 관련 서류들을 제출하고, 20여 명의 다른 응시자들과 함께 시험을 보게 되었다. 그의 시험번호는 3번이었다. 시험 결과를 알기 위해 1주일 후에 다시 찾아 갔을 때, 오브라이언 심사 위원장은 "유감스럽지만 자네가 시험에 합격하지 못했다"고 말했다.

시험이 그다지 어려운 것이 아니었다고 생각했던 서재필은 자기가 합격하지 못했다는 것을 이해할 수 없었기에, 그러한 뜻을 전하자 오브라이언 위원장이 수석 시험관 웹스터씨를 부르게 되었다. 그래서 그와 함께 서재필이 자기 시험 답안지를 확인한 결과, 답안지 중 처음 두 장은 자기 시험 번호이었던 3번이 적혀 있었으나 나머지 15장에는 모두 2번으로 잘못 기록되어 있었다. 이것은 그들의 행정 사무상의 착오였다. 공무원 시험 합격 점수는 75점이었는데, 실제로 서재필이 받은 점수는 97점이었기에 당연히 합격이었다. 그는 공무원 임명 통보를 받을 때까지 대기하라 는 말을 듣고 집으로 돌아왔다.

그런지 두 주일이 지나서 마음이 초조해진 서재필은 다시 오브라이언씨를 찾아가 임명장을 언제 받게 될지 문의했다. 그러자 오브라이언 위원장은 "모든 국가 공무원 직책이 인구에 비례해서 각 주(State)에 할당되는데, 당신이 공무원으로 일하기를 원하는 펜실베니아주는 큰 주이며 그 주에 할당된 공무원 직책들은 이미 모두 차 있기 때문에, 그 중에서 누가 사망하거나 사퇴 함으로서 공석이 생기지 않는 한, 누구도 새로 임명이 될 수 없다"고 설명했다. 그러면서 그는 "제기랄! 죽는 사람은 적고, 사퇴하는 사람도 없다"고 말했다.

스미스소니안 박물관과 빌링스 박사

서재필은 스미스소니안 박물관으로 다시 오티스 지배인을 찾아갔으며, 오티스씨는 여러 군데 알아보겠다고 약속하며 자기와 계속 연락하라고 하였다. 오티스씨에게는 미 육군 의과소속 도서관의 관장으로 있던 "존 빌링스"(John H. Billings)박사라는 절친한 친구가 있었는데, 이 도서관은 스미스소니언 박물관에서 불과 한 블록 정도 떨어져 있었기 때문에 이 두 사람은 거의 매일 점심을 함께 먹곤 했었다. 어느 날 오티스씨가 빌링스 박사를 만났을 때, "혹시 정부 부처 가운데 중국과 일본에 대한 지식을 가진 사람을 쓸 만한 부처를 알고 있느냐?"고 물어보았고, 빌링스 박사는 "바로 내가 그런 사람을 찾고 있던 중이다"고 말했다. 자기가 책임 맡고 있는 도서관에는 동양으로부터 몇 천 권의 의학에 관계된 서적과 잡지가 도착해 있는데, 중국말과 일본말을 아는 사람이 없기 때문에, 그 서적과 잡지들을 분류조차 못하고 있다 고 하였다.

오티스씨는 적임자가 있으니 빌링스 박사가 육군 장관에게 번역관이 필요하다고 요청하라고 알려주었다. 그러자 곧 서재필은 미국 특별 공무원 자격 심사 위원장 사무실로부터 정해진 날짜에 일본어와 중국어에 대한 특별시험을 보러 오라는 통지서를 받게 되었다. 시험 일자 시간에 맞추어 출두해서 시험지를 받아보니, 거기에는 일본어와 중국어로 쓰인 두 개의 성경 구절들이 있었다. 시험관들이 일본어와 중국어를 전혀 몰랐기 때문에, 워싱턴에 있던 일본과 중국 공사관으로 시험문제를 의뢰하자, 요한복음 15 장과 누가복음 15 장에 있는 몇 구절을 영어로 번역하는 문제를 보내온 것이다. 이것은 서재필이 샌프란시스코에서 YMCA 야간 학교를 다닐 때 거의 외우다시피 했던 구절들이었기 때문에, 전혀 어려움 없이 만점을 받고 시험에 통과되었다. 그런지 일주일 만에 서재필은 미국 의무감실(The Surgeon General's Office)로부터 곧 의무감실 도서관(The Surgeon General's Library)으로 출근하라 는 통보를 받았다.

이렇게 되어 서재필은 조선인 최초의 미국 공무원으로 임명 받을 수 있었다. 여하간 모두가 하나님의 섭리라고 생각할 수 밖에 없었다. 어린 시절 그는 서양 배척 사상이 강했던 조선에서 과거급제하기 위해 한문을 배워야 했었고, 또한 일본 유학의 선구자 중 한 사람으로 일본으로 유학 가서 도야마 군관학교에서 일본어를 공부할 때까지, 그것들이 후에 미국에서 공무원 생활을 할 수 있게 하는 준비 과정이 되리라고는 꿈에도 생각하지 못했었다. 그리고 샌프란시스코에서 그가 충실히 영어 공부를 한 것은 당시 호구지책을 위한 것이었고, 그 후 워싱턴으로 갔던 것은 미국 대통령의 도움으로 직장을 얻어 학비를 번 다음, 펜실베니아주의 이스톤으로 돌아가 라파엣 대학에 입학해 공부하기 위함이었다. 그런데 이제는 초봉으로 매달 미화 100 불이나 받는 정식 미국 정부 관리가 된 것이다.

서재필이 모시고 일하게 된 상관은 그 도서관 관장으로 있던 빌링스 박사로서 매우 박식하고 다정한 인간성을 가지신 분이었다. 그리고 그가 서재필에게 준 영향력이란 실로 대단하였다. 그 의무감실 도서관이 설립되고 후에 세계 최대의 의학 도서관으로 성장하게 된 것이 모두 빌링스 박사의 노력을 통해 이루어졌다. 처음에는 서재필이 동양 서적들의 저자와 책 이름을 번역하는 일을 맡았는데, 후에는 중요한 의학 서적들의 요점을 발췌하여 영문으로 번역하는 일까지 맡게 되었다. 이러한 일을 하는 동안에 의학에 대한 그의 관심도가 점차로 커지게 되었고, 더 이상 돈 걱정이 없어진 그는 공무원 생활을 하면서 학업을 계속하기로 결심하였다.

원래 서재필은 정치학과 법학을 공부할 계획이었지만, 매일 의학 서적을 읽게 되고 빌링스 박사를 의학계의 학자로 존경하게 됨으로써 그의 마음에 변화가 와서 급기야는 의학 공부가 하고 싶어지게 됐다. 그리하여 그는 현재 조지 워싱턴 대학의 전신인 컬럼비안 대학(Columbian College)의 코코란 과학학교(The Corcoran Scientific School) 저녁반에 입학했다. 빌링스 박사는 이와 같은 그의 결정을 정말 잘한 것이라고 기뻐하며, 도서관 근무시간을 그의 편의에 맞추어 조정해 주었을 뿐 아니라, 그 도서관 전체를 서재필이 마음대로 이용할 수 있게 해주었다.

조지 스턴버그 박사와 월터 리드 박사

빌링스 박사 외에 서재필이 의학을 공부하는 데 결정적인 영향을 준 사람은 미국에 병리학을 처음으로 도입 및 소개한 바 있는 미 육군 의무감(The Surgeon General of the United States Army)이요, 세계적으로 이름 난 의학계 권위자인 "조지 스턴버그"(George M. Sternberg) 박사였다.

빌링스 박사와 스턴버그 박사의 주선으로 서재필은 같은 건물에 있던 미 육군 의무감실 도서관과 미 육군 의학박물관(The Army Medical Museum) 두 곳에서 시간을 나누어 일하게 되었다. 육군 의학 박물관에서는 스턴버그 박사의 지시로 당시 그 박물관 실험실 실장으로 있었던 "월터 리드"(Walter Reed)박사의 조수로 일했다. 리드 박사 밑에는 "그레이"(Gray) 박사라는 보조원이 있었기에 세 사람이 같이 미세 사진 영상기법과 생화학에 대한 실험을 계속했다. 그레이 박사의 비상한 재주와 열렬한 연구심은 서재필에게 많은 감화를 주었다. 그레이 박사는 자기 손으로 의학 박물관 지하실에 발전기를 들여놓고 전기를 발생시켜 직접 사진실을 고안해 만들기도 했다. 한편 스턴버그 박사가 병리학에 흥미를 느끼게 된 것은 그가 유럽 여행을 하던 중, 독일 의학 연구자들이 병리학 연구를 열심히 하고 있는 것을 보고 미국으로 돌아와 리드 박사에게 그 분야에 대한 연구를 집중적으로 실시하도록 격려하였고, 미 육군 군의관 학교 교과과정에 세균학과 병리학을 포함하도록 설득한 후, 그 과목들을 가르치는 책임을 리드 박사에게 맡겼다.

(편집자 주: 현재 워싱턴에서 미국 대통령들의 입원 치료를 담당하는 세계적인 병원, Walter Reed Army Medical Center 는 Dr. Walter Reed 의 업적을 기리기 위해 그의 이름을 따서 불리고 있다)

최초의 조선인 의사

이와 같이 빌링스, 스턴버그, 그리고 리드, 세 박사들을 보좌하는 가운데 얻은 감화력으로 서재필은 공부에 박차를 가하게 됨으로써 많은 진전을 보게 되었고, 그 덕택에 코코란 과학학교 당국은 그가 그 다음 해에 콜럼비안 의과대학에 입학할 자격이 있음을 인정하게 되었다. 콜롬비안 대학에서 의학 공부를 하면서 동시에 미 육군 의학박물관 실험실에서 리드 박사의 지도를 받게 되자, 보완적인 효과를 얻어 그의 공부는 눈부신 발전을 보게 되었으며, 1892 년에 서재필은 3 년 만에 의사학위 (Medical Doctor)를 받게 되었다. 졸업식 날, 그의 동료 졸업생들은 모두 친구와 친척들에 둘러싸여 선물과 축하를 받았지만, 서재필에게는 아무 친척도 선물도 없었으니, 그의 말대로 "나를 격려할 만한 헝겊 조각 하나 없었다"고 후에 회상할 만 하였다. 그러나 그 만이 차지할 수 있었던 특별한 영광을 누렸으니, 바로 그가 서양에서 교육받은 최초의 조선인 의사가 되었다는 사실이었다.

사진: 졸업사진, 서재필은 맨 윗줄 왼쪽에서 세 번째 (화살표) (1892 년).

사진: 컬럼비안 (현 조지워싱턴) 대학교 의학부 졸업장.

사진: 서재필 의사 면허증 (1892 년).

지금은 조지 워싱턴 대학교라고 불리는 콜롬비안 의과대학을 졸업한 후, 서재필은 계속 미국 공무원직을 유지하면서 워싱턴에 있던 가필드 병원(Garfield Hospital)에서 실습의사(인턴)로 일했다. 한편 미 육군 의학박물관 실험실 직원들의 할 일이 많아지자, 서재필은 1893년에 그 실험실에 전임 근무하도록 배치되었다. 빌링스 박사는 리드 박사와 서재필 박사를 도와 혈액검사와 일반적인 실험실 일들을 보조하도록 "트레이시"(Tracy)라는 현역 사병 한 명을 추가해 주었기 때문에, 그들은 미국 세균학과 병리학계에서 당시 최고 권위자 가운데 한사람으로 꼽히고 있던 존스 홉킨스 대학병원의 "윌리엄 웰치"(William Welch)박사의 강의를 들으러 볼티모어까지 6개월 동안 매주 다닐 수 있었다. 이 강의가 끝난 후에는 그가 일하고 있던 실험실의 직책과 관련되어 워싱턴의 세인트 엘리자베스 정신병원 원장인 "고딩"(Godding) 박사의 강의에 매주 참석했다.

그는 배우는데 한번도 지쳐본 일이 없었다. 그러나 컬럼비안 의과대학 교수직을 역임한 바 있는 "존슨"(Johnson)박사의 권유로 서재필은 1894년에 본의 아니게 공무원직을 사임했다. 존슨 박사는 "국가 공무원의 진급 기회는 극히 제한되어 있으니 장래를 위해 차라리 의사 개업하는 편이 좋을 것이다"고 그에게 권고하였다.

그래서 서재필은 그의 권유에 따라 워싱턴 시내 K가와 14가 사이에 병원 사무실을 구해서 병리학을 전문으로 하는 개인 병원을 열었다. 사무실의 뒤쪽 빈칸을 커튼으로 막아 자신의 침실로 사용했다. 그의 의사 사무실은 꾸준히 발전을 거듭하여 다른 주변 도시로부터도 많은 환자가 그를 찾게 되었다.

어느 날 "모스"(Morse)라고 하는 환자가 그를 찾아와서 의사들을 많이 만나 보았지만 누구도 자신의 병을 고치지 못한다고 하였다. 진단 결과 그 환자는 당뇨병에 걸려있었다. 그때만 해도 병리학이란 미국에서 새로운 분야였기 때문에 당뇨병 환자를 치료할 수 있을 만한 의사는 많지 않았다. 그래서 이 환자는 서재필의 병원으로부터 멀리 떨어진 도시에 살고 있었지만, 서 박사의 치료가 효력이 있다는 것을 알고는 자기 가족을 데리고 워싱턴의 서재필 병원 사무실 근처로 이사해 왔다.

뮤리엘 암스트롱 양과 결혼

서재필은 다방면에 흥미를 느꼈던 사람으로 단순한 의학자만이 아니었다. 세계 문제들에 대해서도 예리한 통찰력을 가지고 있었다. 바쁜 일과에도 불구하고 그는 해외에서 벌어지고 있던 여러 가지 사태들이 발생하는 근본 원인, 특히 극동 사태를 계속 주시했다. 그러던 중 그의 생애에 일대 전환점이 왔다. 여러모로 1894 년은 그에게 잊을 수 없는 해였으니, 기쁨과 슬픔, 희망과 절망, 그리고 경고와 도전이 한데 얽힌 해였기 때문이었다. 우선 그해에 서재필은 병원 개업을 하게 되어 성공적인 장래에 대한 희망에 가득 차 있었을 뿐 아니라, 시카고와 워싱턴 사회에서 이름있던 명문 집안 딸 "뮤리엘 암스트(Muriel Armstrong)양과 화촉을 밝히게 된 것이다. 그들의 결혼식에는 시카고, 클리블랜드, 피츠버그, 그리고 미국의 수도 워싱턴에서 200 명 이상의 축하객이 모였는데, 그중 많은 사람이 당시 미국 정부 관리들이었다. 이분들의 축복 가운데 그들의 결혼식은 워싱턴에 있는 카비난트 교회(Covenant Church)에서 거행되었고, 시카고와 워싱턴의 여러 신문 지상에 보도되었다.

이전에 서재필은 조선에서 결혼한 적이 있었다. 조선의 전통적 관습에 따라 그가 10 대 소년이었을 때 집안 어른들이 선택해 준, 여러 해 연장자인 규수를 맞아 드리게 되어 결혼했을 당시, 그들 사이에 사랑이라고는 없었다. 또한 서재필은 결혼 기간 중 많은 시간을 밖에서 보냈기 때문에 그들이 함께 보낸 시간도 많지 않았다. 그러다가 그의 첫 부인은 1884 년의 갑신정변 직후 세상을 떠나고 말았다.

그러나 뮤리엘 암스트롱 양과의 결혼은 그가 선택한 결혼이었다. 이 두 사람의 결혼에는 하나님의 섭리가 작용한 것으로 볼 수 밖에 없다. 왜냐하면 신랑이나 신부가 모두 그들이 결혼하게 되리라고는 생각조차 하지 못했기 때문이었다. 조국을 위해 헌신하기로 굳게 결심한 조선인으로 서재필은 언젠가 조국으로 돌아가 봉사하겠다는 꿈을 잠시도 잊은 적이 없었기 때문에, 미국 여자와 결혼한다는 것이 이러한 그의 꿈에 장애물이 될 가능성이 있다고 생각했다. 더구나 연구와 의사업에 온 정신을 쏟고 있던 젊은 의사로서 너무나 바빴기 때문에 결혼을 생각할 여유가 없었던 것이다.

반면에 암스트롱 양의 입장에서 본다면 조선 태생의 서재필과 인연을 맺게 되리라고 예상했을 가능성은 더욱 희박했을 것이다. 시카고 명문 집안의 딸로 어여쁜 뮤리엘 암스트롱 양에게는 시카고와 워싱턴에 그녀를 사모하고 구혼하려는 능력 있는 남자들이 많이 있었을 것이었다. 이 많은 결혼 후보자들을 물리치고 그녀는 서재필을 사랑하게 된 것이다. 그들이 만나게 된 것 자체가 우연한 일이었으니, 서재필이 살고 있던 같은 호텔에 "제임스 화잇"(White)대위 부부와 화잇 부인의 전 남편의 소생인 암스트롱 양이 함께 살고 있었다. 원래 암스트롱 양의 친아버지는 미국 철도 우편국(The U.S. Railway Mail Service) 국장이었던 "조지 암스트롱"(George Buchanan Armstrong)대좌로서 미국 남북전쟁 당시 시카고 우편국의 부국장 시절에 미국 철도 우편제도를 창설한 사람으로 그가 사망한 후, 화잇 대위가 그 뒤를 이어 국장이 되었고, 암스트롱 대좌의 미망인과 결혼하게 되었기에, 암스트롱 대좌 부부의 막내딸인 뮤리엘 암스트롱 양이 친어머니와 양아버지를 따라와 함께 살고 있었다. 후에 서재필이 한 말을 빌린다면 암스트롱 양은 예술과 세계 문화에 지대한 관심을 가지고 있던 매력 있고 예민한 소녀였다.

그녀가 처음에는 수줍어하였지만 서재필에게 호기심을 갖게 된 것은 분명히 그녀가 서재필이란 개인에게 있는 무언가 신비롭고 기품 있는 매력에 끌렸기 때문이었다. 어느 날 서로 대화를 하게 되었을 때 그들은 여러모로 관심사가 공통적임을 알게 되었으니, 서재필이 비록 예술적인 소질을 발전시키지는 못했지만 예술에 대한 그의 흥미는 대단하였고, 두 사람은 여러 나라 사람들의 생활방식에 대한 호기심과 열정을 공유하고 있었다. 서재필은 그녀를 알게 되면 될수록 그녀와 더 함께 있고 싶어졌다. 암스트롱 양은 박식했고 표현력이 솔직한 편이었다. 그런가 하면 그녀는 서재필이 결코 동양의 불가사의한 존재로만 느껴지는 것이 아니라, 체격이 당당하며 미남이고 지적으로도 매우 탁월한 인간이라고 느꼈고, 그녀가 만나본 다른 어떤 젊은 남성에게서도 발견하지 못한 숭고한 이색적인 특성을 지니고 있음을 알게 되었기에, 그녀는 서재필을 하늘이 그녀에게 내려준 인간이라고 믿게 되었다.

비록 서재필은 자신에 관해서는 겸손하고 말이 별로 없었으나, 그는 행동으로 "조국의 무거운 짐을 자신의 양 어깨에 짊어지고 있다"는 것을 분명히 보여주었으며, 때때로 몇 가지의 미국식 방식에 대해 비평적이기도 하면서, 미국을 부강한 나라로 만들 수 있었던 근본 원인들에 대해서는 경탄을 금치 못하면서, "그 비결을 알게 되면 언젠가는 내가 그것을 조선에 더 유익한 방향으로 이용할 수 있게, 꼭 그 비결을 찾아내고야 말겠다"고 말하는 것을 자주 듣곤 하였다.

서재필은 또한 의사로서 자신의 환자를 치료하는데 아주 열심이었지만, 병의 원인을 규명하고 그 병을 예방하는 방법을 찾는데도 매우 큰 관심을 가지고 있었다. 이러한 여러 가지 점들로 미루어 보아 서재필은 뮤리엘 암스트롱 양에게 무언가 보통 사람들과 달라 보였고, 알면 알수록 그에 대한 경탄을 금할 수 없었기에 서로 간의 존경심과 애정은 한층 깊어졌고, 결국 그들은 백년가약을 맺게 되었다.

사진: 서재필과 뮤리엘양 (Muriel Armstrong) (1894 년).

Another very pretty June wedding took place at 8 o'clock last night at the Church of the Covenant, the contracting parties being Dr. Philip Jaisohn, of this city, and Miss Muriel Josephine Armstrong, of Chicago, Ill. Dr. Jaisohn is a well-known physician, whose high reputation as a scientific man is not limited to this city. The bride is the daughter of the late Col. George Buchanan Armstrong, the founder of the United States Railway Mail Service, who was at the head of that bureau until the time of his death. Her eldest brother, Mr. George B. Armstrong, is the editor of the Musical Indicator of Chicago. The ceremony was per-

사진: 서재필과 뮤리엘 양의 결혼에 관한 신문기사 (1984 년).

사진: 서재필과 부인 뮤리엘 (Muriel Armstrong). 갓 태어난 딸과 부인 뮤리엘 (1895 년)

사진: 서재필의 두 딸들. 장녀 스테파니, 차녀 뮤리엘

(편집자 주: 필립 제이슨(서재필)이 1894 년에 뮤리엘 암스트롱과 결혼했을 때, 19 세기 후반 미국에서는 인종 간 결혼에 대한 법률과 사회적 태도가 주마다 상당히 달랐다. 당시 연방법으로 명시적으로 인종 간 결혼을 금지하는 법은 없었지만, 많은 주들이 백인과 다른 인종 사이의 결혼을 금지하는 자체 법률을 가지고 있었다. 이러한 법들은 주로 남부 주에 있는 짐 크로우 법의 일부로, 아프리카계 미국인에 대한 인종 분리와 차별을 강제하고, 그 확장선상에서 다른 비백인 인구에

192

대해서도 마찬가지였다. 그러나 인종 간 결혼에 대한 집행과 수용은 주마다, 그리고 관련된 사람들의 인종적 및 민족적 배경에 따라 달랐다.

미국 시민권을 얻은 최초의 한국인이자 한국의 독립과 민주주의를 위한 주요 옹호자로서 주목받는 인물인 서재필의 경우, 미국의 저명한 가문 출신인 뮤리엘 암스트롱과의 결혼은 당시 이례적이고 논란의 여지가 있었을 수 있지만, 특히 엄격한 혼혈 금지법을 가진 주에서 백인과 아프리카계 미국인 사이의 결혼이 직면했던 법적 장벽과는 다르게, 큰 문제에 직면하지 않았다. 이 커플의 사회적 지위와 서재필의 명성이 당시 혼혈 금지에 관한 사회적 규범을 극복하는 데 있어 큰 역할을 했을 수 있다. 미국 내 다른 인종 간 결혼에 대한 법적 및 사회적 환경은 20세기 중반에 상당히 변하기 시작했으며, 모든 주의 인종 간 결혼을 금지하는 법을 폐지한 1967년 대법원 판결인 러빙 대 버지니아 사건을 정점으로 변화했다.)

조선에서 점차 커지는 일본의 영향력

그해 1894년에는 또한 극동에서 세계를 놀라게 한 사건들이 일어나 서재필을 격분시켰다. 즉 그해 3월 조선 정부는 자객을 시켜 청국의 이홍장 첩자들과 공모하여 김옥균을 상해로 유인한 다음, 거기서 그를 암살하였다. 그 뿐만 아니었다. 김옥균의 친구들이 그의 유해를 조선으로 반환하도록 요구하기도 전에, 중국 당국자들은 조선 정부에게 그의 시체를 한양으로 운반하도록 허락하였고, 한양에서는 정부 명령 아래 조선 국왕에 대한 장래의 역적들에게 경고하는 하나의 조치로,

김옥균의 시체를 대중들 앞에서 능지처참하였다. 이렇게 되자 김옥균의 많은 일본인 친구들이 흥분했는데, 이들 일본인 친구들 가운데 매우 영향력 있는 인사들도 많았다. 드디어 일본의 일반 대중이 항의 데모를 벌이면서 그들의 격분을 표시하게 되자, 그때까지 김옥균을 귀찮은 존재로만 보아오면서 그를 일본으로부터 추방하려고 최선을 다해왔던 일본 정부가 돌연 그 입장을 바꾸어 사망한 김옥균을 옹호하고 나선 것이었다.

즉 일본 정부는 조선 정부의 야만적인 처사를 규탄하고 이에 대해 보복이 있을 것을 경고하였다. 일본 정부는 또한 김옥균이 오랫동안 일본의 친구였음을 지적하면서, 청나라가 김옥균의 암살 사건에 직접 관련된 것은 일본에 대한 모욕이라고 공박하고 나섰다. 그러나 일본 정부의 정의를 부르짖는 이와 같은 격분의 표시는 실상은 김옥균을 위한 것이 아니라, '이제는 일본이 조선에 대한 지배권 문제에 관해 청나라와 군사적으로 대결할 용의가 있고, 준비가 됐다는 것을 분명히 표시하는 태도였다'

그러나 일본의 전쟁 열이 노골적인 전쟁으로 폭발하게 되는 데는, 수개월 후 조선에서 동학란으로 알려진 또 하나의 내란이 일어난 데 기인했다. 즉 동학란이 일어나자 무력했던 조선 조정에서는 1882년에 했던 것과 마찬가지로 청나라에 원조를 청했고, 이에 청나라는 신속히 군대를 조선으로 파견하였다. 이와 같은 청나라의 조치는 앞서 두 나라 간에 조선에 개입할 필요성이 발생할 때는 청나라와 일본 양국이 서로 협의해야 한다고 1885년에 맺은 청일 조약에 위배되는 일이었다.

(편집자 주: 청일 조약은 갑신정변의 뒤처리를 위해 청나라와 일본 사이에 맺은 조약임)

　이로써 일본은 청나라에 대해 자신들이 오랫동안 준비해 온 전쟁을 개시할 수 있는 좋은 구실을 찾게 되어, 청국 군대보다 더 잘 훈련되고 잘 무장된, 숫자적으로도 두 배나 많은 일본 군대를 조선에 급파했다. 이렇게 되어 청일 전쟁이 시작되었다. 청일 전쟁 발발 소식은 서재필에게 결코 놀랄 일이 아니었다. 왜냐하면 서재필에게는 전쟁이 일어날 것이냐 가 아니라, 언제 일어날 것이냐 가 문제였기 때문이다. 또한 일본군의 대승리에 대해서도 서재필은 이미 그것을 예상하고 있었기 때문에 놀랄 것이 없었다. 그가 걱정했던 것은 어느 편이 승리하든지, 조선은 패망국이 될 것이라는 사실이었다.
　한때 그가 조선의 개화를 위해 일본에 의존한 일이 있기는 하였지만, 그것은 어디까지나 조선의 자주독립을 위한 수단이었을 뿐이었고 결코 조선을 일본에 넘겨줄 생각은 해본 적이 없었기에, 이때에는 일본이 조선을 지배하려는 것에 열렬히 반대하고 나섰다. 또한 이 전쟁에서 일본이 군사적으로 절대 우월한 위치에 서게 될 것이라는 서재필의 판단은 옳았다.
　'반자이' 를 외치는 수많은 일본 군인들이 인천에 상륙하자, 그때까지 12 년 동안 조선에서 뽐내던 청국의 조선 통감 원세개는 공포에 떨면서 변장하고 청국으로 도망했으며, 몇 주일도 안 되어 숫자적으로 눌리고 초라할 대로 초라해 진 청국 군대는 조선에서 완전히 전멸당하고 말았다.

(편집자 주: 반자이 – 덴노 헤카 반자이! 천황 폐하 만세! 를 줄여서 쓴 말)

한편 서재필은 자신이 그 누구의 괴뢰도 아니라는 점을 분명히 했다. 청일 전쟁이 일어난 지 수개월 만에 그 전쟁에서 이길 것을 자신한 일본 정부는 그들이 친일파라고 믿고 있었던 해외로 나간 조선의 망명 지도자들을 하나 둘 씩 조선으로 끌어들이기 시작했다. 일본으로 망명했던 개화당 인사들은 물론이고 서재필에게도 접근하여 처음에는 외무 참판(Vice minister) 직을, 나중에는 외무 대신(Minister) 직을 맡으라 고 제의했으나, 그는 모두 사양했다. 그러자 워싱턴 주재 일본 공사는 본국 정부 외무성으로 '미국 부인과 결혼하고, 또 의사 개업을 하고 있는 서재필 박사를 조선으로 귀국하도록 설득하는 일은 도저히 불가능한 일이다'고 보고했다.

그러나 서재필이 고국으로 귀국해서 조선 정부 고위직을 받기를 거절한 이유는 일본 공사가 고려했던 그의 가족이나 직업과는 전혀 상관이 없었다. 명백했던 한 가지 이유는 '나는 결코 일본을 상전으로 섬기지 않겠다' 는 그의 소신 때문이었다. '언젠가는 고국으로 돌아가 국민에게 봉사해 보고 싶다' 는 그의 염원은 여전히 불타고 있었으며, 미국에서 지금까지 온갖 고난을 참아온 것도 오직 그 때문이었다.

그러나 일본 정부의 신세를 지면서 조선으로 귀국한다는 것은 그가 조국에 봉사하는 길이 아니다고 생각했다. 그 후 서재필의 몸은 보통 때와 마찬가지로 의사 일을 계속했지만, 마음은 늘 조국에 가 있었다. 그는 당시 자신의 심경을 "조선병에 걸려 마음이 들떠 있었다"고 후에 회상하였다. 조국이 청국 손아귀에서 놀아나다가 이젠 일본 제국주의의 손아귀로 넘어가는 것을 해외에서 수수방관할 수밖에 없었던 그의 가슴은 참을 수 없을 정도로 아팠다. 그래서 그는 몰래 조선으로 들어가 최소한의 국민을 불러일으켜 독립투쟁이라도 해볼까 하는 생각도 했지만, 이는 하늘의 별을 따는 것 같은 망상 같이 느껴졌다.

물론 워싱턴 주재 일본 공사는 "고종황제가 당신의 죄를 확실히 사면해 주었다"고 서재필에게 말했지만, 서재필은 "과거 10여 년 동안 나를 조국의 역적이라고 생각해 왔던 국민들이 과연 내 말을 들을 것인가? 그리고 외톨이로 돌아다니는 해외 망명객인 나에게 과연 일본제국과 대항해 싸울 기회가 주어질까?" 하고 스스로에게 질문하면서 망설이지 않을 수 없었다.

옛 친구 박영효의 방문

서재필이 이와 같은 생각에 들떠 있으면서 수개월이 지난 1895년 가을 어느 날, 의외로 옛 동지요, 철종 왕의 사위였던 박영효가 그를 찾아왔다. 그들의 이 재회는 1884년의 극적이며 비통했던 갑신정변을 둘러싼 사건들과 샌프란시스코에서의 외롭고 굶주렸던 망명 생활을 회상시켜주는 감회에 찬 만남이었다. 사연을 듣고 본 즉, 박영효는 초기에 일본 정부의 설득을 받고, 그 전 해에 조선에 귀국한 후 일본의 후원 하에 있는 조선 정부에서 막강한 내무대신 직을 맡고 있었다. 그는 자신은 대신 직을 진지한 마음으로 받아들였고, 한편으로는 민비의 간섭을 배격하려고 했으며, 또 다른 한편으로는 일본의 괴뢰 노릇을 하지 않으려고 노력하였다 고 했다.

한때 청국에 의존했던 민비가 청일 전쟁에서 청국이 패하자 이번에는 러시아에 도움을 구하고 있었다. 그런데 민비는 고종황제를 퇴위시키고, 왕족 가운데 다른 사람을 등극시키려는 음모 사건에, 박영효가 관련되었다는 혐의를 갖고 박영효를 살해하려 했고, 일본인들은 박영효가 그들의 기대에 어긋난 데 대해 불만을 품게 되니, 결국 박영효는 양면으로부터 공격을 받게 되었으며 그러다가 그는 일본으로 다시 추방되었고, 거기서도 생명의 위협을 느끼게 되자 1895년 가을에 일본을 빠져나와 미국으로 피신 오게 되었던 것이다.

오랫동안 조선 국내 소식에 굶주렸던 서재필은 옛 친구로부터 조선의 소식을 들을 기회가 생겨서 매우 기뻤으나,

사실을 다 듣고 보니 가슴 아픈 일 뿐이었다. 조선은 점차 망해가고 있었고 나라를 구하기에는 모든 것이 역부족이요 속수무책이었다. 더 이상 나라를 구하려 드는 자도 없었다. 국왕과 왕비는 왕위의 보존에만 급급했고, 정치인들은 국민을 희생시켜 사복을 채우기 위한 수단으로 관직을 얻는 데만 열중했으며, 대부분의 국민은 서재필과 박영효가 고국을 등지고 망명했던 당시와 마찬가지로 조선의 미래에 대해 무관심했다. 망해가는 조국을 구해 보려던 몇몇 지사들이 없지는 않았지만, 설상가상 격으로 그들의 노력은 모두 일본이나 그 외 몇몇 호시탐탐 기회를 노리는 주변 강국들에 의해 저지당하므로, 실망과 불신의 분위기 가운데 모두가 친일파나, 친러파나, 또는 역적이 되고 말았다.

서재필은 이와 같은 소식을 듣고 애통해 하면서 "결국 조선은 이제 아무 희망이 없다는 말이 아닙니까?" 하고 물었다. 그러자 박영효는 "전망이 밝지는 못하지만 그렇다고 희망을 완전히 포기할 정도는 아니다"고 하면서 "이번에 내가 조선에서 실패한 원인은 내게 세력 기반이 없었기에 일본이나 러시아와 친해야만 했고, 게다가 내가 조선 동포들로부터 전혀 지지를 못 받았다는 개인적 약점이 있었지만, 자네가 귀국한다면 나보다는 더 영향력을 미칠 수 있을 것으로 믿는다"고 말했다. 그러면서

"미국은 조선과는 이해 관계가 없는 열강국으로서 동포들의 존경을 받고 있는데, 자네는 미국 시민권을 갖고 있으므로

자네의 귀국 동기가 개인의 유익을 구하기 위한 것이 아니라는 것을 동포들에게 충분히 납득시킬 수 있을 뿐 아니라, 설사 의견이 맞지 않는 사람들이라 할지라도 감히 자네에게는 대들지 못할 것이다"고 덧붙였다.

서재필은 박영효의 말들을 오랫동안 진지하게 생각해 보았다. 그러면 그럴수록 조선으로 귀국하는 것이 그의 임무라는 생각이 들어 결국 이 문제를 부인과 의논하기에 이르렀다. 그는 부인이 자기가 의사 일하는 것을 더 좋아한다고 믿고 있었다. 그래서 부인에게 "나는 조선을 잊어버리고 의사 일에만 신경을 쓰려고 퍽이나 노력했다"고 설명하면서 "부인이 행복해하는 것을 보는 것 이상의 기쁨은 없지만, 이제는 나의 곤경을 함께 의논하고 서로 만족할 수 있는 방향으로 결정을 내려야 할 때가 온 것 같다"고 말했다.

그러자 부인은 서재필에게 "나는 당신을 만나던 첫날부터 하늘이 내리신 인간임을 알고, 당신을 자랑스럽게 여겨왔지만 지금 당신이 조선에서 일어나고 있는 일들로 인해 근심을 억제할 수 없어 한다는 사실을 잘 알고 있다"고 말하며 "만일에 당신이 고국으로 돌아가는 것을 의무감으로 확실히 느낀다면, 나로서는 그것을 운명이 당신을 부르는 것으로 생각할 수 밖에 없기 때문에, 당신은 고국으로 가야 할 것이며 나도 함께 조선으로 따라가겠다"고 말했다.

서재필은 말할 수 없이 기뻤다. "내가 사랑하는 여인은 정말로 애정과 이해력이 깊으며 관대한 여자구나!" 고 감격하였다. 그러면서도 서재필은 아내가 조선 사정을 잘 알지 못한다는 점이 염려스러워, 다시 한번 경고해 볼 셈으로, "우리의 운명이 어떻게 될지는 나도 확실히 모른다" 고 말하였으나, 그의 부인의 태도는 서재필의 태도 만큼이나 확고부동하였다. 이렇게 해서 서재필은 그의 병원 사무실 문을 닫고 미국 정부로부터 여권을 발급받은 후, 기차표와 선박표를 사 가지고 1895 년 12 월 초에 부인과 함께 조선으로 향하였다.

제 7 장 귀국

  1896 년 정월 초하루에 서재필 부부는 서울에 도착했다. 그들의 귀국은 실제 아무도 몰랐다. 12 년 동안이나 역적으로 몰려 있다가 미국 부인까지 데리고 나타난 그에게 동포들이 어떻게 대해 줄지가 분명치 않아, 그들은 인력거를 타고 조용히 한 일본 여관에 투숙했다. 화로에 피고 있던 숯불만이 방안의 추위를 달래 주었다. 두 사람은 덜덜 떨면서 '이것은 조선에서 우리가 겪어야 할 고생의 전조가 아닌가?' 하고 서로에게 질문했다.

  (편집자 주: '서울' 이라는 이름은 역사적으로 오래전부터 사용되어 왔으나, 고종 때인 1897 년 대한제국이 선포되면서 서울을 공식 수도 명칭으로 채택함. 이번 7 장부터 '한양' 대신 서울이란 명칭을 사용함).

그러면서 거의 잠을 이루지 못한 채 밤을 새우다시피 했다. 밤잠을 못 잔 이유가 심한 추위만은 아니었다. 인천에서 서울까지 오는 동안 벌거벗은 산 언덕이며 누추한 초가들, 그리고 헐벗은 동포들의 울적한 전경이, 미국과는 너무나 대조적이어서 뇌리에서 떠나지 않았기 때문이었다.

"동포들의 빈곤과 고생이 나아진 것으로는 기대하지 말라"고 박영효가 말한 바 있었지만, 서재필 자신도 부인 못지않게 동포들의 참상에 놀라지 않을 수 없었다. 또한 외국인 여관에 들어야만 했던 그들의 신세가 슬프고 처량하게도 느껴졌다. 당장 거리로 달려나가 아무나의 손을 붙잡고, "나는 당신의 친구이요. 당신을 위해 왔소"라고 말하고 싶은 심정이었다.

내무대신 유길준으로부터의 보고

그 이튿날 아침에 서재필은 박영효의 후임으로 내무대신이 된 유길준에게 연락했다. 서재필과 유길준은 예전에 김옥균 및 박영효 등과 비밀리에 절간에서 만나, 이동인 스님이 일본에서 가져온 서양 세계에 관한 책들을 읽고 그의 이야기를 듣던 시절에 서로 알게 된 사이였다. 유길준은 조선인으로서 최초의 일본 유학생이었으며, 그 후 미국으로 파견되었던 최초의 조선 사절단 단원이기도 하다. 1883년 당시에 유길준은 미국에서 사절단의 임무를 마치고도 귀국하지 않고 미국에 계속 남아 공부함으로써 최초의 조선인 미국 유학생이 되었다. 철저한 진보주의자이었던 유길준 역시 당시에 귀국 했었더라면 틀림없이 1884년 갑신정변에 참여했을 사람이었다. 유길준은 연락을 받자 즉시로 서재필 부부가 유숙하고 있는 여관으로 달려와 서로 감격적인 상봉을 했다. 서재필이 내무대신에게 자기 부인을 소개했을 때 그 부인은 유길준이 영어로 인사하는 것을 보고 반가워하면서도 놀랐다. 그 후 그들이 화톳불을 끼고 둘러앉아 이야기를 시작하자, 서재필의 부인은 일본인 하녀에게 뜨거운 차를 가져오도록 부탁하고는 자리에서 물러났다.

　이야기는 유길준이 서재필의 귀국이 늦어진 데 대한 점잖은 꾸짖음으로 시작되었다. 유길준은 자기의 동료 대신들이 서재필의 귀국을 손꼽아 기다렸다고 말하고 나서 "고종 폐하께서는 당신을 포함하여 갑신정변과 관련되었던 사람들 모두에게 특사령을 내리시었소"라고 덧붙였다.

사진: 유길준

이에 대해 서재필은 "그런 말을 박영효를 통해 들은 적이 있소" 그리고 "나는 자신을 한번도 국가에 대한 역적으로 생각해 본 일이 없지만, 여하간 고종이 나와 동료들에게서 역적의 오명을 벗겨 주기로 결정한 것은 기쁜 일이요" 라고 말했다. 서재필은 또한 자기가 인천에서 서울로 오는 동안에 잠시 볼 수 있었던 고국의 상태로 미루어 보아, 동포들의 생활상태가 전혀 나아지지 않았음을 지적하면서, 자기로서는 먼저 조국의 상황을 아는 것이 더 중요하다 고 말하였다.

이에 대해 유길준은 서재필이 제대로 잘 보았다고 대답하고는 두 시간 이상에 걸쳐 조국의 실정에 관해 자세히 설명해 주었다. 즉 원세개가 이끌던 청국군이 1884 년에 서재필과 그의 개화파 동료들을 정권에서 몰아낸 후 민비와 그녀의 파벌이 정권을 잡았다. 만일 그들이 갑신정변의 교훈을 거울 삼아 필요한 개혁을 실시했더라면, 조선을 정치적으로나 경제적으로 부활시킬 수 있는 길로 나아가게 했을 것이라고 말했다. 당시로서 청국은 매년 쇠퇴해가고 있었고, 일본은 그때 뿐 아니라, 그 이후 여러 해 동안 조선을 침범할 준비가 되어있지 않았기에, 그 어느 나라도 당시의 상황을 깨뜨릴 수는 없었다.

따라서 민비파가 잘만했으면 안전하게 중립 정책을 추구해 나갈 수 있었을 것이고, 그렇게 되었다면 민비파에게는 조선의 군사력과 경제력을 튼튼히 할 수 있는 절호의 기회가 되었을 것으로 추론하였다. 그러나 이 철저한 보수당원들은 그런 기회를 포착할 수도 없었을 뿐더러 그럴 의도도 전혀 없었고, 그들은 오히려 청국의 보호에만 의존하고 국민을 희생시켜가며 호화롭게 사는데 만족하였다. 한 때 막강했던 청 제국은 허수아비로 변했고, 또 궁지에 몰린 일반 대중이 조만간 반란을 일으키게 되리라는 것을 그들도 분명히 알고 있었지만, 계속 이와 같은 사실을 외면했다는 것이었다.

청일 전쟁

드디어, 1894년에 피할 수 없는 역사적 사건이 터지고야 말았으니, 바로 그해에 <동학당>이라고 알려진 한 정치적 종교 단체가, 부패하고 억압적인 전라 감사에 반기를 들었고, 그 반란이 삽시간에 전국으로 퍼져 나가 서울의 조정이 위협을 받게 되었다. 급기야 민비파의 보수당은 청국에 도움을 요청하게 되었고, 똑같이 무지몽매했던 청국 조정에서는 의기양양하게 이 요청에 응하여 청국 군대를 조선으로 파견했다. 그러나 그때 이미 일본은 위력을 과시할 만반의 준비를 갖추고 조용히 때가 오기만을 기다리는 무력적 강대국이 되어 있었다. 그러므로 사실상 청일 전쟁이란 무장이 강화되고 정예한 훈련을 갖춘 일본 군대가 허수아비 청국 군대를 몇 달 내에 물리치고 조선의 상전으로 군림하는 침략에 불과했다.

청일 전쟁에서 승리한 일본은 강대국의 대열에 명백히 끼게 되었다. 그러나 일본은 너무나 성급하고 야심만만했다. 자신의 위력을 감추고 신중한 행동과 유순한 말 대신, 일본은 호언장담과 오만불손한 태도를 취함으로 조선 국민의 악감을 샀고 적국들의 단합을 조장시켰다. 무엇보다도 19세기 중엽 이래 극동의 강대국으로 등장한 러시아가 동북아시아에서 일본의 지배적인 위치를 도전없이 놓아두려고 하지 않았다. 그 당시 러시아 제국이 단독으로는 일본 세력을 제재할 수 없었으나, 러시아에 지원 용의를 가지고 있었던 프랑스와 독일이 러시아와 합세하므로 그것이 가능했다. 이와 같이 이들 연합 세력을 등에 업고, 러시아는 청국 대신 일본에 도전국으로 등장하여 조선에서 일본 세력을 저지하는 데 성공하였다. 당시 민비를 위시한 그 일파가 정권을 잡고 있던 조선 조정에서는 그들의 정권을 유지하기 위해 러시아의 품 안으로 자진해서 기어들어 가게 되었으니, 러시아로서는 총 한발 쏘지 않고 조선을 획득하게 되었다.

그러자 조선을 차지하기 위해 청국과 전쟁까지 벌여야 했던 일본으로서는 더 이상 참을 수가 없었다. 만약에 이 당시에 일본이 영리하고 참을성 있는 행동을 취하였더라면 조선 국민의 환심을 샀을 것은 물론, 1904년의 노일 전쟁이라는 값비싼 댓가를 치르지 않고도 조선에서 러시아를 이길 수 있었을 것이다. 그러나 일본은 러시아를 그대로 가만히 놔둘 수 없었고, 조선이 일본의 지배권에서 벗어나지 못하게 할 생각으로 비겁한 만행을 저지르고 만 것이다.

일본은 피에 굶주린 장군 한 사람을 전권 공사로 조선에 파견하고, 그의 지휘 아래 조선인으로 가장한 일본인 악질 일당들이 1895년 10월 초 어느 날 밤, 창덕궁으로 몰래 숨어들어가 민비를 살해하였다(민비시해사건). 이로써 조선 국민의 반일 감정은 극에 달했고, 바로 유길준이 내무대신 직을 맡고 있던 일제 수하의 내각이, 격분한 국민으로부터 지탄을 받게 되었다. 다시 말해서 1896년 정월에 서재필이 귀국한 당시의 조선이란, 상호 간의 타협이 도저히 불가능할 정도로 친일파와 친러파 양대 진영으로 갈라져 치열한 암투를 벌이고 있었다. 그리고 이들 간의 반감은 애국지사들의 존재를 용인하기 불가능할 정도로 극심한 것이었으니 모두가 이편이 아니면 저편이었다. 민비를 잃고 슬퍼하던 고종은 친러파로 간주되었다. 이상의 사실은 모두가 유길준이 서재필에게 전해 준 내용이었다.

사진: 조선의 왕비 민비가 시해된 경복궁 건청궁 옥호루
(2023년 사진)

이러한 내용의 조선 근황을 한참 듣고 있던 서재필이 "이 상황에 대한 외국 대표들, 특히 미국 외교관들의 태도는 어떠하오?"하고 묻자, 유길준은 "미국 국무성이 조선 문제에 대해 중립을 선언하고는 있지만, 서울 주재 미국 공사관이 조선에 대해 반정부 활동을 하고 있는 조선 정치인들의 피신처가 되고 있기 때문에, 미국 외교관들의 태도는 애매한 것으로 볼 수 있을 것 같소"라고 대답했다. 그러면서 그는 "조선 국민의 반일 감정을 이용해서 미국 대표들이 비밀리에 러시아인들과 협력하고 있다고 믿을 수 있는 충분한 근거가 있소"라고 덧붙였다.

물론 미국 측은 자기네들이 친러파라기 보다는 인도주의 입장에 더 가깝다고 주장하였다. 실제로 유길준은 민비 살해 사건과 관련해 들리는 일본인들의 잔인성이 서울에 있는 미국인들 사이에 인도주의적 염려를 불러일으키지 않을 수 없었을 것이라는 점을 시인했다.

그러나 그는 미국 공사와 서기관이, 살인자이며 반대파들을 고문했다고 널리 알려진 일부 조선 정치인들과 노골적으로 친하다는 점에서 "과연 미국 측을 전적으로 믿을 만한 것인가 는 의심할 수 밖에 없소"라고 말했다. 그러나 무엇보다 조선에 긴급히 요구되고 있는 것은, "조정에서 사회적, 정치적 개혁 정책과 경제 발전 정책을 강력히 추구해 나갈 수 있는 평온과 안정의 시기가 필요하오"라고 유길준은 말을 이어 갔다. 이 목적을 위해서는 "조선인 지도층 간에 피차 격렬한 투쟁을 멈추고, 조정의 위신이 강화되어야 만 하오. 그렇지 못하면 빈곤 퇴치 문제를 해결하는 것은 불가능하지요" 그는 "일본이 고종까지 제거할 음모를 하고 있다는 소문은 과장된 소문으로 생각되오" 라고 말하며, 이어서 "조선 때문에 러시아가 일본과 싸우지도 않겠지만, 일본 역시 조선 문제를 가지고 가까운 장래에 러시아와 전쟁을 하지 않을 것으로 믿소이다" 라고 말을 끝냈다.

그러나 조선이 러시아와 일본 두 나라 사이에서 어느 한편으로 완전히 기우는 날에는, 그 어느 편도 가만히 앉아서 조선을 방기할 리는 없는 처지이기 때문에, 좋던 싫던 전쟁이 일어나게 될 것이라고 예견하였고, 그러므로 조선 동포들이 한꺼번에 러시아 진영으로 몰려가서도 안되겠지만, 동시에 일본의 압력에 대해 정중하면서도 공고한 반기는 들어야 한다고 전제한 다음, 유길준은 자기네 내각은 "영향력 있고 애국심이 강한 인사들을 정부로 끌어 들이는 것을 목표로 삼고 있소" 라고 말하며, "그렇게 하면 정부는 국민의 강력한 지지를 받게 될 것이므로, 강대국들 간의 어느 편도 조선 정부를 무너뜨리는 것이 자기네 나라의 이익에 부합되지 않는다고 생각하게 될 것으로 믿소" 라고 하였다.

이어서 유길준은 "이와 같은 정책은 한번 해 볼만한 가치가 있는 것이 아니겠소?" 라고 주장하면서 서재필에게 정부로 들어오라고 권유하였다. 그는 또한 "대체로 국민은 냉담한 편이지만, 상부 지식인 층과 젊은이들은 나라의 독립과 개혁을 열망하고 있기 때문에, 당신이 정부로 들어 온다면 그들은 열렬히 환영할 것으로 나는 확신하오" 라고 하면서, 끝으로 "더구나 고종께서는 미국으로부터 상당한 액수의 차관을 받기 원하여 미국과 친선 관계를 갖고자 하는 터 이라, 당신과 같은 위치에 있는 사람이 정부에 들어오는 것을 좋아하실 것이 틀림없을 것이오" 라며 앞날에 대한 충고를 해주었다.

서재필 자신의 말을 그대로 인용한다면 "유길준은 내가 대신 직을 원한다면 외무대신이건, 내무대신이건, 문부대신이건, 마음대로 택할 수 있다" 고 말하면서, 이것이 조정 대신들 전체의 일치된 의견이라는 점을 강조했다고 덧붙였다.

김홍집 내각에 입각을 거절

서재필은 이미 부정적인 대답을 할 마음의 준비가 되어 있었다. 그래서 서재필은 우선 그와 같이 너그러이 생각해 준 것에 대해 유길준에게 감사의 표시를 하고, 그러나 대신 직은 받지 못하겠다고 사양한 다음, "나의 이와 같은 거절이 결코 나라를 위해 봉사할 생각이 없다는 것을 뜻하는 것은 아니오" 라고 분명히 했다. "내가 이렇게 대신 직을 거절하는 이유는, 다른 방법으로 조국에 더 크게 이바지할 수 있다고 믿기 때문이오. 나는 조선으로 귀국하기 이전에 어떤 관직도 받지 않기로 마음먹었고, 다만 미국 시민의 한 사람으로서 조선의 독립을 위해 고문의 자격으로만 봉사하기로 결심한 바 있소" 라고 말하였다.

실제로 유길준의 말을 들은 후, 서재필은 대신 직을 수락하지 않기로 한 자기 결정이 현명했다는 것을 한층 더 확신하게 되었다. 왜냐하면 조선 정부는 경제력이나 군사력도 없거니와, 나아가서는 국민의 지지도 받지 못하는 명목상의 정부일 뿐이므로 국내나 국외의 적이 원하기만 한다면, 어느 때든지 쓰러뜨릴 수 있는 정부라고 생각되었기 때문이다.

그래서 서재필은 '정부가 확고한 국민의 지지를 받게 된다면 외부의 적이 함부로 그 정부를 해치지는 못하게 될 것이다'라는 유길준의 주장에 동의하면서도, 그러나 문제는 '무엇이 과연 조선 정부가 국민의 단합된 확고한 지지를 받을 수 있는 최상책이냐?'에 달려 있으며, 정부와 국민 상호간의 권리와 의무가 무엇인가를 계몽하고, 서로가 서로를 믿을 수 있도록 도와주는 일이 절실히 필요함을 강조하였다.

"이와 같은 일이란 정부 직을 갖지 않은 자가 더 효과적으로 해 낼 수 있다고 믿으며, 내가 바로 그런 사람이 되고 싶기 때문에 대신 직을 받아서는 안 될 것으로 믿소이다"라고 말했다. 그러면서 서재필은 "이상적으로 말한다면 봉급을 받지 않고 일을 했으면 좋겠지만, 불행히도 내가 재정적으로 자립할 다른 방법이 없기 때문에 봉급만은 받아들이겠소"라고 덧붙여 말하였다.

현실적인 타협이 불가피한 것 같으므로 정부 측에서 만일 그래도 적절한 봉급을 주고 그를 고문직에 앉힌다면, 서재필로서는 그가 미국에서 얻은 지식과 경험을 토대로 해서

할 수 있는 여러 가지 자문 역할을 수행해 나가는 동시에, 위에서 언급된 업무도 감당해 나갈 용의가 있었다. 구체적으로 말해서 그의 심중에 있던 그 <업무>란 일반 대중에게 파고들기 위한 다음의 두 가지 양면 작전이었다.

- 언문(한글)으로 된 신문을 출판하는 것
- 조선의 지도층에 민주주의 이상과 의회 진행 절차의 지식을 불어 넣어 주기 위한 독립협회를 창설하는 것

그러나 당시 조선 지도층의 분열이 양극화된 현재 상황에 대한 유길준의 설명을 듣고 나서, 지도자 양성 활동을 위한 독립협회 창설 계획안은 잠시 뒤로 미루어 두기로 하고 신문 출판 문제만 제의하였다. 이와 같은 서재필의 반응에 유길준은 실망도 했지만 한편 경탄도 금치 못했다. 분명 서재필 입각이 그의 내각의 위신을 크게 높여줄 것이라고 전적으로 확신했던 유길준은 서재필의 입각 사양에 실망했으나, 동시에 그는 당시 조선의 문제에 대한 서재필의 분석과 정부와 국민을 좀 더 절친한 사이로 만들겠다는 서재필의 계획에 깊은 인상을 받았다. 그리하여 유길준은 서재필의 제의를 내각에 제시하겠다고 약속하고 자리에서 일어섰다.

유길준이 떠난 지 얼마 안 돼, 서재필 부부의 귀국 소식이 정부 관료계와 상류층 사회에 퍼지므로, 삽시간에 별로 보잘것없었던 일본 여관은 서재필의 숭배자들로 가득 차게 되어, 서재필 부인은 남편의 신변 안전에 신경을 써야만 할 정도였다.

그 중에서 우선 서재필의 옛 동지이자 친척이 되는 서광범이
찾아왔고, 그 뒤를 이어 수많은 조선과 미국의 저명 인사들이
찾아왔다. 이들 가운데는 후에 절친한 친구가 된 미국 감리교회
선교사인 동시에 배재 학당의 설립자요, 교장이었던 헨리
아펜젤러(Henry G. Appenzeller) 목사가 들어있었다. 아펜젤러
목사 부부는 서재필 부부에게 "집을 찾고 있는 동안 우리 집에
와 있으라"고 제의했다. 서재필 부부는 그 호의를 받아 들여
아펜젤러 목사 집에 머무르고 있다가 서광범이 주미 공사로
발령을 받고 미국으로 떠나자 서광범의 집으로 옮겨 이사 갔다.

사진 : 헨리 아펜젤러 목사

서재필 부부 스스로도 놀랄 정도로 서재필은 영웅적인
환영을 받았다. 거리를 지나갈 때 그는 '우리가 무지했던
탓으로 박사님을 역적으로 불렀습니다' 라고 머리를 굽히며
인사하는 사람들을 많이 만나곤 했다. 또한 배재 학당 학생들의
요청에 따라 아펜젤러 목사는 서재필을 그 학교에 특별 강사로
초빙했다. 그런가 하면 내무대신 유길준과 만난 지 수 일 만에,

김홍집을 내각 수반으로 하는 조선 정부는 국왕의 명의로 서재필을 중추원(中樞院) 고문관 (Adviser to the Privy Council)에 임명하였다. 연봉은 3천 원 (미화 1,500 달러)으로 대신 급 봉급에 상당했으며, 그 외에 신문 출판비로 우선 5,000 원도 받게 되었다.

(편집자 주: 중추원은 조선 후기에 설립된 기관으로 왕실의 재산을 관리하고 왕실의 의례를 담당하는 등 왕실 관련 업무를 담당하는 중요한 기관이었음)

사진: 배재학당 학생들 (1896년).

간신들과 외세들 손에 잡힌 조선

1896년 1월 1일에 서재필이 귀국한 지 대략 6-7주가 지난 후, 배재 학당 대강당에서 그의 친구들인 윤치호, 서광범, 헨리 아펜젤러, 호머 헐버트(Homer Hulbert)를 위시한 그 밖의 많은 명사들의 주최로 서재필 박사 환영대회가 열렸다. 이 대회가 시작하기도 전에 대회장은 입추의 여지도 없이 군중들로 가득

찼다. 대회가 시작했을 때는 화려하게 장식된 대강당 밖까지 사람들이 줄지어 서 있었다. 사회자의 인사 소개를 받고 일어선 서재필은 우선 그처럼 친절한 환영을 해주는 데 대해 청중들에게 감사의 뜻을 표하고 나서, 미국에서의 그의 체험담, 즉 12년 동안의 미국 망명 생활이 자기에게 준 교훈 등을 이야기했다. 그는 이어서 자유를 쟁취하기 위해 미국이 극복해야만 했던 수많은 과거 역사, 그리고 특히 조선 국민도 의지만 있다면 독립과 번영을 이룩할 수 있는 능력이 있다 는 등에 관해 열변을 토했다.

실로 감동적인 연설이었다. 일단 환영대회가 끝났지만 조선인, 외국인 할 것 없이 청중들은 자리를 뜰 줄 몰랐다. 이들은 철저한 애국자요, 동시에 미국 시민으로 귀화한 최초의 조선인 서재필을 보고 싶었던 것이다. 당시 조선인들은 미국이 조선에 대해 아무런 야심을 갖지 않은 우방국으로 간주하고 있었으며, 서재필은 조선계 미국 시민으로서 미국과 조선 두 나라 사이를 연결해 주는 산 증인이라고 믿고 있었기 때문이었다.

중추원 고문 서재필

서재필의 중추원 고문 역할은 광범위한 것이면서도 모호했다. 아마도 이 직책은 서재필을 정부로 끌어 들임으로써 그의 명성을 이용하기 위한 하나의 명예직으로 마련된 것 같다는 인상을 주었다. 그러나 서재필은 그의 고문직을 중요시했다. 그래서 그는 자기가 토목부(The Department of Public Works)에

촉탁되기를 요청한 결과, 재가를 받았다. 그의 목적은 정부 관리들과 외국인 경제 이권 추구자들 사이의 온갖 청탁 관련 공모를 직접 감시하기 위함이었다. 당시에 조선은 외국인 이권 추구자들 사이에, 폭리적인 기업 면허를 얻기가 매우 쉽다고 알려졌기 때문에, 서울에 있던 서양 외교관들은 저마다 유리한 조건으로 자기 나라 기업가들의 이권을 확보하는데 온 신경을 쏟고 있었다.

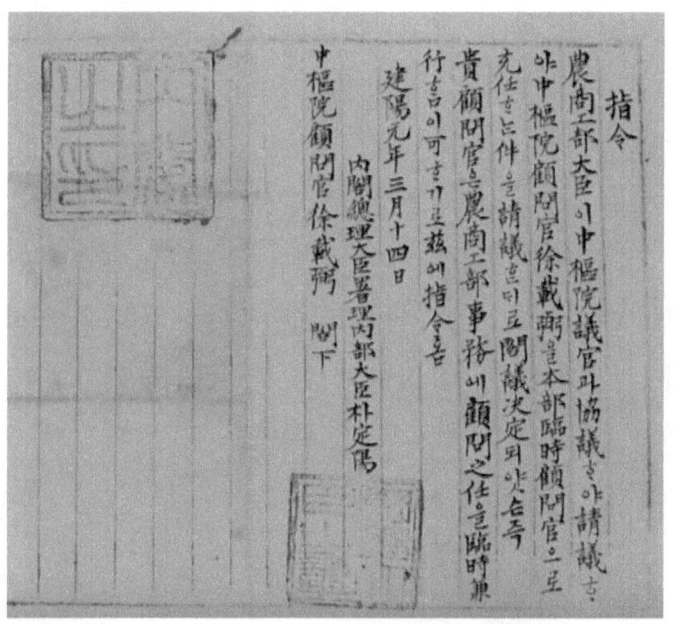

사진: 중추원(中樞院) 고문관 서재필에게 농상공부 임시고문관 역할을 하도록 임명하는 공문 (1896년)

조선의 천연 자원을 개발하고 경제를 발전시키려면 해외 자본과 기술을 도입해야 한다고 믿고, 서재필은 책임있으며 양심적인 외국인 자본가들이 조선을 방문하도록 설득하는데 노력했다. 그러나 동시에 그는 조선인이든, 외국인이든 간에, 이기적인 악덕 사업가들을 정부에서 감시해야겠다는 확고한 신념을 가지고 있었다.

서재필이 공직에 앉은 후 도전하게 된 첫 외국인 가운데 하나가, 바로 미국 공사관 서기관으로 있던 호레이스 알렌이었다. 그는 본시 의사요, 선교사로 있다가 외교관이 되었는데, 하나님을 섬기는 일 못지않게 재물에도 욕심이 많은 인간이었다. 그래서 그는 자기의 미국인 친구들에게 유익한 이권들을 얻어줄 기회 만을 항상 노리고 있었다. 친구도 친구였지만 개인적으로는 수수료를 받아 자신의 주머니를 채우려는 의도에서였다. 물론 미국 정부를 대표하는 외교관 신분으로 수수료를 받는 것이 미국법에 위반되는 일이었지만, 미 국무성에서는 그가 조선 정부에 각별한 신임을 받고 있었고 이것이 조선과 미국의 관계 유지에 도움이 된다는 판단에서, 그의 이와 같은 불법적인 행동과 기독교인으로서의 비 양심적 행위를 문제삼지 않았다. 그러다가 드디어 알렌은 그의 친구에게 준 이권 문제로 인해 서재필에게 꼬리를 잡히고 말았다. 그 이권이 조선에게 너무 부당한 거래였기 때문에, 서재필은 토목부 대신에게 그 이권 양도 조치를 무효화시키도록 권했고, 그 결과, 계약을 처음부터 다시 시작하게 되었다. 그러자 화가 치민 알렌은 서재필을 가리켜 '골치 아픈 놈' (A troublesome cuss)이라고 까지 불렀다.

한편 서재필에게는 매일같이 손님들이 줄지어 찾아왔다. 어떤 사람들은 중차대한 국사를 논의하기 위해서였고, 이승만과 같은 청년들은 미국 유학하는 방법에 관해 자문을 구하기 위해서였으며, 또 어떤 사람들은 서재필에 대한 단순한 호기심에서 찾아왔다. 그러나 이들 가운데 그가 만나보고 싶었던 인사들은 찾아볼 수 없었다. 그 사람들이란 미국으로 파견되었던 최초의 조선 사절단 단원 가운데 하나인 이상재, 또 어렸을 때 서재필과 같이 공부했던 이완용, 그리고 문부 참판 윤치호 등이었다. 이들은 모두가 친일파를 제거하려던 1895 년 11 월의 정부 전복 미수사건과 관련되었다는 혐의를 받고, 일제의 영향력 아래에 있는 김홍집 내각의 추적을 받게 되자 종적을 감추고 말았다. 서재필로서는 그와 같은 피비린내 나는 싸움에 끝없이 말려 들고 있다는 현 상황을 생각할 때 슬프기 짝이 없었다.

현직에 있으면서 쫓는 자들과, 재야에서 쫓기고 있는 자들이 모두 한때는 조선의 근대화를 위해 함께 협력하던 젊은 진보파 세력이 아니었던가! 스스로에게 자문하였다.

이들이 모두 자발적으로 골육상잔의 싸움에 휘말려야 한다는 사실, 다시 말해서 조선을 지배하기 위한 열강국들의 싸움 속에, 단순히 괴뢰(Pawns)가 되었다는 사실은 생각조차 하기 힘든 끔찍한 일이었다. 그러나 서재필 자신이 당장 파벌들을 화해시킬 만한 힘은 없었기 때문에, 조선에 있는 외국 대표들과 직접 연락을 취함으로, 우선 자기만으로 나마 이러한 긴장을

완화시키는 노력에 힘써 보아야겠다 는 도의적인 책임감을
느끼게 되었다.

호레이스 알렌: 의사, 선교사, 그리고 서기관

서재필이 찾은 첫 번째 외국인은 당시 조선 주재 미국 공사로
있던 "존 씰"(John M.B. Sill - 1894년부터 1897년까지 미국
공사로 재직함)이었다. 씰 공사는 원래 미시간 대학교의 동물학
교수로 있었는데 글로버 클리블랜드 미국 대통령에게 영향력을
미칠 수 있었던 몇몇 친구들이, 그가 고요한 아침의 나라로
알려진 멀리 떨어진 조선에 가서 재미있는 시간을 보내며 휴식을
갖도록 도와주었기에 조선 주재 미국 공사로 임명받게 되었다.
실제로 그는 외교 음모에 가담하는 것보다는 나비 표본 채집에
더 흥미를 느끼고 있었기 때문에, 공사관 일은 모두 서기관
호레이스 알렌에게 맡기고 있었다. 그래서 서재필은 사실상의
미국 공사 역할을 하고 있던 알렌 서기관에게 상호 간의 협조를
부탁하게 되었다.

미국 오하이오주 델러웨어 태생인 알렌은 오하이오 웨슬리안
대학(Ohio Wesleyan College)의 신학과를 졸업하고,
오하이오주에 있는 마이애미 의과대학을 졸업한 후, 의사 겸
선교사로 중국에 파견되기를 희망하여 임명 신청을 했다가
1883년에 그 신청이 수락 됨으로써 중국에 파송 되었다.
선교사가 되고자 했던 것은 물론 그리스도의 복음을 전파하기
위한 것이었지만, 그보다 더 큰 동기는 그가 모험적인 외국

생활을 좋아했기 때문이었다. 여하간 알렌이 중국에 도착했을 때 자기 부인이 임신 했음에도 불구하고, 불안감과 공허함 속에서 이리저리 직장을 옮기면서, 계속 개척자의 흥분을 맛 볼 수 있는 곳을 찾았다. 그래서 당시 은둔의 왕국으로 알려졌던 조선으로 가겠다고 무심코 요청한 것이 수락 됨으로써, 1884 년 7 월에 최초의 개신교 선교사이자 최초의 서양 의사로 조선에 도착하게 되었다. 갑신정변이 일어나기 불과 몇 달 전이었다.

조선에는 모험을 좋아하는 그에게 흥분거리가 될 만한 많은 일들이 그를 기다리고 있었다. 당시 조선에서는 종교의 자유가 금지되어 있었기 때문에 알렌의 조선 입국은 명백히 불법이었다. 그러나 나이가 들어가는 당시 미국 공사 루시우수 푸트(1883 년부터 1885 년까지 미국 공사로 재직함)는 서울에서 미국인 의사를 갖게 됐다는 것이 너무 기쁜 나머지, 조선의 법을 위반해 가면서 알렌에게 미국 공사관 전속 의사가 되기를 제의하였고 알렌은 제발 그렇게 해달라 고 하면서, 즉시로 그의 제의를 받아들였다.

(편집자 주: 알렌은 1884 년 조선에 도착하여 의사로 활동하기 시작하였고, 선교사로, 외교관으로도 중요한 역할을 함. 1892 년부터 1905 년까지 주한 미국 공사로 재직함. 총 21 년간 조선에서 일함.)

사진: 호레이스 알렌

　그렇게 알렌이 서울에 도착한 지 6 개월도 못 되어, 조선에서는 봉건 사회로부터 현대 사회로의 변천 과정에서 피비린내 나는 갑신정변이 일어났다. 앞서 지적한 대로 이 정변에서 변을 당한 사람들 가운데 민비의 총애를 받던 친조카이며 심복이었던 민영익이 포함되어 있었다. 그는 일곱 군데에 칼을 맞아 피를 심하게 흘리는 중상을 입었지만 알렌이 긴 수술 끝에 살려 주어 생명을 잃지 않고 건강을 회복하게 되었다. 그 덕에 알렌은 실질적인 조선의 궁중 주치의가 되었고, 나아가 개화파 주역 홍영식의 집을 물려받아 광혜원(제중원)을 설립하여 훗날 세브란스 병원의 초석을 놓는 계기가 되었으며, 그 후 약 20년 동안 조선에서 가장 커다란 영향력을 끼칠 수 있는 사람 가운데 하나가 되었다. 그리고 그가 고종의 전폭적인 신임을 얻게 됨으로써, 서울에 있던 미국 공사관의 서기관이 되었고, 후에 미국 공사직으로까지 승진하게 되었다.

서재필이 보기에는 알렌이 단순한 인간이 아니었다. 서재필은 "알렌은 동정심이 많은 것 같으면서도 가면을 쓴 인간으로 보였고, 엄한 것 같으면서도 상냥했으며, 진보적인 것 같으면서도 최악의 보수파 인사들과 친했다"고 회상했다. 서재필이 알렌을 처음 만났을 때 알렌은 서재필에게 더 이상 친절할 수 없을 정도로 행동하였기에, 서재필도 그를 족히 믿을 수 있는 사람이라고 생각했었다. 그러나 알렌은 반일파 지도자들이 고종을 러시아 공사관으로 파천(move)케 한 후, 친일파인 김홍집과 유길준 일당을 일망타진하려던 제2의 거사 시도에 관해서 사전에 잘 알고 있었으면서도 서재필에게 전혀 귀띔해 주지 않았다. 후에 가서 잘못을 시인하기는 했지만, 알렌은 당시 서재필에게 친일 경향이 있다고 그를 의심했었기 때문이었다.

사진: 광혜원 건물 밖에서 차례를 기다리는 환자들 (1905년)

러시아 공사 칼 웨버와 아관파천

서재필이 접촉한 세 번째의 해외 외교관은 러시아 공사 "칼 웨버"(Karl Waeber - 1885년부터 1897년까지 러시아 공사로 재직함)였다. 에스토니아계의 배경을 가졌던 웨버는 품성이 온화하면서도 능력 있는 사람으로서, 조선과 같은 작은 나라들에 대해 진심으로 동정심을 품고 있었다. 그가 비록 제정 러시아의 충복이었으면서도, 조선에 대한 러시아의 이해관계는 조선을 러시아의 절친한 완충국가로 만드는 데 있다고 주장하면서 러시아 영토 확장주의 정책을 회피했다. 서재필은 그와 같은 사람이 제정 러시아를 대표해서 서울에 와 있게 된 것을 조선을 위해 다행스럽다고 생각했으며, 웨버의 조선 재직 기간이 긴 것으로 보아 러시아 정부가 그를 신임하는 것 같아 더욱 다행스럽게 느꼈다. 웨버는 이전에 청국 주재 러시아 공사관의 서기관으로 있다가 알렌과 거의 같은 시기에 조선으로 파견되었고, 1890년에 장기 휴가를 받고 세인트 피터스버그로 돌아갔다가 1895년에 다시 서울에 있던 러시아 공사관으로 돌아와 임무를 계속하고 있었다.

서재필이 만난 네 번째 해외 외교관은 조선 주재 일본 공사 "고무라 슈우따로" 였다. 원래 그는 일본 외무성 정무국 국장직에 있다가 1895년 10월 민비 살해 사건이 일어난 뒤에, 이 사건 조사 차 서울로 파견되었던 경력이 있었고, 그 후에 조선 주재 일본 공사관의 공사로 부임하였다. 고무라는 하버드 대학 졸업생으로서 영어에 능통하였다. 한편 이전에 일본 정부의 지원 아래 서재필이 조선으로 귀국하도록 설득하다가 실패한 일을 기억하면서, 고무라는 서재필이 확고한 주관을 가진 사람임을 알고서 서재필에게 "준비가 안되어 있는 조선 국민들에게 미국식 민주주의를 가르침으로써 공연히 일본에 대한 문제를 야기시키지 말라"고 경고하였다.

서재필이 조선으로 귀국한 지 6주 만에 조선의 사태는 더욱 하향길로 들어섰다. 1896년 2월 11일 아침에 그가 마차를 타고 광화문 큰길을 지나 중추원 사무실로 향하고 있을 때 였다. 갑자기 웅성대는 소리가 들리더니 얼마 안가서 인파가 앞으로 몰려왔다. 어떤 자들은 성이 나서 욕설을 퍼붓고 있었고, 대부분은 놀라서 혼비백산한 기색이었다. 서재필을 태우고 가던 마차의 마부가 구경꾼 한 사람을 붙잡고 무슨 일이 있느냐 고 물어보자, 그는 간밤에 "고종이 정동에 있는 러시아 공사관으로 납치되셨거나 파천하셨고(아관 파천), 현직 대신들을 모두 역적으로 처벌하라는 옥새가 찍힌 포고령이 내려졌다"고 말했다.

이 말을 듣는 순간 서재필은 자기 앞에 죽어 있는 시체를 보았다. 그것은 총리대신 김홍집의 시체였다. 아무 영문도 모르고 그의 집무실로 가던 도중, 김홍집은 순경들에게 붙들려 칼로 난자를 당한 후, 소위 친일파 역적들에 대한 하나의 경고 조치 로서 그의 시체가 한길 가에 버려졌던 것이었다.

같은 날 다른 곳에서 농공상부대신 정병화와 탁지부대신 어윤정도 살해당했고, 내무대신 유길준 외의 몇몇 사람들은 일본으로 망명해서 참변을 피했다. 그 참상을 목격하고 서재필은 실망과 환멸 가운데 자신의 사무실까지 갔었지만, 너무나 몸서리가 쳐져서 당장 집으로 돌아가 짐을 싸서 부인과 함께 다음 배편으로 미국으로 떠나려고까지 생각했었다. 그러나 곰곰이 생각해보니, "가능한 한 이 위기를 수습하고 해결하도록 하는 것이 내 임무일 것이다"고 느꼈다.

이렇게 마음을 고쳐 잡고 서재필은 우선 어떻게 된 일인지, 그리고 이 거사의 배후 인물은 누구였는지를 알아보기 위해 미국 공사관을 찾아갔다. 그곳에서는 씰 공사와 알렌 서기관이 각기 자기 사무실에서 아무 일도 없다는 듯 조용히 사무를 보고 있었다. 그러나 그들은 조선 정부 내에서 일어난 정변을 다 알고 있음이 틀림없었다.

그리고 서재필이 왜 왔는지도 이미 잘 알고 있었기 때문에, 알려줘도 상관없다고 느껴지는 일반 정보만을 제공해 주었다. 그러나 이 정변이 수반한 폭력 사태에 대해서는 분명히 반대하면서도, 씰 공사나 알렌 서기관들 중에 그 누구도 정변 그 자체에 대해서는 별로 기분이 상한 눈치가 아니었다. 나중에 가서야 서재필은 이들 모두 그 정변에 미리 가담했다는 것을 알게 되었다. 여하간 그 상황에서 그들이 자기에게 무엇인가 숨기고 있다는 느낌, 그리고 그것이 김홍집과 정병하를 위시한 여러 정부 대신들을 살해한 살인범들과의 공모에 관한 것일지도 모른다는 직감이 들자 서재필은 내심 화가 치밀었다. 그래서 씰 공사가 서재필에게 "고종께 격려의 말씀이라도 드리기 위해,

당신이 러시아 공사관에 가서 국왕을 알현하는 것이 좋지 않겠느냐?"는 제안을 했을 때, 서재필은 "국왕을 배알할 생각은 분명히 있지만 당신 말대로 국왕께 격려의 말을 드릴 생각은 없소이다"고 대답하였다.

이렇게 씰 공사를 만나고 미국 공사관을 나가려는 데, 서재필은 옆 방에 이완용, 그의 형 이윤용, 윤치호, 이상재, 이재연, 그리고 김가진 등이 있는 것을 목격했다. 모두들 거기에 숨어 있었다. 서재필은 이들 각각을 붙잡고 속에 있는 말을 퍼붓고 싶었지만 시기나 장소로 보아 그럴 때가 아니라고 생각했다. 그래서 간단한 인사만을 나누고 공사관을 나왔다.

그러나 서재필로서는 그들을 잊을 수 없었다. 그들이야말로 조선이 당하고 있는 수난의 상징적인 존재들, 다시 말해서 국제간 세력 다툼의 희생자들이었다. 그들은 일본의 영향력 아래 있던 김홍집 내각으로부터 도망 나온 자들로서, 미국이 자비로운 중립국이라 믿고 미국 공사관에 피신하였던 것이다.

실제로 그 당시의 미국 정책이 공식적으로는 중립이었지만, 조선에 나와 있던 미국 대표들은 미국 정부의 중립 정책을 지키지 않고 러시아와 결탁하여 그저 자기 개인들의 권익만을 추구하고 있었다. 당연히 고종은 민비를 살해한 일본인들을 미워했고, 그들이 자기도 살해할까 두려워서 미국 공사관으로 피신하기를 원했지만, 미 국무성에서는 이를 단호히 반대하였다. 그러나 조선 국왕에게 은혜를 베푸는 것이 앞으로 어떤 의미를 갖게 될 것인지의 중요성을 깨닫고 씰 공사와 알렌 서기관은 러시아 웨버 공사에게 고종을 러시아 공사관으로 파천하시도록 하는 게 어떻겠느냐 고 제안하였으며, 웨버는 기꺼이 이를 받아들이게 된 것이다.

서재필이 러시아 공사관에 도착하자 웨버 공사는 그를 따듯이 영접한 후, 2 층에 고종이 계신 방으로 안내하면서 서재필에게 러시아 공사관의 전 직원이 고종을 도와 드리기 원하고 있기 때문에, 필요하신 일이 있으면 자기(웨버)에게 말씀만 하시라 는 말을 고종께 전해 달라고 부탁하였다.

러시아 공사관에서 고종을 만난 서재필

응접실에 들어서자 고종이 왕세자와 나란히 소파에 앉아 있는 모습이 보였고, 그 뒤에는 이번 정변의 주모자 격인 이범진과 러시아 통역관 김홍육이 서 있었다. 서재필이 고종께 절을 하자, 고종이 "앉아라" 하심에, 서재필은 왕세자 곁의 의자에 앉아, 웨버 공사가 부탁한 말을 전해 드렸다. 그러자 고종은 "어떻게 했으면 좋아?"라고 물었다. 이에 서재필은 다음과 같이 말씀드렸다.

폐하, 여기는 이국 영역입니다. 여기에 머무르심으로 폐하께서는 폐하의 왕위는 물론, 조선의 독립을 위태롭게 만들고 계십니다. 마치도 백성이 폐하와 나라를 보호하는 것이 그들의 의무인 것 같이, 폐하께서도 백성과 함께 계시는 것이 폐하의 의무인 줄 압니다. 폐하께서 폐하의 의무를 다 하시면, 백성도 그들의 의무를 다 할 것이 옵니다. 이것 만이 폐하와 조선의 안전을 유지할 수 있는 유일한 방도로 압니다. 그러니 속히 궁궐로 돌아가시옵소서.

그러자 고종은 "그래, 그래. 그러나 궁궐은 너무 안전치가 못해"라고 말하자, 서재필은 또 다시 다음과 같이 말했다.

폐하께서 지금 그렇게 하시기가 어려운 일이라는 것을 잘 알고 있사옵니다. 폐하께서 안전감을 느끼시고 궁궐로 돌아가실 수 있게 하는 것이 폐하께 충성을 다하는 백성들의 의무이옵니다. 외국인이 아무리 친절하든 간에 폐하께서 외국 공사관에 계속 머무르신다는 것은 결과적으로 폐하와 나라에 훨씬 더 위험한 일입니다. 폐하께서 결코 백성을 버리지 아니하시고 궁궐로 다시 돌아가시겠다는 것을 분명히 하시고, 나라를 방위하는데 함께 뭉칠 것을 호소하신다면 그것이 온 백성을 감동시키게 될 것이고, 따라서 수백 명의 외국 군대의 보호를 받으시는 것보다 1천 5백만 백성의 보호를 받게 되실 것이니, 그 편이 폐하에게 더 안전하리라 생각됩니다. 폐하, 반복하옵건대 속히 궁궐로 돌아가시옵소서.

이 말을 듣자 고종은 "글쎄 글쎄" 만을 연발 되풀이했다. 고종에게는 참된 국왕으로서의 용기나 의무감이 없었음이 분명했다. 그는 겁이 많아 자신의 안전 문제만을 걱정하는 가련한 존재였다. 고종은 국왕으로서의 자격과 태세를 갖추지 못한 채, 우연히 왕위에 오르게 되었지만, 왕위를 계속 유지하려는 열의만은 대단했다. 또한 유능하고 국가에 헌신하고자 하는 정신이 강한 정부 관리들을 선발해 그들이 나라를 현명하게 통치해 나가도록 하는 대신에, 고종은 자신의 이익 추구에만 급급하고, 이처럼 외세에 의존하여 왕위를 유지하도록 권하는 아첨배들에게 둘러싸여 있었다.

서재필에게 한층 더 컸던 걱정거리는 "만약에 국왕이 변을 당한다거나 왕위에서 쫓겨날 경우, 이 나라가 어찌 될 것인가?" 하는 문제였다. 그런 일이 생긴다면 분명히 왕세자가 왕위를 계승할 것이 아니겠는가! 그러나 22살 된 왕세자는 고종보다 훨씬 더 무능하고 지능이 낮은 사람이었다. 러시아 공사관으로의 고종의 파천이 조선에 몰고 온 위기를 전혀 이해 못했고, 심지어는 고종과 서재필 사이의 대화도 제대로 알아듣지 못한 채, 왕세자는 서재필이 끼고 있던 넥타이핀을 가리키면서, "그게 무엇이오? 값이 얼마나 되는 거요?"라고 물었다.

서재필이 고종을 하직할 때, "폐하, 아직도 저놈은 역적이올시다" 하는 이범진의 속삭임을 들을 수 있었으니, 틀림없이 서재필이 고종에게 드리는 충성스런 조언은 올바른 말이었지만, 그 위중한 시기에 그의 충언은 거의 실현 가능성이 없는 상황이었다. 당시 백성들에게는 통치자들이 결코 애국심이 있다거나 덕성이 있다고 생각되지 않았고, 예외 없이 고종도 백성들에게 이러한 부정적인 인상을 주고 있었으니, 어찌 그를 중심으로 조선 백성들이 규합되기를 기대할 수 있다는 말인가! 설사 백성들이 그렇게 되기를 원했다 하더라도, 그들은 그렇게 할 방법과 능력이 전혀 없었다는 사실을 서재필은 잘 알고

있었다. 그러나 그는 후에 그가 말한 대로 '사실은 사실대로
말해야 하므로' 위와 같은 조언을 고종께 드렸던 것이었다.

사진: 고종 황제

아관파천후 신 내각

서재필이 고종을 배알한 후 그는 거의 절망하였는데, 뒤따라
발표된 신 내각 명단은 더욱 그를 실망시켰다. 즉 신 내각에는
몇몇 유능한 인사들이 끼어 있었지만, 대부분은 내각이 될
자격이 전혀 없는 사람들이라는 인상을 주었다. 서재필은 신
내각 임명 조치가 알렌이나 웨버가 내세운 후보자들로
이루어졌다는 의심을 물리칠 수 없었다. 총리대신직을 위시해,
내무대신, 외무대신, 탁지부대신, 그리고 궁내부대신직들은
서재필이 미국 공사관에 숨어있던 것을 보았던 바로 소위 친미파
사람들이 차지했고, 그 나머지 대신직들은 친러파로 낙인 찍힌

자들 사이에 안배되어 있었다. 대신직에 친러파 인사들이 임명되었다는 데 대해서는 별로 놀랄 것이 없었다. 왜냐하면 분명히 고종은 그들 덕에 자신이 살았다 고 생각했을 것이기 때문이었다.

그러나 중요한 대신직에 알렌의 심복들이 그렇게 나 많이 등용되었다는 것은 단순히 우연한 일로 돌리기에는 너무나 두드러지게 나타난 현상이었다. 얼마 안가서 서재필은 알렌의 추천에 따라, 전에 워싱턴에 공사로 가 있었던 박정양에게 막강한 권력의 내무대신직이 주어졌음을 알게 되었다. 박정양으로 말하자면 수년 전에 그가 워싱턴 주재 조선 공사로 임명되었을 당시, 알렌 자신이 "조정에서 전 조선 반도를 다 뒤져보아도 박정양보다 더 무자격한 사람은 찾아볼 수 없었을 것이다"고까지 혹평했었던 인물이었다.

그러나 박정양이 알렌에게 선교사 봉급의 두 배나 되는 봉급의 미국 공사관의 서기관직을 얻도록 도와주자, 알렌은 재빨리 선교사직을 사임하고 서기관직을 받으면서 박정양은 '나의 조선인 아버지'라고 까지 아첨해 불렀다. '조선인 아버지'인 박정양의 밑에서 일하는 동안 알렌은 역시 자기가 먼저 본대로 박정양이 무능하다는 것을 다시금 확인하게 되었다. 그럼에도 불구하고 이제 알렌은 박정양에게 내무대신이라는 중책을 맡겼을 뿐 아니라, "내가 제의했을 때까지 아무도 그 자리에 그를 생각해 본 사람은 없었다"고 말하면서 박정양이 총리대신 서리가 된 것이 자신 때문임을 자랑했다.

미국의 중립정책과 서기관 알렌

서재필이 알고 있기로는 그 당시 미국의 대 조선 정책은 중립이었다. 또 대학 교수 출신이었던 씰 공사가 미국 정부의 명령을 위반하기에는 너무나 학자풍의 신사였다는 사실을 서재필은 잘 알고 있었다. 그러므로 미 정부의 중립 정책을 고의로 무시한 '죄인'은 당시 서울에 있던 미국 공사관 서기관 호레이스 알렌임이 틀림없다고 판단했다. 이렇게 추리하고 나서 서재필은 알렌이 왜 그런 일을 하게 되었는지 궁금했다.

그래서 조용히 농공상부대신 조병직을 찾아가 물어보았다. 조병직은 알렌이 조선의 권익을 해치는 일에 공모자가 됨으로써 국왕에게 화를 끼치고 있는 사람이라고 믿고 있었다. 그 한 가지 좋은 예로서 알렌이 교묘한 수단으로 서울-인천 간 철도를 건설할 권리를 불하하는 입찰 과정에서 일본을 제거시키고, 일본이 제시한 조건보다 훨씬 불리한 조건이지만, "모스"(Morse)라고 하는 한 미국인 기업가에게 그 권리를 불하해주는 방향으로 작전을 짜고 있다고 말했다. 이 말을 듣고 서재필은 조병직에게 알렌에 대한 그의 반대를 굽히지 말도록 당부한 결과, 모스는 결국 그의 입찰 제의 조건을 수정하지 않을 수 없게 되었고, 그 후 알렌은 미국법을 위반해 가면서 미국 사업가 모스를 도와준 그의 노력의 대가로 뇌물을 받았다는 사실이 드러나고 말았다. 하지만 미 국무성은 이 사실을 알고도 이를 문제삼지 않고 조용히 넘어갔다.

그 후 1898년에 하와이 왕국이 무너지고 하와이가 미국령이 되었을 때, <중국인 추방법>과 <외국인 계약 노동법>에 의해 더 이상 외국인 노동자를 미리 고용하여 미국 내로 불러들이는 일이 금지되자, 하와이를 잠시 방문한 알렌은 하와이 사탕수수 농장주들과 함께 외국인 계약 노동법에 저촉되지 않고 조선 노동자들을 하와이로 보내는 방법을 모색하였다.

그는 고종에게 조선 노동자들을 하와이로 수출하는 것이 조선과 미국 간에 관계를 돈독히 하는 데 도움이 될 것이라고 설득하여 고종의 허가를 얻는데 성공했고, 곧이어 알렌은 조선 정부를 도와, 일본 정책의 예를 따라서 조선이민국 신설, 출국 수속 절차 등의 필요한 제도를 만들었는데, 미국 외교관 신분으로 이렇게 조선의 내정에 깊숙이 관여한 것은 미국법에 어긋나는 것이었다. 더욱이 알렌은 자신의 친구인 "데쉴러"(David Deshler)에게 조선에 은행을 세우게 하여, 하와이 사탕수수 농장주 연합과 계약을 맺게 하였고, 데쉴러가 그들로부터 돈을 미리 받은 후 조선 이민자들에게 돈을 빌려주어, 이들로 하여금 하와이 가는 뱃삯을 치르게 함으로써, 미국 연방 법망을 교묘히 피하게 도와주었다.

(편집자 주: 이렇게 1902년 처음으로 조선인 노동자 102명이 갤릭호(SS Gaelic)라는 증기선을 타고 인천에서 하와이로 떠났고, 1905년까지 이런 수법으로 하와이로 건너간 조선인 노동자들의 수는 무려 총 7,800명에 달했고, 1905년에 대한제국과 일본제국 사이에 맺은 불평등한 을사조약 (일본 제국에 대한제국의 외교권을 양도하고 조선 통감부를 조선에

설치하는 것이 주요 내용임)으로 5 년 동안 중단 되었지만,
1910 년부터 1924 년까지 다시 조선인 노동자의 하와이 이민은
계속되었다.)

사진: 최초 한인 하와이 이민단 (1902 년)

　　알렌과 같은 정직하지 못한 인간이 조선 정부에 대해 그처럼
막강한 영향력을 행사하고 있었다는 사실에 비추어, 서재필은
김홍집 내각과 이루어졌던 자기의 고문직 계약이 새로운 내각에
의해서 그대로 준수될 것인지, 그리고 만약에 그의 권한에
제약을 받게 된다면, 고문직을 버려야 할 것인지에 의문이
생겼다. 여하간 그로서는 자신이 처한 상황을 확실히
알아야겠다고 결심했다. 그래서 새로 외무대신에 임명된
이완용을 찾아갔더니 그는 서재필에게 그의 고문직 계약이
그대로 준수될 것이라고 확인해주며, 어렸을 때 서당 공부를

함께 했던 이완용은 "우리 내각 대신들 모두가 당신과 좋은 관계 갖기를 열망하고 있다"고 말했다. 서재필은 이 말을 듣고 놀라지 않을 수 없었다. 후에 발견한 사실이지만 더욱 놀란 것은 알렌 자신도 서재필과 기꺼이 같이 일하겠다고 말한 사실이었다. 서재필을 가리켜 '골치 아픈 놈'(Troublesome cuss)이라고까지 욕했던 알렌이, 이제는 서재필과 옥신각신하지 않는 것이 자기에게 유리하다고 판단한 탓이었을까?

사진: 러시아 공사관 (1896년).

사진: 영국 공사관 건물에서 내다본 인왕산, 북악산, 및 경복궁 전경 (1903 년)

사진: 서울거리 모습 (1903 년경)

제 8 장 조선인을 위한 조선

조선 최초의 신문 발행

고종의 아관파천 (2 월 11 일) 사건으로 인한 폭풍이 잔잔해지고, 서재필이 조선으로 귀국한 지 약 3 개월이 지난, 1896 년 3 월 말경에 신문을 발행하겠다는 서재필의 꿈이 드디어 이루어지기 시작했다. 학수고대하던 인쇄기가 인천에 도착해 마차로 서울에 옮겨졌다. 그러나 조선에서 신문을 출판한다는 것이 그렇게 단순한 일이 아니었다. 물론 그 당시 서울 장안에는 인쇄기에 대한 지식을 가진 사람이 한 사람도 없었기 때문에 뉴스의 종합, 편집, 인쇄, 그리고 배부에 관한 것까지 모두 서재필의 몫이었다. 그랬기에 처음에는 서재필 자신이 직접 인쇄기를 돌리며 모든 일을 맡아 하면서 사람들을 훈련해 나갔다. 더욱 심했던 난관은 그 신문을 언문(한글)과 영어로 각각 출판하기로 한 결정이었다. 다행히도 서재필은 당시 조선 정부가 세운 근대식 교육기관인 <육영공원>(育英公院 - 젊은 영재를 기르는 공립학교)에서 영어를 가르치던 미국인 감리교 선교사 호머 헐버트(Homer B. Hulbert)와 북 장로교 선교사이자 제중원 의사로 일하던 호레이스 언더우드(Horace Underwood) 로부터 영문판 교정의 도움을 받을 수 있었다.

처음에는 유급 기자 사원이 한 명 밖에 없었는데, 서재필이 그에게 정부 관리들과 인터뷰하는 방법, 그리고 뉴스를 종합하는 방법 등을 직접 가르쳐 주었다. 그 기자 사원은 '주사'(Clerk)로 불리기를 좋아했다. 그 밖의 다른 뉴스 출처는 각계각층의 조선인과 외국인 친구들이었다. 이렇게 해서 뉴스를 종합 편집하고 활판을 짠 후 서재필 자신이 직접 인쇄공 역할을 하며 신문을 만들었다.

사진: 호머 헐버트

사진: 호레이스 언더우드.

사진: 호레이스 언더우드가 집필한 한영사전 (1890 년).

1896 년 4 월 7 일 드디어 독립신문(The Independent) 창간호가 나오게 되었다. 그때까지 정부에서 발행하는 한문으로 된 관보가 관리들에게 배부되고 있었지만, 일반 국민들에게는 신문이 전혀 없을 때였다. 이 독립신문은 1 주일에 3 번씩 출판되는, 네 페이지의 타블로이드판 신문으로서, 그 중 세 페이지는 한글판으로, 그리고 나머지 한 페이지는 영문판으로 되어 있었다. 영문판은 불과 한 페이지밖에 안되었지만, 간결한 문체와 보기 좋은 활자체로 한글판에 실린 거의 모든 중요한

뉴스와 논평 기사가 영어로 번역되어 게재되었다. 서재필이 독립신문을 한글과 영문으로 출판한 이유는 두 가지였다.

첫째, 정치적, 경제적, 사회적 문제들에 관해 조선 국민을 계몽하기 위한 것이었고,
둘째, 외국인들이 조선과 조선 국민에 대해 정확한 이해를 갖도록 조선의 실정을 알려주기 위함이었다.

사진: 독립신문 창간호 (1896 년)

신문 내용 면으로 본다면 논설, 공고, 최신 정보, 국내 외 통신, 그리고 기타 소식 등으로 되어 있었다. 이 독립신문 창간호 논설에서 서재필은 다음과 같이 이 신문의 취지를 밝혔다.

독립신문 창간호를 내면서 우리는 다음과 같은 이 신문의 주장을 독자들에게 알리는 것이 타당하다고 생각한다.

- 우리 신문은 독립된 신문이므로 어떤 계급이나 파벌 또는 정당 편에 서지 않고, 모든 사람을 동등하고 공평하게 대할 것이다.

- 우리 신문은 '조선인을 위한 조선'이라는 주장을 내세운다. 조선이라 함은 서울 사람만을 말하는 것이 아니라 지방 사람들도 의미한다. 우리는 백성과 정부 사이의 올바른 이해가 양편에 모두 이익을 줄 것이라고 믿기 때문에, 이 양자 사이의 사실적인 정보의 원천 역할을 하도록 노력할 것이다.

- 이 신문을 최대한 많은 사람들이 구독할 수 있도록 하기 위해 우리는 신문 값을 최소로 정하고, 한자 대신 한글을 쓰기로 하였다. 우리 백성들이 배우기 쉬울 뿐 아니라, 세계 각국 글자들 가운데서 가장 훌륭한 한글을 무시하고, 단순히 글을 읽기 위해 고생해가며 배워야 하는 이 외국 문자(한문)를 그와 같이 오랫동안 사용해 왔다는 것은 매우 유감된 일이다. 서방 국가들에서는 아이들이 모국어를 먼저 배운 다음에 외국어를 배우고 있다. 지금이야말로 조선 백성들은 그들이 물려받은 전통적인 유산인 한글을 자랑으로 여길 시기이다.

- 우리는 사실만을 보도할 것이다. 관직이나 사회적 지위를 불문하고, 모든 사람의 선행과 비행을 알리는 동시에, 부당한 대우를 받는 자가 있다면 가장 비천한 사람이라 할지라도 우리는 그 사람을 옹호할 것이다.

- 신문에 영문판도 첨부하고 있다. 우리는 이것이 온 백성과 외국인들에게 모두 유익할 것으로 믿는 바이다.

- 우리는 이 논설을 끝내기 전에 국왕 폐하께서 행복하시고 오래 사시기를 바라면서 '국왕 폐하 만세'를 부른다.

독립신문은 단번에 세상의 이목을 끌었다. 창간호로 200 부가 인쇄되었는데, 당일에 모두 판매되었다. 사람들은 신문이라는 말도 들어보지 못했기에, 우선 호기심에서 사 보는 자들이 많았다. 창간호가 인쇄된 몇 시간 후에 많은 사람들이 자기 친척들에게 주겠다고 신문을 더 사가기까지 했다. 이렇게 처음부터 이 신문이 인기를 끌었던 것은 다음과 같은 이유 때문이었다.

- 첫째로 신문값이 쌌기 때문이었다. 신문 한 부당 1 전(미화로 약 0.8 센트)이었다.
- 둘째로 이 신문은 읽기 쉬운 한글로 쓰여 있었다.
- 셋째로 조선 국민에게는 신문이라는 것이 온전히 새로웠다.
- 마지막으로 이 신문발행인이 널리 영웅으로 추대되던 서재필이라는 인물이었다.

그리고 이 신문의 일면 상단에 호기심을 끄는 공고문이 다음과 같은 내용으로 뚜렷이 쓰여 있었다.

이 독립신문은 정부와 백성에 대한 소식을 포함해 국내 외의 소식을 게재할 것이며, 독자들에게 정치, 농업, 상업 그리고 건강 문제 등에 관해 알릴 것이다. 또한 독자들이 질문 사항과 제의 사항들을 보내오는 것을 환영하는 바이다. 독자 투고들이 일반에게 흥미거리가 된다고 판단되면, 신문 지상을 통해 대답하거나 게재할 것이다. 주의 사항: 한자로 쓴 편지들은 접수하지 않겠음.

중국과 일본 이외의 다른 나라 이름을 들어본 일이 없었던 일반 대중들에게 서양 나라들, 특히 서양 나라 사람들의 생활 양식과 통치 방법들에 관한 소식들은 신기하게 들렸다. 더구나 서재필의 논설들을 통해 모든 인류의 양도할 수 없는 기본권리, 그리고 국민과 정부의 상호 의무 문제 등에 관한 글들을 읽고, 일반 대중들은 실로 오랜 잠에서 마침내 깨어난 것처럼 느꼈다.

이것은 독립신문을 국민의 기관지, 국민을 위한 대변지로 만드는 데 참여해 달라 는 서재필의 독자들에게 향한 초대였다. 1896 년 4 월 9 일에 출판된 독립신문 제 2 호에서 서재필은 독자들의 만족스런 반응을 다음과 같은 말로 보도하였다.

자만이라는 비난을 받을 각오를 하고, 우리는 언론계에서 나온 독립신문의 출현에 대한 몇몇 논평을 싣지 않을 수 없다. 외국인들 사이에서는 '좋은 일이다. 바로 조선에 필요한 것이다. 또는 중요한 혁신 조치다' 라는 등의 말을 듣고 있다.

조선인들로부터의 최고의 찬사는 급속도로 신문 초판이 매진되었고, 정규 구독자들이 늘어났다는 사실이다. 한편 서울은 물론 평양, 나주, 군산, 인천, 대구, 부산 등지에서 때 맞추어 독자들로부터 논평 기사들이 쇄도했다. 그런가 하면 어떤 독자들은 친척이나 친구들에게 보여주고 싶다고 5 매 혹은 6 매씩 신문을 사기도 했다.

해외로부터도 많은 반응이 들어왔다. 일본 독자들로부터의 반응은 착잡한 것이었지만, 서방 국가들로부터의 반응은 꽤 긍정적인 지지였다. Japan Mail 은 '독립신문이 사실을 왜곡하고 있다'고 비난하면서, '조선에 관한 일본과 러시아 간의 비밀 조약 관련 보도가 바로 그 좋은 예이다'라고 했다. 이에 대해 서재필은 "만약에 내가 잘못을 했다면 그것은 내 잘못이 아니라, 일본의 The Kobe Chronicle 의 잘못이다"고 반박하며 "내 기사의 출처가 그 일본 신문이었다"라고 말했다.

독립신문은 또한 미국에까지 파급되었으니 평양에 최초의 현대식 병원을 설립하는 데 공헌한 바 있는 "로제타 홀"(Rosetta S. Hall) 박사가 미국에서 보내온 편지의 내용이 다음과 같다.

적어도 귀하의 귀중한 신문 한 부가 이중 삼중으로 의무를 다하고 있습니다. 즉 우선 매리 컬터 박사가 이 신문을 읽은 후, 볼티모어에 있는 박 선생에게로 보내고, 그가 열심히 그 신문을 읽고 나서는 뉴욕시에 있는 그의 부인에게로 보냈다가 다시 저에게 옵니다. 우리는 모두가 이 신문을 즐겨 읽습니다. 그리고 이 신문이 우리가 사랑하는 조선에 유익한 기여를 할 것으로 믿고 있습니다. 이미 이 신문은 유익한 일들을 해왔으며 앞으로도 그 앞길이 밝고 유망한 장래가 촉망됩니다. 부디 성공하기를 빌면서

1897 년 정월 초하루 현재로 독립신문의 페이지수는 8 페이지로 늘어났고, 한글판과 영문판으로 출판되었으며, 발행 부수도 꾸준히 늘어 200 부에서 3,000 부로 늘어났다. 독립신문

부수는 1898 년 12 월에 그 신문 발행이 정지 당할 때까지 약 3,000 부 선을 계속 유지했으며, 서재필은 실제 독자 수는 그 수의 여러 배가 되었다 고 주장했다.

특히 지방의 많은 마을에서는 주민 모두가 신문을 서로 돌려가며 읽었기 때문에 서재필은 실제로 그 신문을 읽었던 독자의 숫자가 발행 부수 3,000 의 약 50 배는 되었을 것으로 추산했다. 여하간 이 신문이 조선 전국 방방곡곡에 들어가도록 하기 위해, 서재필은 인천, 원산, 부산, 파주, 개성, 수원, 강화, 그리고 평양 등지에 신문 지사를 개설했고, 1896 년 4 월 16 일에는 내무대신의 요청으로 이 신문이 전국의 '감사'(The Governor)와 '군수' 사무실에까지 배부되었다.

서재필은 창간사에서 독립신문이 한글의 띄어쓰기를 시작한 이유가 "아무라도 이 신문을 보기 쉽고 신문 속에 있는 말을 제대로 알아 보게 하기 위함이다"고 썼다. 그는 세종대왕이 한글을 창제한 이래 처음으로 띄어쓰기를 적용한 신문 지면을 통해 실제 한글을 일반인이 보고 읽을 수 있는 글로 만듦으로 한글의 표준화와 한글 사용에 지대한 공헌을 하였다.

우리신문이 한문은 아니쓰고 다만 국문으로만 쓰는거슨 샹하귀쳔이 다보게 홈이라 또 국문을 이러케 귀졀을 떼여 쓴즉 아모라도 이신문 보기가 쉽고 신문속에 잇는말을 자세이 알어 보게 홈이라 각국에서는 사람들이 남녀 무론하고 본국 국문을 몬저 비화 능통한 후에야 외국 글을 비오는 법인데 죠션셔는 죠션 국문은 아니 비오드라도 한문만 공부하는 까닭에 국문을 잘 아는 사람이 드물미라 죠션 국문하고 한문하고 비교하여 보면 죠션 국문이 한문 보다 얼마가 나흔거시 무어신고하니 첫재는 비호기가 쉬혼이 됴흔 글이요 둘재는 이 글이 죠션 글이니 죠션 인민 들이 알어서 백사을 한문 대신 국문으로 써야 샹하 귀쳔이 모도 보고 알어 보기가 쉬흘터이라 한문만 늘써 버릇하고 국문은 폐한 까닭에 국문...

사진: 서재필이 창간사에서 띄어쓰기를 통한 한글의 표준화를 시도함.

(편집자 주: 독립신문의 교정과 편집을 도와준 배재학당 학생 주시경은 후에 개화기의 국어학자가 되어, 우리말과 한글의 전문적 이론 연구와 후진 양성으로 한글의 대중화와 근대화의 개척자 역할을 함.)

신문 발행의 애로

그러나 모든 가치있는 사업들이 겪듯이 독립신문을 출판해 나가는 데도 재정적, 인간적, 정치적 고난이 없지 않았다. 물론 이 신문에는 상당한 수의 광고가 실렸으나 그 대부분은 무료 광고였다. 그러므로 1부당 1전, 1개월 신문 구독료가 12전, 그리고 1년 간의 구독료가 3원(미화 1.5달러)밖에 안 되었던 상태여서, 구독료 수입만으로는 도저히 수지 균형을 맞출 수

없었고, 따라서 매월 약 150 원(미화 75 달러)에 달하는 적자를
서재필이 자신의 개인 돈으로 충당해야만 했다.

서재필에게는 또한 직장을 찾는 구직자들이 많이 찾아왔는데,
모두가 사무직만을 원했다. 그러나 사무직은 얼마 안가서 모두
채워졌기 때문에 서재필은 가두 신문 판매원 직을 그들에게
제의했다. 구직자들에게 직장을 주는 동시에 신문 판매 부수를
늘리기 위해서였다. 그러나 그들 생각으로는 가두에서 신문을
판다는 것이 체면이 깎이고 자신들이 마치 거지같이 느껴진
탓으로, 모두가 사무직을 달라고 애원하였기에, 서재필은
사무직은 공석이 없다 고 대답할 수밖에 없었다.

그러나 그들이 모두 신문을 팔아 괜찮게 생활할 수 있는
좋은 기회를 놓치고 있는 것을 안타깝게 생각하여 서재필은
자신이 신문 다발을 손수 들고 일어서 나가면서, '자기를
따라오라'고 하였다. 자기가 의미하는 말이 무엇인가를
솔선수범 행동으로 보여 줄 속셈이었다. 그들은 무슨 영문인지
모르고 따라 나섰고, 서재필은 이들을 데리고 종로 네거리로
나가, 신문 다발 가운데 한 부를 뽑아 높이 치켜들고는,
지나가는 사람들에게 큰 소리로 이렇게 외쳤다.

"독립신문이요! 누구에게나 필요한 신문이요! 읽기 쉽게
한글로 된 신문이오! 한 부 사서 조선과 세계 정세를 알아보시오!
1 전이오!" 사람들이 주변에 모여들자 서재필은 "이 신문은
시민으로서의 의무는 물론, 여러분의 권리를 알게 할 것이고,

생활을 개선시킬 것이며, 여러분의 생활을 더 풍부하게 해 줄 것입니다" 라고 큰 소리로 외쳤다.

그러자 신문은 날개 돋친 듯이 팔렸다. 어떤 사람들은 여러 부를 사갔으므로 얼마 안가서 그가 들고 있던 신문은 다 팔리고 말았다. 서재필은 자기를 따라 나섰던 사람들한테 이렇게 말했다.

이 신문이 읽을 가치가 있고 가격이 합당하다고 믿는다면, 신문 파는 것을 창피하다고 여겨서는 안돼요. 우선 사는 사람들에게 좋은 일이요. 당신들로서는 이것을 팔아 정직한 생활을 할 수 있으니 좋은 일이 아니겠소? 상인을 천시하는 우리나라 옛날 관습 때문에, 당신들이 신문 파는 데 대해 편견을 가졌다는 것을 나는 알고 있지만, 매매업이 교사의 직업이나 공업이나 농사짓는 일보다 못하지 않고, 필요하고 명예로운 직업임을 잊어서는 안 됩니다. 어서 나가 팔아 보시오.

서재필을 따라 거리로 나갔던 모든 사람들이 상인에 대한 그들의 편견에서 벗어날 용기를 가질 수는 없었으나, 서재필의 이와 같은 충고를 받아들인 사람들은 독립신문 판매원으로 성공했다. 그 당시에 조선을 여행한 한 영국 작가는 다음과 같이 말했다.

1897 년의 진귀한 모습가운데 하나는 한글로 된 신문을 팔에 끼고 거리를 지나가는 신문 배달부와 상점에서 그 신문을 읽는 사람들의 모습이었다.

이 신문이 부수가 늘면서 신분의 고하를 막론한 각계각층 사람들 사이에 존경을 받게 되자, 신문에 이름을 내고 싶어하는 사람들과 야심있는 관헌들로부터 서재필이 압력을 받게 되는 일도 생겨났다. 즉 돈 많고 세력있는 자들이 커다란 액수의 현찰과 함께 보내오는 뉴스거리는 실제로는 자기 선전을 위해서였다. 한번은 악명 높은 관리 한 사람이 금덩어리를 들고 서재필을 찾아와 제발 자기에 관한 보도를 하지 말아 달라 고 부탁했다. 서재필은 그를 당장 쫓아내었고, 수차에 걸친 그의 비행을 신문 지상을 통해 폭로해 버리고 말았다. 그런가 하면 일부 빈곤층 사람들로부터도 뉴스 게재 요청이 들어왔는데, 이들은 동전을 같이 보내왔다. 그래서 서재필은 현찰과 함께 보내오는 뉴스는 수락되지 않을 것이며, 이미 뉴스거리와 함께 동전을 보내온 사람들은 신문사 사무실로 와서 돈을 찾아가라는 내용을 신문에 발표해야만 했다.

서재필: 자신과의 약속

한편 서재필이 당면했던 최대의 문제는 워싱턴에서 그의 의료사업을 버리고 조선으로 귀국할 때 자기 스스로에게 한 약속, 즉 미국과 서구 국가들을 부강하게 만든 원인들 이라고 믿어왔던 몇 가지 장점들을 동포들에게 가르침으로써, '조선을 개혁하고 재생시키겠다는 자신과의 약속'을 어떻게 수행해 나갈 것인가 하는 문제였다. 이 장점들 가운데 가장

중요하면서도 조선 동포들에게는 전혀 생소한 것은 다음과
같았다.

- 민족주의
- 민주주의
- 공의심
- 노동의 존엄성

그러나 어떤 면에서 보든지 이와 같은 개념들은 조선 동포
각계각층 뿐만 아니라, 특히 국왕과 그의 심복 대신들에게 매우
신경을 거슬리게 하는 문제들이었다. 이론상으로 조선 국왕의
권한이란 무제한이었기 때문에, 이와 같은 새로운 개념들을
도입하고 소개하는 데는 왕권에 극히 예민해 있는 국왕의 반대를
사지 않는 것이 제일 중요했다. 서재필 또한 재정적으로
독립적인 위치에 서기에는 너무나 약했다. 다시 말해 그가
의사로서 불과 몇 년 동안 일하며 모은 돈이라고는 얼마 되지
않아, 그 자신도 가족의 생계를 유지하기 위해 중추원
고문으로서 받는 그의 봉급에 의존하는 형편이었다. 그러므로
서재필은 이러한 고충을 감안해서 우선 <조선인을 위한
조선>이라는 독립신문의 표어가 현실화 될 수 있도록 하는 것에
집중 노력을 하였다. 그 가운데 몇 가지를 소개하면 다음과
같다.

입헌군주제

당시로서 조선은 대내적 소란과 대외적 압력으로 극심한 진통을 겪고 있었다. 즉 지방에서는 아직도 동학당의 잠재 세력이 평화를 계속 교란하고 있었고, 서울에서는 조선의 정치인들과 외국의 이해관계가 엉킨 음모가 판치고 있었기에 정부는 사실상 마비 상태에 빠져 있었다. 또한 서재필이 귀국하기 불과 2달 전인 1895년 10월에 일본의 선동으로 민비가 살해 당했고, 고종은 '나도 언제 살해될지 모른다'는 두려움에 시달리고 있었다.

그 결과 고종이 가상의 적을 피해 러시아 공사관으로 파천함으로써, 국왕의 파천을 도운 그의 지지자들은 고종의 이름을 빌려 자신들의 사적인 이익을 채우는 일에 몰두하고 있었다. 이러한 역경 속에서 나라를 구하기 위해서는 준엄한 조치가 분명히 필요했지만, 서재필에게는 그러한 일을 시도할 만한 힘이 없었다. 그러나 서재필의 견해로는 국왕이 많은 단점을 갖고 있음에도 불구하고, 국왕 만이 이 나라를 지속할 수 있는 유일한 인물이기에, 우선 국왕을 지지하고 적절한 시기에 가서 국민에게 헌법상의 권리를 보장해 주도록 국왕을 설득해야겠다 고 결심했다.

독립신문 창간호에서 고종황제 폐하의 만세를 부른 것도 바로 이 때문이었다. 한편 독립신문 제2호에서는 '국왕의 조칙'(The Royal Edict) 전문을 게재하고 머리말 논설에서 그것을 지지했다. 그 국왕의 조칙 전문은 다음과 같은 내용으로 되어 있다.

아, 슬프도다. 요즘 항간에는 선동으로 동포들을 잘못 인도하고, 자칭 의병이라 부르면서 평화를 교란하는 자들이 있다. 이것은 부끄러운 일이다. 비록 나는 계속해서 조칙을 발하고 사자를 보내어 가해자들이 반성하고 그들의 방법을 고치도록 설득하여 왔으나 아무 소용이 없음에, 부득이 나는 지방으로 관군을 파견하지 않으면 안되었다. 결국 평화의 교란자는 반란군이 되었다. 그러나 실제로는 그들도 나의 신민이다. 그렇기 때문에 나는 그들에게 이 시기는 그들이 들에 나가 논밭을 갈고 씨를 뿌리기에 바빠야 할 봄이라는 것을 상기시키는 것이 나의 임무라고 생각한다. 더구나 나는 분란 속에서 외국인들과 나라 신민들이 생명을 희생 당하고 있다는 말을 듣는데, 그들이 조선인이건 외국인이건 모두가 서로 형제들이기에 서로 살육하는 것은 하늘의 노여움을 살 것이므로 심히 유감된 일이다. 어찌 떨리지 않을쏘냐! 그래서 나는 조선인들에게 명하는 이와 같은 뜻을 모든 지방 관원들에게 전달하고, 그들이 진지한 태도와 올바른 행실로서, 잘못하고 있는 나라 신민들의 마음을 돌이켜 복종하도록 만들라고 지시하였다.

위 논설에서 서재필이 목표로 삼은 호소의 대상은 동학당이었다. 그는 국왕이 없으면 국민이 모두 외세의 노예가 될 것이라면서, 국왕이 나라를 대표하므로 동학당 빈도들은 국왕을 위해 위 조칙에 유의하고 모두 본 고장으로 돌아가라고 권했다. 이어서 그는 고종폐하에 대한 복종이 그들 자신의 생명의 보장과 가족들의 행복을 뜻할 뿐 아니라, 나라의 기반도

튼튼히 만들게 할 것이라고 주장하고, 개인의 이해와 국가의 이해는 서로 의존하는 관계에 있는 것이며, 모든 개인은 국가 안에 예속되어 있기 때문에 국가적 이해 문제가 먼저 고려되어야 할 것이라고 호소했다.

서재필의 이와 같은 호소는 논리상 건전한 것이었기에 정상적인 상황에서라면, 이러한 그의 반복적인 충고는 효과가 있었을 것이다. 그러나 당시 조선의 상황은 정상적이 아니었다. 만일 그가 지방을 돌아 다니면서 일반 대중이 얼마나 궁핍한 생활을 하고 있었나 를 직접 자신의 눈으로 볼 수 있었다면, 동학난의 원인이 단순히 무법의 악당들이 일삼는 난폭한 소양 때문이라는 맹렬한 공박은 하지 않았을 것이다.

물론 의병들 가운데는 무법의 도당들도 있었다. 그러나 무엇보다 널리 파급된 반란의 주요 원인은, 말 못할 정도의 조선 정부의 부패와 억압 때문이었다. 이에 대해 몇몇 실례들을 지방으로부터 연락이 들어오는 대로 즉시 독립신문에 게재했을 뿐 만 아니라, 서재필은 지방 주민들이 '암행어사보다는 의병을 더 좋아한다' 고 주장한 경상도의 믿을 만한 세 사람의 편지를 공개한 일도 있었다.

여하간 서재필이 동학당에 대해 좀 더 사실대로 알 수 없었음은 유감스러운 일이었다. 좀 더 알았더라면 학대 받던 사람들을 깊이 동정하던 양반의 자손으로서, 그도 동학교도들과 쉽게 화합하고 그들을 대표했던 지방 사람들에게 건설적인 영향력을 행사할 수도 있었을 것이다. 서울이라는 도시는 고관대작들의 무서운 정치 노름에 휘말려 있었고, 지방에서의 오래 계속된 분란들 때문에 일어난 식량부족으로 일반 서민들은 자신들의 생계를 연명해 나가기에도 바빴다.

서재필은 정신적 부활을 통해 하나님이 주시는 사회 진보를 믿는 에머슨적 신앙심(Emersonian faith)이 깊었고, 하나님의 명령은 인간의 행복을 증진하는 것이라는 신념이 확고했다. 그래서 정신 계몽에 과학 기술 지식을 결합시키면 조선을 부활시킬 수 있는 강한 힘이 될 것이라는 확신 아래, 대중 교육 운동을 전개하였고, 만인이 모두 그의 제자들이 되었다. 그리고 그들 가운데 제일 중요한 제자가 국왕 자신이었다. 서재필은 국왕에 대한 확고한 충성심을 표명한 다음, 국왕의 권력 제한을 조심스럽게 유도해 나가면서, 이것이 국왕 자신을 위해서도 유리하다고 설득했다.

(편집자 주: 에머슨적 신앙은 자립, 직관, 그리고 인간의 본질적 선함을 강조한다. 조직된 종교보다 자연 속에서 개인적인 영적 경험을 추구하며, 개성과 신성과의 직접적인 연결을 통한 더 높은 진리의 추구를 촉진한다.)

이를 위해 먼저 지방 자치론을 내세우면서 '국왕이 국민의 불평을 받지 않게 되는 방법은 국민들이 직접 각 군에서 군수를 선출하는 것이다' 고 설득했다. 바꿔 말한다면 국민이 선출한 군수가 만족할 만한 인물이 못 된다 하더라도, 국민은 그런 인물을 선출한 자신들을 탓할 수 밖에 없을 것이며, 국왕에게 그 책임을 돌릴 하등의 이유가 없기 때문이었다. 그리고 다음

선거 때에는 그들은 자연히 다른 사람을 군수로 선출하게 될 것이라고 하였다.

민족주의

서재필은 조선 국민에게 헌정주의가 중요했던 것처럼 조선에는 민족주의가 중요하다고 믿었다. 그러나 그가 결코 맹목적인 민족주의자가 아니라는 것은 미국에 귀화한 미국 시민인 그가 미국에 충성심을 고수하는 데에서 명백히 볼 수 있다. 그는 조선의 국토 확장을 위해서가 아니라 '조선의 생존을 위한 방도'로서 민족주의를 강조했다. 제국주의적 야심에 도취되었던 열강국들의 한복판에 던져진 후진 약소국인 조선의 유일한 생존 가능성은, 열강국들을 강하게 만들 수 있었던 방법들을 조선도 사용하는 수 밖에 없었던 것이었고, 바로 그 방법들 가운데 하나가 민족주의였다.

서재필은 "한 민족으로서의 조선 국민이 멸망하지 않고 세계 인간 문명의 행진 대열에 기여하는 것이 하늘 아버지가 우리들에게 준 권리이자 의무다"고 말하면서, "조선 국민은 서방 강대국들을 본받음으로서 만 그렇게 할 수 있다"고 주장했다. 그러므로 그의 독립신문을 통해서는 물론, 청중 앞에서 강연할 때마다, 그는 "애국심이란 그 중요성에 있어 하나님의 계명, 바로 다음 가는 것이다"고 주장했다.

그러므로 서재필에 의하면 다른 사람의 권리를 침해하지 않고, 조선 국민을 단결시키는 것이라면 무엇이나 명예로운 일이었다. 그래서 그는 <독립문>의 설립을 통해, 그것이 조선 독립의 뚜렷한 상징이 되게 하는 동시에, 그 후 여러 세기에 걸쳐 조선 국민의 마음속에 애국심을 고취 하길 바랐다. 그리고 학교 교실마다 국기와 고종의 얼굴이 그려진 초상화를 달게 하고 경의를 표하도록 학생들에게 요구했으며, 국왕의 생일 및 개천절 같은 날들을 국경일로 정하도록 권했다. 또한 전국의 초등학교에서 옛날 위인 남녀들의 행적에 역점을 두고 조선 역사를 가르칠 것을 강조하면서 독립신문에서 다음과 같이 주장했다.

교육에서 중요한 것은 애국심이다. 그러므로 외국의 모든 공립학교에서는 매일 국기와 국왕에 경의를 표하면서 하루의 일과가 시작된다. 교실에서는 국기와 국왕이나 대통령의 초상화가 걸려있는데, 이렇게 함으로써 아이들에게 애국심의 기초를 확고히 가르치면서 자라나게 할 수 있다. 더구나 아이들에게는 그들 조상들이 이룩한 위업을 배우고 본받게 하는 동시에, 그들의 과오를 발견하고 유사한 잘못들을 범하지 않도록 하기 위해 우선 그들에게 국사를 가르쳐야 하는 것이다. 애국심과 자국 역사를 이와 같이 가르치는 나라의 백성은 강해질 수밖에 없다. 그러므로 감히 다른 나라들이 그 나라를 침략하지 못하게 될 것이다. 그 이외에도 그러한 나라 백성들은 서로가 서로를 존중하고 자기 나라에 대해 보다 큰 애착심을 갖게 된다.

서재필은 또한 역사를 제대로 알고 이에 분개한 사람들 만이 의미있는 방법으로 그들의 애국심을 표시할 수 있다고

확신하였기에 독립신문에서도 상당한 지면을 이용하여 다음 사항을 소개했다

- 인간의 기본 권리
- 만인 평등
- 법치 국가
- 정부 개혁론
- 삼권 분립과 같은 서구식 개념들
- 서방 세계에서 실시되고 있는 국가 의무교육 및 정당제도

또 한편으로 서재필은 외국인들의 공평하지 못한 비판에 맞서, 조선 국민을 옹호하고 조선과 조선 국민의 긍정적인 면을 강조하며, 조선의 광물 자원에 대한 외국 업자들의 착취 행동을 면밀히 주시하고 폭로함으로써 조선 국민에 대한 민족 감정을 가르치기 위해서 노력했다. 서재필은 조선 국민의 강한 육체적, 정신적 능력을 강조했고, 조선의 기후와 토지의 비옥성을 자랑스럽게 지적하기도 했다. 그러면서 그는 우리에게 요구되는 것이 있다면, '조선을 번영하는 자유 국가로 탈바꿈 시키는 데 필요한 지식과 동기 뿐이다'고 주장했다.

사회 정의

서재필은 조선 국민이 생존권과 경영권을 향유하게 되기를 열망했기 때문에 조선 사회를 가장 철저하게 옹호했던 동시에 다음과 같이 가장 신랄하게 비판하기도 하였다.

"양반 계급은 사회의 기생충 같은 존재들이다"고 공격했고,

"평민 계급은 무관심하고 게으르다"고 꾸짖었으며, 남자들에 대해서는

"통치자들의 억압에는 격분하면서 부녀자들은 노예처럼 취급한다"고 탄식했다.

서재필은 또한 자신이 의사였기에 사회 개혁에 못지않게 위생, 즉 개인의 건강한 몸에 대해서도 예리한 관심을 표명하였다. 어떤 형태로든 '육체를 사용한다는 것이 체면을 손상시키는 것이다'는 나쁜 사상에 젖어 있던 상류 계급 사람들은 육체 노동을 피했을 뿐만 아니라 심지어 이를 천시했다. 그렇기 때문에 그들은 옷을 잘 입으면 겉으로는 별 문제가 없는 것 같았으나 실제로는 체력이 약하고 건강이 좋지 못했다. 반면에 평민들은 늘 육체 노동을 해야만 했기 때문에 양반들에 비하면 훨씬 건강했다. 그러나 사회 전반적으로 좋지 않은 습관들이 많았다. 서재필은 자신에게 도움이 되고 또 남의 존경을 받으려면, 절실히 그들의 몸가짐을 개선할 필요가 있음을 지적했다. 예를 들어 그는 사람들에게 다음의 사항들을 권고하였다.

- 운동할 것
- 겨울에는 아침마다 방안으로 신선한 공기가 들어오도록 문을 열 것
- 몸과 머리를 자주 씻을 것
- 길을 걸을 때는 똑바로 서서 머리를 들고 걸을 것

- 사람들 앞에서 가래침을 뱉지 말 것
- 사람 보는 데서 맨손으로 코를 풀지 말 것
- 거리를 걸을 때는 입을 다물 것

그는 또한 사람들에게 길거리를 잘 보수하고, 많은 사람들이 모이는 장소에는 공중 변소를 설치하고 위생 경찰을 두어, 거리를 어지럽히거나 길가에서 대소변을 보지 못하도록 함으로써, 그들이 살고 있는 도시나 동네의 복지 문제에 유의하도록 부탁했다. 그리고 한 국민의 문명 정도는 그들이 사용하는 물의 양으로 판가름 된다고 주장하면서, 청결한 물이 충분히 공급되어야 함을 강조하였다. 서재필은 또한 미신, 조혼 그리고 축첩 제도 같은 사회적 병폐를 없애도록 촉구했다

특히 그는 주로 가난한 농부들에 의해 행해지고 있었지만, 양반들도 빠져 있던 악습인 <미신>을 타파해야 한다 고 주장했다. 그 당시 국민들이 미신에 빠진 정도는 대단하였다. 심지어 민비까지도 궁궐로 무당들을 불러들여 '아들을 낳게 해달라' 고 빌었다. 민비는 사치가 엄청 심해서 국고를 바닥낼 정도이었는데, 자기 아들(세자)에 대한 사치는 이루 말할 수 없을 정도였다. 민비는 시간 날 때마다 조선 전국의 모든 명산에서 굿판을 벌여 나라 전체를 무속이 판치는 난장판으로 만들었고, 이를 위해 조세로 거둬들인 많은 돈을 무당에게 바쳤다. 나라가 외세 앞에 그토록 어려운 상황이었음에도 민비는 미신에 빠져 돈을 뿌리며 국고를 탕진했다.

또 백성들도 가족이나 친척 가운데 환자가 생겼거나 복을 빌고 싶을 때면 무당을 불러 <굿>을 하였다. 춤과 주문을 통해, 그리고 음식과 돈을 바침으로써 신령을 불러들여 자신의 소원이 성취된다고 믿었다. 굿이 끝나면 신령 앞에 드렸던 음식을 환자에게 먹도록 했는데, 여름 더운 날에는 음식이 상하여 그것을 먹고 병이 더 악화하므로 결국 그 음식으로 인해 목숨을 잃게 되는 경우도 있었다. 물론 돈은 무당에게로 갔다. 그러나 그 돈의 액수가 많으면 많을수록 굿의 효과가 크다는 부추김에, 곤경에 빠져 굿을 부탁한 주인은 무당 코에 돈을 더 부쳐 주곤 했다. 서울 장안에만도 무당과 판수(남자 점쟁이)가 합쳐서 대략 1,000 명이 넘는 것으로 알려졌으며, 서재필의 계산으로는 이들의 연간 총수입이 약 180,000 원에 달하고 있었다. 그래서 서재필은 '그 돈으로 병원과 학교를 세우고 서울 장안의 건물과 집에 난방 장치를 설치하면 위생과 교육 면에서 큰 효과를 거둘 수 있을 것이다'라고 주장했다.

여성 대우 개선

더욱 중요한 사실은 서재필이 조선에서는 최초로 여성의 권리와 관련된 인권 주창자였다는 점이다. 그 당시의 조선 여성에게는 아무런 권리가 없었기 때문에 법적인 이름조차 갖지 못했다. 여자는 어렸을 땐 부모의 소유물이었고, 출가한 후에는 남편의 소유물이었다. 결혼 자체가 부모들에 의해 정해졌다. 남편이 사망하더라도 다시 재혼할 권리조차 없었다. 이와는 반대로 남편은 장인 혹은 장모와 마음이 맞지 않는다든가, 혹은 간음, 불치병, 불임증, 절도 또는 성격의 부조화 등 여러 가지 이유로 이혼할 수 있었다. 하층 계급 출신 여자들은 집안일을 전담해야 했을 뿐 아니라, 밭에 나가서 노동도 해야 했으며, 양반 출신 여자들도 외출할 때는 휘장이 둘린 가마를 타고 자신의 모습을 가린 채 나가야 했다. 이러한 상황에서 서재필은 조선 여성들을 위한 기본권의 옹호자가 된 것이다. 1896 년 4 월 20 일 자 독립신문 사설에서 서재필은 다음과 같은 글을 실었다.

이 세상에 가장 불쌍한 인간은 조선의 여자들이다. 오늘 우리는 조선 남자들에게 그들이 범하고 있는 최악의 죄악 가운데 하나인, 여자에 대한 비행을 상기시키고 싶다. 여자는 결코 남자보다 열등한 무가치한 존재가 아니건만, 남자는 여자를 노예처럼 취급하고 있다. 남자들은 여자들보다 육체적으로 더 강하기 때문에 여자보다 낫다고 믿고 있다. 체력의 우월성을 유일한 기준으로 삼는 자는 동물이나 야만인이다. 인간과 야만인의 차이점은 인간에게는 정의감, 공평심, 그리고 자율성이 있다는 점이다. 그러나 조선 남자들은 지극히 불공평하고 편견적이며 무지 막대하게 여자들을 대우하고 있다. 이런 습관들은 남자들이 야만인임을 자인하는 것이다. 왜냐하면 남자가 사람 구실을 하려면 힘 세다고 뽐내는 깡패 같은 놈들을 멸시해야 하고, 여자처럼 육체적으로 자기보다 약한 자에게 예의범절과 사려깊은 태도를 보여 주어야 하기 때문이다. 육체적인 열등성을 제외하고는 조선 여자들이 남자들보다 훨씬 우월하다. 조선 남자의 대부분은 간통과 축첩에 탐닉해 있는 반면에, 조선 여자들은 그들의 울분을 감추고 남자들의 야만성을 참고 견디는 힘을 가지고 있기 때문이다. 남자들은 아내가 죽는 경우, 재혼하는 것을 당연하게 생각하면서도, 저희들이 죽을 때에는 아내가 재혼하지 않기를 기대하고 있다. 조선 남자들은 이러한 사고방식을 고치지 않으면 영원히 야만인이 될 것이다.

여자에 대한 공평한 대우를 지지하는 것과 병행해서 서재필은 또한 여자의 교육 문제도 주장하고 나섰다. 하지만 그 당시에 미국에서 널리 보급되고 있던 '백인과 흑인을 따로 분리해서 교육하자'(Separate but equal education)는 정책의 영향으로, 남자학교와 여자학교를 별도로 설립할 것을 요구하고 나섰다.

(편집자 주: 미국에서 "분리하되 평등하게"라는 법적 원칙은 1896년 Plessy v. Ferguson의 대법원 판결에서 수립되었으며, 시설이 평등한 조건 하에 인종 분리를 허용했다. 이로 인해 특히 교육 분야에서 심각한 불평등이 발생했으며, 흑인 학교는 자금이 부족했다. 이 원칙은 1954년 Brown v. Board of Education의 대법원 판결로 폐지되었고, "분리된 교육 시설은 본질적으로 평등하지 않다"고 선언하여 평등 보호 조항을 위반한다고 판결했다.)

제 9 장 조선인을 위한 조선

독립협회

1896 년 당시, 조선인들은 독립협회를 <토론회> 혹은 토론 끝에 가부를 물어서 승패를 결정한다는 뜻으로 <찬반회>(The Yes or No club)라고 불렀거니와, 말년에 이르러 서재필은 19 세기 말의 조선에서의 개혁 운동을 회고할 때마다, "독립협회의 조직은 독립신문의 창설과 마찬가지로 내가 미국에 있을 때부터 마음 속으로 구상하고 계획했다" 고 말하곤 했다.

이 독립신문은 명실공히 조선의 독립을 달성하는 데 필요한 개혁의 다리 역할을 하게 되었다고 하며 이들이 맡은 역할을 다음과 같이 설명하였다.

- 독립신문의 역할은 국민의 권리와 의무에 관해 그리고 부강의 근본이 되는 과학 기술의 중요성에 관하여 대중을 계몽하는 것이었고
- 독립협회의 역할은 조선의 지도층 인사들을 의회의 진행 절차와 민주 이념 등의 기본 지식으로 튼튼히 무장시키는 동시에, 그들을 대중과 한덩어리로 뭉치게 하는 데 있었다.

서재필이 <독립신문>을 시작할 때는 그것을 널리 대대적으로 선전하였으나, <독립협회>를 발족할 때는 이런 역할에 대해 별로 선전하지 못했다. 실제로 1896년 4월 7일에 그는 대담하고 급진적인 신문의 목표와 특성을 설명하는 <머리말 논설>을 발표하면서 독립신문 제1호 창간호를 출판하기 시작했고, 제2호에서는 창간호 200부가 당일에 매진되었기 때문에, 앞으로는 신문 발행 부수를 3,000부로 증가한다는 사실을 자랑스럽게 발표한 바 있었다. 그리고 이 신문의 출판은 당시에 역사적인 사건이었기 때문에, 그 후로는 지금까지 한국에서 매년 4월 7일이 현대 언론의 탄생일 <신문의 날>로 기념하여 왔다.

이에 반해서 독립협회의 탄생에 관해서는 오늘날까지 확실하게 알려진 것이 별로 없다. 그러므로 이제 그 유례를 잠깐 더듬어 보기로 하겠다. 일부 작가들은 7월 4일 자 독립신문 기사를 인용해서 독립협회가 1896년 7월 2일에 조직되었다고 주장하고 있다. 그러나 7월 4일 자 독립신문 기사는 서대문 밖에 독립문을 세울 목적으로 몇몇 정부 관리들이 새로 건축된 외무부 청사에 모여 회의를 열었으며 그 자리에

참석했던 모두가 독립문 건축 계획안을 열렬히 지지하여 그것을 위한 경비의 일부를 지원하기 합의하여 500 원을 기부했다는 사실과 더불어 다음과 같은 사실을 보도했다.

- 조선은 독립국이요, 또 독립국이 되어야 한다 는 것을 국민들에게 명심시키는 상징물로서 〈독립문〉 이라는 이름이 붙은 아치형 문을 세울 것이다.
- 이 사업을 계획하고 감독하기 위해 실무 위원들을 선출했다.

이 기사에서는 서재필이 조선으로 귀국하기 전에 구상했던 독립협회라는 말이 전혀 언급되지 않았지만, 그 신문 보도에는 이 단체가 분명히 그 전부터 존속해 왔었다는 사실이 나타나 있었다. 1896 년 6 월 26 일 자 독립신문 한글판을 보면 '옛날 영은문(迎恩門 The Honor China Gate) 자리에 새로 독립문이라는 문을 세우기 위한 운동이 최근에 일어났다는 말이 들린다' 라고 쓰여있다.

또한 1896 년 11 월 21 일 독립문 기공식 석상에서 독립협회 회장 안경수는 "우리 독립협회가 5, 6 명의 회원을 가지고 약 5 개월 전(1896 년 6 월)에 발족하였다" 고 말한 바 있었다. 또한 서재필은 그 단체가 1896 년 봄에 서울에 있는 내 집에서 조용히 발족하였다 고 회상하였다. 필자는 그 협회의 토론 예정표를 짜는 토론 법규 등을 주목해 볼 때 독립협회는 1896 년 4 월경에 결성됐던 것으로 보는 게 타당하다고 생각했다.

사진: 독립문 (1897 년).

사진: 1897 년에 세워진 독립관.

(편집자 주: 독립문에 사용된 <독립>은 일제 식민 통치로부터의 해방이 아니라 "홀로 설 수 있는 주권 국가" 라는 의미였음. <독립관>은 조선시대 중국 사신들의 영접연과 전송연을 베풀던 <영빈관>을 1897 년에 독립협회에서 개수한 후 독립관으로 개칭하고 토론회를 개최함.)

토론회

　　1897 년 봄에 독립관에서 회의를 가질 수 있을 만큼 날씨가 좋아지자 서재필은 거기서 시범 토론회를 소집했다. 가만히 앉아서 지켜 보고만 있었던 보수파의 의심을 사지 않도록 하기 위해, 이 토론회는 왕세자가 친필로 쓴 <독립관>이라는 현판이 그 독립관 대문에 걸린 5 월 23 일 이후에 열렸고, 회원들은 앞으로 '과학과 경제 문제' 들을 토론할 목적으로 매주 일요일 오후에 만나기로 결정했다. 이렇게 해서 독립협회에 대한 고종의 지지와 원조를 받게 되니, 이제 서재필에게는 그의 지도자 양성 계획을 추진해 나갈 준비가 모두 갖추어진 셈이었다. 그는 최초의 토론 장면을 다음과 같은 말로 회상했다.

　　그 토론은 독립관에서 실시되었다. 그 독립관 건물 안팎에 많은 사람들로 가득 차 있었다. 내가 독립협회 회원들에게 토론 방법을 가르치려 노력한다는 소식을 듣고, 일반 대중이 호기심을 가지고 있다는 이야기를 들은 일이 있었지만, 그들이 <찬반회>라고 부르는 그 토론회에 그와 같이 열렬한 관심을 가지고 있는지는 몰랐다.
　　나는 이 회의 벽두에 공개 토론회의 의미에 대해서 몇 마디 설명했다. 즉 어떤 문제에 대해 쌍방이 의견을 제시함으로 듣는 사람들로 하여금 그 문제에 대한 장단점을 알게 하고, 그들이 스스로 판단할 수 있게 하는데 의미가 있는 것이라고 말했다. 또한 여러 민주주의 국가에서는 이와 같은 교육적인 활동이 정당들에 의해 수행되고 있으며, 국가적 혹은 국제적인 어떤 문제가 발생할 때 감정이나 한쪽에 치우침 없이 정당들이 서로 반대 편에 서서 그 문제를 토론하고, 토론을 들은 일반 대중은 자기가 좋다고 생각하는 어느 한편을 선택하며, 반대 의견을 가진 사람들에 대해 개인 감정을 가질 필요가 없다는 점 등에 대해서 설명했다. 또한 나는 공개 토론회가 의도하는 바는 모든 공적인 문제를 대다수의 의견에 따라 해결하는 데 있다고 말하고, 그것을 어떻게 하는 것인가를 실제로 보여주기 위해, 한 가지 문제를 제시하고 거기에 참석했던 몇몇 사람들에게 찬반론을 펴게 한 다음, 마지막에 청중들에게 그들이 좋아하는 편을 선택하여 투표하라고 말했다.

토론 의제는 '남자는 상투를 잘라야 함'이었다. 조선의 오랜 전통에 따라 남자들은 머리를 자르지 않았다. 미성년자의 경우에는 머리를 길게 뒤로 땋았고, 성년이 되어 결혼을 하게 되면, 그동안 땋은 머리를 머리 위에 얹어 상투를 짜 틀었다. 그리고는 머리를 씻을 때와 부모가 돌아가 상을 표시하는 경우 이외에는 상투를 풀지 않았다. 그러므로 상투는 효성을 상징하는 역할을 했다.

서재필은 청중 가운데에서 누군가가 이 문제에 대해 의견을 말해보라고 계속해서 요청했고, 오랫동안 아무도 대답하는 자가 없었다. 몇 차례 요청한 후, 한 사람이 일어나더니 자기는 상투를 그대로 두어야 할 것으로 생각한다고 말했다. 그 이유는 상투가 옛날부터 내려온 관습인 동시에 부모에 대한 효성의 표시이며 그리고 그것으로 인해 남자들이 별로 불편을 느끼지는 않는다는 것 등이었다. 이 사람은 바로 명성 높은 양반 출신인 이상재였다.

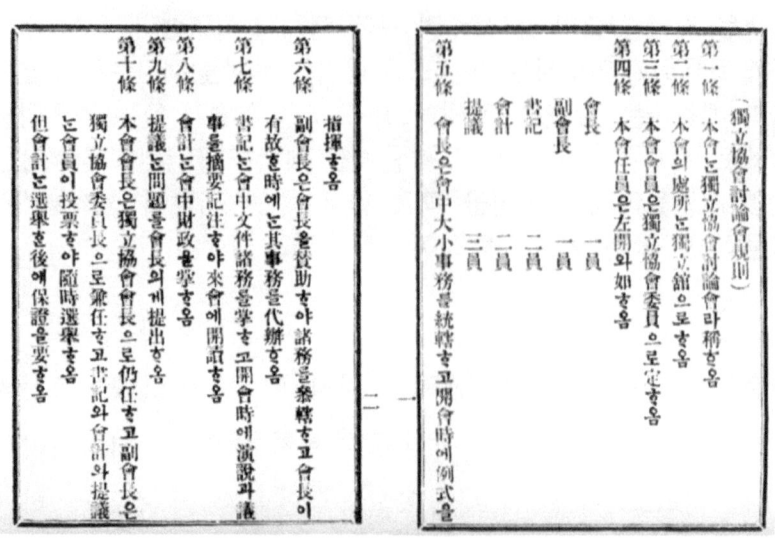

사진: 독립협회 토론회 규칙 (1897 년)

그러자 그의 뒤를 이어 서울 시장이었던 이재연이 일어나 반대 의견을 제시했다. 그는 긴 머리 때문에 일할 때 몸을 자유로이 움직이는 데 방해가 되며, 먼지와 때가 머리에 묻기 쉽기 때문에 비 위생적이며, 그 긴 머리를 깨끗이 유지하려면 자주 씻어야 하는데 이 바쁜 세상에 머리를 씻고 가꿀 시간이 없으며, 긴 머리를 한 사람은 외관상으로 후진국 사람같이 보이며, 더 나은 것을 위한 변화에 반대하는 경향이 있다 는 것 등의 이유를 들어, 상투를 잘라야 한다는 데 찬성한다고 했다.

이 두 가지 의견이 제시된 후 투표를 한 결과 반대표가 절대 다수였다. 그 후 어떤 사람이 서재필 앞으로 다가와서 "한편 말을 들을 때는 그 말이 옳은 듯 했지만, 다른 편 말을 듣고서 는 그 편 말이 옳다고 생각했습니다. 그러니 어느 편이

옳습니까"라고 물었다. 그러나 어느 편이 옳은가 의 문제가
아니었다. 이것이 조선에서의 최초로 실시된 대중 투표이었다는
데 큰 의미가 있었다.

매주 정기적으로 열리게 된 찬반회에서 최초로 토론회가
열린 것은 1897 년 8 월 19 일이었다. 이보다 일주일 앞서 '대중
교육이 조선 민족에게 가장 긴박한 임무임' 이라는 토론 제목이
채택되는 한편, 찬반론을 위해 각기 두 명씩 모두 4 명의 연사가
선발되었다. 토론회 현장에서는 이 연사들이 번갈아가며 미리
준비된 그들의 주장을 제시했다. 그 후 의장석에서는 그 문제에
관해 청중들이 그들의 견해를 발표하도록 권장하면서, 어느
한쪽 편을 드는 사람의 의견 발표가 끝나면, 반대쪽 편을 드는
사람의 의견 발표가 있어야 한다 고 말했다. 그러자 방청석에
있던 많은 사람들이 나서서 각기 그들의 찬반 의견을 발표했다.
이들 발표자 가운데는 당시 대신 직에 있었던 한규설, 이완용,
그리고 이윤용 들도 있었다.

이 토론회를 비롯해 그 후의 토론회가 가져온 의미는 심지어
서재필 자신이 기대한 것보다도 훨씬 예상외로 놀라운 일이었다.
이 토론회를 통해 국사에 직접 참여해 보겠다는 참가자들의
열의가 고취되었을 뿐 아니라, 얼마 안가서 그들은 의회 법규에
능통한 사람이 되었으며, 따라서 법을 위반했다는 소리를 듣지
않고 정부의 몇몇 실책에 관해서 정부를 수세에 몰아넣을 수
있게 된 것이다. 서재필은 그 당시를 회상하면서 그때의
놀라움을 다음과 같이 말했다.

271

내가 발견한 가장 놀라운 일은 재빨리 그리고 재치있게 조선 청년들이 회의 법규의 복잡한 의미를 파악하고 완전히 숙달되었다는 사실이었다. 이들 가운데 일부 청년들은 서방 세계에서의 회의 법규에 대한 전문 지식을 가진 사람들만큼이나 훌륭했으며, 그들이 의사 진행 과정에서 회의 진행 절차에 대한 질문을 제기하는 것을 흔히 보았다.

서재필이 조선에 이바지한 가장 큰 공헌 중의 하나는 조선의 주권에 대한 제정 러시아의 침해 행동에 반대하는 운동이었는데, 토론회를 통하여 이 운동이 시작되었다. 1898년 3월 토론회는 독립협회에서 주관한 <만민공동회>로 성장하며 서재필을 중심으로 하여 수만 명이 모인 독자적인 민중대회를 서울 종로 네거리에서 열었는데, 이는 러시아의 이권 개입을 반대하고 규탄하기 위함이었다. 만민공동회는 처음에는 사교 모임 형태였으나 연설과 강연, 웅변, 조정에 대한 민중의 건의 사항 등을 공개적으로 채택하고 결정하는 모임으로 확대되어, 전국 각지에 지부를 둘 정도로 성장했다.

러시아가 부산 영도를 장기간 조차(租借)하여 자신의 해군기지를 건설하기 위해 조선 정부에 청원서를 제출하였을 때, 아관파천(俄館播遷) 동안 1년 넘게 러시아 공사관 신세를 졌던 고종과 정부의 친러파 인사들이 러시아의 요구를 수용할 기세를 보였다. 이에 만민공동회는 '영도 조차 반대, 러시아 군사교관과 재정 고문의 철수 및 로한은행(露韓銀行)의 철거'

등을 주장하였고, 이로 인해 국민들로부터 즉각적이며 열렬한 반응이 일어났다. 이것이 조선 정부 관료에게 큰 영향을 미쳐 정부는 영도 조차를 거부하기에 이르렀고 이들 러시아 군사교관과 재정 고문의 철수를 통지했으며 로한은행도 철폐하였다. 이야말로 민중의 요구에 따라 조선 정부가 러시아의 요구를 거부함으로 '진정한 민주주의'가 조선에서 처음으로 실현된 예라고 볼 수 있다. 당시 러시아의 요구대로, 부산 영도가 러시아에 100년 간 조차되어, 영도에 러시아 해군 기지가 들어섰었더라면, 그 후 어떤 일이 일어났었을지는 상상하기도 두렵다.

만민공동회 뒤에서 민중대회를 계획하고 구체적으로 러시아의 이권 개입을 반대하는 일에 독립협회의 서재필과 윤치호가 깊이 관련하였다. 그러나 다른 외세들이 사리 추구에 얼빠진 조선 보수파들과 비밀리에 결탁하여 서재필에 대해 반대운동을 일으키자, 러시아의 영도 조차를 막고 러시아 군사고문을 쫓아내는 데 큰 공헌을 세운 서재필마저도 조선에서 쫓겨나게 되었다. 만민공동회는 점차 독립협회의 영향력에서 벗어나 계속 집회를 열며, 제국주의의 침략을 규탄하고 정부의 시책들을 비판하였는데, 1899년에 정부의 탄압으로 폐지되었다.

제 10 장: 귀향한 선지자
- The Prophet in His Own Country

　　선지자가 고향에서 환영을 받지 못한다고 했다(누가복음 4 장). 독립협회의 세력이 커지면 커질수록 조선에서의 서재필의 위치는 그만큼 불안해진 것이 이 성경 말씀을 실증한 것이 아닐까? 실제로 그의 공직 임기 자체가 거의 조선 귀국 초기부터 안전치 못했다. 더구나 당시 조선의 국내 정세란 서재필의 이상과 정면 충돌하는 상태에 놓여있었다. 국민 가운데 일부 젊은 지지층이 그의 개혁 추구에 적극적으로 나섰다고는 하지만, 나라의 통치 권한 만큼은 어디까지나 고종과 그가 선택한 완고한 보수파 신하들에게 국한 되어 있었다. 그런가 하면 일반 대중은 봉건적 유교 전통에 얽매여 있었고, 뼈에 사무치는 가난과 교육 기회의 결핍으로 인해 실로 정신적, 육체적으로 쇠약하여 거의 노예 상태에 빠져 있었다.

이러한 상황 속에서 자신의 경제적 자립 대책 없이 조국으로 돌아온 서재필로서는 그가 개혁하기로 다짐했던 바로 그 부패한 정부의 고용인으로 일하며 봉급을 받을 수 밖에 없었다. 설상가상으로 조선에 주재하던 외국 사절들의 간섭으로 문제는 한층 더 복잡해 졌으니, 이 외국인들은 조선에 대한 지배권을 확보하기 위해 서로 간의 음모를 꾸미면서, 겉으로는 서재필을 지지하는 척 했지만, 뒤에서는 그의 활동을 저지하는데 서로가 단결되어 있었다. 그들은 조선에서 진보적이며 국민의 지지를 받는 정치 제도보다는, 퇴보적이며 힘없는 군주제가 자신들에게 훨씬 유리하다고 믿고 있으면서도 다음과 같은 이유에서 서재필에 대해서 만큼은 감히 노골적으로 대들지 못했다.

- 그는 조선에 있던 미국인들의 자랑거리였고,
- 미국이 조선에 준 **훌륭한 선물**(A shining gift of the United States to Korea)이었고,
- 기회의 나라인 미국이 만들어 낸 산물로서 상징적인 존재였기 때문이었다.

한편, 앞서 지적한 대로 고종과 미국인들과는 서로 매우 가까운 사이였다. 그 전 해(1895년) 민비가 살해 되었을 때, 홀로 남은 고종은 궁의 친일파 세력이 자신마저 독살할지 모른다는 생각에 식사도 제대로 할 수 없었다. 이렇게 자기 생명에 굉장히 큰 위협을 느낀 고종은 한동안 호레이스 언더우드를 포함한 미국 선교사들이 미국 공관에서 만든 음식을

'자물쇠를 채운 양철통'에 담아 궁궐에 가져온 음식만 먹었고, 선교사들 가운데 여러 명은 고종의 친위병(Personal bodyguards)으로 자원 봉사했다. 이와 같은 일로 자연히 고종은 미국과 더 가까워졌다. 러시아는 믿을 수가 없고, 중국은 무능한 대국으로 확인되었기에, 일본에 대해서 악감을 가지고 있던 고종에게는 의지할 수 있는 강력하면서도 친절한 나라가 절실히 필요했다. 그런데 미국 외교관들은 물론 미국 선교사들이 그에게 이같은 도움을 주게 되니, 고종은 미국이야 말로 믿을 만한 나라임에 틀림없다고 느끼게 되었다. 또한 앞에서 지적한 대로 고종은 국가를 운영하기 위해 돈이 절대적으로 필요했기 때문에 미국으로부터 관대한 차관을 얻게 되기를 기대하였다. 이러한 이유로 고종은 마음속으로 서재필을 계속 의심하면서도

- 미국의 배경을 가진 그를 중추원 고문직에 임명했고
- 그의 신문 출판 계획을 묵인해 주었으며
- 독립협회 창설 안을 지지해 주었다.

고종으로서는 그가 한때 역적이긴 했으나 이제는 미국 시민이 된 이상, 왕의 대권을 위축시키지 않고 독립신문을 통해 국왕을 향한 일반 대중들의 충성심을 높이며, 독립협회를 통해서는 조선의 지도자들을 양성하는 일에 전념을 다하기를 바랐기에, 처음에는 서재필에 대한 고종의 지지가 너그러웠다.

선교사들과 조선 정국

그러나 얼마 안가서(1898 년) 강력한 모리배 단체들이 비밀리에 서재필의 활동을 해치려는 공작을 시작했다. 앞서 지적한 대로 서재필의 개혁 사역에 대해 해외 외교관들이 많은 칭찬을 하게 되자, 국왕을 둘러싼 철저한 보수파들은 '아직도 역적'인 서재필의 과격한 개혁 활동이 수반하게 될 위험성에 관해 고종에게 경종을 울리기 시작하였다. 이렇게 개혁파와 보수파 중간에 끼게 된 고종은 개혁을 적극적으로 반대하는 사람들을 정부 고위직에 임명함으로 개화파와의 세력 균형을 유지하려 했다. 그 한 두 가지 예는 서재필의 추방을 국왕에게 제일 먼저 상소한 "신기선"이 문부대신에 임명되었고, 후에 가서 독립협회의 파멸에 주동적 역할을 하게 되는 "홍종우"가 왕세자의 개인 교사가 되었다는 사실이다.

한편 국내 보수파 세력과 서울에 와있던 해외 외교관들 사이의 연합 전선에 또 하나의 세력이 끼어들었다. 그것은 주로 미국 선교사들로 구성된 서울 장안의 외국 거류자들의 세력이었다. 이들의 대부분은 선교사들로서 원칙상으로 서재필의 목적에 찬성했으나, 어디까지나 그들이 맡은 바 사명은 조선을 기독교화하고 조선인들을 기독교인으로 만드는 데 있었다. 그런데 당시 대부분의 조선인들은 보수적인 사람들이었기 때문에, 이들 선교사들은 보수파 지도자들을 설득하여 기독교인으로 만드는 것이 조선을 기독교화 하는 데 가장 효과적인 방법이라고 생각했다. 이러한 상황에서 해외 외교관들은 "서재필은　급진주의자　(A　starry-eyed radical)이다"라고　비난하고　있었다.　그러자　보수파 지도자들의　비위를　맞추면서　영향력이　매우　컸던,　정치에 관여한　선교사들을　포함해　대부분의　선교사들이　모두　서재필의 반대편으로　기울어졌다.

(참고문헌: 오세응, 박사학위 논문, American University, Dr. Philip Jaisohn's Reform Movement, 1970)

　　이런　일이　있은　지　반세기가　지난　후,　서재필은　"당시 조선에는　내가　존경할　수　있었던　미국인이　몇　명　되지　않았다. 대부분은　그들　자신의　이해관계　때문에　조선에　와　있었다"고 회상하였다. 이와　같은　견해는　그때　조선을　방문한　미국인들 가운데서도　들려왔다.　조선을　방문했던　목사　한　분은　알렌　집에 2주간　머문　후,　"그들이　분수에　넘치게　너무나　잘　산다"고 비판했다 (*).　그런가　하면　1888년에　서울에　들렀던　한　미　해군 장교는　"내가　조선의　왕이라면　그　나라에　있는　선교사　녀석들의 목을　모조리　자르겠다"라고까지　말한　적이　있었으며,　알렌 공사　자신도　선교사들의　호화로운　생활에　불평을　표시했다(*).
(참고문헌: * Harrington, 아래 참조)
　　한편　한　선교사　부인은　　"밴더빌트(Vanderbilts)같은 부호들에　비교한다면　우리　생활이　수수한　편이나,　미국의　보통 시민들에　비하면　최대로　안락하게　사는　편이며,　조선인들과 비교한다면　백만장자나　왕자같은　생활을　하는　편이다"라고 자랑하기도 했다(*). 이렇게 조선에 나와 있던 선교사들은 조선인들이 서양 물품을 갖고 싶은 욕망이 생기게 했는가 하면, 일부 선교사들은 부업으로 장사까지 했다(*). 예를 들어 빈톤 목사(Rev. C.C. Vinton)는 재봉기를 수입해서 판매했고, 호레이스 언더우드는 석유와 석탄, 그리고 농기물을 수입 판매했으며, 사무엘 모페트(Samuel A. Moffett)는 압록강 부근에서 벌목업에 관여하기도 했다(*). 이와 같이 해서 조선에서의 생활이 안락하게 되자, 많은 선교사들은 조선의 실력자들의 비위를 맞추려 들었고, 그러다 보니 조선의 개혁 문제는 그 속도를 늦추든지 하나님에게 맡겨 버리게 되었다(*).

(참고문헌 *: 저자 F.H. Harrington, 책 제목: God, Mammon and the Japanese: Dr. Horace N. Allen and Korean-American relations, 1884-1905, 출판사 University of Wisconsin Press, Madison, 1944, Amazon.com 에서 구입 가능함)

날로 불리해지는 서재필의 입장

국왕의 탄신일과 조선 개국일 같은 중요한 행사일을 당할 때마다 서재필은 독립신문 논설난 끝에 고종의 만수무강을 비는 인사말을 빼놓지 않았다. 그러나 신문 논설란을 통해 그는 또한 탐관오리나 잘못하는 남편들의 부정을 자주 꾸짖으면서 고종의 평안을 위해 그러한 부정을 고치도록 하라고 부탁하기도 했다. 나아가서 그는 신문 논설란에 국왕에 대한 충성을 표시하면서 경우에 따라서는 국왕 자신이 분명히 관련된, 관헌들의 부정부패 사건을 대담하게 폭로하기도 했다.

이에 못지않게 국왕의 비위를 상하게 만든 것은 서재필의 지도 밑에 창립되어 활동하고 있던 독립 협회였다. 처음에 고종은 독립협회가 자기의 신복 대신들로 구성되어있는 하나의 고종 지지 단체로 생각했고, 그것을 통해 일반 대중이 국왕의 통치를 자비롭고 온정있는 것으로 이해하리라고 믿었지만, 얼마 안가서 고종은 자신이 그 단체를 통제할 수 없음을 알게 되었고, 특히 보수파들의 견해로서는, 독립협회가 급진파의 온상이다고 생각되었다. 이렇게 되자 고종은 정신을 가다듬고 서재필을 중추원 고문직에서 해임시키는 동시에 그를 국외로 추방 시킬 것도 생각해 보았지만, 서재필의 지지세력으로부터 난폭한 반발이 있을 것을 두려워하여 일단 보류하였다.

서재필은 독립협회의 활동이 고종의 통치에 도움이 됨을 고종이 납득하도록 충분히 노력하였으나 자신이 없었다. 그리고 설사 그가 고종을 설득시켰다고 하더라도 줏대가 약한 고종을 오랫동안 자기편에 서게 할 수는 없을 것이라고 느꼈다. 후에 서재필은 자기 의견없이 쉽게 흔들리는 고종을 ‘해파리 같은 인간’ 이라고까지 불렀다.

그래서 서재필은 고종이 어떻게 할 것인가에 신경을 쓰지 않고 다만 중추원 고문으로서 맡은 바 일들과, 독립신문 편집과 교정, 독립협회에 대한 배후 지도, 그리고 배재 학당에서 강의 등 자기 할 일들을 계속하면서 하루살이 신세로 그날 그날을 보내곤 했다. 독립신문 주필로서 서재필은 만민 평등의 목적을 위해 앞장 서 싸웠고, 조선사회가 적극적으로 서양의 사회 경제 제도를 채택하도록 고취했으며, 공익심 있는 관리들에 대해서는 계속 훌륭한 모범 인물이 되어 주기를 당부했다. 또한 자기의 비평이 결코 어떤 개인을 비난하는 것이 아니라, 비행 그 자체에 대한 것이라고 주장하면서 그는 탐관오리들에 대한 사실들을 몸소 조사하려고 시내로 다니면서 일어나는 일들을 자신의 눈으로 직접 보고 듣기 위해서 당사자와 이야기를 나누기도 했다.

어느 날 한 중국인 상점 앞에서 중국인에게 조선인이 매를 맞고 있는 광경을 목격했다. 사연을 듣고 본 즉, 그 조선인은 중국인이 경영하는 상점에 들어가 물건을 만지작거리다가 사지 않고 나가자, 중국인 상점 주인이 화가 나서 그를 때렸다는 것이었다. 서재필은 당장에 그 중국인의 멱살을 붙잡고는 "이 야만인 같은 놈아, 언제부터 손님이 물건을 만져보다가 안 사는 것이 죄가 된다는 말이냐?" 하며 그 중국인을 밀어 던지자, 그는 겁에 질려 때린 조선인에게 잘못했다 고 사과했다.

또 한번은 서재필이 종로 거리를 걷고 있을 때 한 사람이 그의 앞으로 와서 머리가 땅에 닿게 절을 하고는 자기가 바로 갑신정변이 실패한 1884 년에 서재필이 서울을 빠져 도망할 때, 돌을 던진 무리들 가운데 한 사람이었다고 자백하며 "저는 박사님이 조선의 역적인 줄로 알았습니다" 하고 서재필에게 사과하는 것이었다. 이 말을 듣자 서재필은 그 사람의 손을 잡고 악수를 하면서 "당신이 과거에 그렇게 한 것은 당신 잘못이 아니라 당신이 잘 몰라서 그랬던 것이었다"고 말했다.

여하간 서재필은 논란을 피하려 끈질기게 노력했으나 그의 정적들은 계속 그를 제거하려고 노력하였다. 그래서 그들은 서재필이 자신을 '외국인'이라고 부른다는 등, 또 국왕을 배알할 때 손에 담배를 쥐고 있었다는 등, 그리고 청일전쟁에서 일본의 승리에 편승해서 그가 조선으로 귀국했다는 등, 그를 비난하는 여러 소문들을 퍼뜨렸고, 나중에는 그들이 실명으로 다음과 같이 국왕에게 상소함으로 노골적으로 서재필을 공격하고 나섰다.

황제 폐하께서 서재필과 그의 일당들의 죄악들을 생각하신다면 그들을 그대로 용서 할 수는 없습니다. 이전 내각 대신들의 시체를 파내어 화장하시도록 하시고, 그 전 내각 밑에서 공직을 가졌던 자들을 정부에서 모두 해임하시며, 서재필에 대한 용서를 철회하신 다음, 가능하면 그를 처벌하십시오. 또 사당들을 다시 세우시고 유생들에게 사서삼경을 가르치게 하십시오. 또한 옛 정부 형태로 복귀하도록 하시고, 새로운 것이나 외국적인 것은 모두 철폐하도록 하시옵소서.

이렇듯 야릇하게도 이제까지의 독립협회 활동의 승리가 서재필의 해외 추방 조치에 결정적인 요인이 된 것이었다. 즉, 독립협회의 세력이 너무나 강해져 가고 있었으니 반동 세력들에게는 이것이 서재필의 영향력 때문이라고 판단되었고,

따라서 이 협회가 점점 강해지는 영향력을 두려워하던 모든 세력들은 서재필이 없어져야 한다는 데 뜻을 같이 한 것이었다.

서커스에서 광대가 외줄을 타듯이 보수파와 진보파 사이에서 기묘한 균형을 유지해오던 국왕 자신이 그의 왕위 상실 가능성을 두려워한 나머지 보수파 쪽으로 기울어지게 되었고, 러시아와 숙적이었던 일본인들을 포함한 외국 대표들도 적지 않게 독립협회 회원들을 두려워하게 되었다. 또한 영향력 있는 해외 선교사들, 특히 언더우드 부부도 서재필이 분열을 조장하는 세력이라고 간주하게 되었다.

그래서 드디어 고종은 미국 공사와 러시아 공사를 불러 미국과 러시아 정부가 서재필을 조선에서 떠나게 하도록 해달라고 요청했다. 그러자 두 외국 공사들은 러시아 황제나 미국 대통령도 미국 시민인 그가 죄를 짓지 않는 이상, 어떤 나라로부터 나가게 할 권한은 없다고 말하면서, 동시에 그들은 다른 방도가 있는지 연구해 보겠다고 대답했다.

그 후 몇 달 동안 서재필은 그의 모든 활동을 정지하고 미국으로 돌아갈 것이냐, 아니면 그대로 조선에 머물면서 계속 싸울 것이냐 하는데 관해 크게 고민했다. 그러나 그가 중추원 고문직에서 조만간에 해임되리라는 것은 확실했다. 해임된 후에도 그가 조선에서 계속 살려면 의사 개업을 하든지, 어떤 형태의 사업을 벌려 가족을 부양하는 도리 밖에 없었다. 서재필은 조선이 자기를 필요로 하고 있다는 확신을 가지고 있었기 때문에 진심으로 조선에서 살기를 원했다. 또한 독립협회 회원들, 전국 방방곡곡에 퍼져있는 독립신문 애독자들, 그리고 수많은 일반 평민들이 모두 서재필에게 여하한 일이 있어도 조선을 떠나지 말아 달라고 촉구했다.

그러나 문제는 당시 상황으로 보아 조선에서 의사 개업을 하거나 어떤 형태의 사업을 벌여서 들어오는 수입으로 가족을 부양하면서 독립신문을 재정적으로 뒷받침해 나갈 수 있겠느냐 하는 것이었다. 의사업으로 가족 부양은 가능하겠지만 그 밖의 다른 활동까지는 재정적으로 감당할 수 없었던 것이다. 그렇다고 사업을 하게 되면 그 두가지 문제점을 모두 충족시켜줄 가능성은 있었지만, 사업을 한다는 자체는 그의 개혁 활동에 동정하지 않았을 가능성이 큰 조선 정부 관계 당국자들과 서재필이 억지로라도 협조를 해야만 하게 되어 있었다. 왜냐하면 그 당국자들과 흥정 없이는 사업의 가망이 없었기 때문이다.

이렇게 고민에 빠져있는 가운데 고종이 직접 서재필을 강제 추방하는 방향으로 조치를 취했다. 고종은 먼저 미국 공사를 통해 서재필에게 "나머지 계약 기간의 봉급을 모두 지불할테니 조용히 미국으로 돌아가라"고 권했으나 서재필이 받아들이지 않자, 드디어 1898년 4월 초 어느 날 서재필은 오래전부터 예상해오던 조선 정부로부터의 해직 통보를 받게 되었다. 이 통보는 바로 서재필의 도움으로 수립되었던 국무원으로부터 온 것이었다. 그리고 해직 통보에는 그의 3년 계약 기간 중 나머지 기간에 대한 봉급이 같이 들어 있었다.

그러나 실제로는 그것은 사탕발림을 한 서재필의 국외 추방 명령이었다.

그런 한편 고종은 개혁에 반대하던 서재필의 정적들을 내각에 임명했다. 그뿐 아니라 독립협회에 가담했던 모든 정부 관리들에게 그 협회로부터의 탈퇴하라는 명령을 내렸고, 조선 우정국에 대해서는 독립신문의 배달을 정지하도록 지시했으며, 독립신문사 종업원들에게는 사직하도록 압력을 가했다. 그러나 전보다 더 대담해진 독립협회는 굳건히 서재필을 지지했다. 더구나 조선 전역에 퍼져 있던 수 십만 명의 독립신문 애독자들을 포함한 전국적인 지지 세력이 서재필에게는 있었다. 그래서 고종은 조심스럽게 조치를 취했다. 고종은 결코 서재필이 비행을 했다거나 충성스럽지 못했다고 비난하지는 않았으나, "서재필은 만사를 구식으로 여기는 급진적이요, 공상적이며 성급한 비평가이다"라고 주장했다.

또한 고종은 서재필이 미국 정부에 끼칠 수 있는 영향력을 과대 평가했기 때문에, 그를 조선에 있는 미국인들로부터 고립시키려고 애썼다. 분명히 고종은 자기가 서재필을 추방하려는 조치에 미국인들이 반발하여, 기대해왔던 미국으로부터의 차관이 위태롭게 되지는 않을까 걱정한 것 같았다. 그러나 사실 대부분의 미국 선교사들은 고종의 비위를 맞추어 그로부터 유리한 대우를 받게 되기를 열망했기 때문에, 고종 스스로가 강한 공포심을 가질 필요는 없었다. 오히려 이들 선교사들은 "서재필의 경솔한 조선의 서양식 개혁 운동이 조선에서 심한 소란을 일으켜 자신들의 훌륭한 선교 활동을 해치고 있다"고 세상에 떠들고 다녔다.

고종은 서재필이 자발적으로 조선을 출국하기를 바랐다. 그렇게 하기위해 고종은 보수파들이 서재필을 향해 분노를 터뜨리게 만들었다. 그런가 하면 보수파 가운데 일부 사람들은 서재필을 뇌물로 매수해 올가미를 씌우려 들기도 했다. 즉 재력의 마술사로 알려진 "이용익"이 금덩어리를 가지고 서재필의 집에 왔다가 쫓겨난 일이 있었다. 한편 그 밖의 다른 사람들 가운데는 서재필에게 육신상의 해를 가하겠다고 위협하는 자들도 있었다. 즉 미천한 신분으로부터 일약 국왕의 러시아어 통역원이 되어 당시 조선의 최대 세력가 가운데 한사람이 된 김홍육이 참석한 회의 석상에서, 서재필은 일어나 다음과 같이 말했다.

나를 누군가가 죽이기 원한다는 이야기를 듣고 있는데, 만약에 그자가 여기 참석해 있다면 왜 나를 죽이기 원하는지 나에게 말하시오. 그러면 나를 죽여서는 안된다는 이야기를 그자에게 설명하겠소. 나를 죽여서는 안될 이유는, 나는 수백만 조선인의 공통적인 염원을 대변하고 있기 때문이요. 그가 설사 나를 죽인다 하더라도, 나와 같은 사람은 아직 수백만 명이 남아있소. 이들을 모두 죽일 수는 없을 것이요. 그들이 먼저 그자를 죽일 것이요.

서재필은 자기의 정적 가운데 누군가가 자기를 살해하든지, 아니면 자신을 조선에서 추방할 것이라는 사실을 벌써 6개월 전부터 알고 있었다. 그래서 그는 이 절망의 순간에 독립신문 논설 난을 통해 자기를 없애려는 이유에 의아해하면서 다음과 같은 글을 실었다.

어찌하여 정부가 우리를 푸대접하는지 의문이다. 우리가 과거 2년 동안 해온 일은 상식적인 것들이다. 우리는 우리의 힘이 자라는 한에서 통치자와 마찬가지로 피 통치자에게도 유익한 지식을 나누려 노력해 왔다. 우리는 그들에게 어떻게 서방 국가들이 그들의 군사력과 경제력을 강화하고 달성했는지, 또한 권력을 갖고 직위에 있는 자들은 백성의 지지를 받기 위해 어떤 행동을 해야 하는지, 그리고 백성은 국왕에게 충성하는 신분이 되기 위해 어떻게 행동해야 하는지 등에 대해 알림으로써 조선을 강하게 만들려고 노력해 왔다. 이러한 노력 때문에 우리가 범죄자가 되었다면 우리는 기꺼이 죄과를 자백할 것이다.

그러나 과연 그렇게 한 것이 죄과이냐? 사실 우리는 우리가 해온 일을 가능하게 했던 기회를 갖게 된 것을 영광으로 생각하는 동시에, 우리에게 악의를 품고 있는 자들에 대해서는 가련한 생각만을 가지고 있다. 독립신문은 친구들이 없는 것이 아니다. 우리가 공박을 당하게 되자 서울은 물론, 지방에 있는 많은 우리의 지지자들이 우리를 옹호하려 모여들었다. 지지자들에게 바라노니, 우리를 미워하는 자들을 미워할 것이 아니라 그들을 동정하자. 또 여러분은 우리가 조선에 남게 되든지 안 되든지 간에, 이 신문을 통하여 우리가 여러분에게 부탁한 권유를 따름으로써, 우리가 조선에 대한 충실한 지지자들이며 참된 친구임을 입증하여야 한다.

제11장 2차 망명 I
– Rejected but Loving

축출당했으나 애국심은 불변

비록 오래전부터 정부가 서재필을 중추원 고문직에서 해직시키리라는 소문이 나돌고 있었지만, 실제로 그가 해직당했다는 소식은 독립협회 회원들에게 큰 충격을 안겨주었다. 조선에 대한 러시아의 야욕을 분쇄하는데 승리한 독립협회의 위세는 절정에 달했었고, 이것은 두말할 것도 없이 서재필의 배후 지도의 결과였다. 그들 뿐 아니라 고종을 비롯해 국무원 위원들 다수도 러시아가 허풍이 심하고 거만하기 짝이 없는, 서울 주재 스페이어(de Speyer) 공사를 본국으로 소환했을 때, 분명히 안도의 한숨을 쉬며 서재필의 노력에 고마워했다. 그러나 이 승리는 조선 독립의 확고한 승리가 아니라 그 큰 싸움의 일부분인 전투에서 승리한 데 불과한 것이다. 아직도 최후 승리의 길은 요원했고 험준했다. 따라서 조선은 서재필이 더욱 필요했다. 그러므로 독립협회 회원들은 서재필의 복직을 위해 투쟁하기로 결의하고 긴급회의를 소집한 후 2인의 대표단을 임명했다. 동 대표단은 1898년 4월 26일 자로 국무원에 다음과 같은 서한을 전달했다.

정부가 외국인들을 고용하는 목적은 그들이 가진 특별한 지식을 통해 어떤 목적을 달성하고자 하는 것입니다. 중추원 고문 서재필 박사는 취임한 지 2년이 조금 넘었을 뿐, 계약 기간이 아직도 끝나지 않았습니다. 국가의 이익을 위해 그의 지식과 자문이 더욱 필요한 이때에 정부가 그를 해직하여 그가 미국으로 다시 돌아가야 할 처지에 있다는 것은, 국무원이 정부의 돈을 낭비하는 것으로 생각합니다. 돈을 사용하는 것은 이득을 얻자는 것이 아닙니까? 그러므로 지금 그러한 처사는 정부가 서재필 박사를 고용했을 때의 동기와는 완전히 상반되는 일입니다. 서 박사의 출국은 우리나라의 발전과 독립에 큰 지장을 가져올 것이므로, 우리는 귀하들께서 나라를 위해 서 박사를 다시 등용하실 것을 요청하는 바입니다. 위원회 대표, 남궁억, 신용진.

이와 같은 요청에 대해 국무원은 다음과 같이 대답했다.

우리는 우리 정부가 서 박사와의 관계를 끊는 것에 대해 그를 다시 등용하기를 요청한 귀 대표들의 4월 26일 자 서신을 접수했습니다. 우리는 서 박사를 공직에서 해임함으로써 돈을 낭비한다는 귀하의 비판이 왜곡된 견해라고 지적합니다. 왜냐하면 그분의 강의와 신문 논설을 통하여 우리 국민이 계몽되었고,

귀하들이 국가 문제들에 관하여 국민 상호 간 협력의 필요성을 인식하게 되었으며, 나라의 경제 문제에 관해 국무원에 의견을 제출할 만큼 많은 지식을 얻은 것입니다. 이것은 다 서 박사의 노력과 교훈 때문이므로, 국민이 받은 이익이 그렇게 많다는 것을 고려할 때, 정부는 돈을 유익하게 사용했다고 자부합니다. 그가 중추원에서 더 많은 기여를 할 기회가 없어진 것은 사실이나, 그것은 중추원이 처음 계획대로 속히 결성되지 못하고 더디어진 탓입니다. 서 박사가 정부로부터 해임된 후, 미국으로 돌아가든지, 조선에 남아있든지는 그의 자유이며, 정부는 그것에 대한 결정권을 가지고 있지 않습니다. 그러나 그를 복직시키거나 그렇게 하지 않느냐는 기본적으로 국무원의 책임입니다. 국민이 국가의 진보와 문명의 중요성을 인식한다면 그들이 그 방향으로 모든 노력을 기울일 것이고, 그리하여 그들이 성공할 때에, 중추원이나 다른 어떤 정부 기관들도 더 이상 고문관을 고용할 필요가 없을 것입니다.

국무원의 이와 같은 부정적 회답은 독립협회 회원들로 하여금 서 박사 유임 운동을 더욱 강화할 뿐이었다. 4월 30일에 그들은 서울 남대문 밖에서 대중 궐기대회를 열고, 서 박사를 복직시키라는 요청서를 외무대신에게 발송했는데 결의문은 다음과 같았다.

아래 서명한 우리들은 서울 시민 궐기대회로부터 각하에게 전 중추원 고문관 서재필 박사의 계몽 활동이 우리 민중에게 유익함을 인식하고, 그분의 복직을 요청하라는 지시에 따라서 이 서한을 드리는 바입니다. 서 박사는 불원간 다시 미국으로 떠날 계획이라고 하는 데, 국민은 그것이 조선의 큰 손실로 믿지만, 그분을 만류할 물질적 능력이 없습니다. 그러므로 각하께서 미국 공사와 교섭하여, 조선 민중 전체가 서 박사께서 조선에 남아 계시어 계몽 사업을 계속하기를 요망한다고 설명해 주기를 요청합니다. 미국 공사가 우리의 염원을 인식하고 그의 영향력을 행사하면, 서 박사가 조선에 남아 있을 수 있는 방도가 나타나리라고 믿습니다.

임원 일동: 최정식, 정학모, 이승만.

서재필은 자기 제자들이 자기를 그렇게 신임하는데 너무나 고마웠다. 반면에 그들의 천진함에는 웃음을 참을 수 없었다. 제자들은 서재필이 떠나는 것을 고종황제가 섭섭해 할 것이다, 또 미국 공사 알렌이 서재필의 복직을 위해 조력할 줄 믿는다고 생각했지만 그는 어림도 없다고 생각했다.

서재필은 확실한 증거는 갖고 있지 않았으나, 오래전부터 고종과 알렌이 은밀히 자기를 미국으로 다시 축출할 계획을 하고 있었다고 추측했다. 그의 추측이 사실이었음은 후에 알려졌다. 서재필은 오래 심사숙고한 후, 조국을 다시 떠나기로 결정했다. 그리고 그의 예측대로 외무대신은 서울 군중대회의 서 박사 복직 요구를 거절했다.

앞서 말했듯이 서재필은 정부 고문관의 직임을 잃고, 스스로 개인 사업을 하면서 국민 계몽 사업을 할 수는 없다고 생각했다. 한편 조선 정부에서는 우정국에 명령을 내려 독립신문 배달을 금지했고, 들리는 소문에 의하면 서재필을 암살하려는 자들이 점점 늘어났다. 따라서 서재필의 아내는 침식이 불가능할 정도로 불안한 나날을 보내야 했고, 미국 공사와 선교사들까지도 서재필에게 "조선의 실정이 적어도 반세기가 지나야, 당신이 주장하는 개혁의 시기가 올까 말까 하니, 세월을 허비하지 말고 당신의 신상 이익을 위해 미국으로 돌아가는 게 좋겠다"고 충고했다.

그들은 서재필의 친구로서 충고한다고 했지만, 이상하게도 그들이 모두 고종을 어버이로 대우함을 생각할 때, 서재필은 "저 작자들이 나를 생각해서라고 했지만, 실상은 고종의 의사를 전달하고 있다"는 인상을 받았다고 말했다.

그러던 중 하루는 미국에서부터 그의 아내에게 전보가 왔는데, 아내의 연로한 모친이 중병에 걸려 막내딸을 마지막으로 보고 죽기를 원한다는 내용이었다. 노모의 얼굴을 한번 더 보고자 하는 것이 아내의 소원이었고, 아내 혼자 미국으로 가게 할 수는 없었기에, 결국 그는 미국으로 다시 돌아가기로 결정했다.

일단 그렇게 결정한 서재필은 마음의 안정을 느꼈다. 조선에 윤치호, 이상재, 남궁억, 정교, 이승만 같은 지도자들이 자기가 시작한 일을 맡아 계속할 수 있고, 그들 배후에는 만 여명의 독립협회 회원들과 몇 십만이 넘는 독립신문 애독자들이 있으며, 뿐만 아니라 호머 헐버트, 헨리 아펜젤라 같은 미국인 친구들이 협조하기로 약속했다. 이렇게 자신을 위안하면서 조선을 떠날 준비를 시작했다.

첫째 문제는 여비와 미국에 돌아가서 생활 안정이 될 때까지의 경비에 대해서였다. 조선 정부에서 3년 계약 봉급의 나머지 부분을 지불하겠다고 했지만 나머지 4개월치 봉급을 다 합해서 1,200량 (미화 600불)에 불과했는가 하면, 지난 2년 동안에 받았던 봉급은 서울에서의 생활비와 독립신문 발행 비용의 부족액을 메꾸는데 사용했기 때문에 남은 현금이 거의 없었다. 그래서 가능하면 신문 인쇄기를 판매할 생각을 하였다. 어느 날 윤치호가 자기에게 인쇄기를 팔겠느냐고 하자 서재필이 5,000량을 요구하자, 윤지호는 자기에게는 그런 큰 돈이 없으니 전 총리대신 심상훈에게 판매하여 독립신문을 정부 기관지로 사용하게 한 후, 자기가 신문 발행 책임을 맡으면 어떻겠냐고 질문했다. 서재필은 아무리 경제 곤란을 당해도 독립신문이 정부의 기관지가 되게 할 수는 없다고 하며 거절한 후, 아펜젤러, 헐버트, 서재필, 세 사람의 공동 소유 출판사, 즉 <삼각사>를 조직한 후 윤치호에게 연봉 750량을 지불키로 하고 독립신문의 편집 책임을 맡겼다.

그리고 서재필은 떠나는 전날까지 독립신문을 편집했다. 신문 편집과 귀국 준비를 해야 하는 분주한 일정에도 불구하고 조선 정부 관비로 일본에 유학하고 있었던 청년들을 위한 구조금을 모집했다. 당시 정부에서는 일본 유학생들에게 약속한 학비를 보내지 못하여 그들이 심한 경제적 고난을 겪고 있었다. 이렇게 모집한 구조금이 얼마였는지는 밝혀지지 않았지만 서재필은 그 금액을 주일공사 이하영에게 전달하여 유학생들 사이에 적절히 분배하게 했다. 서재필은 미국으로 출발 직전에 고별인사를 독립신문에 다음과 같이 발표했다.

조선을 떠나기 전야에 독자 제위에게 몇 마디 작별인사를 드리렵니다. 독립신문을 계속하는 문제에 관하여 심사 숙고한 결과, 우리는 다행히 윤치호씨로부터 편집 임무를 맡겠다는 승낙을 얻었습니다. 신문사는 윤 선생과 같은 **훌륭한** 자격자를 편집자로 맞이할 수 있는 것을 큰 다행으로 여기면서 독자들이 본인에게 보여준 것과 같은 지원을 그분에게 표시해 주실 것을 부탁하는 바입니다. 윤 선생은 조선에 충성과 애국심 깊은 인사인 동시에 개혁적 운동을 열렬히 지지하는 분으로서 조국의 복리를 증진시키려는 목적을 깊이 지니고 이 직무를 맡은 것입니다.

망명의 길에 올라 (Down but Not Out)

이윽고 1898년 5월 14일 서재필은 가족을 동반하고 두 번째로 서울을 작별했다. 첫번째 망명이 폭력적 개혁(갑신정변)을 시도했다가 실패하고 도망나왔던 것에 비해, 이번에는 평화적 개혁에 힘썼으나 결과는 같은 망명이었다. 50년 후에 세 번째 기회가 오리라는 예측은 당시에는 물론 할 수 없었다. 수백 명의 전송자들, 정부 관원들, 외국 인사들, 그리고 독립협회 회원들과 협성회 회원들이 나타나서 작별 인사를 했다.

'평안히 가십시오' 하는 그들에게, 서재필은 감사의 인사와 함께, 조선 독립의 기초를 튼튼히 하는 데 계속 노력할 것과, 필요하면 몸을 희생해서라도 조선이 자유, 평등, 평화의 나라가 되도록 힘쓰라 고 말했다.

그의 눈에서는 눈물이 고였고 그의 목소리는 떨렸다. 독립협회 대표 한 청년이 서재필이 남긴 공헌에 대해 감사를 표시하면서 "박사님의 훈시를 죽어도 잊지 않겠습니다" 하며 다짐할 때, 모든 전송자들은 눈물을 흘렸다.

인천을 떠난 서재필과 가족은 일본에 도착한 후, 미국으로 가는 기선이 만원이라 자리가 없어 일본에서 2주일 동안 기다려야 했다. 그동안 서재필은 일본에 있던 조선인 유학생들과 만났고, 일본 정치인들 및 언론인들과도 담화했다. 일본인들이 이구동성으로 하는 말은 '그들의 조선에 대한 근본 목적은 무역 뿐이며, 무역은 평화를 요구하기 때문에 조선의 평화가 필요하다'는 것이었다. 그러나 그들의 주장은 어딘가 평화 공존만 바라는 것 같지는 않다는 인상을 주었다.

샌프란시스코를 거쳐 워싱턴에 도착하자 서재필은 곧 그의 부인과 함께 그의 장모를 찾아갔다. 중병에 걸렸다던 장모가 건전함을 보고 서재필 부부는 놀랐다. 한편 장모는 서재필 부부의 놀라는 기색을 보고 오히려 놀라는 모습이었다. 서재필이 "장모님 병세가 위중하다는 급보를 받고 즉시 왔습니다"고 하자, 장모는 "아니, 나는 아프지 않아, 전보다 더 건강하다"고 대답했다. 그제야 조선에서 받은 전보는 서재필을 조선에서 떠나도록 하려는 극단적 수단이었음을 깨달았다.

서재필이 워싱턴에 머물고 있던 어느 날, 전에 조선 주재 러시아 공사였던 칼 웨버씨를 뜻밖에 만났다. 그는 멕시코 공사로 전임되어 근무하고 있었는데 현재 워싱턴을 방문 중이었다. 그와 얘기하는 중 웨버씨로부터 "자기 후임자인 스페이어 공사와 미국 공사 알렌, 그리고 고종황제가 당신을 미국으로 축출할 계획을 짜고 여러 방법을 계획했었다"고 하는 이야기를 들었다.

처음에 알렌은 미 국무성에 조회하여 고종의 지시라는 이유 하에 서재필을 소환하도록 시도했지만, 국무성에서는 '서재필이 미국 정부를 위해 일하는 미국 공무원이 아니었을 뿐 아니라, 법을 어기지 않는 이상, 그를 소환할 권한이 없다'고 거절했다. 그 후에 또 스페이어 공사가 주미 러시아 공사 카시니 백작(Count Cassini)에게 부탁하여 루즈벨트(Theodore Roosevelt) 대통령으로 하여금 서재필을 소환케 하려 했으나, 루즈벨트 대통령 역시 "그것은 불법이니 그렇게는 할 수 없다"고 거절했다는 것이다. 그러나 루즈벨트가 카시니 공사에게 "그 문제를 뒷문으로 해결할 방법을 생각해 보는 게 어떻겠냐?"고 제안하였다. 그래서 서재필의 장모가 중병에 걸렸으니 속히 그의 딸을 미국으로 돌아오게 하라는 전보를 보내게 됐다 는 이야기였다. 어쨌든 그것이 서재필이 그때 미국으로 귀국한 이유 중 하나였지만, 조만간 그가 조선에서 쫓겨나든지, 쫓겨나지 않았으면 조선에서 목숨을 잃든지 하였을 것만은 의심할 바 없었다.

조선으로부터의 축출은 서재필에게 육신적으로는 해방이었다. 미국에서는 암살당할 염려가 없었고, 미국 의사

면허증을 가지고 있었으므로 생계의 염려도 없었다. 그러나 심리적으로 서재필은 아직도 '조선의 포로자'였다. 언제나 홀로 있을 때면 그의 마음은 항상 조선으로 쏠렸고, 다음과 같은 질문을 갖고 조선의 미래에 대해 늘 걱정했다.

- 독립신문은 어떻게 되고 있는가
- 자기를 쫓아낸 정적들이 독립협회를 그냥 놔두고 있을까
- 외세들이 조선에게 해를 끼치는 음모를 계속할 것인가
- 외세들은 과연 조선인들이 자신의 나라를 외국의 지배에서 벗어나, 모든 사람에게 우호적이고 협조적이며 생존 가능하고 계몽적이며 입헌적인 국가로 건설하도록 허용할 것인가

다행히 일시적이었지만 그의 마음을 조선으로부터 벗어나게 하는 일이 생겼다. 그해 1898년 4월에 미국-스페인 전쟁이 터졌는데, 쿠바로 출전한 미국 군인들 가운데 황열병(Yellow fever)이 널리 퍼져 스페인 군대의 위협보다 더 큰 위험이 되었다. 이 난제를 해결하기 위하여 미 군부에서 육군의 월터 리드 박사를 대책 위원장으로 임명하자, 리드 박사는 서재필을 찾았으나 찾지 못하고 쿠바로 떠났다. 서재필이 워싱턴에 돌아와서 이 소식을 받았을 때는 리드 박사와 함께 일하기는 이미 늦은 시기였다. 그러나 그는 육군 군의관 복무를 자원하여 S.S. Hodge 의료선에서 일하면서 쿠바에서 미국으로 실려 오는 부상 군인을 치료하는데 모든 시간과 정력을 집중했다.

얼마 안되어 미국-스페인 전쟁이 끝나자 서재필은 그해 1898년 12월에 군대에서 제대했다. 그리고 다시 의사 개업을 준비하던 중, 세계적으로 유명한 펜실베이니아 대학 부속 위스타 해부학 및 동물학 연구소(Wister Institute of Anatomy and Biology)로부터 초청을 받고 연구원으로 취직했다. 연구원의 생활은 취미에 맞았고 경제적으로도 안정을 주었다.

사진: 위스타 연구소 의학 연구원으로 일하는 중년의 서재필 (1899-1905년)

조선에 대한 사명감을 버릴 수 없어

1899년 초, 서재필은 위스타 연구소 의학 연구원으로 일하기 시작하였으나, 1905년에 약 7년간의 위스타 연구소 직장을 그만두고, 힐만 고등학교 동창생이었던 친구와 합자하여 <문방구 판매 회사>를 시작했다. 얼핏 생각할 때 그가 여러 번

직업을 바꾼 것이 -- 의사 개업에서 민중 계몽 사업, 그리고 해부학, 병리학 연구원, 또 그것을 중단하고 시작한 문방구 사업 -- 그의 인내성이 부족했다는 증거라고 비판할지 모르나, 좀 더 깊이 생각해 보면 서재필은 비범한 인간으로서 민족 개혁의 사명감을 이행하려는 투쟁의 길을 걷는 사람이었음을 알 수 있다.

그는 일생 자기 개인의 이익이 공공의 이익과 상충할 때마다 언제나 사리를 버리고 공익을 따랐다. 15세 때 과거에 장원급제하여 당시 조선의 제도에 순응했더라면 불원간 정부로부터 관직을 얻어, 개인적으로 부귀 광명을 누릴 수 있었을 것이나, 그가 17세쯤 되었을 때 김옥균이 다음과 같이 그에게 충고했을 때, 그는 이를 적극적으로 받아드렸다

　　새로운 조선을 건설하여 나라가 부강해지고 백성이 번영을 누리게 할 수 있는 개척자가 되는 것이, 썩어져 가는 낡은 제도 아래서 일시적 자신의 부귀 영화를 누리는 것보다 바람직하니, 서양 학문을 받아들여 근대화하고 강국이 되어가는 일본에 가서 배우고 돌아오라.

또 1895년에 박영효가 워싱턴으로 그를 찾아와서 "조선은 임자 같은 인물을 기다린다"고 했을 때 단란한 가정을 이루고 의사 일의 재미를 보고있던 서재필은 서슴지 않고 조선으로 귀국했다.

어떻게 해서 1905년에 그는 위스타 연구소 의학 연구원 생활을 그만두고, 지식도, 경험도 없었던 문방구 사업을 시작했을까? 그의 가슴속에서 사라지지 않는 '조선이 부르는 음성'의 영향이었다고 볼 수 있겠다. 1898년 5월 미국으로 귀국한 후, 1905년까지 약 7년간 조국과의 연락은 매우 뜸하였다. 1898년 12월까지는 윤치호와 가끔 서신 왕래가 있었으나, 독립협회가 강제 해산을 당하고, 독립신문이 폐간된 후, 윤치호씨가 원산 <부윤>의 벼슬을 얻어서 원산으로 떠난 다음부터는 그와 연락이 일절 끊어졌었다. 서재필의 친척들을 포함해 다른 아무도 그에게 소식을 전하지 않았다. 오직 독립협회 회원들이 종종 소식을 보냈고, 나중에 미국으로 유학하러 온 김규식과 안창호로부터 간간이 소식을 받았을 뿐이었다. 그들은 조선 국내 사정에 대해 통탄을 금치 못하면서도, "선생님께서 조선에 뿌린 독립과 민주주의의 씨앗이 언젠가 반드시 열매를 맺을 것입니다"고 서재필을 위로했다.

이승만과 윤병구의 방문

그러던 1905년 어느 날, 그의 옛 제자인 두 청년이 서재필을 찾아왔다. 이승만과 윤병구이었는데, 이 둘은 서재필이 배재학당에서 가르친 제자들이었다. 윤병구는 그 후에 신학을 공부하고 하와이 초기 조선 이민자들에게 와서 목회했고, 이승만은 배재학당에 학적을 두고 독립협회에 가입하였던 당시 소장파 지도자로 알려졌었다. 이승만은 1899 년 박영효가 관련된 고종 황제 폐위 음모 사건에 연루되어 체포되어 <한성감옥>에 투옥되었는데, 그해 탈옥하려다가 실패해 종신형을 언도받고 복역 중, 1904 년 2 월에 노일 전쟁이 터짐에 따라, 8 월에 특별 사면령을 받고 석방되었다. 그 후 민영환과 한규설의 주선으로 고종의 밀사 자격으로 미국 대통령에게 한국의 독립을 청원하기 위해 1904 년 11 월에 미국 하와이에 온 것이다.

사진: 노일 전쟁 중에 평양으로 입성하는 일본군을 구경하는 평양 사람들 (한국인들은 모두 흰 옷을 입고 있다). (1904 년)

두 제자들의 보고는 다음과 같았다.

도미하기 전에 이승만이 저명한 두 애국지사 한규설과 민영환을 방문했는데, 그들은 이구동성으로 "노일 전쟁에서 어느 나라가 승리하든 간에, 피해자는 조선이다"고 탄식하며, 이것을 국내에서는 막을 도리가 없으니, 미국에 가서 하와이에 있는 우리 동포 조선 이민자들과 필라델피아에 거주하는 서재필 박사의 도움을 얻어서, 미국 정부에게 1882 년에 조선과 맺은 <조미 우호 통상 조약> 에 의거하여 '조선의 독립을 보장해 달라'고 호소하라고 부탁했다는 것이었다.

1904 년 11 월에 이승만은 하와이 호놀룰루에 도착했다. 거기서 옛 친구 윤병구와 상봉했고, 그의 주선으로 이승만은 호놀룰루에 거류하는 교포들을 많이 만났다. 이승만으로부터 조국의 암담한 사정을 알게 된 하와이 교포들은 통탄 막급하여, 이승만과 윤병구가 미국 본토에 가서 서재필과 상의하여 조선 독립을 보장하도록 최선의 노력을 할 것을 부탁하는 동시, 자기들도 경제적으로 어렵지만 최대한의 경제 보조를 할 것을 다짐했다. 이승만과 하와이 교포들은 밤새도록 조선의 독립을 지킬 방법에 대해 협의한 후, 이승만은 워싱턴을 향해 출발했다.

이승만이 떠난 후에 하와이 교포들은 특별 회의를 소집하고, 거류민 일동의 명의로 시어도어 루즈벨트(Theodore Roosevelt) 대통령에게 1882 년 <조미 우호 통상 조약>을 지키라는 청원서를 제출키로 하고, 그 청원서를 서재필의 협조를 받아 영어로 정서할 것과 정서된 청원서를 이승만과 윤병구가 루즈벨트 대통령에게 직접 전달할 것을 결의했다. 그런데 이들이 해결해야 할 큰 문제는 '어떻게 하면 미국 대통령을 직접 접견하고 그에게 그들의 청원서를 제출할 수 있겠느냐?' 는 것이었다. 직접 전달하지 않으면 청원서는 대통령 밑에서 일하는 아래 정부 관리들이 보고 내버리거나 묵살해 버릴 가능성이 많았기 때문이었다.

그들은 반드시 성공해야 한다는 의지로 방도를 모색하였으니, 다음과 같았다. 하와이 감리교 지방 감리사 "존 와드만"(John W. Wadman) 목사가 당시 하와이 총독과 친한 사이였는데, 미국 정부 고관들이 호놀룰루를 경류 혹은 방문할 때는 늘 총독 관저에 투숙했었다. 공교롭게도 1905년 봄, 신문 보도에 노일 전쟁을 끝내기 위한 평화 회의가 루즈벨트 대통령의 중재 하에 그해 여름 포츠머즈(Portmouth, NH)에서 열린다고 했고, 또 평화 회의 전에, 당시 육군 장관인 "태프트"(William H. Taft, The Secretary of War)씨가 극동을 방문할 예정이었는데, 여행 도중에 호놀룰루에 잠시 들러 총독 관저에 유숙할 예정이라는 정보를 윤병구 목사가 입수하였다.

윤 목사는 즉시 와드만 감리사를 방문하고 "하와이 총독에게 우리들을 소개하는 편지를 써주어 우리가 하와이 총독과 면담할 기회를 마련해 주면, 하와이에 거주하는 4,000명의 조선인 이민자들이 감리교 교인이 될 것이다"고 말했다. 그렇게 많은 감리교인들을 단번에 얻을 수 있는 기회를 어찌 놓칠 수 있으랴! 와드만 감리사는 기쁘게 윤병구 목사의 요구를 수락했다. 총독을 면회하게 된 윤 목사는 하와이 총독에게 4,000명의 하와이 조선 이민자들의 대표인 자기를 태프트 육군장관과 잠시 접견하도록 도와 달라고 부탁하였다.

놀랍게도 태프트 장관은 윤병구를 만나자, 그의 요청대로 루즈벨트 대통령에게 윤 목사를 소개한다는 간단한 소개장을 써주었다. 태프트는 그때 여행의 목적이 일본 수상 "가쯔라"를 만나, 일본은 미국의 필리핀 통치를 인정하는 대신, 미국은 일본의 조선 통치권을 인정한다는 비밀 조약을 체결하려는 것이었다. 이것은 1882 년에 맺은 조미 조약을 위반하는 것으로 볼 수도 있었으므로, 이 <태프트-가쯔라> 협정을 1924 년까지 비밀에 부쳐졌다. 윤병구가 조선인으로서 그때 시어도어 루즈벨트 대통령을 방문하려는 저의를 태프트가 모를리가 없었을 터인데, 태프트가 그렇게 쉽사리 윤목사의 요청을 받아준 것은 지금까지 하나의 수수께끼다. 자유 조선을 죽이기 전에 사탕 하나를 던져준 격이 아니었을까? 태프트-가쯔라 비밀조약 계획을 알지 못한 하와이의 조선 이민자들은 희희낙락해서 이승만과 윤병구 특별사절의 여행 비용을 위해 하루 노동 임금인 미화 1.25 달러를 기부했다.

사진:루즈벨트 대통령

사진: 윌리엄 태프트

사진: 가쓰라 다로

(편집자 주: 가쓰라-태프트 밀약(Katsura-Taft agreement)은 미국의 필리핀에 대한 지배권과 일본제국의 대한제국에 대한 지배권을 상호 승인하는 문제를 놓고 1905년 7월 29일 당시 미국 전쟁부 장관 윌리엄 태프트와 일본제국 내각총리대신 가쓰라 다로가 도쿄에서 회담한 내용을 담고 있는 대화 기록이다. 이 기록의 내용은 미·일 양국이 모두 극비에 부쳤기 때문에 1924년까지 세상에 알려지지 않았다. 태프트는 1909년에 27대 미국 대통령이 됨.)

윤병구는 태프트의 소개장을 가지고 즉시 워싱턴으로 갔다. 거기서 이승만을 만나 함께 필라델피아에 거주하는 서재필을 찾아갔다. 루즈벨트 대통령에게 노일 평화 회의 시에 두 나라 중 어느 편이건 조선 침해의 기미가 보이면, 미국은 조미 조약에 따라 조선 독립을 보장할 것을 요청하는 진정서를 검토한 뒤 영어로 번역해 달라고 서재필에게 부탁하기 위해서 였다. 서재필은 뜻밖의 옛 제자들을 만나는 기쁨을 형언할 수 없었다. 이승만으로부터 서재필이 떠난 후의 조선 사정 얘기도 듣고, 또 윤병구로부터 하와이에 이민해 온 조선 동포들에 대한 상황도 들었다. 이승만과 윤병구 두 사람은 두 번째 망명 중인 서재필의 경험담을 듣고 싶었지만 그들이 지니고 온 사명을 먼저 설명했다.

서재필은 조선의 위기에 대해 통탄하면서도 자기의 두 제자가 애국심이 열렬하고, 구국의 수완이 비상한 것을 보면서 조선의 장래가 유망하다고 확신하며 기뻐했다.

그리고 이들이 가지고 온 청원서를 영문으로 번역해 주었고, 이승만과 윤병구는 이 번역된 청원서를 들고 곧 뉴욕으로 갔다. 그리고 그들은 제비 꼬리 예복과 실크 모자를 대여해 빌려 입은 후, 마차를 타고 뉴욕 주 오이스터 베이(Sagamore Hill in Oyster Bay, NY)에 있는 루스벨트 대통령의 사저로 갔다. 응접실에 들어선 지 얼마 안되어 미국 대통령이 활기 넘치는 모습으로 나타나더니 그들과 악수를 하며 "신사들, 나에게 무엇을 요구하러 왔습니까?" 하고 물었다.

두 명의 젊은 조선 신사들은 당황해서 말문이 열리지 않았다. 겨우 몇 마디 한 후, 그들은 가지고 온 청원서를 꺼내 주려 했다. 그러자 미국 대통령은 접수하기를 거절하면서, "국가 간의 의전 프로토콜에 따라 그 청원서는 먼저 주미 조선 공사가 미 국무성에 제출한 다음에야, 내가 받을 수 있으니까 그렇게 하십시오"라고 말하고, 그는 작별 악수를 하자마자 옆방으로 사라졌다.

사진: 루스벨트 대통령을 접견하기 위해 정장을 입은 윤병구 (1905년)

이승만과 윤병구는 즉시 워싱턴으로 가서 주미 조선 공사 김윤성을 만나 하와이 이민 동포들의 청원서를 국무성에 전달해달라고 부탁했다. 그러나 김윤성은 "나는 서울의 조선 정부에서 보내는 문서 외에는 미 국무성에 전달할 수 없다"고 말했다. 의심할 바 없이 김윤성은 벌써 일본에 매수당해 있었다. 그리고 루스벨트 정권은 이승만과 윤병구가 방문한 이유를 벌써

잘 알고 있었기에, 그들이 아무리 김윤성 공사를 설득하려
했으나 막무가내였다. 실망과 분노를 억제하고 그들은 다시
서재필을 찾아가서 문의했다. 서재필은 김윤성 공사에게 편지를
써주었다. 서재필은 이 편지에서 김윤성도 조선에 대한 도덕적
책임이 있음을 지적한 후, 김 공사에게 단순히 이승만과
윤병구를 국무성 담당 관리에게 소개하는 소개장만 써주라고
부탁했다. 그러나 조선 공사와 미 국무성 사이에는 벌써 내통이
있었던 터 이라 김윤성이 서재필의 부탁을 수락하려고 해도 할
수 없는 상황이었기에 이를 거절할 수 밖에 없었다.

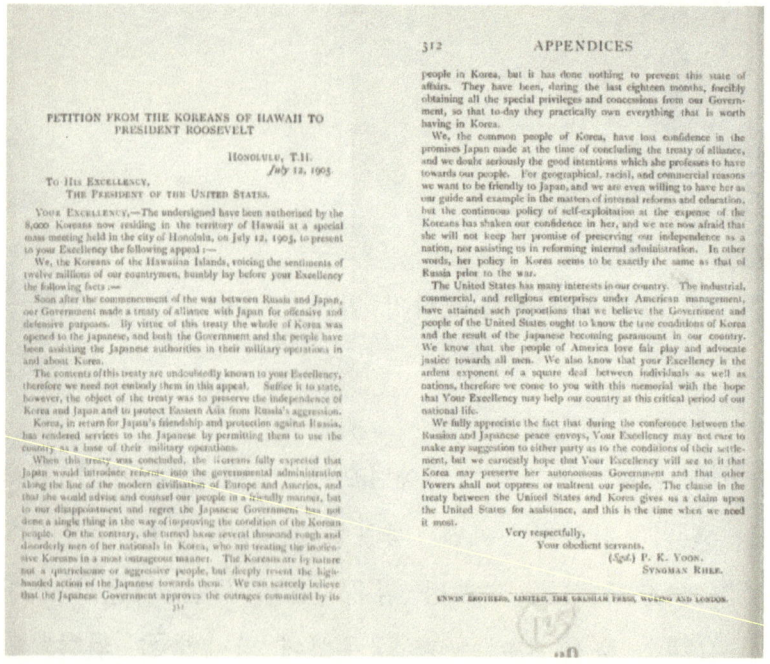

사진: 루즈벨트 대통령에게 보내는 하와이 한인 교민들의
청원서, 출처: Fred A. McKenzie의 저서 『The Tragedy of
Korea』 (1908).

다음 기회를 바라보며

이승만과 윤병구의 노력은 수포로 돌아갔지만 서재필은 그들의 독립 정신과 능력에 감탄을 금치 못했다. 안창호와 김규식이 강조하였듯, '그가 조선 백성들에게 심은 애국 정신의 씨앗은 반드시 열매를 거둘 것이다' 라는 말이 진실이라고 서재필은 굳게 믿었다.

권장과 도움을 받으면 조선인들이 결국 독립에 성공하고야 말 것이라고 확신했기에, 그의 힘이 미치는 데까지 조선인들을 도와주는 것이 그의 책임이다 고 결심하였다. 그렇다면 '조선 백성들과 어떻게 협력을 할 것인가?' 하고 여러모로 궁리한 가운데 다음 세가지 결론을 내렸다.

첫째, 10 년 전에 귀국하여 조선 개혁 운동에 실패한 원인은 자기가 경제적으로 조선 정부에 의존했기 때문이었다.

둘째, 앞으로 다시 기회가 오면 경제적 자립 상태에서 독립 운동을 해야 하므로, 다음 기회가 오기 전에 스스로 경제 자립을 확보해야 한다.

셋째, 그렇다면 위스타연구소에서 의학 연구에 몰두하고 있어서는 안 되겠다.

그리하여 1905 년 그는 위스타 의학 연구원직을 사퇴하고, 옛날 힐만 고등학교 동창생이었던 "헤롤드 디머"(Harold Deemer)와 함께 <Philip Jaisohn & Company>라는 이름의 인쇄 및 문방구 판매 회사를 시작하였다.

다행히 처음부터 사업이 잘되기 시작하여 그로부터 약 10 년 후에는 필라델피아에서 굴지의 번영한 회사로 성장했다. 처음에 두 사람이 미화 5,000 불을 합자하여 시작한 회사가 150,000 불로 가치로 30 배 확대되었으며, 조그마한 방에서 한 명의 여자 사무원을 고용하여 시작했는데, 1914 년 제 1 차 세계 대전이 터질 무렵에는 큰 건물로 이전했을 뿐 아니라 약 50 명의 사무원을 고용할 정도로 성장했다.

얼마 후에는 윌크스 베리와 스크랜톤(Scranton) 두 도시에 지사를 설치하고, 디머씨가 이 두 지사의 지배인의 책임을 맡았고, 서재필은 필라델피아 본사의 운영을 맡아보았다. 본시 서재필은 사업가가 될 것은 생각해 본 일이 없었으나, 물품 판매와 자금 조달 등의 사업적인 일을 해 볼수록 점점 흥미가 생겼다. 서재필은 다방면에 재주를 가진 인간이었으니 상업에 숨겨진 재능을 발견한 것은 하나도 이상할 것이 없었다. 뿐만 아니라 그를 만나는 사람들마다 그에게서 매력과 신뢰감을 느꼈고, 그의 목적이 이타적이요 탁월했으므로 그가 대하는 모든 사람이 그를 존경했다.

서재필은 여러 해 동안 필라델피아 사업자 회의 모임에서 회계 책임자로 일했고, 그의 친구들 중에는 필라델피아의 현직 시장 "토마스 스미츠"(Thomas Smith) 같은 정치인들로부터 필라델피아에서 당시 제일 큰 교회의 담임목사인 "플로이드 탐킨스"(Floyed W. Tomkins)목사 같은 종교인들, "맨 로덴" 같은 법률가와 판사들이 있었다.

1919년 조선에서 3.1 독립운동이 일어난 후, 재미 교포들의 성원 아래 그가 필라델피아에서 <한인대회>(The Korean Congress)를 개최했을 때 토마스 스미츠 시장은 미주 각지에서 온 200여 명의 조선 동포가 회의장인 <작은 극장>(The Little Theatre)에서부터 미국 독립 기념관으로 행진하는 대열에, 필라델피아시 경찰 음악 밴드가 앞장서서 인도하도록 도와주어, 필라델피아 시민들의 이목을 집중케 했으며, 탐킨스 목사는 한인대회의 연단에서 조선의 자유와 독립을 지지하는 열변을 토했다. (부록 1 참조 할 것)

지금 돌이켜 보면, 서재필이 위스타 연구소에서 병리학 연구원의 직무를 중단하고 문방구 사업을 통해 사업계에 발을 들여놓음으로, 스미츠 시장과 탐킨스 목사 같은 당시의 거물급 인사들이 조선의 은인들이 되도록 했을 뿐 아니라, 그때부터 그가 몇 해 동안 조국 독립운동에 물심양면으로 헌신할 수 있었던 것은 '신의 섭리'이었다고 볼 수 밖에 없다. 1918년 제1차 세계 대전이 끝날 무렵까지 그는 필라델피아 사업자 협회 회계업무(Treasurer)를 맡았고, 전쟁 중에는 미국 안보연맹(The National Security League)의 회원으로 동맹국들에게 미정부의 차관을 조달하는 데 활약했으며, 중세부터 서양에서 도덕과 영업 발전을 목적으로 한 비밀 단체인 <메이슨>(Mason)의 중요한 회원이 되기도 했다.

그는 자기 문방구 판매 사업과 위에 언급된 공익 활동에 늘 분주했다. 어떤 교포들이 그의 얼굴이라도 보기 위해 그를 찾아왔을 때, 그는 인사하고 나서 "무슨 사연으로 왔소?" 물어본 다음에, 방문자가 "인사차로 왔습니다" 하면 "감사합니다. 평안히 가시오"라고 했다. 따라서 서재필이 동포를 냉대했다는 말도 있으나, 그것은 오해였다. 그는 호기심에서 그를 찾아오는 사람과 함께 앉아 시간을 낭비할 여가가 없었던 것이다.

필라델피아 긴급 동포회의

1919년 3.1운동의 소식을 듣고 흥분을 억제할 수 없었던 서재필은 사실 여부를 확인하려고 신문사에 전화를 걸었다. 신문사에서는 보도한 것 이상으로 더 자세한 소식은 없다고 대답했다. 그런데 다음날 신문에 조선에서 일하고 있었던 캐나다 선교사 "스콧필드"(Percival Schofield)의 보고가 게재되었는데, 그해 3월 1일에 조선 각지에서 독립 선언과 가두 데모가 터졌다는 것이다. 노일 전쟁 때 전임 총리대신 한규설과 전임 군부대신 민영환이 서재필에게 보냈던 메시지의 예언대로 노일 전쟁 후에 일본은 실질적으로 조선의 통치자로 군림했고, 그로부터 약 5년 후에 조선을 강제로 합병했다. 그럼에도 불구하고 조선 민족은 일제에 비폭력적으로 항거했던 중에, 1918년 윌슨 미국 대통령의 <민족 자결원칙> (National

Self-Determination)이 발표되자, '조선 백성도 이 원칙 아래 독립해야 한다'는 각오에서 1919년에 3.1운동이 일어났다.

서재필은 즉시 미 국무성에 탐문했다. 신문 보도가 사실이라는 것이었다. 이 순간 그가 받았던 느낌을 그는 훗날 아래와 같이 회고했다.

그때 나의 심정은 표현키 어려웠다. 조선 백성들이 죽음을 불구하고 일제에 항거한 것에 기쁨을 억제할 수 없었다. 동포에 대한 자부심이 불일 듯 일어나는 동시에, 내가 1896년에서 1898년 사이에 조선에 귀국하여 독립신문을 통하여 조선 국민들에게 뿌린 자유의 씨앗이 싹튼 것이 아닌가? 고 생각할 때, 그렇다면 나는 최선을 다하여 이제 열매가 맺도록 노력해야 하겠다고 결심했다.

서재필은 즉시 재미 조선인 지도자들과 연락을 취했다. 그들 중에는 안창호, 이승만, 이대위, 유일한, 정한경, 한정수 등이 있었다. 3월 9일에 <재미 대한인 국민회>(The Korean National Association in America, KNA) 의장 안창호는 상해로부터 3.1운동의 충격적인 보고를 받고, 3월 15일에 국민회 긴급회의를 미국 로스앤젤레스에서 소집했다. 그 긴급회의에서 두 가지 결의가 통과되었다.

- 의장 안창호를 즉시 상해로 파견하여 극동에 있는 애국자들과 협력하여 독립운동을 강화한다.
- 서재필을 미국 국민과의 연락 책임자로 임명한다.

국민회는 즉시 서재필에게 임명장을 보냈으나 서재필은 받지 못했다. 후에 알려진 바에 의하면 서재필 회사의 미국인 사무원이 국민회에서 온 서신이 광고 선전물인 줄 알고 그냥 버렸다는 것이다.

서재필은 위에 열거한 지도자들에게 긴급 제의를 했다. 조선에서의 독립운동을 최대한 효과적으로 돕기 위해서 '미국, 하와이, 멕시코 등지로부터의 대표들을 총망라한 조선인 대회를 가급적 속히 소집하자'고 주장했다. 모두들 이구동성으로 찬성하는 동시 서재필에게 회의 일자, 장소, 순서 등 모든 절차를 일임했다. 서재필은 즉시 회의 준비를 시작했다. 먼저 그는 자기 친구인 필라델피아 스미츠 시장과 의논했다. 스미츠 시장은 필라델피아를 회의 장소로 정하라고 권하면서 "필라델피아를 전적으로 당신 백성들에게 제공하겠다"고 했다.

<한인대회>(The Korean Congress)는 그 도시 17 번가와 델란시(Delancy Street)가에 있었던 '작은 극장'(The Little Theatre)에서 1919 년 4 월 14 일에서 16 일까지 3 일 동안 열렸고, 참석자 수는 200 명이 넘었다. 교통 시설이 오늘에 비해 무척 불편하였던 그때, 겨우 대회 2 주일을 앞두고 주최 측에서 개별 통지를 발송했음에도 불구하고, 미국, 멕시코 뿐 아니라 하와이에서 모두 200 여 명의 교포가 참석한 것은 정말 놀랄 만한 일이었다. 당시 하와이를 포함한 총 재미 교포 수가 약 1,000 명이었던 것으로 추측하면, 거의 4 분의 1 이 참석한 것이다.

개회 시 이승만의 동의에 따라 서재필이 회의 의장으로 선정되자, 그는 간단한 수락사를 아래와 같이 했다.

여러분들의 신임에 감사합니다. 나를 이 회의 기간에 회의 의장으로 택해준 것을 크게 영광으로 생각하나 사실 다른 분이 이 책임을 맡았으면 하는 생각도 있습니다. 왜냐하면 나는 미국에 귀화한 사람으로서 나의 마음과 정성은 당신들과 똑같고, 조선을 위해서 무엇이든지 가능한 것을 주저없이 다 할 결심을 하고 있지만, 일단 미국의 헌법을 준행키로 선서한 사람으로서 만일 이 회의 기간 중 발언과 결의에 있어서 미국법을 어기는 때에는 이 의장직에서 물러날 수밖에 없습니다. 이것을 양해하여 주신다면 나는 의장으로서 최선을 다 할 것입니다.

회원 일동을 대신해서 이승만이 아래와 같이 말했다.

그것을 잘 이해합니다. 사실 우리들은 미국에 100 퍼센트 충성심을 가진 인사가 아니면 이 회의 의장 역할을 하는 것을 원치 않습니다.

그 회의는 몇가지 점에서 특이한 점들이 있었다.

1. 이 회의는 조선의 최고 염원이 미국의 그것과 동일하다고 보았다. 물론 윌슨 대통령의 14 개 조항에 포함된 민족자결이 조선의 염원과 부합한 것은 사실이었다. 그러나 어느 나라를 막론하고 신성한 이상에 기초한 기본 정책을 실시함에 있어서는 〈정치적 동물〉의 지배를 받게 되는 만큼, 실질적으로는 고결한 기본

정책은 피하고 기회적이며 불의한 정책을 따르게 되기 때문에, 미국의 실제 정책과 조선의 기본 염원이 언제나 동일하다고 볼 수 없다는 점을 알지 못했거나 간과한 것이었다. 그들은 얼마 안되어 곧 이 모순점을 발견했다. 윌슨은 〈국제연맹〉(The League of Nations)의 존속이 미국에 필요하다고 생각했고, 그것을 위해서는 일본의 협력을 얻어야 한다는 생각으로 조선의 자주를 의도적으로 무시하기로 했던 것이었다. 따라서 이승만을 한때 제자라고 사랑했다는 윌슨은 이승만이 파리 강화회의에 조선 대변자로서 참석하는 것도 허락하지 않았다.

2. 이 회의는 마치 〈기독교 부흥회〉와 비슷했다. 기도로서 개회했고 폐회했으며, 서재필의 친구 탐킨스 목사가 주 연사 중 하나였다. 그럼에도 불구하고 이제까지 조선 선교에 크게 활동한 장로교와 감리교 미국 선교부에서는 이 회의를 도외시했다. 그들이 조선에 파송한 선교사들은 조선에 나가서 조선인들에게 "악마를 무서워하지 말라"고 가르쳤는데, 미국에 있는 이들 선교부 간부들은 일제가 조선 선교를 방해하는 게 두려워서, "하나님께서 조선 민족의 고통을 잘 아시니, 하나님께 모든 것을 맡기라"고 말했다. 이에 서재필은 "하나님은 너무 느리다(God is too slow)"고 이들에게 대답했다.

3. 비록 미국 선교부들과 미국 정부로부터는 공감과 권장이 없었으나 필라델피아시와 미국 언론계에서 보여준 공감과 협조는 놀라울 만큼 너그러웠다.

미국 <독립기념관> 관리자들은 회의 마지막 날 순서를 독립기념관에서 거행하도록 허락했으며, 회의 참석자들이 '작은 극장'에서 독립기념관으로 행렬을 지어갈 때 필라델피아시 경찰 음악 밴드가 앞장 서서 인도하였다. 경찰 밴드 음악에 맞추어 참석자들이 깃발을 흔들며 행진할 때, 수만 명의 필라델피아 시민들은 비가 쏟아지는데도 열광적인 박수로 환영했다. 그리고 당시 지역신문 <필라델피아 레코드>(The Philadelphia Record)는 아래와 같은 사설로 조선 독립운동을 지지하였다.

조선 대표들이 몇 달 전의 체코슬로바키아인들처럼 오늘 미국 독립기념관에 모여 조선 독립을 선언할 예정인데 그들의 처지는 국제 관계에서 미국이 믿을 만 하지 않음을 보여주었다. 잘 알려진 바와 같이 조선은 몇 해 전까지 자신의 주권을 가졌던 나라였다. 그들의 성명서에 의하면 조선은 4,000 여 년 동안 스스로 자신의 주권을 누려온 나라였다. 그들에게는 독특한 역사, 언어, 문화 등이 있고, 세계의 중요한 나라들과 조약을 체결했으며, 미국을 포함한 모든 나라들이 조선의 독립을 인정했다. 그 조약들 중의 하나는 미국과 체결한 것이고 미국은 조선의 독립을 보존키로 엄숙히 약속했다.

이와 같은 약속에도 불구하고, 일제가 노일 전쟁 후에 조선을 합병하였을 때, 미국은 한마디의 항의도 하지 않았다. 조선 대표단이 루즈벨트 대통령에게 조미 조약에 따라 일본에게 그들의 야만적 행동을 포기할 것을 권하라고 요청했으나, 루즈벨트는 조선 대표단을 접견하지도 않았는데, 그의 이러한 행위는 비웃음을 받을 결정이다. 최근에 일어난 사실들을 볼 때 루스벨트 정권은 조선에 비인도적이었고 냉소적이었다. 그런 몰인정한 낡은 세계관이 인간의 숭고성과 신뢰성이라는 기치 아래 <국제연맹>을 산출케 된 상황에서, 낡은 사고방식으로 늘 작동하고 있다. 조선은 독립할 권리를 가지고 있다. 우리는 그것을 지지한다. 조선인들이 아무 결과도 얻지 못하면서 백악관 문을 두드릴 때와는 다른 시기가 왔다.

위의 사설은 의미심장했다. 이 사설의 중요성은 그것이 미국의 유명한 신문 중 하나인 언론기관의 발언이었을 뿐 아니라, 미국 국민 다수의 의견이었기 때문이다. 그때 한인대회가 아무런 다른 성공을 거두지 못했다 해도, 이 신문 사설에서 큰 소득과 희망을 얻었다고 하겠다. 사실인 즉 이 한인대회의 영향은 매우 컸다. 상당수의 미 의회의 상원의원들이 <조선의 독립을 지지하는 성명서>를 미 의회 기록에 기재하였으며, 미국 기독교 협의회는 조선인들에게 끼친 일제의 폭행을 조사 및 폭로 했는가 하면, 장로교와 감리교 선교부 당국자들도 그들의 표면적 중립은 조선의 자유에 찬성하지 않아서가 아니라, 조선에서 선교하며 조선인들에게 동조하는 미국 선교사들의 편리와 안전을 위해서라는 서신을 보내왔다.

불행한 것은 그 필라델피아 한인대회에서 우리 지도자들 사이에 원만한 단합이 이루어지지 못했다는 점이다. 회의 중 한때 다년간에 쌓인 당파심을 극복하지 못하여 폐회될 위기가 있었다. 재미동포 사이의 파쟁을 간단히 말하자면, 이른바 이승만파와 안창호파 사이의 분쟁이었는데, 안창호 지지자들은 이승만이 욕심쟁이며 기회주의자라고 했는가 하면, 이승만파에서는 안창호를 편파주의자이며 시기심이 많다고 비난했다. 예를 들면 3.1 운동이 일어나기 약 한 달 전에 이승만이 단독적으로 윌슨 대통령에게 조선을 <국제연맹 신탁>(Trusteeship) 아래 두어 달라고 신청했을 때, 교포들이 특히 안창호파에서 이것을 반대했는가 하면, 이승만파에서는 3.1 운동이 터진 즉시 '도산 안창호가 주도권을 잡으려고 극동(상해)으로 떠났다' 고 비난했다.

실상을 따지면 이승만이 국제 정세를 볼 때 조선 독립의 희망이 보이지 않으니까 첫 단계로 <신탁>이라도 바람직하다는 의도에서 그것을 시도했던 것이며, 안창호가 급속히 상해로 간 것은 정치적 주도권을 잡으려는 것이 아니었고, 이승만의 견해대로 그때는 조선 독립의 가능성이 없으니까 임시적으로 독립의 상징인 임시정부를 원조하되, 장기적으로는 중국을 조선 독립운동의 근거지로 하고, 거기서 산업과 군사력을 발전시켜 자주적으로 독립을 찾자는 의도에서였다.

서재필은 이승만과 안창호의 후임으로 <국민회>(KNA) 의장이 된 이대위와 기타 지도자들과 합석하여, "천재일우(千載一遇: 천년에 한번 만나게 되는 기회)로 볼 수 있는 이 시기에 사감에서 생기는 편파심으로 인해 단합 운동을 추진 못한다면 우리는 국민 앞에 죄인들이 될 뿐이다" 고 역설했다. 마침내 타협하기로 약속하고 국민회는 모든 재정 수입의 책임을, 그리고 이승만은 워싱턴에서 미국 그리고 열강 대표들을 상대로 외교 활동을, 그리고 서재필은 필라델피아에서 미국 민간인들을 상대로 선전 운동을 맡기로 하고 회의를 마쳤다. 이대위는 국민회 이름으로 미국 시민들을 향한 선전비로 서재필에게 매월 800 불씩 보조하기로 했다.

사진: 필라델피아 미국 독립기념관 건물 앞. 서재필의 왼쪽에 이승만, 윤병구가 서 있다 (1919 년 4 월 16 일).

사진: 필라델피아 미국 독립기념관 건물 앞 (1919 년 4 월).

사진: 이대위(David Lee)가 서재필에게 500불을 송금했음을
확인하는 전보 (1919년)

임시정부 고문

서재필은 즉시 필라델피아에 있는 웨이트만(Weightman)
빌딩에 사무실을 설치하고 이곳을 <대한민국 공보국>(The
Bureau of Information for the Republic of Korea)이라고
불렀다. 그리고 그는 수개월 전에 이미 오하이오주에서 조선
학생들이 시작한 바 있는 <코리아 리뷰>(The Korea Review)라는
영문 잡지의 출판과 책임을 맡았다. 동시에 서재필은 프로이드
탐킨스 목사를 의장으로 삼고 5월 5일부터 출범한 필라델피아
주재 대한민국 공보국을 선두로 <한미 친선연맹>(The League of
Friends of Korea) 조직 운동을 시작했다. 뒤이어
필라델피아시에서는 그 친선 연맹 주최 아래 조선을 지원하는
대대적인 집회가 거행되었다. 이 집회에는 서재필의 초청으로
일본에 대한 강경한 비판자였던 "윌리엄 보라"(William E.
Borah) 상원의원이 주요 연사로 참석했고, 미 국무성 조선과 과장이었던 "랜스포드 밀러"(Ransford Miller)도 개인 옵서버 자격으로 그 자리에 참석했다. 개인적으로는 밀러도 너무도 설득력 있는 서재필의 주장에 공감하지 않을 수 없었으나, 당시 미국의 정책이 국제연맹에 대한 일본의 지지를 얻기 위해 일본을 달래야만 하는 입장이었기 때문에, 밀러는 그 집회 현장에서 연설 요청을 받지 않는다는 조건으로, 서재필의 초청에 수락했다. 국제연맹은 모든 전쟁을 종식시킬 방도에 관한 윌슨 대통령의 해결책으로서 탄생했으나, '확장주의 세력이 강한 회원국들로 구성된 국제연맹이 어떻게 세계 평화를 보장할 수 있겠는가?' 라는 질문에 대해서는 윌슨 자신도 대답하지 못했다.

서재필은 극동 전역에 대한 일본의 위협 문제를 주제로 미국 동부 서부로 돌아다니며 수십차례에 걸친 연설을 하였고, 이 문제에 대하여 많은 기사를 썼으며, 미 의회의 상하 양원 의원들 및 국무성 관리들과 대화도 나누었다. 그 후 1년 안에 미국 각처와 영국에는 한미 친선연맹 산하의 10개 지부가 결성되었다. 그리고 조선의 독립을 지지하는 많은 인사들도 나왔는데, 그중 중요한 인사들로는 보라 상원의원, "조지 노리스"(G.W. Norris) 상원의원, "코밧 라지"(H. Cobat Lodge) 상원 외교 위원회 위원장, 그리고 "찰스 토마스"(Charles S. Thomas) 등이 있었다.

필라델피아 한인대회가 끝난 후, 그해 나머지 기간에는 모든 일이 순조롭게 진행되어 나갔다. <대한인 국민회>(KNA)는 대한민국 공보국에 대한 재정 지원 약속을 잘 이행해 나갔기에

서재필은 협조하는 마음으로 이승만이 설립한 워싱턴의 <미주
위원회>(The Korean Commission in Washington) 고문직도
동시에 겸임했다. 그리고 이승만은 필라델피아의 대한민국
공보국을 지원해 주기로 약속했다.

그러나 내면적으로는 필라델피아에서 합의된 단결이 서서히
결렬되고 있었다. 안창호의 강력한 영도력이 없는 대한인
국민회가 일반 교포들의 지속적인 지지를 받을 수 없었다.
설상가상으로 워싱턴에 있는 미주 위원회의 이승만은 상해
임시정부 입법부의 허락도 없이 500 만 불에 상당하는 조선 독립
채권을 발행하여 미국 내 모든 교포들에게 판매하려는 운동을
시작했다. 필라델피아에 회의에서는 조선 독립운동과 관련된
모든 활동을 위한 기금 모집 책임을 대한인 국민회에 위임했었다.
더구나 1919 년 8 월에 임시정부 재무부장 최재형도 대한인
국민회 측에게 미주 내 교포들에게 독립 기금을 거출할 책임을
위임한 바 있었다. 그러므로 대한인 국민회와 미주 위원회가
서로 경쟁하는 상황 속에서 일부 교포들은 대한인 국민회로
기부금을 보내는가 하면, 또 다른 교포들은 미주 위원회가
발행한 채권을 구매했으며, 기타 교포들은 두 지도자가 하는
일이 못마땅하여 기부금도 보내지 않았고, 채권도 사지 않게
되었다.

결과적으로는 1920 년 한해 동안에 서재필을 앞세운 공보국에
대한인 국민회의 지원이 점차로 줄어들어, 그 다음 해에 이르러
국민회는 명목상의 지원 단체였을 뿐, 실제로는 약속한 바를

이행할 수 없게 되고 말았다. 따라서 서재필도 난관에 봉착했다. 1919 년에 서재필이 상해 임시정부의 외무관계 고문직에 임명되었기 때문에, 이승만은 대한인 국민회가 남긴 그 공보국의 예산 적자를 독립채권 판매 수입으로 메꿔야만 하게 되었다. 그러나 양쪽 단체에서 받은 총액을 가지고는 공보국 사무실 임대료와 직원 봉급, 그리고 <코리아 리뷰>지 출판 비용 정도를 간신히 지불할 수 있었다. 그러므로 서재필은 무료 봉사를 해가면서 여행 비용을 포함한 자신의 독립운동 지원 관련 비용을 본인이 부담해야 했다. 뿐만 아니라 그의 문방구 판매 사업에서 자기 일을 대신해줄 사람을 자기 돈을 들여 고용해야만 했다. 이승만의 미주 위원회도 점차 재정적인 지원 약속을 이행하지 못하게 되자, 1921 년 4 월에 가서는 서재필이 공보국의 일체 경비를 자신의 호주머니에서 털어 내든지, 아니면 공보국 문을 닫아야만 하게 되었다. 같은 해 4 월 13 일에 그의 친구에게 쓴 편지 내용을 보면 서재필이 처해있던 당시의 광경을 잘 알 수 있다.

우리의 여러 가지 계획들은 현재로서 망망한 바다에 떠 있는 상태에 있습니다. 이승만 박사는 내가 나라를 위해서 이 일을 계속해야 한다고 상해로부터 전문을 보내오고 있고, 다른 모든 사람도 나에게 똑같은 말을 하고 있지만, 워싱턴에 있는 미주 위원회(The Korean Commission)는 우리에게 재정 지원을 중단했습니다. 이와 같이 중대한 시기에 그와 같이 좋지 않은 일이 생겼다는 것은 매우 불행한 일입니다. 런던에서의 사업도 똑같이 중요합니다. 우리는 영국과 일본 간의 문제의 재발에 관련하여 런던에서 무엇인가 일을 해오고 있는데 그 일이 중단되면, 그 결과는 매우 심각한 것이 될 것이외다.

4강 군축회의

서재필이 재정난으로 그렇게 머리 앓고 있을 때 금전이 더 많이 요구되는 일이 생겼다. 즉 1921년 7월에 "하딩" 미국 대통령이 미국, 영국, 일본, 불란서 등, 4대 강국이 참여하는 해군 군비 축소 회의를 그해 11월에 워싱턴에서 연다는 발표였다. 서재필은 이 회의야 말로 열강의 주목을 조선에 집중시키는 데 절호의 기회라고 판단한 나머지, 임시정부에 다음과 같이 제의했다. 동양 평화의 해군 군비 축소도 필요하지만, 조선의 자유 회복도 필요하다는 것을 4강회의 앞에 설득시킬 필요가 있으니 조선 대표단을 파견하자는 것이었다. 상해 임시정부는 즉시 이승만을 단장으로, 서재필을 부단장으로, 그리고 정한경을 서기로 하는 대표단을 구성하였고, 이들은 조선문제를 회의 토의 과제로 올리기 위해 열심히 준비하였다.

그러나 4강 회의 의장인 "휴스"(Charles E. Hughes) 미국무장관은 조선 문제에 대한 서재필의 의견 진술과 군비 축소 회의 의사일정에 조선 문제가 포함되어야 한다는 서재필의 절박한 호소를 듣고 나서, 서재필에게 조선 국민이 처한 어려움에 개인적으로 동정한다고 말하면서도, 미국 대표단은 이미 조선 문제를 공적으로 회의에 제기하지 않기로 결정했다는 사실을 알려주었다. 그 이유는 일본으로 하여금 더 커다란 문제, 즉 태평양 지역에서의 평화 교란을 방지하기 위해 일본 해군력의 감축이라는 문제에 관해 양보하도록 만드는 것이 더 유익한 것으로 생각되기 때문이라는 것이었다.

4강 군축회의는 1922년 2월 6일에 폐막되었고, 서재필은 그의 대표단의 사업에 관해 간단한 보고서를 발표하면서, 이 회의가 조선 문제를 거론하지 못함으로 국내외의 동포에게 커다란 실망을 주었다며, 대표단이 최선의 노력을 다한 것만큼 자신도 크게 실망했다 고 말했다.

이승만은 친선 연맹과 공보국의 활동을 지속시키는데 전적인 지지를 표명하고 재정 지원을 약속했으나, 4강 군축회의가 끝난 지 얼마 안되어 그는 아무도 그의 행방을 모르게 워싱턴을 빠져 어디론 가 자취를 감추었다. 서재필이 편지를 해도 답장이 없었다.

하는 수 없이 그 후 수개월 동안 서재필은 혼자서 모든 일을 감당해 나갔으나 자신의 사업이 점차 공격에 빠지게 되자 그의 사정은 절박해졌다. 결국 영문으로 미국 대중을 상대로 한 대한민국 임시정부의 기관지였던 코리아 리뷰는 3년 동안 간신히 명맥을 보존하다가 생명을 잃고 말았다. 이때에는 서재필이 이미 실제로 조선 동포들의 버림을 받은 사람이었으나 그것은 그들이 서재필을 반대해서가 아니라 적어도 가까운 장래에 조선 독립에 대한 희망의 빛을 보지 못했기 때문이었다.

더구나 당시로서 미국 본토와 하와이에는 불과 7천여 명의 조선 교포들이 있었는데 그들의 대부분이 생활에 허덕이는 노동자들이었고, 그나마 조선의 해방에 각별한 관심을 쏟고 있던 소수의 교포들의 경우도 그때까지 독립운동을 위해 그들의 재산을 거의 탕진했었기 때문이었다. 서재필은 이 모든 사실을 잘 이해하고 있었다. 그래서 그는 교포들에게 악 감정은 없었으나 매우 서글퍼했다. 1923년 2월 16일자로 이병두에게 보낸 편지 속에서 그는 다음과 같이 썼다.

내 사업을 회복하고, 기회 있는 대로 외부에 나가서 조선을 위해 이야기하는 것 이외에는 별로 보고할 만한 일이 없습니다. 어제는 '미국 혁명의 딸들'이라는 단체의 필라델피아 지부에서 연설을 했고, 다음 일요일에는 뉴욕 주 Ithaca에서 있는 코넬 대학의 공개 토론회에서 발표할 예정으로 있습니다. 이 일방적인 나의 노력이 한동안은 아무런 결과도 가져오지 못할 것 같지만 여하간 최선을 다하겠습니다. 다른 사람들이 모두 굴복한다고 해서 나도 굴복하지는 않겠습니다. 이승만씨는 하와이로 떠났는데 그 목적이 무엇인지, 그리고 그가 언제 다시 돌아올 예정인지 전혀 모르겠습니다.

사진: 워싱톤에서 열린 4강 군축회의 한국 대표단장 이승만과 부단장 서재필 (1921-1922년)

사진:구미 위원회 임원들과 서재필(앞줄 가운데) (1921-1922년)

PROVISIONAL CONGRESS
REPUBLIC OF KOREA.

三、軍備制限會議에 大韓民國案件을 提出하며 大韓民國과 故會議參加列國과의 間의 一功交涉 내지 一功締約 及 約束을 締結하는 全權은 右代表團에게 全且十分히 信任委함

二、人員八을 選拔하야 代表團을 此에 負共五人으로 組織할 權을 右代表團에게 付與함

顧問 네브래스에 住할
書記 鄭翰景
代表 徐載弼
代表長 李承晩 別紙

民을 當히 通過하야 左와 如히 任命함을 同意함

一、千九百二十一年 十一月十一日에 此 美合衆國首都 華盛頓에서 開會하는 軍備制限會議에 對하야 我臨時大統領 李承晩이 大韓民國을 代表出席參加할 代表團을

大韓民國臨時議政院 第九回臨時議會는 正當히 名集開會되야 大韓民國三年(一千九百二十一年)九月二十九日에 左列議案을 議決通過함

軍備制限會議에 出席할 大韓民國代表團任命案을 同意하는 証書

사진: 상해 대한민국 임시정부에서 발급한 위싱턴회의 한국 대표단 임명장. 이승만 단장, 서재필 부단장, 정한경 서기 (1921 년 11 월)

제 12 장 2차 망명 II
- Down But Not Out

실패할수록 자유 정치의 열심은 더욱 커

　서재필은 오랫동안 등한시 한 결과 완전히 혼란 상태에 빠진 자기 문방구 판매 사업체를 회복해 보려고 안간 힘을 다했다. 우선 사업 실패의 결과로부터 그의 동업자를 구출해 주기 위해, 동업을 그만두고 경상비를 줄이기 위해 회사 직원을 최소 규모로 줄였고, 전보다 작은 장소로 사업체를 이전하며 매상을 올려 보려고 최선을 다했다. 그러나 이 모든 노력은 실패가 불가피했던 상황 속에서 파산이나마 면했으면 하는 최후의 조치들이었다. 드디어 1924 년에 그 불가피했던 파산이 밀어닥쳤다. 조선 독립운동을 지원하느라 3 년 동안이나 자기 사업체 일을 제대로 돌보지 못하면서, 계속 회사에서 자신의 활동비를 꺼내 썼고, 1년 반 이상이나 자기 회사에서 대한민국 공보국 운영 경비를 전부 충당한 결과, 마침내 Philip Jaisohn & Company (서재필 주식회사)는 파산을 면할 수 없게 된 것이다. 조국의 해방이라는 꿈이 깨어진 것도 마시기 어려운 고배였지만, 자기 사업체가 전부 파산하고, 단 하나 남은 집마저 저당 잡히게 된 것은 그에게 실로 큰 타격이 아닐 수 없었다.

그리하여 서재필은 잠도 못 자고 제대로 먹지도 못하다 보니 육체적으로 몸이 매우 쇠약해졌다. 그 당시에 서재필을 만나본 친구들이 깜짝 놀랄 정도로 그의 건강은 좋지 못했다. 그 가운데 한사람이 걱정하는 뜻을 보이자, 서재필의 부인은 "제 남편을 잘 관찰해 주셔서 고마워요. 그의 모습이 얼마나 상했는지를 보셨을 겁니다"라고 대답했다. 또한 서재필과 매우 가까운 사이였던 한 친구는 그가 신경 쇠약에 걸리고 무일푼의 신세가 되었다고 하면서 조선 동포들은 그들 때문에 서재필의 사업이 망했다는 것을 아는지 모르겠다고 한탄했다. 서재필은 친지들이 자기에 대해 그와 같이 걱정해 주는 것을 고맙게 생각했다. 몇해가 지난 뒤 집을 떠나 워싱턴에서 의사 일을 하고 있을 때, 그는 한 친구에게 "가족이 보고 싶다, 언젠가는 다시 내 가족들이 워싱턴에 와서 함께 생활할 수 있기를 원한다"며 가족에 대한 그리움을 표명하기도 했다.

그러나 서재필에게는 노장 군인의 정신력이 살아있었다. 비록 그가 사업 실패로 낙심은 했으나 결코 소망을 포기한 것은 아니었다. 그리고 마음속으로 깊은 상처를 딛고 일어나

칠전팔기로 두 번째 사업을 다시 시작했다. 이번에는 교포 친구들 및 미국 친구들과 수출입 회사를 설립했다. 1925년 4월 25일 자 편지에서 서재필은 이 사업에 관한 내용을 친구에게 다음과 같이 설명하였다.

디트로이트에 콩나물 왕으로 알려진 유일환씨와 그 밖의 몇몇 조선인 친구 및 미국인 친구들과 함께 미국, 중국, 조선을 상대로 수출입 사업을 하기 위한 회사를 설립했습니다. 사장은 내가 되었고, 현재는 필라델피아와 디트로이트에 사무실이 있지만, 앞으로 그 밖의 여러 중심 도시에도 사무실이 생길 것입니다. 당분간 이 회사의 자본은 미화 25,000불로 잡고 있는데, 이미 그중 절반 이상의 투자 약속을 받았습니다. 물론 이 회사의 목적은 경제적 이득에 있지만, 더 중요한 목적을 가지고 있습니다. 우리는 단체 활동을 통해 조선 청년들을 사업의 과학성과 협력의 비결 면에서 훈련시키려고 합니다.

단 한가지 문제점은 나 혼자서는 회사를 시작할 만한 자본이 없다는 현실이었는데, 유일한씨가 그가 가진 돈과 경험과 인맥을 가지고 나와 함께 일할 수 있다고 하니, 나는 우리가 성공할 수 있을 것으로 믿는 동시에, 이 회사를 기반으로 장래에는 조선 동포들의 재력을 개발하기 위해 조선에서 실제로 참된 회사를 시작할 수 있기를 바라는 바입니다. 만일 선생께서 투자하실 돈이 좀 있다면 이 회사주식을 사 주시길 부탁합니다. 우리와 함께 일하기를 원하는 중국인과 미국인들이 있기는 하지만 조선 동포들에게 제일 먼저 기회를 드려야 할 것으로 생각해서 이 편지를 씁니다.

그러나 불행히도 이 회사의 발전은 기대한 대로 되지 못했다. 중국은 내전으로 골육상잔이 한창인 데다 국제적으로는 열강의 착취 아래 있었고, 조선은 일본인들이 자기네 적이라고 생각하는 모든 조선 동포에게 문을 닫고 있었으니, 이 사업체가 성공할 가능성은 매우 희박했었다. 또한 서재필이 그 사업에 관계되어 있다는 사실이 미국에서는 투자자들을 모으는 데 유리했으나, 조선에서는 그가 분명히 부담을 주는 인물이었다. 이렇게 해서 무역 사업도 결국은 실패로 끝나고 만 것이다. 무엇보다도 이 일로 서재필이 받은 타격이란 이만저만한 것이 아니었다. 외관상으로는 그가 이 두 번째 사업에 실패한 것에 대해 침착해 보이는 것 같았으나, 정신적으로는 무서운 댓가를 치루었다. 이렇게 서재필의 사기가 떨어질 대로 떨어져 있을 때 다행히도 사기를 북돋아 줄 만한 일이 일어났다.

태평양 지역 국제회의

그것은 때마침 1926 년 7 월에 호놀룰루에서 열리기로 되어있던 '태평양 지역 관계 연구소' 주최의 <범태평양 지역 회의> (The Pan-Pacific Conference)에 서재필이 해외 조선 교포들의 대표로 참석해 달라는 시카고 조선 학생들과 대한인 국민회(The KNA)의 공동 초청이었다. 이 범태평양 지역 회의라는 것은 태평양 연안 국가의 저명한 재야인사들이 비공식적 모임을 갖고, 그 나라들의 경제적, 사회적, 문화적 제반사에 관해 서로 정보를 교환하는 동시에, 그 지역에서의 평화와 발전을 도모하는 것을 목적으로 한 모임이었다. 비공식 회의였지만 관계 당사국 정부들은 그 회의 진행 사항에 면밀한 주의를 기울였고, 또 그 회의에 참석하는 많은 인사들이 실제로 자기네 본국 정부와 긴밀한 접촉을 하고 있었다.

그러나 불행하게도 서재필의 경우, 호놀룰루 여행을 위한 재정적인 뒷받침이 약했다. 후원자들의 성의 부족 때문은 아니었다. 그들은 서재필의 여행을 위해 필요한 경비를 모금하기 위해 최선을 다했으나 여의치 못하였다. 더구나 사람들은 서재필이 성공적인 사업가로서 잘 살고 있는 줄 알았고, 그가 재정적으로 얼마나 궁한 처지에 있었던 가를 모르고 있었다. 서재필은 그 회의에 참석하기 위해 돈을 빌려서 떠나면서, 하와이로 가는 길에 시카고와 로스앤젤레스에 들러 그의 후원 단체 책임자들을 만났다. 그러나 그들이 제공한 후원금의 액수가 자기가 필요했던 액수에 훨씬 모자라는 것을 발견하자, 회의가 끝나는 즉시로 필라델피아로 돌아오기로 결정했다. 그의 가족은 서재필이 하와이에서 얼마동안 휴양을 하고 돌아오기를 바랐었기에, '즉시 귀가하겠다'는 내용의 전문을 받아보고 모두 실망했다. 그 실망감을 서재필의 부인은 그녀의 친구에게 다음과 같은 편지를 보냈다.

여러분의 큰 지도자에게는 조선을 위해 싸우는 것이 더할 나위 없는 기쁨이라는 것을 모르십니까? 감옥에서 그들을 구하고 그들의 생명을 풀어주어 자유의 몸이 되게 해야 할 이때, 그가 슬픔에 잠겨 집에 돌아와서 그렇게도 피곤하고 수척한 얼굴로 다시 계속 싸울 것을 생각하니 정말 눈물이 납니다. 그가 그렇게 그 일을 계속하더라도 내가 막지 않고 따라 나서리라는 것을 하나님은 아실 것입니다.

서재필은 육체적으로 피로했으나 사기 면에서는 훨씬 건강한 상태로 집으로 돌아왔다. 태평양 지역 국가 대표들 앞에서 조선의 이미지를 강화 시킨 것이 기쁜 일이었고, 서울로부터 온 조선 대표들이 다른 나라 대표들에 비해 뛰어났던 점도 자랑스러웠다. 또한 서재필 자신이 그 회의 참석자들에게 존경을 받은 것도 분명한 사실이었다. 그 회의가 끝날 무렵, 일본 측 수석 대표가 서재필에게 다가와 개인적으로 "우리 따로 만나서 조선 문제를 논의합시다"고 제의한 일이 있었다. 그때 서재필은 "그렇게 할 수는 없소. 그것은 공개적으로 토의되어야 할 문제요"라고 대답했다.

그러나 그의 처음 목적에 비해 그가 태평양 회의에서 거둔 성과는 너무나 미미했다. 그 기회를 이용하여 좀 더 일본을 궁지로 몰아넣지 못한 것이 유감이었지만, 본인으로서는 그 이상 더 할 수 있는 능력이 없었다. 다만 최선을 다 했다는 느낌과 이제 집으로 돌아가 가족과 다시 만날 기쁨으로 위안을 삼았다.

사진: 하와이에 도착한 서재필의 사진이 Honolulu-Bulletin 지역 신문에 실림 (1925년 6월).

사진: 하와이에서 열린 태평양 지역 국제회의에 한국 대표단 일행과 함께 한 서재필, 왼쪽부터 우억겸, 김양수, 서재필, 김활란, 신흥우, 송진우 (1925년 6월)

서재필

사진: 하와이에서 열린 태평양 지역 국제회의에 참석한 서재필과 한국인 학생들 (1925 년 6 월)

의학으로 돌아가

서재필은 다시 또 사업을 해 볼 생각은 포기하고, 다년간 중지했던 의사로서의 일을 다시 시작해보기로 결심했다. 그러나 그는 의학계를 떠난 지가 꽤 오래됐으므로 의학에 관한 복습이 필요하다고 느꼈다. 그래서 부인과 딸들의 적극적인 지지와 격려를 받고 자기 집을 제 2 차 모기지로 하여 은행에서 미화 2,000 불을 빌려, 1926 년에 펜실베니아 의과대학에 입학했다. 60 세가 넘은 고령의 그가 다시 학창 시절로 돌아갔다는 사실은 일대 뉴스거리 였기 때문에 미주 동아일보가 이것을 특종기사로 취급한 바 있었다. 후에 가서 그는 이 시기를 회상하면서 "내가 그 나이에 다시 학생이 된다는 것은 힘든 일이었으나, 내 아내는 내가 의학계로 다시 돌아간다는 것에 매우 기뻐했으며, 나의 온 가족은 신념과 희망에 가득 차 있었다"고 말했다.

1 년 후 의학 복습은 끝났으나 서재필은 개업에 필요한 자금이 없었다. 따라서 우선 병리학 분야에서 직장을 얻어 차차 의사 개업에 필요한 자금을 마련키로 했다. 그리고 1927 년부터

1934년 사이에 그는 대행, 또는 왕진 병리학 의사로 여러 곳에 위치해 있는 병원에서 일했다. 병리학 의사로 일하는 즐거움도 있었고 수입도 상당했으나 그동안 쌓인 빚을 갚아야 했고, 펜실베니아 미디아에 있는 집과 가족을 보살펴야 했으며, 가족과 떨어져 생활함에 따라 자신의 숙박비도 감당해야 했기에 경제적 어려움은 계속됐다. 그때 그의 친구에게 보낸 그의 편지에서 그가 얼마나 궁색하게 지냈는지 볼 수 있다.

지난 10월 이래로 소액이나마 보내려 했으나 여의치 않았소이다. 미디아의 가족에게 생활비를 보내야 했고, 나도 집을 떠나 따로 여기서 지내게 되니 비용이 들고, 또 세금, 모기지 이자, 미디아의 집에 석탄값 등등 비용이 많아 늘 쪼들리고 있습니다. 그리하여 우선 미화 25불을 동봉하오. 나머지도 수시로 조금씩 갚도록 하리다.

서재필은 그렇게 심한 경제적 곤란을 당하면서도 개업할 결심을 품고 직장에서 받은 수입 이외에 특별 병리학 진단 연구 프로젝트를 받아 추가 수입이 생길 때마다, 주식시장에 투자하였고, 자기 생활비에서도 조금씩 떼어 주식을 사곤 했다. 그리하여 개업할 수 있는 날이 멀지 않다는 희망이 점점 커졌을 뿐더러 병리학자로서 틈틈이 관련 의료기기를 발명하고, 새로운 병의 원인을 찾는 연구를 하면서 큰 만족을 얻었다. 한번은 많은 사람들에게 복통을 일으키고 인명까지 빼앗은 이름 모를 전염병의 원인을 그가 규명해서 연구 논문까지 내었다. 그 병은 선모충병(Trichinosis)이었는데 대체로 충분히 잘 요리하지 않은 돼지고기에서 생겼다. 동시에 그는 미국 종양병 학회 정회원이었으며, 그가 특별한 취미를 갖고 연구하던 암에 대한 세미나에 참석하기 위해 존스 홉킨스대학에 자주 나간 것도 이 시기였다. 서재필은 이처럼 열심히 의학 연구를 했고, 돈을 한 푼이라도 더 저축하려 노력하면서, 하루 속히 의사 개업을 하려고 노력했다.

그런데 1929년 가을에 전혀 예상하지 못했던 큰 사건이 일어나 그의 꿈을 산산조각으로 깨뜨렸다. 미국 역사 이래 처음인 <주식 시장 파동>으로 인해 수많은 미국인 사업가들이 파산하였고, 서재필도 주식에 투자해 저축했던 돈을 몽땅 다 잃어버렸다. 그러나 그는 의사 개업의 숙원을 내버리지 않고 사방으로 그의 계획을 실현할 방도를 탐색한 결과, 1932년 7월에 한 친구의 제의에 따라 동아일보 창설자였고, 보성 전문학교(현 고려대학교)를 인수해 맡은 "김성수"에게 미화 5,000불을 빌려 달라는 편지를 보냈다. 그러나 김성수는 보성 전문학교를 구입하는 과정에서 재정적 부담이 과히 중하여 그만한 금액을 빌려줄 수 없는 입장이었기에 결국 사과의 회답으로 서재필의 요청을 거절했다. 서재필은 크게 실망했으나 그의 앞에는 그보다 더 큰 고난이 놓여 있었다.

그동안 병리학 의사의 직장을 갖고 있으면서, 특별 연구 위탁도 받아 저녁과 주말에도 쉬지 않고 열심히 일한 여독이었는지 1934년 초에 그는 폐병(Tuberculosis)에 걸렸다는 의사의 진단을 받았다. 진단을 받는 순간 그는 기절하다시피 놀랐으나, 용기를 내어 침착한 어조로 어떻게 치료하는 것이 좋을지 담당 의사에게 물었다. 그 의사의 말이 '병세가 과중하지는 않으므로, 요양소에 가서 몇 달 내지 약 2년 잘 쉬면 폐균을 죽여 회복할 가능성이 있다' 고 진단 결과를 알려주었다.

그는 의사의 권고를 따르기로 하고, 웨스트 버지니아 지방 산중에 있는 '파인크레스트'(Pinecrest) 요양소로 들어갔다. 이 병이 그에게 얼마나 커다란 타격을 주었으며, 그럼에도 불구하고 그가 얼마나 용감하게 싸워 이겼는지에 대해서는, 서재필이 '파인크레스트의 백일몽'(A Daydream at Pinecrest)이라는 글에 통쾌하게 기술했지만, 현재 이 글은 구할 수 없어서 안타까운 일이다.

요양소에 입원한 첫날, 담당 의사가 그에게 내린 지시는 그의 일생동안 가장 이행하기 어려운 지시였다. 그날부터 차도가 나타날 때까지 '움직이지 말고 누워서 쉬고, 아무 생각도 하지 말고, 독서도 하지 말고, 그냥 먹고 자기만 하라' 고 했다. 그는 '이렇게 실행하지 않으면 죽는다. 그러나 죽지는 않겠다' 고 결심한 후 최선을 다해 의사의 지시에 따랐다.

몇 달이 지나자 그의 병세는 점점 차도가 있기 시작하여, 움직이는 것과 독서의 허락을 받고 나니 체중이 증가하고, 심리적 낙망도 없어졌다. 이윽고 병세는 점차로 더 차도를 보여 미국 종양병 협회 연구 사업 일도 조금씩 하고, 그 외에 그

요양소에 있는 다른 환자들을 치료하는데 시간을 썼다. 그가 치료했던 환자 한사람의 경우를 예로 든다면, 폐 기능이 매우 나빠서 서재필이 엑스레이 광선으로 그 환자의 폐를 들여다본 결과, 거기에 여러 해 동안 못이 박혀 있었던 것을 발견했다. 여하간 요양소에서 근 1년을 휴양한 후, 서재필은 1933년 그 인근에 있었던 찰스턴 병원(Charleston Hospital)의 병리 과장으로 임명되었는데, 이 때 그는 의학 논문 2편을 지금도 세계 최고로 인정받고 있는 <미국 의학 협회 지>(JAMA – The Journal of the American Medical Association)에 발표했다. 하나는 '부고환 암의 예' 이고, 다른 논문은 '정상 세포가 호르몬의 영향으로 암세포로 변할 수 있는가?' 이었다. 20여 년의 공백과 70세의 노령에, 폐병으로 치료를 받으며 약해진 몸에도 불구하고 2-3년 동안에 총 5편의 논문을 남긴 서재필의 두뇌와 끈질긴 노력에는 감탄할 수 밖에 없다.

사진: 의학 연구에 몰두하는 서재필.

CARCINOMA OF THE EPIDIDYMIS
PHILIP JAISOHN, M.D.
AND
E. V. JORDAN, M.D.
CHARLESTON, W. VA.

The infrequent occurrence of malignant tumors in the epididymis, particularly carcinoma, can be judged by the paucity of literature on the subject. Recently we found a case of primary cancer of the epididymis in the course of our routine work. We looked up the literature on the subject, as we had never seen a case before. To our surprise we found only twenty-one cases of primary malignant tumors of the epididymis reported, of which fifteen are sarcomas or teratomas of various sorts and six carcinomas. Three of the six are of doubtful histologic descriptions for carcinoma, which leaves only three authentic primary cancers in this organ as far as we could find. Undoubtedly more cases had occurred than those found reported, but such a small number in the world's literature indicates the rarity of the occurrence.

사진: 서재필 연구 논문. Journal of the American Medical Association (JAMA 1933, 100: 1021-1022)

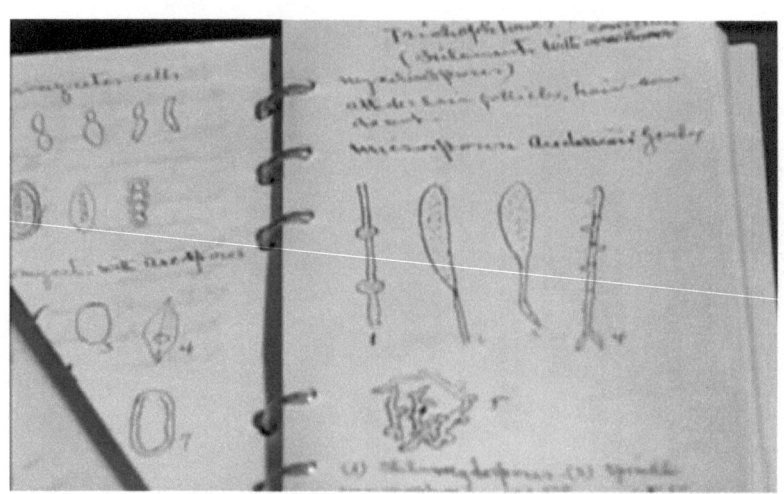

사진: 서재필이 친필로 기록한 의학 연구 노트

사진: 서재필의 미국 특허 (1895년)

의사 개업

1919년에 일어난 3.1운동 이후, 조선의 독립을 위해 바쁜 시간을 보내다가, 1926년에 펜실베니아 의과대학에 입학하여 의학 복습을 마치고 의사 생활을 시작한 지 약 9년이 지난 1935년에 이르러, 서재필은 그전 어느 때보다도 더 확고하게 자신의 병원을 개업할 시기가 왔다고 생각하였으며, 그것 만이 올바른 길이라는 신념과 희망과 확신 가운데 가족의 전적인 지원을 받아, 필라델피아시에서 얼마 떨어지지 않은 "미디아"(Media)시에 실험실까지 완비한 병원 사무실을 열게 되었다.

새로 개업하는 대부분의 의사의 경우가 그렇듯이 서재필에게도 처음에는 환자가 많지 않았다. 게다가 주식 파동으로 시작된 경제 대 공황 이후, 아직 전국적으로 불경기가 한창이었으므로 의사의 도움을 받아야만 했을 많은 사람들이 치료비를 낼 수 없는 형편이어서 의사를 찾지 못했다. 그러나 서재필을 찾아온 환자들은 그가 유능하고 헌신적인 의사라는

343

것을 알게 되었고, 실제로 그로부터 많은 도움을 받게 되었다. 그래서 그가 박식한 의사일 뿐 아니라, 환자 개개인에 대해 깊은 관심을 가진 훌륭한 의사라는 소문이 점차 퍼지고, 불경기가 서서히 해소됨에 따라 그를 찾는 환자 수는 꾸준히 늘어갔다. 그는 돈에 큰 욕심을 가져본 일이 없었으므로 환자들에게 수금 통지서를 보내는데 큰 신경을 쓰지 않았다. 실제로 경제적으로 힘든 상황 때문에 일부 환자들은 치료를 받고도 돈을 낼 수 없었고, 또 어떤 환자들은 치료비를 낸다 하더라도 일부 만 지불하곤 하였다.

그러던 중 "프랭클린 루즈벨트"(F. D. Roosevelt) 대통령의 <뉴딜정책>이 효과를 나타내기 시작하고, 또 유럽과 아시아에서 전쟁의 기운이 짙어져 미국이 재무장을 하기 시작하였다. 이러한 계기가 경제 회복을 촉진시키게 되었고, 서재필을 찾는 환자 수가 차츰 많아졌으며, 이전에 치료비를 못냈던 환자들도 밀린 돈을 지불하게 되었다. 그리하여 1940 년, 개업한 지 5 년 만에 그의 의사 사업은 날로 번창하여져, 아침부터 저녁 늦게까지 눈코 뜰 새 없이 바빴다. 그 외에도 서재필은 여러 공립학교, 주립 소년원, 그리고 사립학교의 담임 의사직을 겸했고, 동시에 체스터 의료 센터(Crozier Chester Medical Center)의 왕진 병리학 의사로서 피부병을 전문하는 진찰 업무를 담당해 나갔다. 그러던 중, 2 차 세계대전이 발발하자, 미국 징병 위원회 소속 진찰 의사로 자원 봉사를 시작하였고, 전쟁이 끝날 때까지 그에게 진찰받은 징집병 수는 무려 2,000명이 넘을 정도였다. 이와 같은 헌신적인 봉사에 대해 미국 국회로부터 훈장과 트루먼 대통령으로부터 대통령 표창장을 받았다.

성공한 대부분의 사람들의 경우와 마찬가지로, 의사로서 그리고 정치가로서 서재필이 성공한 이면에는 그에게 정성을 다했던 뮤리엘 암스트롱(Muriel Armstrong Jaisohn) 부인의 공이 컸다. 생활이 가장 어려웠을 때 그녀는 남편을 돕고 격려하였으며, 매일 서재필을 위해 맛있는 점심을 싸주며 항상 웃고 성내는 일이 없었고, 희망과 친절과 사심없는 태도로 일관했던 그녀가 서재필의 생애에 중요한 역할을 했음은 말할 필요도 없다. 결국 그 부인은 남편이 자기 일에 만족하는 성공적인 의사가 되는 것을 생전에 보았고, 그녀는 자신이 보필하며 이루어 낸 삶에 지극히 만족해 하는 가운데 1941년 7월에 세상을 떠났다. (편집자 주: 이때 서재필은 77세 였음)

성공적인 의사로서의 바쁜 생활에도 불구하고 해외, 특히 조선에서 일어나는 일에 대한 서재필의 관심은 조금도 변함이 없었다. 1944년에 접어들어, 일본의 궁극적인 패망이 점차 더 확실해지자, 조국의 해방을 갈망하던 재미 교포들은 그와 조선의 장래 문제를 의논하고, 그의 자문을 받기 위해 점점 더 자주 서재필을 방문했다. 찾아오는 교포들이 자기를 이용하려는 기회주의자들이 아니라고 판단한 이상, 그는 아무리 바빠도 그들을 만나주고 그들의 의견을 들으며 자기 의견을 말해주었다. 또한 확실히 신임할 수 있는 교포 단체들로부터 도움을 요청받았을 때, 한번도 그는 그런 요청을 거절해 본 일이 없었다. 그리고 환자를 보다가 시간이 날 때면 늘 책상 앞에 앉아 교포들이 요청한 기사나 연설문을 쓰곤 했다. 자연히 서재필은 교포 단체들이 가장 자주 연사로 모시기를 원했던 인물이었다. 또한 기업과 단체들은 그가 원고를 써주기를 원했다. 그래서 그는 당시 미국에서 가장 역사가 깊고, 또 여러 해 동안 미국 내의 유일한 교포 신문이었던 <신한민보>에 자주 투고하였다.

또한 YMCA의 국제회의 산하기관이었던 미국 내 해외 유학생 친목 위원회와 협력해서 재미 유학생 연맹이 발간하던 계간지 <조선학생 회보> (The Korean Student Bulletin)에도 자주 글을 썼다. 그가 쓴 여러 기사 가운데 특별히 주목을 끄는 기사로는 신한민보가 연재했던 <조선에서 내가 보낸 나날들>, 그리고 <생각나는 일들>이라는 제목의 기사들이 있었다. 그가 쓴 기사들을 보면 주제가 광범위한 분야에 걸쳐 있으나, 대체로 세 가지 주제로 요약되었다.

- 애국심
- 협조
- 실용적 지식

저자로서 그의 문체는 간단 명료했고, 연사로서 그의 연설은 유우머로 사람의 마음을 끌면서도 대단한 자극을 주었다. 그 좋은 예로 원래는 그가 조선 학생들에게 <나라의 소망은 청년>이란 주제로 연설하였으나, 후에 조선 학생 회보에 기사

형식으로 게재되었다. 그의 연설문 겸 기사 전문을 소개하면 다음과 같다.

연설문 제목: 청년들에 대한 조선의 기대에 관하여

　　조선이 여러분에게 무엇을 기대하고 있는지 아십니까? 아마 여러분은 1855 년 10 월 21 일 트라팔가 만에서 영국의 넬슨 제독이 프랑스와 스페인의 연합 함대와 전쟁을 시작하기 전에, 휘하 장병들에게 전한 역사적인 메시지를 들으셨으리라 믿습니다. 그가 한 말은 "영국은 각자가 자기의 임무를 다 할 것을 기대한다" 는 것이었습니다. 이 간결하면서도 고무적인 몇 마디가 영국에게 중대한 승리를 가져다 주었고, 그 이후로 그 승리는 영국을 이론의 여지가 없는 해상왕국으로 만들었습니다. 나에게는 조선을 대표해서 이야기할 공식적 권리는 없지만, 나는 조선이 여러분에게 무엇을 기대하고 있는지를 알고 있기 때문에, 여러분에게 그 문제에 관해 이야기하고자 합니다. 현재 조선은 국치와 빈곤 속에 빠져 있습니다.

　　바로 조선이 여러분에게 기대하는 것은 조선을 그와 같은 국치와 빈곤에서 벗어나게 하는 일입니다. 조선은 여러분 이외의 다른 사람들에게 구원을 청할 사람이 없는 동시에, 조선은 여러분에게 기대를 걸 만한 권리를 분명히 가지고 있습니다. 조선은 여러분에게 희망을 품고 있을 뿐 아니라, 여러분은 애국심이라는 비상한 마음과 자유를 사랑하는 마음을 반드시 갖게 되어, 조선의 투사로 나서게 될 것이라는 확신도 가지고 있습니다. 그와 같은 운동이 성공할 것이라는 데 대해 조국은 의심하지 않고 있습니다. 그 이유는 조선은 항상 조국의 자주적 권리를 희생시킨 적 없이, 독립 국가로서 난국을 극복해 왔다는 것을 역사가 말해주고 있기 때문입니다. 조선은 몽고와 청국의 침략을 물리쳤고, 임진왜란 때 일본의 히데요시의 야망을 좌절시켰습니다. 바로 그와 같은 백절불굴의 피가 아직도 조선 동포들의 혈맥 속을 흐르고 있으며, 앞으로도 조만간에 그와 같은 사실을 입증하게 될 것입니다. 민족 운동을 좀 더 급속도로 발전시켜 나가지 못하게 하고 있는 현재의 약점은, 우리에게 내재해 있는 힘을 공동 목적을 위해 하나로 묶어 조직하는 경험이 부족한 탓입니다.

우리 동포들 사이에는 아직도 단체 행동이나 협조 정신이 충분히 개발되지 못하고 있어서, 개인 의견들의 부단한 충돌과 사적인 질투심이 전체 운동에 해를 끼치고 있습니다. 그러나 이것이 극복될 수 없는 장애물은 아닙니다. 왜냐하면 조만간에 제일 정의로운 세력이 지배 세력이 될 것이고, 그 영향력으로 현재 우리와 우리 귀에 거슬리는 온갖 불화와 반목을 조화시키게 될 것이기 때문입니다. 조국은 여러분들이 부귀와 개인의 명예와 생명 그 자체보다도 조국을 더 사랑하는 세력의 핵심이 되어줄 것을 기대하고 있습니다. 누구도 우리 동포들의 애국심의 진실성이나 보편성을 의심하지 않으나, 그 애국심이 얼마나 강한 것이냐에 대해서는 의심하는 사람들이 많습니다. 다시 말해 동포들은 정치적, 경제적 자유의 댓가를 치를 준비가 되어 있느냐? 하는 말입니다. 조국은 여러분들이 바로 그와 같은 댓가, 필요하다면 심지어 **여러분의 피로서라도 그 댓가를 치를 것을 기대하고 있는 것입니다.** 과연 여러분은 조국의 이러한 기대를 거부할 수 있겠습니까?

나는 여러분의 **중요한 인생 목적이 나라를 위해 여러분의 임무를 다하는 것**이라고 믿고 있습니다. 그런 이유와 그런 커다란 과업을 위해 여러분은 공부하며 준비하고 있는 것으로 생각합니다. 현명한 지도자가 되는 데는 지식이 절대로 필요합니다. 그렇기 때문에 여러분은 가능한 한 광범위하게 지식을 습득해야 합니다. 그러나 여러분은 지식 함양 이외에 도덕적, 정신적 힘도 배양해야 합니다. 통솔력을 가지려면 마음과 행동이 온전히 정직해야만 합니다. 정직만이 정의감을 길러 주기 때문에 일반적으로 정직한 사람은 의로운 사람입니다. 나는 정직과 정의만큼 다른 사람들의 신임을 얻게 하는 것은 없는 것으로 압니다. 바로 조국은 여러분이 정직하고 정의롭게 되기를 요구하고 있습니다. 과연 여러분은 조국의 이러한 요구를 거부할 수 있겠습니까?

어느 기업에서나 통솔력은 여러 말할 것 없이 모두를 이끌고 나가는 원동력인 힘의 근원임이 틀림없습니다. 그 원동력은 통솔력에 의해 일어나야 하기에, 통솔자는 다른 사람보다 더 열심히, 그리고 더 장시간 일하지 않으면 안됩니다. 어느 기업에서나 휴식과 태만은 실패를 초래하기 마련입니다. 바로 여러분이 곤경 속에 있는 조국을 구하고 자유와 번영의 대로 위에 나라를 올려놓게 할 그러한 힘의 원동력이 되기를 기대하고 있습니다. 이러한 기대를 거부할 수 있겠습니까?

마지막으로 또 한 가지 중요한 사실은 남들과 일치된 마음으로 일하는 방법을 배우는 것입니다. 조선은 실패에 대한 어떠한 변명에 관심을 갖고 있지 않고, 조국이 갈망하는 바를 여러분이 성취하기를 기대하고 있는 것입니다. 결코 혼자서 놀거나, 혼자서 일하지 말고, 언제나 가능하다면 타인들과 같이 놀고 같이 일하십시오. 타인들과 같이 일하고 그들이 어떤 계획을 세우는데 같이 가담하게 된다면, 여러분들은 일을 더 잘 할 수 있을 것이고, 더 많은 것을 성취하게 될 것입니다. 설사 그들이 더 나은 생각을 하지는 못한다 하더라도, 여러분 자신의 생각을 검토하게 될 것이기에 함께 하는 그 자체가 매우 중요한 일입니다. 조국은 여러분이 폭 넓고 관대하게 되기를 기다리고 있습니다. 과연 여러분은 이러한 기대를 거부할 수 있겠습니까? 그러므로 여러분의 조국은 여러분들로부터 많은 것을 기대하고 있다는 사실을 명심해야 할 것입니다. 그러나 나는 트라팔가에서 넬슨 제독의 지휘하의 장병들처럼, 여러분이 결코 조국을 실망시키지 않을 것이라는 확신을 가지고 있습니다.

서재필의 '미국에 대한 충성심'은 그가 조선을 사랑한 것만큼이나 확고했다. 비록 1890년대 말에 조선에 나가 있던 미국을 대표하는 외교관들이 자신의 개화 노력에 협조하지 못했음을 심히 유감스럽게 생각하면서도, 그들이 결코 미국의 대표적 인간들은 아니었다고 판단하여 미국으로 귀국하자 곧 스페인과 미국 사이의 전쟁에 군의관으로 자원해서 복무했다.

또한 시어도오 루즈벨트 대통령이 조미 수호 조약을 지키지 않음으로써 서재필의 마음이 무척 아팠지만, 그것도 루즈벨트 개인의 탈선 행동이었다고 믿기로 하고, 1차 세계대전 기간 중, 국가 안전 연맹의 회원이 됨으로서 미국의 전쟁 노력을 적극 지지하였다. 또한 서재필은 제1차, 제2차 세계대전 기간에 미국이 '조선의 주권을 빼앗은 일본'에 대해 유화 정책을 추구했을 때 꽤나 불쾌하게 생각했으나, 일단 미국이 일본과 독일로부터 군사적 위협을 받게 되자, 서재필은 무보수로 징집병들을 위한 의료 조사관으로 자원 복무를 시작하였고, 2차 세계대전이 끝날 때까지 그 일을 계속했다.

그런가 하면 1943년에는 카이로회담에서 프랭클린 루스벨트 대통령이 조선 문제에 관해 애매한 태도를 취함으로써 크게 실망했다. 또 1945년에 일본이 항복하기 직전에는 조선을 남과 북으로 분할하기로 한 트루먼 대통령의 이해할 수 없는 결정에 대해 매우 비판적이었으나, 미국이 태평양 전쟁에서 승리한 후, 그를 찾아간 방문객에게 서재필은 "내가 요청을 받는다면 미국과 조선을 위해 어떠한 신분으로도 봉사할 각오가 되어 있다"고 말한 바 있었다.

해방이냐? 두 외세에 예속이냐?

태평양 전쟁에서 미국이 승리한 뒤에 조선 반도는 38선을 중심으로 양분되어, 북쪽은 소련이, 그리고 남쪽은 미국이 각각 점령하였다. 남쪽에는 "존 하지" 중장(Lieutenant General John R. Hodge)이 이끄는 미 점령군이 1945년 9월 8일에 들어왔다. 그리고 그 뒤를 이어 그동안 해외에서 망명 생활을 하던 애국자들, 다시 말해서 김구를 비롯해서 중국에 있던 임시정부 지도자들과, 워싱턴의 미주 위원회 의장 이승만이 개인 자격으로 서울로 돌아왔다. 그런가 하면, 젊었지만 만주에서 싸우던 항일 유격대 지도자 김일성과 연안의 김두봉 등은 북쪽의 평양으로 들어갔다.

그러나 서재필이 과연 조선으로 귀국할 것인지, 그리고 귀국한다면 언제 귀국할 것인지에 대해 항간에 의견이 분분했지만, 서재필은 의사로서 의료 행위에 계속 열중하고 있었다. 남한의 신문들에 이승만, 김구, 김규식, 여운형 등의 이름이 대서 특필되고 있는 동안, 1년간이나 서재필은 거의 잊혀진 존재이었다. 때때로 그를 방문하는 사람들이나 미 점령군 당국자들이 조선이 정객들 사이의 난장판 싸움에 말려 있는 것 같다고 유감스러운 뜻을 표하면, 서재필은 "조선의 운명을 손아귀에 쥐고 있는 동포들과 미국인들이, 조선 민족으로 하여금 자유와 더 나은 생활을 향유하도록 도움으로써 그들의 정치적 역량을 입증하게 되기를 바라자"고 말하였다.

그러면서 한편으로 그는 미국이 지난 날의 과오를 반성하고, 통일된 민주 독립 조선을 수립하게 도와줌으로, 자유세계 지도국으로서의 미국의 명성을 가치 있게 증명하기를 바랬다. 또한 다시 한번 조선으로 돌아가 봉사할 생각이 없느냐 는 질문을 받고 그는 다음과 같이 대답했다.

마음은 거기에 가 있지만, 나는 하나의 평민이기에 그것은 내가 결정할 문제가 아닙니다. 초청을 받지 않고 조선에 간다는 것은 침범자(Intruder)가 되는 것이나 다름없습니다. 더구나 현재로서 조선에는 지도자들이 너무 많아서 걱정인 것 같습니다.

미 정부가 남한의 미 점령군 사령관으로 존 하지 장군을 선택한 것은 한국을 위해서 뿐만 아니라 미국을 위해서도 불행한 일이었다. 이 사실이야 말로 미국이 초강대국으로서의 역할을 수행하면서 얼마나 무심했고 또 무지하였는지를 실증해 주는 것이었다. 1945년 8월 초순에 일본이 더 이상의 군사적 징벌을 받을 수 없다고 고백하며, SOS 조난 신호(Save our souls)를 보냈을 때까지, 워싱턴 당국은 마치 조선이라는 나라가 거의 존재하지 않는 것처럼 행동했다. 당시 미국의 태도는 조선을 마음대로 처분할 수 있는 대수롭지 않은 부동산의 일부로 생각했던 것 같다. 그렇기에 미국이 만약에 일본과 협상적 평화조약을 맺어야만 될 입장이 된다면, 조선을 하나의 흥정물로 사용할 수 도 있었고, 또 광란에 가까웠던 일본의 최종적 패배 단계에서, 소련의 협조를 얻기 위해서는 일종의 뇌물로 조선을 소련에 던져줄 수도 있었으며, 그도 저도 아니면 조선을 <국제 신탁 통치>(Trusteeship) 밑에 두고 그 안에서 미국이 지배적 역할을 할 수도 있다고 생각했던 것 같다.

미국은 1천만 명 인구의 대만의 전후 처리 문제와 1백만 명도 안되는 주민이 있었던 오키나와 문제 등을 중요시 하다 보니, 사실상 전략적으로 몇 배나 더 중요하고 3천만의 인구가 있었던 조선을 대단치 않은 나라로 도외시 하는 지대한 실수를 하게 되었다. 일본이 완전히 항복을 한 후에야 비로소 워싱턴 당국은 조선의 존재를 인식하게 되었고, 무심하게 잃어버리기에는 너무나 중요한 나라라는 사실을 깨닫게 되었을 때에는, 이미 조선 문제를 적절히 처리하기 위해 필요한 준비의 기회를 놓쳐버렸던 것이다.

소련 군대가 북 조선으로 먼저 몰려 들어가기 시작했기 때문이었고, 조선에서 제일 가까운 곳에 있던 미군은 사흘의 이동 거리가 필요한 오키나와에 주둔하고 있었기에, 그들이 소련군에 앞서 조선을 먼저 점령할 수는 결코 없었던 것이었다. 그러므로 소련에 대한 전쟁을 선포하지 않는 이상, 워싱턴 당국으로서는 북쪽에는 소련군이, 남쪽에는 미군이 주둔함으로 조선을 분할하여 공동 점령함으로써, 남북에서 각기 일본군의 항복을 받자고 제의할 수 밖에 없었다. 소련이 이에 합의했을 때 미국은 겨우 안도감을 느끼기는 했었으나, 지체없이 미군을 조선으로 이동시켜 들어가지 않으면 안되게 되었다. 이와 같이 신속성이 문제가 되다 보니, 워싱턴 당국으로서는 오키나와에서 일본군 패잔병들을 소탕하고 있었던 미 육군 제 24 사단을 남한으로 급파할 도리밖에 없었다.

남한과 하지 중장

이렇게 해서 미 육군 제 24 사단장 존 하지 중장이 미군 점령군 사령관(The Commander of the U.S. Army of Occupation)으로 남한에 파견되었다. 그의 선발이 현명치 못했다고 하는 말은 결코 한 인물로서의 존 하지를 비난하는 말은 아니다. 왜냐하면 태평양 전선에서 탱크 부대 사령관으로 명성을 떨친 그는 능력 뿐 아니라 인격과 헌신적인 태도를 가진 훌륭한 사람이었다. 그러나 이와 같은 중대한 직임을 맡게 된데 제일 크게 놀란 사람은 그 자신이었으니, 직업 군인인 그는 정치에 관여하기를 꺼렸지만, 미 점령군 사령관으로서 부득이 조선과 미소 간의 정치 와중에 말려 들어갔기 때문이었다.

불행히도 하지는 조선으로의 진주 명령을 받을 때까지 조선에 관해서는 전혀 아무것도 알지 못하였으니, 그의 임무는 시작 단계부터 잘못되었다. 남한에 도착하자, 하지는 과거에 오키나와인들을 대했던 방식으로 조선인들을 대하기 시작했다. 처음에 그는 조선인들이 일본인들과 같은 민족이라고 생각했다. 다시 말해서 대부분의 오키나와인들은 일본 본토로부터의 이민자들인데 반해, 조선인들은 완전히 인종적 기원이 일본인과 다르고, 전통이 다른 민족이라는 사실을 하지 사령관은 몰랐다. 이에 우리 동포들은 놀라지 않을 수 없었고, 결과적으로 하지 사령관의 이와 같은 태도가 점령군 당국자들에 대한 조선인의 악감을 불러일으키게 한 것이었다.

사진: 존 하지 장군 (1946 년)

하지 장군은 조선 민족에 대해 자기가 너무나 몰랐다는 것을 알고 놀랐으나, 미국이 조선 문제를 다룰 준비가 전혀 되어있지 않은 데에 더욱 놀랐다. 일본의 항복 이후의 조선의 현황은 난장판이었다. 우선 일본의 억압을 받았기에 분개한 국민이 친일파들을 타도하겠다고 나서고 있었으니, 행정 사무직에 일하고 있던 많은 친일파 사람들이 피신하게 됨으로써, 정부는 물론 산업계와 금융계의 기능들이 거의 마비되었다. 또한 일본의 투항 전야에 조선 국민의 선심을 사기 위해, 일본 관리들이 조선에서 지폐를 무더기로 찍어냈기 때문에 억제할 수 없는 인플레가 모든 국민의 생활을 위협하였고, 또 일본과 중국 그리고 만주 등지에 강제로 끌려갔던 동포들이 조선으로 몰려 들어 오므로 식량난은 더욱 악화되어 있었다.

이와 같이 조선 국내가 혼란 상태에 처해 있었으나, 하지 사령관은 그 휘하에 단지 2개의 육군 사단 만을 가지고 있었을 뿐, 워싱턴 당국으로부터의 상세한 지령이나 행정 업무를 볼 수 있게 훈련 받은 사무직원들이 그에게 파견되어 있지 않았던 것이었다. 여하간 예상했던 것보다 남한을 점령하고 있는 기간이 더 길어질 것이 분명해짐에 따라, 하지 중장은 두 가지 심각한 문제점에 봉착하게 되었다. 그 하나는 경제적인 것이었다. 그렇지 않아도 발달하지 못한 단계에 있던 산업이 정지 상태에 빠졌고, 농촌은 오랫동안 돌보지 못해 황무지가 되다시피 되어 남한의 경제는 하향길을 걷고 있었다. 그러므로 이런 상황에서 무언가 극적인 대책이 강구되지 않는 한, 현상을 유지한다는 것은 파멸을 초래하는 것과 다름이 없었다. 그러나 워싱턴 당국은 공산권의 위협을 굉장히 걱정한다고는 말하면서도, 남한의 경제 상황에 대해서는 별로 커다란 관심을 보이지 않았다.

하지 사령관이 당면한 또 하나의 문제점은 남한에 '요리사'가 너무 많다는 점이었다. 처음부터 하지 자신이 조선에서의 그와 같은 직책을 원한 것은 아니었으나 일단 점령관의 임무를 부여 받은 이상, 그는 미국과 조선을 위해 자기가 맡은 임무를 성공적으로 수행하길 원했다. 그리고 그의 임무의 막중함을 인식하고, 자기 주변에 조선인 지도자들 중 실력과 명망이 높은 인사를 자신의 고문관으로 두기를 원했다.

이러한 계획을 하고 있던 하지 장군은 그가 서울에 도착한지 얼마 되지 않아, 자기 책상 위에 놓인 한 신청서에 시선이 끌리게 되었는데, 그 신청서는 미국에 있는 이승만이 서울로 돌아오고 싶다는 청원서이었다. 그때까지 하지는 이승만의 이름을 들어본 적이 없었기에 그에 관해서 문의해 보니, 미 국무성에 가까운 소식통들은 그의 귀국이 조선에 도움이 될지 의문이라며 그의 서울 귀환에 반대 의사를 표명했으나, 이승만을 잘 알고 있던 일부 미군 장교들은 그의 강력한 반공 자세를 지적하면서 다음 두 가지 사실 때문에 그의 서울 귀환을 절대적으로 찬성했다.

첫째, 이승만의 귀국 신청서와 함께 첨부된 맥아더 사령부로부터의 서한에서 이승만이 주한 미군 사령부를 지지할 것을 다짐했다.
둘째, 조선 동포에게 이승만은 '대한민국의 아버지'라고 불릴 정도로 명망이 높다.

이렇게 해서 1945년 10월 중순에 이승만은 한 개인 시민의 자격이지만 망명객들 가운데서 최초요, 가장 이름이 잘 알려진 사람으로 귀국했다. 한편 하지의 입장으로 본다면 그때까지 그가 취한 결정들 가운데서 이승만을 귀국하게 한 결정 이야말로 가장 현명한 결정이라고 생각하며 이승만의 귀국을 적극 찬성했다. 하지는 이승만을 위해 베푼 환영회 식상에서 조선 망명 정부의 전직 대통령이었던 70세의 이승만을 가리켜 "여러분의 지도자, 이승만 박사를 소개합니다" 라고 친히 소개하였다.

그러자 환영회장에 모인 군중들은 그를 열광적으로 환영했고, 남한의 전체 국민이 이승만을 '미국이 택한 장차 조선의 대통령'으로 간주하게 되었다. 그리고 얼마 안되어 하지는 이승만을 그의 자문위원회 의장으로 임명하고 계속 호의적인 관계가 지속되기를 바랐다. 그러나 하지와 이승만 사이의 우호 관계는 오래 지속되지 못했다.

이승만이 자기의 정적이 될 만한 다른 사람들보다 일찍 조선으로 귀국한 것은 하지 사령관을 위해서가 아니라 자신의 정치 기반을 세우려는 의도에서였다. 그런가 하면 조선 동포들에게 하지가 이승만을 그렇게 후대하는 말로 소개한 것은, 이승만과 같은 인기 있는 지도자를 등용함으로써 점령군 사령관으로서의 자기 위치를 강화해 보려는 데 그 목적이 있었다. 그러나 그렇게 하는 것이 결과적으로는 조선 사람들에게 '미국이 이승만을 조선의 대통령으로 밀고 있다'는 인상을 주게 됨으로써 이승만의 개인적인 목적만을 도와주는 결과가 되었다.

그러나 하지와 이승만의 사이가 갈라지게 된 직접적인 원인은 미국의 대 조선 정책에 관해 이승만이 고집불통으로 떠들썩한 비난 공박을 했기 때문이었다. 조선을 해방시켜 준 데 대해 미국에 감사하고, 통일된 민주 조선의 수립을 위해서 전 조선 동포의 단결을 원한다고 공언하면서도, 실제로 이승만은 극도로 공산주의를 반대하며, '친일파들과의 합작'으로 남한 내에 분열을 초래하고 있었다. 하지는 남한 지도자들의 단합과 강화를 위해 이승만에게 '지나치게 반공을 부르짖지 말라'고 호소했으나 소용이 없게 되자, 마침내 하지는 "이승만이 반공을 너무 주장하기 때문에 조선의 해방을 빨리 이루고자 하는 자신의 목적을 스스로 해치고 있다"고 비난했다.

그 후 수개월 동안에 걸쳐 중국으로부터 김구와 김규식을 선두로 하여, 상해 망명정부 요원들을 위시한 수십 명의 인사들이 역시 개인 자격으로 조선으로 귀국했다. 이들의 귀국을 허락한 목적도 미 점령군 당국자들을 도와 통일된 민주 조선의 임시정부를 수립하기 위해서였다. 그러나 그들의 귀국이 조선 정치인들의 단결을 도왔다기 보다는 오히려 혼란을 야기했다. 2차 세계대전 기간 중에 이들은 서로 협조하였지만 전쟁이 끝난 후 그들의 의견 차이는 결코 해소되지 않고 있었는데, 그들의 귀국 후에는 다시 표면화되고 악화되었다.

이들 간의 의견 차이는 '보수주의 대 진보주의'라는 이념적인 차이점이었다. 즉 보수주의자였던 김구는 한층 더 완고한 보수주의자였던 이승만과 합세했고, 김규식과 그의 지지자들은 조선 국내에 있는 진보계 지도자들과 중도파 연합 전선을 형성했다. 이들 사이에 의견의 차이점은 '친일파를 어떻게 대할 것이냐?' 하는 문제에서 뚜렷하게 나타났다. 이 문제에 관해 상해 망명정부 요인들은 일치단결하여 친일파들과 협력하기를 거부했다.

그러나 이승만은 이미 친일파들을 포섭하고 그들로부터 재정 지원을 많이 받았기 때문에 김구가 이승만과 함께 협력해 나간다는 것은 매우 어색한 입장이었다. 이러한 가운데 날이 갈수록 남한의 정치 풍토는 서로 간의 비난이 더욱 심해지면서 악화일로의 길을 걷고 있었고, 바로 이와 같은 시기에 일부 조선 동포들과 미국인들이 하지에게 전체적인 동요를 가라앉히기 위해 살아있는 사람 가운데 누구보다 효과적인 일을 할 수 있는 인물이 있는데, 이 사람을 조선으로 초청하는 게 어떻겠느냐 고 제의했다.

이 인물이 펜실베니아주, 필라델피아시 외곽에 살고 있던 조선계 미국 시민 서재필이었다. 이 말을 듣자, 하지는 "조선에 이미 요리사가 너무 많아 걱정인데, 또 하나의 요리사(Cook)를 더 청하란 말이냐?" 고 부정적인 반응을 보였다. 하지는 조선으로 귀환한 지도자들로부터 계속 실망만 해왔기 때문이다. 서재필의 귀국을 추진하던 사람들도 하지의 입장을 충분히 이해하고 있었으며, 80 이 넘은 고령의 서재필이 그와 같은 초청을 수락할 의사가 있는지도 확실히 몰랐기 때문에, 그들은 그 초청 문제를 강력히 밀고 나가지 못했다.

그러나 하지는 이들의 제의를 잊지 않고 서재필의 귀국 초청 문제를 심사숙고하였고, 생각해 볼수록 이 고령의 애국자야말로 자기가 보필을 받아야 할 인물일지도 모른다 는 생각이 들기 시작한 것이다. 하지의 견해로는 우선 '서재필이 정치적 야심을 갖기에는 너무나 나이가 많고, 또한 그가 정치적 야심을 가졌다 하더라도 미국 시민이기 때문에 그러한 야심을 관철하지는 못할 것이다'고 판단한 것이다. 더구나 서재필을 아는 사람들은 한결같이 하지에게 "그 분이야 말로 훌륭한 인격자"라고 말했다.

그래서 하지는 서재필이 조선으로 귀국할 수 있는지를 신중히 타진해 보기로 결정했다. 1947년 초에 하지는 때마침 미국으로 휴가 가는 자기 산하 참모진 가운데 "윔스"(Clarence N. Weems)소령에게, 미국 가면 서재필을 만나보고 조선 실정을 설명한 후, "그가 조선으로 귀국할 의사가 있는지를 문의해 보라"고 부탁했다. 그는 부탁받은 대로 미국에서 서재필을 만나 "만약에 당신이 조선으로 귀국할 수 있고, 또 그렇게 할 의사만 있다면 <주한 미군 총사령관 수석 고문>(The Chief Adviser on Korean Affairs to the Commanding General of the U.S. Army Forces in Korea)의 자격으로 하지를 도와 주기 바란다"는 뜻을 전했다. 그러자 서재필은 "그것이 조선은 물론 미국을 위해서 봉사할 수 있는 나의 마지막 기회로 믿기 때문에 그 제의를 기꺼이 수락하겠다"고 대답했다.

사진: 웜스(Clarence N. Weems, Jr.)소령, 하지 중장의 부탁으로 필라델피아 미디아로 서재필을 찾아간 웜스 소령에게 자신이 발행했던 독립신문을 보여주고 있다. (1947년).

(편집자 주: 웜스 소령의 아버지 Clarence N. Weems 는 부인과 두 아들 (David and Clarence Jr.)과 함께 미국 남 감리회 선교사로 1909년 한국에 와서, 개성에서 목회를 하면서 개성에 송도고등학교 교장과 개성지방 감리사 등으로 23년 간 봉사하였다. 2남 Clarence N. Weems Jr.는 한국에서 외국인 학교를 다녔고 한국어에 능통했다. 2차대전 때 미군 장교로 복무 후, 미 군정청 고문관으로 한국에 돌아왔다. 그는 특히 호머 헐버트 선교사가 1905년 출판한 한국 역사책 두 권을 편집하므로 한국역사 연구에 공헌하였다. Hulbert's History of Korea. Edited by Clarence Norwood Weems. New York: Hillary House, 1962. 2 vols. 883)

제13장 두 번째 귀국 Ⅰ
- The Dead Comes Alive

죽은 자가 살아나다

1947년 2월 하지 장군의 특사가 방문한 뒤, 서재필 박사는 필자에게 편리한 시간에 자기를 찾아볼 수 없겠느냐는 간단한 편지를 보내왔다. 편지에서 이유는 밝히지 않았으나 그분이 그러한 요청을 하는 것이 보통 일이 아니었기 때문에, 필자는 곧 그에게 전화를 걸고 그 다음날 오후에 가서 찾아 뵙겠다고 말했다. 다음날 약속대로 그의 사무실에 도착했을 때 서재필 박사는 그의 마지막 환자를 보고 있었다. 병원 일이 끝난 후 우리는 미디어에 있는 그의 자택으로 가서 서재필, 그의 차녀 뮤리엘, 그의 손자 필립, 그리고 손자며느리 헬렌, 등 그의 가족들과 함께 저녁 식사를 한 후, 서 박사와 나만이 따로 그의 서재로 들어갔다.

거기서 비로소 그는 나를 만나보고 싶었던 이유를 밝혔다. 즉 하지 장군의 특사가 자기를 방문한 내용을 설명한 후, "자네가 내 보좌관으로 조선에 함께 나가기를 원하네"라고 말했다.

서 박사는 한글로 대화하는 어려움을 포함해, 또 다른 여러 가지 이유로 자기를 도와줄 사람이 필요하다고 하였다. 나로서도 18년 동안 그리던 귀국의 꿈이 별안간 이루어진다는 생각과 서 박사가 나를 그만큼이나 신임해 주었다는 생각에 너무 흥분하여 한동안 입을 열지 못했다. 그러던 중 나는 버릇없는 아이처럼 그에게 그런 제안에 대해 감사하다는 말을 하기 전에 "제 가족도 같이 데리고 갈 수 있습니까?"라고 물었다. 서 박사는 그렇게 되기를 바라지만 자기에게 결정할 권한이 없으므로 그 문제는 좀 기다려 보아야겠다고 대답했다.

그 후 약 한 달이 지난 1947년 3월 초순 경에 하지 장군이 협의 차 워싱턴으로 잠시 돌아와 있는 동안, 그는 서 박사를 친히 만나보기 위해 서 박사를 워싱턴으로 초청했다. 만나서 오래 이야기하는 동안, 하지 장군은 조선 지도자들 및 평양에 있는 그의 러시아인 상대자와 자신과의 관계를 설명하고, 또 여러 가지 희망적인 일과 실망스러운 일에 대해서 언급하면서, 서재필에게 다음과 같이 부탁했다.

"내가 사령관직의 사명을 수행해 나가는데 당신이 나를 도와줄 수 있습니까?"

그리고 그는 간단히 설명하기를, 자유롭게 협의할 수 있고, 편견과 사심 없이 순수한 자문을 받을 수 있고, 영향력과 지식을 가진 인물을 필요로 한다면서, "내가 들은 바를 종합해 판단하건대, 당신이 바로 그런 인물이니 건강상의 이유가 아니라면 내 제의를 수락해 주기 바랍니다"고 말했다.

서재필은 자기를 그와 같이 생각해 주는데 대해, 그리고 자기에게 조선 실정을 설명해 준 것에 우선 사의를 표하고, 당시 83세였던 서 박사는 건강에 관한 한, 자신은 같은 연령에 있는 누구 못지않게 건강하다고 밝히면서, "당신이 조선과 미국을 위한 역사적 임무를 수행하는데 도움이 될 만한 일이라면, 나는 무엇이든 기꺼이 맡겠소" 라고 말했다. 그러면서 서재필은 임창영을 보좌역으로 수행하게 하며, 자기 딸 뮤리엘을 개인 비서로 조선에 데리고 가게 해 달라는 두 가지 요구 조건을 제시했다. 하지는 쾌히 주선하겠다고 약속했다.

귀국

서 박사는 그의 둘째 딸 뮤리엘 만을 동반하고 1947년 6월에 조선으로 출발했다. 6월 중순의 어느 무더웠던 날 저녁에, 미국에 남아있는 그의 가족과 나는 필라델피아시 중심에 있는 펜실베니아 30가 기차역에서 서 박사와 뮤리엘 양을 전송했다. 서 박사는 83세 나이에 비해 훨씬 젊어 보였고 무척 기쁜 표정이었다. 미국 정부에서 서재필을 징발해서 하지 장군의 보좌관으로 조선에 가는 것을 허가했지만, 관례 때문에 나는 그를 따라갈 수는 없었다. 나의 임명도 하지 장군이 별도로 요청해야만 했기 때문이었다.

처음에는 서 박사의 나이 문제로 미 펜타곤(국방부)에서는 서 박사가 조선에 나가 하지 장군을 위해 일하는 것에 대해 반대 의견이 있었기에, 이로 인해 서 박사의 조선 방문은 지연될 수밖에 없었다. 이러는 동안 서 박사의 조선 귀국 문제가 확실치 않음을 알고, 나는 1947년부터 1년간 프린스턴 대학 강사직의 재 임명을 이미 수락했었다. 최소한 첫 학기 강의만은 끝내는 것이 나의 의무라고 생각했고, 강의 계약은 1년이었지만 첫 학기가 끝나는 대로 강의 계약 의무에서 벗어나게 해 달라는 나의 요청이 수락됨으로써, 나는 1948년 2월에 서 박사와 서울에서 만날 수 있었다.

조선이 일본에서 해방된 1945년 당시에 대부분의 조선 동포들은 서재필이 이미 세상을 떠난 것으로 간주했었기 때문에 그의 존재는 과거의 일이었다. 그런데 그가 아직도 생존해서 미국에서 활동하고 있을 뿐 아니라, 미군정이 그를 조선으로 초청해 그가 귀국을 계획하고 있다는 소식은 조선 전국을 흥분의 도가니로 들끓게 하였다. 국민의 감정을 알아차린 여러 신문은 서로 앞다투어 가며 서 박사의 근황 소식을 보도했다. 서 박사의 귀국 소식에 동포들이 이렇게 떠들썩했다는 것은 그가 얼마나 동포들 사이에서 높은 존경을 받고 있었나 를 보여주는 좋은 증거였다. 그러나 서 박사를 그렇게 초조하게 기다렸던 모든 사람이 다 사심 없는 애국적 동기에서만 그렇게 한 것은 아니었다. 그들의 기다림이 결코 헛된 것은 아니어서 수개월 동안 조용하던 미군정 대변인은 드디어 침묵을 깨고, '서재필이 7월 초순에 귀국할 예정이다'고 발표했다.

신문과 라디오를 통한 이와 같은 발표는 조선 전국을 놀라게 했다. 한편 정부 측에서는 그가 도착할 인천항에서부터 그가 가게 될 서울의 조선호텔에 이르기까지 그의 환영을 위한 정성 어린 환영 준비가 서둘러 진행되었고, 다른 한편에서는 아직 생존해 있던 옛 독립협회 회원들로부터 서씨 가문회까지의 모든 민간인 단체들이 서로 앞다투어 '조선 독립 운동의 아버지'인 서재필을 환영하려 나섰다.

마침내 1947년 7월 6일 서재필은 한국에 도착했다. 서 박사는 그의 딸 뮤리엘 양의 부축을 받아가며 49년 전에 쫓겨났던 조국 땅에 다시 발을 딛었다. 그러나 그의 이번 귀향은 1896년의 그의 1차 귀국 당시에 비해 너무나도 큰 차이가 있었다. 1차 귀국 때는 사람들이 그를 역적으로 대할까 두려워서 비밀리에 몰래 들어왔던 것과는 반대로 이번에는 영웅적 환영 가운데 귀국하였다. 인천항 부두에는 이승만과 군정장관 러치(Military Governor Lerch)를 포함해 조선인과 미국인 고관들 약 50여 명이 직접 나와 서 박사를 영접했다. 이들과 일일이 악수를 나누고 색동옷을 입은 두 소녀가 증정하는 꽃다발을 받은 다음, 서재필과 그의 딸은 서재필 박사 환영

위원회 위원장 김규식의 안내를 받아 가며 수백 미터의 장사진을 이룬 자동차 대열 맨 앞 차에 올라탔다. 서 박사의 좌 우편에는 김규식과 여운형이 앉았다. 도로 양쪽 연변에는 신분의 고하를 막론하고 조선인 외국인 할 것 없이 수만 명의 환영객들이 줄지어 서서 그를 향해 손을 흔들며 '서재필 박사 만세'를 외쳤다.

이윽고 '서재필 박사 환영'이라고 쓴 깃발을 나부끼며 그를 태운 리무진 차가 천천히 인천항을 통과하자 거리를 메우고 있던 군중들은 그를 향해 '만세'를 외쳤다.

실제로 인천에서 서울로 가는 동안 모든 통행인들이 걸음을 멈추고 그에게 손을 흔들거나 허리를 굽혀 절을 했다. 서울에 도착해서는 거리에 수십만 명으로 추산되는 환영객들의 열렬한 환영을 받았다. 환영객들은 도로 연변에서 서 박사가 온다는 것을 알리는 사이렌 소리에 맞추어 환영의 함성을 계속 외쳤다. 그가 호텔에 도착할 때까지 이렇게 소란한 환영이 계속되었다.

서재필 박사의 귀국에 사람들은 너무 기뻐서 어쩔 줄을 몰랐다. 그리고 그가 서울에 도착한 이후에도 여러 주일 동안 계속되는 환영식이 계획되어 있었으나, 서 박사는 단호히 이들 환영식 참석을 모두 거절하고, <남한 과도 입법의회>(The South Korean Interim National Assembly)가 주최하는 환영회에만 참석하기로 하였다. 이 환영회는 7월 12일, 약 5만 명의 군중이 운집한 가운데 동대문에 있는 '서울 운동장'에서 거행되었다. 이들 가운데 많은 사람들은 조선의 전설적인 영웅인 서 박사의 얼굴을 잠깐이라도 구경하고, 38선의 분단을 없앰으로써 곧 조선의 독립이 올 것이라는 말을 그로부터 직접 들어보려고 남한 각지에서 몰려든 사람이었다. 서 박사가 남한 과도 입법의회 의장이자 서 박사 환영대회 대회장인 김규식의 부축을 받아가면서 단상으로 걸어 올라가자 대회장에 모여 있던 군중들은 모두가 감동된 가운데 긴장하고 있었다. 성성하게 흰 머리에 여윈 모습이었지만 훤칠하게 큰 그의 체구는 마치도 세월의 흐름을 역행한 사람처럼 보였다. 서 박사는 마치 시계 바늘이 멈추어 선, 조선의 지도자의 한 사람으로 지난 80여년 동안의 격동과 변화가 그의 모습 속에 역력히 되살아난 것처럼 보였다.

사진: 인천에 도착하여 환영받는 서재필과 뮤리엘 양, 오른쪽에 김규식이 환영하고 있다. (1947년 7월)

"참 기적이야, 산 송장이 우리에게 조선의 독립 정신이 죽지 않았음을 상기시키다니!" 하는 누군가의 환희에 넘쳐 외치는 소리에 "그렇소, 그가 못 다한 일을 끝마치기 위해 황천에서 다시 돌아오셨소!"라는 맞장구치는 소리가 들렸다.

사진: 서재필의 도착을 기다리는 주요 인사들, 가운데 이승만과 그의 왼쪽에 한복을 입은 김규식이 서있다 (1947년 7월).

사진: 인천에서 서울로 가는 차 편. 1947년 7월),

사진: 기념식장에서 연설하는 서재필 (1947 년 11 월)

열광적 환희에서 실망으로

그러나 김규식을 포함한 여러 고위층 인사들의 환영사에 뒤이어 서재필 박사가 일어나 연설을 시작하자 장내의 열기는 갑자기 식었다. 그는 영어로 연설을 했고 통역관이 그것을 조선말로 통역하므로 의사와 감정 전달이 완전치 못했기 때문이었다. 통역관은 서 박사를 존경하는 사람이었고 통역도 능란하게 잘 했지만, 청중들은 서 박사가 그들과 너무나 멀리 떨어져 있는 외국인처럼 느꼈다. 그들은 모국어를 포함한 모든 언어는 생후에 습득된 것이기 때문에 사용하지 않으면 잊어버리게 된다는 사실을 몰랐기에, 서재필이 조선말을 하지 못한다는 것을 이해하기 어려웠다. 그래서 그들은 '그렇게도 조선을 사랑한다던 그가 어떻게 조선말을 잊을 수가 있을까? 고국에 돌아와 그들을 만나게 되어 기쁘다는 말 몇 마디 정도의 간단한 조선말도 할 수 없을까?' 하고 수군거렸다.

그러나 사실인 즉 서재필이 조선말을 잊은 것은 아니었다. 오랫동안 조선말을 쓰지 않았고, 또 그가 할 수 있었던 조선말은 구식 말이었기에 대중 집회에서 조선말로 연설하여 자신의 의사를 표현하기가 매우 어려웠던 것이었다.

또 하나 청중들이 실망한 것은 그가 '미국 시민의 신분'으로 귀국했다는 사실이다. 그가 선택한 제2의 조국에 충성하는 것이 당연하다고 이해하면서도, 그들로서는 서 박사가 자기들 가운데 한사람이 되어 여생을 조선 사람으로 보내기를 원했었다. '거의 반세기 이상을 미국에서 미국 시민으로 살았으니, 이제는 다시 조선인이 되어 우리를 지도해 주는 것이 공평하지 않겠느냐?'는 생각이었다.

서 박사에 대한 사람들의 기대가 너무도 컸었기에, 그들의 이와 같은 실망도 이해할 만했다. 그런 것을 예상했기에 그는 조선으로 귀국하기 전에 조선말을 다시 할 수 있도록 하려고 노력했었다. 서 박사가 필자가 그를 수행하며 함께 조선으로 귀국하기를 원했던 이유 중 하나도, 귀국하는 선상에서 필자를 통해서 조선말을 다시 익히는 도움을 받으려는 데 있었다. 당시로서는 기차와 기선으로 여행하는 것이 통상적인 여행 수단이어서 조선까지 거의 한 달이라는 기간이 걸릴 것으로 예상되었고, 그 동안에 조선말의 기억이 새롭게 되기를 바랐었으나 뜻대로 되지 못한 것은, 필자가 서 박사와 함께 귀국하지 못했기 때문이었다.

그러므로 그는 불가피하게 조선말로 연설할 수 없었던 것을 심히 유감스럽게 생각했다. 원래 우리의 의도는 그가 조선말을 다시 익힐 뿐만 아니라 몇 개의 짤막한 조선말 연설문도 작성하여 연습해서 대중 집회에서 그가 조선말로 연설하려는 것이었다. 사실상 그는 1947년 초에 워싱턴에서 하지 장군을 만나고 돌아온 직후부터 몇 달 내에 조선으로 떠나게 될 것으로 생각하고 조선말 공부를 시작했었다. 그러다가 그의 조선 귀국 문제가 그의 고령의 나이를 염려한 펜타곤의 반대로 암초에 부딪히자 조선말 공부를 중단하였다. 그의 귀국 문제가 한동안 지연되다가 갑자기 실현되는 바람에, 다시 귀국 준비를 서두르느라 그는 언어 장애를 극복할 수 없게 된 것이다. 서울에 도착한 후 그는 조선 친구들과 사석에서는 조선말을 할 수가 있었으나 대중 집회에서 조선말로 연설하는 데는 자신이 없다고 생각한 나머지 미국 교육을 받은 교포 의사 손금성씨를 통역관으로 쓰게 된 것이다.

　　일반 대중이 그에게 친밀감을 갖는데 또 하나의 장애물이 있었다면, 그것은 그의 미국 시민권이었다. 서재필 스스로는 한 사람이 동시에 두 나라, 즉 조선과 미국을 섬길 수 있다는 소신이 있었기 때문에, 옳든 그르든 그는 자신의 소신대로 행동해 나갔다. 원칙론자인 그는 자기가 미국 시민이 되었을 때도 조선을 옛날과 마찬가지로 사랑한다는 것을 의심치 않았다. 똑같은 이유에서 그는 미국 시민권을 그대로 가지든 안 가지든

간에, 조선을 사랑하는 그의 마음에는 변함이 없다고 굳게 믿고
있었다.

하지만 그는 무엇 때문에 '조국 동포들의 소망을
저버리면서까지 미국 시민권을 계속 보유하기로 했을까?' 이
점에 관해 그는 처음 대중 앞에 나타났을 때 모든 조선
동포들에게 다음과 같이 분명히 밝혔다.

나의 귀국은 내가 조선에서 정치적 직위를 얻기 위해서가
아니라, 조선 동포들이 참된 의미에서 자주적이며 자존적인
국민이 되도록 도우려는 데 있으며, 그렇게 됨으로써 만 조선이
독립할 수 있다.

그러나 그가 귀국했다는 사실이 공포되자 곧이어 서로
상치되는 해석들이 나왔다. 서재필은 미국 시민으로 하지
장군의 수석 고문관 역할을 하기 위해 귀국했다는 분명한 성명을
발표했지만, 일부에서는 그의 귀국이 그를 조선의 대통령으로
만들려는 미국 점령군 사령관의 미묘한 움직임으로 보고
경계했다.

그런가 하면 서재필이야말로 이승만을 대체할 수 있는
인물이다고 생각하고 기뻐하는 사람들도 많았다. 물론 서재필은
이 모든 것을 잘 알고 있었기에, 이러한 견해들이 처음부터
없어지지 않는 한, 조선에서의 자기의 유용성이 커다란 해를
받게 될 것이라고 판단하고, 하지가 처음에 했던 말대로 자신은
어디까지나 미국 시민이며 앞으로도 그럴 것이기 때문에,

자기가 원한다 하더라도 조선의 대통령이 될 자격이 없다 는 점을 되풀이 강조했다.

대부분의 청중들은 '나는 조선의 대통령이 될 자격은 없다' 는 서재필의 말을 이해할 수 없었기에 크게 실망했다. 반면에 서재필의 본심을 이해한 사람들은 더욱더 그를 존경하게 되었다. 그들은 서재필이 '나는 정치적 야심이 없다. 나는 어떠한 정치적 직위, 심지어는 조선의 황제 직위에 대해서까지 흥미가 없다' 고 한 말을 너무나 잘 기억했다. 귀국한 지 얼마 안 되어 서재필은 미국의 조선 점령에 대한 자기의 역할이 어떤 것이 되어야 하겠나 에 대해 확실히 깨닫게 되었다.

그때까지 조선 동포들은 여러 가지 면에서 변화를 필요로 하였다. 그 가운데 하나가 <족보제도>였다. 그는 이 족보제도가 조선 민족의 단결과 하나의 국가로서의 조선의 성장 발전에 큰 해가 된다고 굳게 믿고 있었다. 이 외에 조선 민족에게 해가 되는 것으로 서재필이 확신한 또 다른 하나는 <나태한 경향의 습관>이었다. 당시 동포들 가운데 '무얼 하고 사느냐' 는 질문을 받을 때, 많은 사람들의 상투적 대답은 '아무것도 안 한다' 는 것이었다.

이 말은 그들이 그렇게 하고도 잘 산다는 것을 암암리에 의미했으나, 실제로는 그렇지 못했다. 언젠가 하루는 서재필이 그의 가까운 친척 가운데 한 사람에게 자신의 사무실에 더 이상 나오지 말라고 했으나 그 친척은 계속 거의 매일같이 사무실로 찾아왔다. 그래서 서재필은 그에게 "매일 사무실에 나오는 목적이 무엇이냐?"고 물었더니 그 친척은 "선생님의 근처에서 선생님을 모시려는 것입니다"고 대답했다. 그러자 서재필은 "당신이 돈벌이에 바쁘게 시간을 보내는 것이 당신과 국가에 유익이요? 나를 모시는 것이 유익이요?"라고 말하며 사무실에 더 이상 오지 못하게 했다.

서재필이 조선으로 귀국했을 때는 미군정 당국의 인기가 땅에 떨어져 있을 때였다. 거의 2년 동안이나 38선 이남을 지배 통치한 후에도, 미군정은 경제적으로나 정치적으로 문제를 해결하는 방향으로 별 진전을 이루지 못했기 때문이었다. 실업률은 놀라울 정도로 높아서 약 2만 세대가 길가에서 노숙을 하고 있었으며, 남한의 공장은 약 20퍼센트 만이 가동되고 있었던 상태였다. 그런가 하면 조선의 전통적인 곡창 지대인 경상도, 전라도, 충청도의 곡식 생산량이 간신히 그 고장 주민들을 먹여 살리기에 급급한 정도였기 때문에, 남한 전체의 급증하는 인구의 식량 수요를 충족하기 위해서 미국으로부터의 양곡 수입에 의존하고 있었고, 점점 보다 많은 서민들로부터 이대로는 더 이상 살 수 없다는 불평이 쏟아져 나오고 있었다. 이러한 실정에서 동아일보와 고려대학교 창설자인 동시에 하지 장군의 존경을 받던 김성수도, 한국의 당시 실정을 조사하였던 조사단 단장 "폴 호프만"(Paul G. Hoffman)에게 "미군정이 조선인 정부로 빨리 대치되지 못하면 남한은 망할 것이다"라고 까지 말했다.

이승만은 하지 장군에게 워싱턴에 있는 자기 집을 처분하는 등, 몇 가지의 개인 용무를 위해 미국을 잠시 방문하도록 허가해 달라고 요청했다. 하지 장군은 이승만의 미국 방문의 숨겨진 목적을 전혀 모르고 그에게 미국 방문을 허락해 주었다. 그러나 얼마 안가서 하지는 그에게 미국 방문을 허가해 준 것을 후회하게 되었으니, 그것은 이승만이 미국으로 가는 길에 도쿄에 도착하자 마자 기자 회견을 열고, 조선으로부터의 미군 철수와 남한에서의 선거 실시를 촉구했기 때문이었다. 그것은 당시 미 공화당 내에서 강력한 세력을 가지고 있던 미국의 고립주의 제창자들을 상대로 한 호소였다. 그 후 이승만은 워싱턴에 도착하자, 세 명의 유력한 미국인을 정책 고문으로 고용한 다음, 그들의 도움으로 다음의 6개 항을 조선 문제 해결안으로 정리한 후, 이를 미 국무성으로 발송했다. 그 여섯 가지 항목은 다음과 같다.

(1)　조선의 남한 지역과 북한 지역이 재 통일되어 총선거가 실시될 때까지, 남한에는 그동안 일을 할 임시정부가 선출되어야 한다.
(2)　조선 문제에 관한 미소 간의 직접 협의를 방해하지 않는 조건에서, 이 임시정부가 조선 점령 문제와 그 밖의 여러 가지 문제에 관해 직접 소련 및 미국과 협상할 수 있도록 허용되어야 한다.
(3)　조선 경제의 재건을 돕기 위해 조선이 일본에 요구하는 배상을 조속한 시기에 협의해야 한다.

(4) 모든 나라들이 동등한 기반 위에서, 어떤 나라에 대해서도 특혜를 주지 않고, 모든 통상권을 조선에 주어야 한다.

(5) 조선 화폐는 국제환 시세에 따라 안정 확립되어야 한다.

(6) 미국과 소련, 두 외국 점령 군대가 조선에서 동시에 철수할 때까지, 미국 군대는 조선에 계속 주둔해야 한다.

이승만은 이 '6개 항의 제안'을 자기와 미 국무성 간의 이해 사항이라고 하면서 언론에 공개하자, 미 국무성 측에서는 조선에 대해 새로운 정책이 채택된 바 없음을 표명하는 국무성 자체의 성명을 발표했다. 결국 이승만은 힐드링(John H. Hildring, Assistant Secretary of State for Occupied Territories) 차관보 이상의 국무성 고위 관리를 전혀 만나보지 못한 채 조선으로 귀국할 수 밖에 없었다. 힐드링 자신은 현역 육군 소장이었기 때문에 사실은 국무성보다는 육군성에 더 가까운 인물이었다. 그러나 이승만이 서울로 돌아오자 남한에 있는 그의 지지자들은 이승만을 '마력을 가진 외교관'이라고 격찬했다.

이승만은 하지 장군을 미국으로 강제 소환시키고자 하였으나 실패하였다. 또한 이에 앞서 그는 서재필 박사의 조선 귀국을 막아보려고 배후에서 노력했었으나 그것 역시 성공하지 못했다. 서재필이 하지의 초청으로 워싱턴에 갔을 때 거기서 그는 이승만을 잠깐 만난 일이 있었는데, 그때 서재필은 이승만이 하지를 무척 싫어한다는 것을 알게 되었다. 실제로 서재필이 이승만을 만났던 시간 내내 이승만은 하지에 대한 불만을 퍼붓곤 했다. 그리고 서재필이 조선으로 나갈 계획이라는 말을 듣고서야 비로소, 이승만은 자기도 그런 소문을 들었다며 "선생님의 친구분들이 무척 반가워할 것입니다" 하는 정도의 짧은 언급을 할 뿐이었다. 그리고는 재빨리 다시 하지 장군 문제로 화제를 돌리면서 그는 서재필에게 "조선을 위해서 하지는 주한 미군 사령관직에서 물러나야 할 것이며, 워싱턴의 고위층 내에서는 하지 장군의 적임성 여부에 대한 의문이 점차 커지고 있습니다"고 말했다.

이에 대해 서재필도 한 때 미국이 주한 미군 사령관 역할에 대한 하지 장군의 적임성에 관해 의문을 가졌던 일이 있었으나, 그것은 하지 장군이 조선에 도착한 1945년 점령 초창기에 있었던 문제와 관련해서 일어났던 일이었다고 밝히면서, "그 문제는 이제 해결되었다"고 말했다. 이어서 서재필은 한때 자기의 제자이자 동료였던 이승만을 향해 "미국인들이 남한에서 돌아가는 일에 전보다 더 큰 관심을 가지고는 있지만, 남한에 있는 그들의 미군 사령관이 해임되기를 바라고 있지는 않다"고 설명한 다음, 이승만에게 "당신이 하지 장군을 조선에서 쫓아내려 한다면 그것은 시간 낭비일 것이다"고 말했다.

실제로 서재필의 말이 옳았다. 하지 장군은 다시 조선으로 파견되었을 뿐만 아니라, 트루먼 대통령은 하지 장군을 백악관으로 초청하여 영접하며, 그가 조선에서 거둔 업적에 대해 공개적으로 칭찬함으로써 그에 대한 대통령의 신임이 두터움을 강조했다.

한편 서재필이 1947년 7월 인천에 도착했을 때 거기에 그를 환영하러 나온 고위층 인사 가운데는 이승만도 있었으며, 서재필이 조선 호텔에 자리를 잡은 후에는 이승만 부부가 그를 찾아오기까지 했었다. 서재필은 그 기회를 이용하여 그와 함께 조선 실정을 논의하려고 대화를 그 방향으로 돌리려 했으나, 이승만은 공손하게 양해를 구하고는 나갔으며 뒤이어 그의 부인도 따라 나갔다.

그러나 김구는 서재필을 찾아와 오랫동안 대화를 나누었고, 그러는 동안 서재필은 김구가 이승만을 대수로이 생각하지 않는다는 것을 분명히 알 수 있었다. 그 후 얼마 안 되어 김구가 다시 김규식과 함께 두 번째로 서재필을 찾아와서 "이승만이 남한에서 단독 정부를 수립하자는 운동을 벌이고 있는데, 그것이 조선의 재통일 달성을 더 어렵게 만들 것이기 때문에, 우리들은 그의 그러한 운동으로 인해 커다란 지장을 받고 있습니다"고 말했다.

서재필은 그런 일이 발생하지 않기를 바라며, 소련측이 좀 더 신축성 있는 태도를 보이게 되기를 바란다 는 뜻을 표명했다. 이어서 서재필은 "만약에 소련측이 신축성 있는 태도를 보인다면, 이승만의 남한 단독 정부 수립 운동을 포기하도록 하는 일이 훨씬 수월해질 것이외다"고 말했다. 또한 서재필은 당신들이 알아 둘 필요가 있다 고 전제하면서, "최근 미국 국민들 사이에서는 실제로 모든 문제에 관해 우경화하는 경향이 확실히 있는데, 이승만이 그러한 추세가 자기에게 유리한 것으로 느끼고 있을 가능성이 크다"고 덧붙였다.

제 14 장 두 번째 귀국 II
– Serving Two Masters

　　서재필은 구 조선호텔 제 1 호실에 투숙하고 있었다. 프랑스식 골동품 가구들이 우아하게 장식된 그곳엔 커다란 응접실과 2개의 침실, 그리고 욕실이 있었다. 그 침실 중 하나는 서 박사가 사용하였고, 다른 하나는 서 박사의 둘째 딸 뮤리엘 양이 사용하면서 부친의 시중을 들었다. 서재필에게는 또한 중앙청 건물 안에 널찍한 206호 사무실이 있었고, 서 박사의 일을 돕는 여러 명의 사무 직원들도 있었다. 그리고 매일 출퇴근할 때 사용할 수 있도록 운전수가 딸린 전용 자가용 차도 있었다. 그가 가졌던 공식 관직명은 <조선 문제에 관한 주한 미군 총사령관 자문 수석 고문관>(The Chief Adviser on Korean Affairs to the Commanding General of the U.S. Army Forces in Korea)이었다. 구체적으로 말해 그의 임무는 하지 장군이 그와 협의하기 원하는 문제들에 관해 하지의 고문 역할을 하는 일, 조선 동포들의 정치, 경제, 사회, 그리고 문화 단체나 그 대표자들에게 자문을 해주는 일, 미-소 공동위원단 회의에 대표의 한 사람으로 참가하는 일, 그리고 관영 라디오 방송을 통해 동포들의 지식을 넓혀주는 일 등이 있었다.

Radio 방송

서재필의 활동 가운데 가장 널리 알려졌던 것은 주간 라디오 방송이었다. 처음에는 영어로 방송한 후, 통역자가 그것을 조선말로 통역했다. 비록 조선인들은 그가 조선말로 방송을 했었으면 하고 아쉬워하면서도, 매주 금요일 저녁 7시 15분이면, 라디오 앞에 앉아 그의 라디오 방송을 듣곤 했다. 방송 주제는 시기에 적합한 내용으로 새로 자유를 찾은 조선 백성들의 국민 의식에 관한 것으로서 간단하면서도 솔직한 방법으로 표현되었다. 그 자신 역시 조선말로 의사 소통을 하고 싶었기 때문에, 방송을 처음 시작할 때 청취자들에게 가능한 대로 빠른 시일 내에 조선말로 방송하겠다고 약속했다. 그의 첫 번째 방송 주제는 <시민의 특권과 책임>이라는 내용이었는데, 그것이 그 후 그의 모든 방송 연설의 기조가 되었기 때문에 그 전문을 아래에 그대로 인용해 보는 것이 가치 있는 일인 듯하다.

서 박사의 방송 연설문 (전문)

　　조선이 조선 동포 대다수의 소원에 따라 민주 방식으로 선출한 조선 자립적 정부를 갖게 될 날이 멀지 않았습니다. 그러므로 조선이 독립되고 통일되며 민주화되는 날을 앞당기기 원하는 우리가 민주주의의 원칙들은 무엇이며, 그것들이 어떻게 우리의 일상생활에 영향을 미치느냐는 문제를 생각해 봄으로써 그날에 대처해야 하겠습니다. 오늘의 이야기와 앞으로 매주 계속될 비슷한 이야기를 통해서 우리는 이러한 문제들을 좀 더 자세히 알아보고, 그렇게 함으로 우리는 민주 국가의 좀 더 가치 있는 시민들이 될 수 있다고 생각합니다.

　　우선 우리는 어떤 민주 사회에서나 개인 시민의 특권이 막중하다는 사실을 알아야 하겠습니다. 그 특권이란 자유와 안정 그리고 개선된 개인의 복지로서, 그 어느 것도 비 민주 국가에서는 가능한 일이 아닙니다. 해방 전 40 년간 조선의 생활을 돌이켜 본다면 그것이 얼마나 진정한 사실인가를 알 수 있습니다.

　　그러나 민주적 특권에는 이에 못지않게 중요한 의무가 따릅니다. 이 의무들은 우리의 특권을 속박하는 것이 아니라 그것들을 보장해 주는 것입니다. 그 의무들이란 우리의 이웃, 우리의 친구, 그리고 그 밖의 다른 시민들의 올바른 요구를 존중하는 것입니다. 그러므로 그들이 그들의 의무를 다할 때, 그들은 우리의 특권을 존중해 주고 있는 것입니다.

　　예를 들면, 민주 사회에서는 '종교의 자유'라는 특권이 있습니다. 여러분의 이웃이 여러분과 다른 방식으로 자신의 신을 섬기길 원할 때, 여러분이 그의 신앙 방식에 간섭하지 않는 것과 똑같이, 그 사람도 여러분의 신앙 방식에 간섭하지 않는 것입니다. 다른 사람의 특권에 대한 이러한 상호 존경심이야말로 민주주의 생활의 전형적인 것으로서, 만인에 대해 더 큰 행복을 보장해 주는 것입니다.

　　그렇다면 일반적으로 말해 민주 국가에서 선량하고 유익한 시민이 되게 하는 것은 무엇일까요?

첫째, 선량한 시민이란 정직하고 진지해야겠습니다. 그러므로 동료 시민들로부터 존경과 신임을 받을 수 있어야 합니다.

두 번째, 선량한 시민이란 정직하게 노동하여 매일의 식생활을 영위할 수 있어야 합니다.

세 번째, 선량한 시민은 싫든 좋든 국법을 준수해야 합니다. 만일 국법이 옳지 못하다던가 국민 대다수에게 어려움을 주는 것이라면, 합법적인 방법으로 그것을 수정하도록 해야 할 것입니다.

네 번째, 선량한 시민은 평상시나, 전시나 항상 국가에 충성을 다해야만 합니다.

다섯 번째, 선량한 시민은 조국의 대의와 동포의 복지를 위해 개인을 희생시킬 용의가 있어야 합니다.

여섯째, 선량한 국민이 어떤 가치 있는 공익 목적을 달성하기를 진심으로 원한다면 남과 협조하는 것을 배워야 합니다.

일곱째, 선량한 시민은 남의 의견을 읽고 들음으로써 견문을 넓혀야 합니다. 그러한 사람이 갖게 되는 결론은 맹목적으로 갖게 되는 결론보다 더 옳을 가능성이 크기 때문입니다.

여덟 번째, 선량한 시민은 자기가 소속된 정당의 과거에 이룬 기록보다는 현재 공직에서 일하는 동안 훌륭한 일을 한 자에게 투표를 해야 합니다.

아홉 번째, 선량한 시민은 확고한 증거 없이 타인을 잘못했다고
　　비난해서는 안됩니다.
열 번째, 선량한 시민은 모든 장점이나 단점이 어떤 개인이나 정당
　　만이 갖는 특성이 아니라는 것을 항상 기억해야 하겠습니다.

　　그러므로 자기 의사에 동의하는 자는 물론, 동의하지 않는 자의
의사도 들어보는 것이 현명한 일입니다. 이 밖에도 민주 국가에서
선량한 시민이 되기 위한 자격 요건이 더 많겠습니다만, 한꺼번에
그것을 너무 많이 말하고 싶지는 않습니다. 그러므로 앞으로 참고와
고려의 대안이 될 수 있도록, 여러분이 시간이 나시는 대로 제가
말씀드린 것의 요점들을 기록해 두시길 부탁드리며 오늘 저녁
방송을 끝마치겠습니다. 또한 얼마 후부터는 시간이 많이 소요되는
통역의 필요성을 없애도록 하기 위해 제가 여러분께 직접 조선말로
방송하도록 노력하겠습니다.

　　한편 서 박사의 귀국 후 거의 1 년이 지난 1948 년 8 월 27 일
서울에서 발간되던 자유 신문에 <귀에 익은 방송 가운데 마지막
방송>이라는 제목 아래 사설을 발표하고 그 속에서 다음과 같은
논평을 하였다.

　　오늘 밤에는 머지않아 조국을 떠나시게 될 노장 개화 지도자 서재필
박사가 마지막 방송을 하게 될 것이다. 작년 7 월 1 일에 83 세
고령의 정치가가 49 년 만에 조선으로 귀국한 이래, 그는 지칠 줄
모르고 조선의 통일과 독립을 위해 노력해 왔다. 그의 많은 활동
가운데 하나가 작년 9 월 12 일부터 시작해 무려 40 여 회에 걸친
서울 라디오 방송을 통해, 그가 실시해 온 주간 방송 연설이다. 이

방송을 통해 서 박사는 청취자들에게 산업 건설과 조선의 통일 독립 달성을 위해 부지런히 노력하도록 권유했다. 온 국민은 그가 떠나게 된 것을 섭섭하게 여기는 동시에 그가 이제껏 해온 일에 대해 감사히 여길 것이다. 그리고 우리가 그에게 감사하는 길은 그의 지혜로운 가르침을 계속 살려 그의 권유를 실천에 옮기는 일이다.

사진: Staff 들과 함께한 서재필과 뮤리엘 (화살표) (1947 년).

사진: 학생들과 함께 있는 서재필 (1948 년)

사진: 과도입법위원회 신년 행사에 참석한 서재필. 앞줄 왼쪽에서 네번째가 서재필 (1947년).

사진: 라디오 방송 중인 서재필 (1948년).

사진: 독립문 앞에서 서재필과 뮤리엘 양 (1948년).

서재필은 조선의 정치에는 직접 관여하지 않을 생각을 갖고 조선으로 귀국 했었고, 서울에 도착하자마자 그는 이 점을 행동과 말로써 분명히 표시했었다. 그러나 이와 같은 그의 의도에도 불구하고 점차로 그는 조선 정치에 말려 들어 귀국 후 8 개월도 못 되어 조선 정치의 와중에 빠지고 말았으니, 이렇게 된 데에는 여러 가지 이유가 있었다.

그 한 가지는 1947 년 11 월에 미국이 '조선 문제를 유엔에 넘기기로 한 결정' 이었다. 이로 인해 남한 전역에서는 격심한 논쟁이 일어났다. 남한 지도자들 가운데 많은 사람들이 그와 같은 결정을 가리켜 '조선 영구 분단의 제 1 보' 라고 비난했다. 그러나 일부 지도자들은 소련 측의 비 타협적인 태도로 보아 그것은 불가피하고 필요한 조치라고 찬양했다. 미국이 조선 문제를 유엔에 넘기기로 한 결정을 지지하는 운동에 앞장선 인사가 이승만이었다. 그는 "오래 전부터 내가 그와 같은 결정을 먼저 주장했다"고 하며 "결국 미국이 내가 옳았다는 것을 인정한 것이다"고 주장했다.

그러자 이승만의 정치적 주가는 높이 올라갔다. 한편 하지 장군은 미국 정부의 그와 같은 결정에 관하여, "조선 문제를 유엔에 넘기기로 한 결정은 어디까지나 워싱턴의 독자적인 결정이었다"고 주장했다.

비록 당시의 대부분의 조선인은 이승만의 주장이 더 설득력 있는 것으로 믿었지만, 사실은 하지가 옳았다. 당시 미국의 트루먼 행정부는 비평자들로부터 공산주의에 유약하다는 공격을 받고 고민 중에 있으면서도, 동시에 소련과의 군사적 대결만은 반드시 피해야겠다고 생각하고 있었기 때문에, 소련의 방해를 막으면서 조선 문제가 교착상태에서 벗어나도록 하기 위해 조선 문제를 유엔에 넘기기로 결정한 것이었다.

이러한 시점에서 예상되듯, 남한에서의 단독 정부라는 정치적 결과의 이득을 이승만과 같은 우익 인사가 보게 되든, 김규식과 같은 중도파 인사가 보게 되든지에 대해 미국은 별로 관심이 없었다. 1947년에 하지 장군이 워싱턴을 방문하는 동안, 그는 남한에서 이승만이 대통령으로 당선되면 그가 맹렬하게 북진 통일을 촉구하고 있기 때문에, 조선 반도에서 전쟁이 일어날 가능성이 농후하다는 의견을 분명히 밝혔다. 또 이승만은 미국이 조선을 분단시켰기 때문에 자기, 즉 이승만으로 하여금 조선을 통일하게 하도록 돕는 것이 미국의 의무라고 주장했다. 하지는 또한 조선 국민 대다수가 평화 통일을 원하고 있다는 사실과, 조선에 통일된 민주 정부를 수립하는 문제에 소련 측과의 합의가 절대로 불가능 해진다면, 조선 국민은 중도파 인사들을 앞세운 광범위한 정치 세력을 기반으로 하는 독자 정부를 남한에 수립함으로, 북조선과의 평화 통일을 점차 추진해 나가게 될 것이라는 사실도 분명히 했다. 이런 이유로 하지는 워싱턴이 조선 문제를 유엔에 넘기는 것에 찬성하였다.

정치 도가니로 끌려 들어

그러나 미국이 무엇 때문에 조선 문제를 갑자기 유엔에 넘기기로 했는지, 그 사정에 관계없이 결국 그와 같은 결정이 이승만의 주장에 동조한 것이라는 것을 부정할 수는 없었다. 왜냐하면 미국이 그와 같은 결정을 내리기 불과 몇 달 전에 이승만은 미국에서 그의 지지자들을 통하여 남한에서의 단독 정부 수립을 위한 로비 활동을 전개했기 때문이었다. 사실상 이승만의 지지자들은 "이승만이 미 국무성의 목덜미를 잡고 있다"고 주장했다.

그러므로 중도파에서 재빨리 유능한 중도파 대통령 후보자를 내세울 수 없는 한, 점차 중도파는 정권 장악의 기회를 상실하게 될 가능성이 컸다. 다시 말해 중도파의 전망은 밝지 못했다. 한편 직업 군인 하지는 굴욕을 참고, 이승만의 대통령 출마를 지지했으나, 중도파는 그렇게 쉽사리 이승만을 따라 가려 하지 않았다. 그 대신 국민의 신망이 높은 지도자를 후보로 내세워, 극우파를 제외한 전체 국민의 지지를 받을 수 있는 인사를 찾고자 했다. 그 결과, 중도파 가운데 몇몇 지도자들이 서재필을 찾아와서 그가 이승만에 대해 어떤 태도를 갖고 있는지 알기 위하여, 이승만과 하지 사이의 의견 다툼의 진의 사실에 대해 문의했다. 서재필은 솔직히 말하기를 두려워하지 않는 사람이기에, 그들의 저의를 제대로 파악하지 못하고, 자기가 아는대로 다음과 같은 사실을 솔직하게 얘기해 주었다.

이승만이 1947 년 워싱턴을 방문했을 때, 이승만이 만나 본 인사들은 그가 전에 알고 있었던 공화당계의 상하 양원 의원들, 보수 경향을 가진 언론인들, 2 차 세계 대전 중 그가 창설했던 한미 위원회(The Korean-American Council) 회원들, 그 중에서도 특히 그와 가까웠던 존 스태거스(John W. Staggers) 및 윌리엄스(J.J. Williams) 같은 인사들이었다.

이승만이 국무성을 자기 손에 쥐었다고 자랑했지만, 그가 만나 본 미국 내 최고 관리는 점령 지역 문제 담당 국무 차관보 존 힐드링에 불과했고, 미 국무성 대변인은 미 국무성과 이승만 사이에 어떤 양해가 있었음을 전혀 사실이 아니다 고 밝혔다.

얼마 안가서 이와 같은 이야기가 이승만 진영에까지 전해지게 되자, 이승만과 그의 심복들의 서재필에 대한 감정은 악화되었다. 그들은 '하지가 서재필을 조선으로 데리고 나온 것은 중도파 인물인 김규식의 대통령 출마를 돕기 위해서였다' 라는 가짜 소문을 퍼뜨렸다.

서재필이 조선 정치에 말려들게 된 또 하나의 이유는 중도파 세력이 약해진 데 있었다. 서재필의 귀국 전인 1946 년 12 월에 하지는 남한에 <과도 입법의회> (The South Korean Interim Legislative Assembly)를 수립하고, 그 의회 중 절반은 조선 국민들이 선출하고, 나머지 절반은 미 군정장관이 임명하게 만들었다. 그때 그 입법의회 의장직에는 김규식이 선출되었다. 정치 지도자로서 김규식이 이승만과 김구보다 덜 알려져 있었으나, 학자로서는 세 사람 가운데 으뜸간다고 볼 수 있었던 인물이었다. 김규식은 귀국 첫날부터 중도파 지도자로 알려졌고, 하지가 그를 높이 존경했던 것도 사실이었다.

(편집자 주: 김규식은 1903년에 프린스턴 대학교에서 영문학 석사학위를 받았고, 1904년 귀국하여 언더우드 선교사를 위해 1913년까지 일하다가 상해로 망명함. 그 후 약 30년간 중국 대학에서 영문학 교수로 학생들을 가르치면서 상해 임시정부에 핵심 간부로 일했음)

그러나 불행히도 그는 정적들의 소위 <7백만 원 사건>에 몰려 정치계에서 물러나게 되었다. 그는 남한 과도 입법의회 의장직뿐 아니라 의원직까지도 사임한다고 발표하였다. 그 사건 가운데 하나는 한민당계 의원들에 의해 야기된 일련의 사건들이었다. 즉 한민당은 보수계 지주(토지 소유자)들의 대변자들로서 미 군정의 토지개혁 정책에 반대했었는데, 이에 의견을 달리한 김규식 의장은 점차로 지위가 곤란해졌다.

(편집자 주: 미 군정이 계획하고 이승만이 대통령이 된 후 실시된 토지개혁은 동양척식회사가 소유했던 농경지의 경우, 소작민에게 그들이 경작하는 농경지를 불하하면서 매년 소득의 20%를 '신한공사'에 15년간 지불하게 하였고, 지주들이 소유했던 농경지의 경우 정부가 지주에게 토지 가격에 상응하는 '지가증권(地價證券)'을 발급하여 일본이 남겨놓은 귀속(적산:敵産) 사업체를 불하받을 때 그것으로 매수 대금을 납부할 수 있게 했다. 소작민들이 땅을 소유하게 되므로 공산주의가 남한에 뿌리내리지 못하게 하는 데 결정적인 공헌을 하였고, 또 지주 측에서는 SK 그룹, OB 맥주와 두산 그룹,

한화그룹 및 동국제강 등의 모태 사업체들이 시작하게 되었으며, 후에 <한강의 기적>을 주도할 대기업으로 성장하였다.)

　　1947년 11월 미국이 막상 조선 문제를 유엔으로 넘기게 되자, 유엔 뿐 아니라 미국에 대해서도 동일하게 비판적이었던 한민당 계열 의원들은 돌연 친미, 친유엔의 방향으로 태도를 돌려서, 미국의 새 정책을 지지하며 유엔을 치하하는 결의안을 과도입법부에 제출했다. 김규식은 그 동의안에 반대하였고 결과적으로 그 동의안이 부결되고 말았다. 그러자 즉시 한민당 계열에서는 이것이 불법적이며 원칙에 위반된 행동이며 비애국적인 조치라고 비난하고, 김규식을 친공산주의자라고 비난하였다. 또 하나의 사건은 이른바 7백만 원의 현찰 봉투가 김규식의 자택에 전달 되었던 조작 사건으로, 김규식의 정치적 명성이 크게 훼손되기 시작했다. 이 이야기를 듣고 김규식을 아끼고 있던 서재필은 격분해서 그대로 있을 수 없었다. 그는 '이처럼 생사람을 잡는 정치 풍토를 규탄할 도의적 책임이 나에게 있다'고 생각하였기에, 그의 소견을 기자에게 이야기한 것이 1948년 3월 1일 자 중앙일보 지상에 다음과 같이 보도되었다.

　　당파심이란 권력과 지위를 탐구하는 자들과 밀접히 관련되어 있다. 그런데 최근에 김규식 박사가 그러한 올가미에 걸려들었다. 비천한 정객들이 정치 무기로서 중상모략과 그 밖의 여러 가지 음모를 하고 있음은 잘 알려져 있는 사실이다. 특히 과학적 지식이 없는 정객들이 그러한 무기들을 사용하려는 경향이 있다. 그런데 조선의 정치가들은 대체로 과학에 대해 아는 바 없다.

김규식의 과도 입법의회 의원직 사임에 대해 서재필은 매우 서글프게 생각했다. 또 하나의 다른 이유는 한민당 당원들의 현격한 기회주의적 태도였다. 이 점에 관해 서재필은 다음과 같이 말했다.

나는 산업 건설을 하고 경제 문제를 해결하려 드는 조선 정치인들이 얼마나 되는지 의심스럽다. 과연 이 정치인들은 자치 경제 없이는 독립이 있을 수 없다는 것을 알고 있는지? 3 천만 동포가 거지 신세라면, 우리가 대통령과 몇 사람의 장관을 갖는다고 해서, 조선을 독립 국가라고 부를 수는 없는 것이다. 나는 목청을 돋우고 소리치노니, 우리나라의 국민 개개인이 나라의 주인이 되어야 한다. 애국심이란 이승만 박사나 김구 선생 같은 개인을 사랑하는 것이 아니라, 동포와 국토를 사랑하는 것이다.

병든 자를 제외한 모든 남녀노소가 일을 해야 만 한다. 우리는 인간의 피를 빨아먹고 사는 <이>나 <빈대> 같은 존재들이 되어서는 안 되며, 일하고 땀을 흘리면서 자기 밥벌이를 하는 현명한 사람이 되어야 한다. 이렇게만 한다면 우리나라는 부강해질 것이며 이것이 정말로 애국하는 길이다. 조선 국민은 정직과 명예를 존중할 줄 알아야 한다. 지도자나 애국자라고 뽐내는 자들이 흔히 남에게 대해 거짓말과 음모를 꾸미고 정적이 망하는 것을 보고 기뻐하는 것은 부끄러운 일이다.

나는 김규식이 의장직에서 사임하게 된 자세한 소식을 듣고 심히 서글프게 생각했다. 그 소식은 한국 민주당계 의원들이 유엔 총회로 남한의 총선거를 촉구하는 서한을 발송하기 원했다는 이유로 그가 그의 직책을 사임했다는 것이다. 이 내용은 한민당의 그 전 입장과 반대되는 입장이다. 전에는 한민당이 유엔을 믿을 수 없다고 말하면서, 자치 선거를 실시해야 한다고 주장했으나, 오늘은 유엔을 지지하는 방향으로 당론을 바꿨다. 그들이 그와 같은 서한을 발송한 목적은 그들의 입장이 유엔의 입장과 일치한다는 것을 보여주기 위한 것으로, 그와 같은 행동은 그들의 기회주의적 태도를 노출한 것밖에는 안 되는 것이다.

하지는 김규식이 정치에서 물러난다는 소식을 참참한 심정으로 받아들였다. 하지로서는 이제 우익의 이승만에 대항할 만한 능력있는 중도파 후보자가 없는 상황에서, 김규식이 국회를 떠났기 때문에 유감스러웠으나, 반면에 김규식이 미국의 정책을 노골적으로 반대하여 자신의 입장을 곤란케 했다는 점에서는, 김규식이 국회를 떠난 것에 일종의 안도감을 느끼기도 하였다. 하지가 남한의 지도층 인사들의 의견을 조사해 본 바에 의하면, 대개가 '남한 민주 세력을 강화하기 위해서는 극좌파나 극우파보다도 중간 세력을 중심으로 해야 한다'고 생각했다.

그런 방향을 취함에 있어서 제일 적임자로 간주했던 김규식이 자신에게 반기를 들었다는 것은 하지로서는 큰 실망이 아닐 수 없었다. 하지와 김규식 사이의 거리가 점차 멀어졌다고 해서, 하지와 이승만의 사이가 서로 더 가까워진 것은 물론 아니었다.

하지에게는 이승만이 '독종 같은 존재'였고, 이승만에게는 하지가 '우둔한 작자'이었다. 그래도 여전히 하지는 1948년 8월 15일에 이승만이 대한민국 대통령이 되어 그에게 정부의 통치권을 넘겨줄 때까지 그가 필요로 하는 모든 도움을 다 주었다. 1948년 3월 어느 날 김구가 변절하여 김규식 진영으로 들어갔다는 소식이 전해지자, 이승만은 너무나 격분해서 약 30초 동안 자기 손을 후후 불어 대더니 "김구, 김규식, 하지, 그리고 서재필이 모두 나에게 대항하여 단결했다"고 소리치며 장구한 연설을 늘어놓기 시작했다.

그러나 이승만이 그럴 필요가 없었다. 그의 우려는 김규식, 김구, 서재필이 합세하여 자기의 대통령 야심을 좌절하려는 계획에 혹시나 하지가 배후에서 돕지는 않을까 하는 것이었으나, 이미 김구는 단독 정부에 반대를 선언했고, 하지와 김구는 처음부터 사이가 좋지 못했다.

1947년 6월 28일에 하지 장군은 이승만에게 "이승만과 김구가 테러 행위를 계획 중이라는 고발이 사실이 아니기를 바란다"고 하며, "누군가에 대한 암살 계획을 취소하라"는 편지를 보냈다. 이에 이승만은 "金九氏와 내가 테러 및 암살 사건에 간여하고 있다고 의심하는 6월 28일자 귀하의 서한은 귀하가 한인들과 지도자들을 이해하지 못한다고 우리가

생각하던 바를 한번 더 깨닫게 한 것입니다"라고
언론(조선일보: 7월 2일)을 통해 공개적으로 반박하였다.

(편집자 주: 참고문헌 - 주한 미 육군사령부 정보참모부 주간
정보 요약보고서 3: 1947.2-1947.8).

그러나 그로부터 17일 후, 1947년 7월 19일 여운형이
암살되었고, 또 5개월 후인 12월 2일, 보수계의 한민당 지도자
중 하나였던 "장덕수"가 이른바 공산주의자들의 지시를
받았다는 몇몇 청년들에 의해 암살당했다. 장덕수 암살범들이
즉시 체포되어 심문을 받는 동안 그들은 장덕수 암살을 지시한
직속상관들이 누구라는 것을 고백했고, 그 직속상관들은 다시
그들의 상관이 누구라는 것을 자백하였다. 이렇게 뿌리를 캐고
보니 결국은 장덕수의 암살 지령을 명령한 사람이
공산주의자들이 아님이 밝혀졌고, 그 혐의가 이승만과
김구에게까지 미치게 되었다. 그러자 놀란 조선 검찰관들은
심문을 중단하고 이와 같은 사실을 그대로 자신들의 상관에게
보고했다. 사태가 이쯤 되자 조선 검찰 총장과 그의 미국인
고문관은 진퇴양난에 빠졌다. 군정 밑에서는 검찰 당국에 관한
최종 권한이 하지 장군에게 있었기 때문에, 장덕수 암살 선동
혐의자로 검찰 측이 이승만과 김구를 법정에 출두시킨다면,
그들은 하지가 정치적 박해를 가한다고 비난할 가능성이 있었던
것이다.

결국 이 문제가 하지에게 올라오자, 하지는 두루두루 생각한 끝에 "경칠 놈의 이승만만은 그대로 내버려두어! 나는 그의 정치 야심을 꺾고 싶지도 않고, 그에게 복수했다는 비난을 받고 싶지도 않다"고 말했다. 이렇게 해서 김구만이 증언대에 올라섰다. 그러자 장덕수 살해범들이 자신들이 증인으로 소환된 것을 영광으로 생각했던 모양인지, "이승만 박사와 김구 선생이 다 같이 장덕수를 배신자라고 불렀는데, 왜 이 박사는 부르지 않았느냐?"고 중얼거렸다. 얼굴이 빨개진 검찰관은 김구를 심문하는 척하다가 적당히 두리뭉실 끝냄으로써 재판은 아무 결론없이 끝났다. 그러나 김구가 장덕수 살인범의 선동 혐의를 받고 법정에 출두 했었다는 사실 자체가 그로서는 정치적으로 일대 타격이 아닐 수 없었다.

남북협상과 단독선거

이렇게 해서 김규식과 김구 두 지도자가 정치적으로는 쓰러졌으나, 아직 완전히 물러선 것은 아니었다. 사실상 그들은 미국이 조선에서 취하고 있던 잘못된 노선에 대해 미국은 값비싼 댓가를 치르게 될 것이라고 하며, 이승만과 그의 일파들은 역사의 심판대 앞에서 저주를 면치 못할 것이다 고 확신했다. 김규식과 김구는 그들이 원하는 방향으로 나가게 하도록 이승만과 그 일파를 설득할 힘은 없었으나, 그들은 여론이란 무기를 갖고 있다고 생각하며, 그것을 사용하기로 결심했다. 그런 뒤 김규식과 김구는 당시 북한 지도자 김일성과 김두봉에게 단독 선거에 반대하는 남북 쌍방 지도자들의 회합을 제의하는 서한을 발송했다. 북한 지도자들은 이 제의를 받아들였다. 이때 '미국이 남한에 단독 정부를 수립하기로 결정했다' 는 사실을 알게 된 서재필의 심정은 착잡했다.

조선 정부가 현명하고 책임성 있는 정부가 된다면, 그러한 정부는 미군정보다 더 효과적으로 남한의 긴박한 경제적 병폐를 극복할 수 있고, 더 신속하게 조선의 통일을 실현시킬 수도 있지 않을까 라는 생각도 있었다. 그러나 다른 한편으로는 조선 국민의 장래에 대한 전망이 암담하였다. 그 이유는 이승만이 대통령으로 당선될 것이 분명해 보이는데, 서재필은 그에 대해 믿음을 가질 수 없었기 때문이었다.

그는 '이승만이 대통령이 되면 남북을 극도로 대립시킬 가능성이 클 것이다' 고 생각했다. 그러나 이 일은 이미 결정 났으니, 그가 할 수 있는 한 가지 일이 있다면, 그것은 국민이 그들의 권리를 지키면서 국가 건설 사업을 하는 정부를 도울 수 있게 되기를 바라는 마음에서 '국민을 계몽하는 일' 이라고 느끼게 되었다.

따라서 서재필은 그러한 방향으로 그의 주간 라디오 방송을 이끌고 나가면서, 국회의 법규와 절차에 대한 토의를 위주로 하는 주간 저녁 회합을 갖기 시작했다. 처음에는 이 모임이 새로 당선된 입법의회 의원들을 상대로 할 의도였으나, 후에 가서는 관심 있는 자는 누구나 참석할 수 있도록 문을 열어놓았다.

그러나 불행히도 조선의 당시 실정은 서재필이 희망했던 방향으로 나갈 만한 상황이 아니었다. 앞에서 지적한 대로 미국의 결정은 조선 국민을 서로 상치하는 양대 진영으로 분열시켜 놓았다. 남한에서의 단독 선거를 지지하는 진영은 이승만을 선두로 김성수, 이시영, 이범석, 조병옥 등이 뭉쳐 있었다. 그러나 이들이 이승만을 지지하는 정도와 이유는 각각 서로 달랐다. 그런가 하면 단독 선거에 반대하는 진영에는 우익파인 김구, 중도파인 김규식, 미군정의 전 민정장관 안재홍, 임시 망명 정부의 전직 외무대신 조소앙 등이 있었다. 그리고 신익희 같은 중도파 인사, 조봉암 같은 전 공산주의자 및 몇몇 그 밖의 인사들은 원칙상으로 단독선거에 반대하나 '내부에서 이승만을 견제하기 위해서' 단독선거를 지지하였다. 분명히 이때 조선에서 제일 인기가 높았던 인물은 이승만이었다. 그러나 동시에 그의 인기는 그에게 큰 위협이었다. 왜냐하면 당시 국민의 다수가 그를 거의 초인간, 즉 그들의 온갖 요구를 충족시켜 줄 수 있는 인간으로 믿었는가 하면, 그의 앞에서 아부하고 열렬히 지지하는 자들은 지주 계급과 전 친일파, 그리고 비양심적인 기회주의자들 이었기 때문이었다.

이와 반대로, 그 반대 진영의 지도자들, 즉 김구와 김규식에게는 이승만에 비해 지지자 수는 적었으나, 주로 지식인과 민족주의자들이었다. 그들에게는 남한 만의 단독 선거가 국토의 영구 분단과 조선의 파멸을 의미하였다. 김구와 김규식을 중심으로 한 이들에게는 이러한 소신이 너무나 강했기 때문에, 그들은 최소한 국민이 자기들의 의견을 파악할 기회를 가진 후에, 미 군정과 우파의 단독선거 계획을 실시해야 한다고 주장했다. 그렇기 때문에 그들은 앞서 지적한 대로 1948 년 2 월 16 일에, 남한에서 단독 선거를 실시하기 전에, 모든 관계 당사자 지도자들 간의 남북 공동 회담을 개최하기를 제의하는 서한을 북한 지도자들에게 발송하였다. 구체적으로 그 제안 속에는 그 공동 회담의 바탕이 된 다음의 다섯 개의 원칙이 들어있었다.

- 민주주의를 지지하고 독재를 반대할 것
- 독점 자본주의는 반대하나 개인 재산권은 인정할 것
- 총선거 후 단일 정부 밑에서 남북통일을 실현할 것
- 어떤 외세도 조선에 군사 기지를 설치하는 것에 반대할 것
- 미소 양 대국이 정하고 공개 발표하는 일자에 미국과 소련 군대가 동시에 철수할 것.

그러자 1948 년 3 월 10 일에 북한 지도자들은 위의 5 개 원칙을 받아들였다. 그 결과 동년 4 월 20 일부터 28 일까지 남한에서 395 명, 북한에서 300 명, 통합 695 명의 대표가 참석한 가운데 평양에서 남북 공동 회담이 열렸으며, 이상의 원칙들을 구체적으로 표현한 결의안이 채택된 후, 미국 점령군 사령관 하지와 소련 점령군 사령관 슈티코트(Shtikov)에게 각각 그 결의안이 전달되었다.

그러나 동년 5월 8일에 김구와 김규식을 위시한 대표단이 서울로 돌아오자, 같은 날 하지 사령관은 지상 공개 성명을 통하여 '미국이 그 남북 공동 회담의 결의안을 받아들이지 않을 것이다'고 발표했다. 이에 덧붙여 하지는 김구와 김규식이 공산주의자들의 손아귀에서 놀아나고 있다 는 식의 논평도 가했다. 이것은 이승만이 과거에 누누이 김구와 김규식을 혹평하던 것과 똑같은 표현이었기 때문에, 이승만은 "이제서야 드디어 그 우둔한 작자(하지 사령관)가 정신 차렸다"고 말했다.

한편 김구와 김규식이 평양으로 떠날 준비를 하고 있다는 말을 들었을 때, 서재필은 하지와 함께 이들에게 그렇게 하지 말도록 경고를 했었는데, 서재필이 그들의 평양 여행을 반대한 것은 또 다른 이유에서 였다. 서재필은 그들이 결코 조선에 해를 끼칠 만한 행동을 하지 않을 것이라는 점을 너무나 잘 알고 있었지만, 다음과 같은 두 가지 이유에서 반대 의사를 표명하였다.

- 북조선의 실권은 소련 점령군이 잡고 있었기 때문에 소련이 김구와 김규식을 지지하기로 결정하지 않는 이상, 평양에서 북조선 지도자들과 회담을 갖는다는 것은 무용한 일이며, 소련이 그들의 제의를 지지한다는 증거가 보이지 않았다.
- 김구와 김규식이 남한의 불가피한 실정을 그대로 받아들이고, 강력한 중도파 연합 전선을 편성하여 선거전에 적극 가담하는 것이 더 실질적이다.

만약에 그들이 평화적 남북통일을 박력 있게 밀고 나가야 한다는 점을 분명히 하는 정강 정책을 내세운다면, 서재필의 생각으로는 그들이 국회에서 다수를 확보할 수 있거나, 그렇지는 못하더라도 최소한 이승만이 국회를 장악하지 못하도록 막을 수 있는 가능성이 충분히 있다고 생각되었기에, 이 방법이 조선을 통일하는데 더 좋은 기회를 제공해 줄 것으로 믿었다. 그러나 김구와 김규식 그리고 그들의 동지들은 '서재필이 너무 이상주의에 사로잡혀 현실에 눈이 어둡다' 고 생각했다.

그들 생각에는 악화일로에 있는 미국과 소련 사이에 냉전으로 야기된 당시의 비정상 상태에서 공명정대한 선거란 기대할 수 없었다. 공평한 수단이건 더러운 수단이건 간에 어떤 방법을 통해서라도 이승만의 지지자들이 압도적 다수로 대승리를 거두게 될 것은 처음부터 뻔한 결론이었다. 따라서 이러한 상황 속에서 선거에 참가한다는 것은 조선의 분열과 파멸을 돕는 것일 뿐이기에 그들은 이런 선거를 하려 들지 않았다.

그러나 얼마 안가서 상황은 이승만의 지지자들이 예상했던 대로 진행됐다. 평양에서의 남북 공동 회담에 뒤이어 김구와 김규식은 1948 년 5 월 10 일에 실시하기로 예정되어 있던 남조선 단독 선거를 반대한다는 의사를 발표한 후, 김구는 절간으로, 김규식은 자택에 칩거하며 각각 정계로부터 은퇴하고 말았다. 이제 이승만은 그의 최대 강적 두 사람이 없어지므로 자기가 승리할 것이라는 데 더 이상 걱정할 이유가 없었다. 그러나 이승만의 심복들은 이승만은 과도입법의회 의원 선거에서 단순히 당선되기만을 원하는 것이 아니라 극적인 방식으로 당선되기를 기대할 것이라고 생각했기에, 그들은 이승만이 출마한 선거구에서 그를 무투표로 당선시키기를 원했다. 그래서 그들은 대대적인 언론 선전 공세와 가가호호를 방문하는 선거운동을 통하여 이승만은 국민의 의사에 따라 그의 선거구에서 단독 후보자가 되어야 한다는 점을 내세웠다.

그와 같은 독단적 책략이 국민 사이에 격분을 일으키게 된 것은 당연한 일이었다. 바로 그런 사람들 가운데 한 사람이 이승만에게 도전을 하고 나서게 되었으니, 이 사람은 나이가 꽤 들었지만 담력이 강하고 활동력이 우월한 "최능진" 이라는 사람으로서 이승만에 비하면 별로 이름이 잘 알려져 있지 않았지만, 미국 매사추세츠주에 있는 스프링필드 YMCA 대학을 졸업하고 대학에서 체육 강사를 지낸 인사로서, 특히 청년층의 광범위한 지지를 받고 있었다. 그러나 그는 입후보 선언을 하자마자 이승만의 지지자들로부터 생명에 대한 위협을 받았기 때문에, 어디론가 피신하지 않으면 안되었다. 이렇게 이승만의 유일한 상대자가 후보 자격을 상실하게 되어, 그의 선거구에서는 선거를 할 필요가 없게 되었고, 이승만은 무투표 당선자로 공표되었다. 그 후 얼마 안되어 이승만은 국회의장 직과 나아가서는 과도입법의회 의원들 만의 선거를 통하여 대한민국 대통령 직을 차지하게 되었다.

이와 같은 일이 일어날 것을 김구와 김규식이 정확히 예언했었고 또한 그 외에 많은 사람들이 두려워했었다. 이승만 정권하에서의 생활 전망에 관해 여러 가지 다른 정치 색채를 가진 많은 남한 국민의 불안감이란 형언할 수 없었다. 그래서 절망에 빠진 수많은 사람들이 서재필에게 그의 이름이 대통령 후보로 오르는 것을 수락하도록 진정했었다. 그들은 만약에 서재필이 미국 시민권을 포기하고 동의만 하면 그가 대통령 후보로 출마한다는 것을 발표하는 동시에 하지 장군의 지지를 받을 수 있을 것이며, 또 대통령 선출의 책임을 가지고 있던 과도 입법의회에서 용이하게 다수의 지지를 얻을 수 있을 것이라고 확신했었다. 그러나 당시의 여러 가지 여건은 서재필이 정치에 개입하기에는 부정적이었다. 특히 그 가운데서도 당시 남한의 정치적 실정은 가슴 아픈 정도였으니, 필자가 1948년 4월 26일 자로 미국에 남아있던 아내에게 쓴 편지 내용을 더듬어보면 가히 그 상황을 짐작하리라 생각되어 그 일부를 아래에 소개한다.

필자의 편지 1

1948년 3월 초에 내가 서울에 도착하자 나는 미군 최고 사령부 측과 김구 및 김규식 두 분 사이의 관계가 매우 긴장되어 있는 것을 발견했소. 그 이후로 그들의 관계가 다소 개선되었으나 별로 대단한 것은 못 되오. 김구 선생과 김규식 선생은 또한 일반 대중의 눈으로 볼 때 추문으로 이름이 더럽혀져 있지만, 많은 사람들은 일반 대중이 양 김씨를 오해한 결과라고 생각하고 있소. 김규식씨는 소위 '7백만 원

사건'에 관련되었다고 전해지고 있고, 김구씨의 이름은 장덕수씨 암살 사건에 말려 있소. 그러므로 여기 여론은 이 두 김씨가 얼마나 가까이 밀착 되던지 간에 그들의 합친 세력이 이승만씨의 세력에 비교될 수 없다는 것이오. 처음 몇 주일 동안 관찰한 것이오. 또 소련인들이 신속히 협상할 의사를 보이지 않는 한, 워싱턴 당국은 단독 선거를 그대로 밀고 나갈 것이 분명하오. 또 사정이 변경되지 않는 한, 남한은 이승만 한 사람의 후보 만을 내 세우고 선거를 실시하게 될 것이요. 내가 처음부터 이런 실정을 알았을 때 이 말을 당신에게 전했다면, 나를 즉시 미국 집으로 돌아오라고 야단했을 거요.

얼마 동안 나는 이 어두운 전망에 관해 곰곰이 생각하다가 서 박사와 이 문제를 의논했소. 그는 나의 정세 평가에 같은 의견을 표시했으나 속수무책 이라고 하셨소. 나는 서 박사께 국민에게 선택을 할 수 있는 기회를 제공할 방도가 강구되지 못 하는 한, 차라리 미국으로 돌아가겠다고 말했소. 다음날 내 사무실에는 보통 때보다 더 많은 사람들이 찾아왔는데, 그 중에는 개성 사람, 경상도 사람, 서울 사람이 있었소. 그들에게 국민들은 서 박사에 대해 어떤 생각을 갖고 있는지 물었더니, 그들의 대답이 대체로 국민들은 이 박사보다 더 나은 지도자가 없기 때문에 이 박사를 지지하는 것뿐이며, 서 박사가 대통령 출마 의사를 발표한다면, 사람들은 절대적으로 그를 지지할 것으로 생각한다고 하였소. 나는 또한 두 김씨와 절친한 사람과도 이야기 를 해보았는데, 그의 말이 두 김씨가 모두 분명히 출마를 안 하기로 했기 때문에, 그들은 서 박사의 입후보를 환영할 것으로 믿는다고 하였소.

Bullit 대사 　　서재필 　　뮤리엘 　이승만

사진: 투르먼 대통령의 특사로 한국 방문 중인 W. Bullit 대사 (1948)

사진:　서재필과 Hodge 장군 (서재필이 미국으로 돌아오기 전 두 사람의 마지막 만남) (1948 년).

408

서재필 추대 운동

필자의 편지 2

나는 이와 같은 이야기를 서 박사에게 전하면서 최소한 또 하나의 후보자가 있어야 할 것이라고 말했소. 그리고 나는 서 박사께 이승만씨 이외 에는 출마할 사람이 없는 것 같고, 서 박사가 높이 존경을 받고 있으니, 만약에 하지 장군과 김성수, 그리고 김구와 김규식 두 분이 지지해 준다면 출마를 고려하시겠느냐고 물었더니, 서 박사는 그런 생각은 전혀 해본 일이 없었으며, 조선인들 정치 세계로 들어가기를 매우 꺼린다고 말하면서, 그러나 자기가 꼭 필요한 입장이라면 자기 의무를 피할 수는 없을 것임을 분명히 하셨소. 동시에 서 박사는 나에게 여하한 일이 있어도 자신의 출마 의사를 사람들에 알리지는 말고, 그저 가능성 만 타진해 보도록 허락하셨소.

그 다음날 아침 나는 하지를 찾아가서 현 정치 상황을 내가 얼마나 불만스럽게 생각하고 있나 하는 것을 알린 다음, 단일 후보를 가지고 선거를 하는 것은 나치 하의 독일이나 소련의 선거와 뭐가 다를 바가 있느냐고 말했더니 하지는 내 말에 동의하면서, 그런 일이 일어나지 않도록 하기 위해 자기가 공산주의자라는 공박을 받아가면서 까지 중도파의 연합 전선을 형성케 하도록 최선을 다했으나, 김규식씨가 협력하기를 거부했다고 말하는 것이오. 그래서 나는 다시 그에게 그렇지만 아직 가능성이 있을 때 비극을 피하도록 시도는 해보아야 할 것이 아니겠느냐고 했더니 그가 동의하기에, 그제야 나는 내가 문의해 본대로 '서 박사만이 유일한 후보자 감' 이라고 말하면서 서 박사를 출마 하도록 촉구 하는 것을 어떻게 생각하느냐고 물어보았소. 그랬더니 하지 장군이 "그가 출마하겠느냐?"고 묻기에 나는 "당신과 김성수씨, 그리고 두 김씨만 서 박사를 지지한다면, 그가 설득 당할 것"이라고 대답하고 나서, 그 두 김씨는 서 박사를 지지하는 것으로 이야기를 들었다고 말했더니, 그는 그것이 재미있는 생각이라고 말하면서, 그 문제에 관해 생각해 보겠노라고 약속했소.

약 열흘 후에 나는 다시 하지 장군을 찾아갔더니 그는 문의를 해보았으나 서 박사의 출마 문제는 가능성이 별로 없다고 말하는 것이었소. 그는 김성수씨의 의견을 타진해 본 모양인데, 김성수씨가 이승만씨보다는 서 박사를 더 존경하지만 이승만씨를 막기에는 시간이 너무 늦었다고 생각한다고 하지에게 암시한 듯 하오. 그러나 하지는 나보고 계속해 각계 지도자들을 접촉하고 결과를 자기에게 보고하라고 하면서, 동시에 내가 그렇게 하는 것은 순전히 나 개인 자격으로 그렇게 한다는 것을 그들에게 분명히 해 두어야 한다고 하는 것이었소. 하지가 간접적인 수단을 통해 서 박사의 대통령 입후보 문제에 관해 김성수씨의 의견을 타진한 바로 그때쯤에, 서 박사가 '비공개를 전제하고' 한국 정치인들에 관해 어떤 신문사 발행인에게 한 말이 지상에 발표되었소. 그 내용은 이승만씨에 대한 공격으로 해석될 수 있었기 때문에, 이씨와 그의 심복들은 대노하여 동아일보에 서 박사를 공격하는 기사를 게재했고, 평화 일보는 내가 서 박사의 대통령 선거운동을 지휘하기 위해 미국에서 나왔다고 주장했는가 하면, 또 다른 신문들은 하지가 이승만에게 복수를 하고 있다고 주장하는 것이었소.

서 박사의 인터뷰 공개로 야기된 그와 같은 소란을 보고, 나는 몇 주일 동안 조용히 지내는 것이 제일 좋겠다고 생각했소. 그리고 이제 폭풍은 지나간 것 같소. 나는 우선 김구 선생과 김규식 선생을 방문하려 했으나 이 두 분은 확실히 서 박사를 지지한다는 것을 알았기 때문에, 그 전에 김성수씨를 찾아보기로 했소. 김성수씨는 분명히 이승만씨에 불만을 품고 있었고 서 박사를 매우 존경하고는 있었지만, 노골적으로 이승만씨와 관계를 끊게 되면 그의 정당을 분열시키고 국회의원 선거에서 자기네 정당 후보가 의석을 많이 잃게 될 것을 두려워하여 그렇게 하기를 꺼리는 모양이었소. 그러므로 그는 이승만씨의 대통령 입후보는 지지하되 국회에서 내각 책임제 헌법을 채택하여 그를 제재할 계획을 갖고 있었소. 그래서 나는 "이승만씨가 평민으로 있는 현재 그를 제재할 수 없다면, 일단 그가 대통령이 되어 군대, 경제, 그리고 경찰력을 모두 장악하게 될 때 어떻게 그를 제재할 수 있겠습니까?"라고 말했더니 대답을 못 하는 것이오.

일반 대중이 제일 두려워했던 것이 사실로 입증되고 보니 서재필에 대한 그들의 호소도 더욱 긴박해졌다. 국회의원 선거가 끝난 후 몇 주일 동안은 서재필에게 새로 당선된 국회의원들로부터 호소가 들어왔다. 필자가 동년 7월 11일 자로 아내에게 쓴 편지 내용 가운데 이런 점이 뚜렷이 드러나 있다.

필자의 편지 3

우선 지난 금요일 저녁 회의에 관해 이야기하겠소. 전에 당신에게 말했듯이 이것은 서 박사가 의회의 법규와 절차에 관해 실시하고 있는 주간 회의 가운데 최근의 회의였소. 지난 금요일 그 회의에는 더 많은 국회의원이 참석했소. 보통 때와 마찬가지로 서 박사는 약 한 시간 동안 이야기를 하고 난 후 청중 가운데서 묻고 싶은 질문이 있으면 물으라고 하자, 여러 질문이 나왔고, 서 박사가 유창한 한국말로 대답을 해서 나는 기뻤소. 그러다가 누군가가 내 생각으로는 국회의원으로 기억하는데, 서 박사보고 미국 시민권을 포기하고 한국 국민으로 대통령 선거에 나가 달라고 건의하자, 서 박사는 "마음속으로는 자기가 한국 사람이며 한국을 위해 기도한다"고 대답하고 나서, 잠시 말이 없으시더니 울음을 터뜨렸소.

그와 같은 호소가 정치인들 만의 호소는 아니었다. 많은 저명 인사들, 예를 들면 감리교회 전직 감독 양주삼, 대법원장 김병로, 조선 망명 임시정부 군부 총장이었던 이청천 장군, 조선 YMCA 의 전직 사무총장이었던 신흥우, 안창호가 창설한 흥사단의 유력한 여러 단원들 그리고 그 밖의 수많은 인사들이 모두 내심으로는 서재필을 지지하던 사람들이었다. 흥사단의 전직 단장이었던 이용섭 박사 같은 이는 "서 박사가 1 년만 일찍 귀국 했었더라면 좋았을 걸!" 하고 탄식했다.

김구와 김규식은 서재필을 적극 지원하도록 자기들의 지지자들에게 조용한 가운데 격려해 주었다. 그런가 하면 조선일보사 발행인 방응모, 미군정의 전 민정장관이었던 안재홍같은 이들은 공식적으로 서재필을 지지했다. 또 서재필이 창설했던 옛날 독립협회의 생존 회원들은 그 협회를 부활시키고 그를 위해 선거운동을 하겠다고 나섰지만 서재필은 "그 협회는 내 것이 아니라 모든 조선 사람의 것이었다" 고 말하면서 그렇게 하는 것을 만류했다.

사람들이 이승만보다 서재필을 훨씬 더 높게 존경하고 있었다는 사실은 1948 년 5 월 31 일 과도 입법의회 개회일에서 여실히 드러났다. (편집자 주: 1948 년 5 월 10 일에 실시된 선거를 통해 선출된 국회를 <제헌국회>라고 부르지만, 혼돈을 피하기 위해 이 책에서는 <과도 입법의회>라는 표현을 계속 사용함) 그날 개회식이 시작되기 불과 몇 분 전에 이승만이 의장의 자격으로 서재필에게 몇 마디 축하의 말을 해달라고 부탁하였으므로 서재필이 수락했다. 먼저 이승만이 개회사를 하기 위해 일어났을 때는 장내가 조용했으나, 그 후 서재필이 일어나자 장내는 우레와 같은 박수로 떠들썩했다. 하루는 약 10 명의 청년들이 나의 사무실로 찾아와 자기들은 대한 청년단 대표들이라고 하면서,

"만약에 서 박사가 대통령으로 당선되어 그 임무를 수행할 것을 약속하는 간단한 성명만 발표한다면, 충분히 그분을 대통령 권좌에 앉힐 수 있다"고 주장했다.

물론 서재필은 그렇게 하기를 거절했다. 그들의 주장이 사실이었는지 아니었는지를 확인할 길이 없었으나 한가지 사실은, 그런 일이 있은 지 몇 주일 만에 그들은 서재필로부터 아무런 격려의 말이 없었음에도 불구하고 서재필의 출마를 호소하는 진정서에 5 만 명 이상의 서명을 받았다. 이에 서재필은 깊이 감동되었으나, 이미 한 달 전에 그의 마음은 굳어져 있었다. 필자가 서 박사에게 하지와 내가 한민당 지도자로서의 김성수씨의 입장에 관해 알게 된 사실을 전했을 때, 서 박사는 잘 되었다고 안심하였다.

사진: 서재필의 출마를 호소하는 진정서 (1948 년).

　하지는 진심으로 서재필이 위대한 정치가라고 믿었기 때문에 그가 20 년만 더 젊었더라면 하며 유감의 뜻을 표명했다. 또한 필자가 서 박사 및 그의 딸 뮤리엘 양과 함께 다시 미국으로 떠나기 이틀 전에 김성수 선생과 만나 점심을 같이할 때, 그 역시 "용기를 모아 서재필을 공개적으로 지지하지 못했던 것을 후회한다" 고 말했다.

　서재필은 김성수가 자기를 지지할 수 없음을 알게 되었고, 따라서 하지도 그러한 상황에서는 서 박사에게 강력히 출마를 권유할 수 없다는 결론을 내리게 된 것을 진정으로 다행스럽게 생각했다. 서재필은 자기가 한국 정치에 관련되지 않겠다던 자기의 결심을 변경하지 않게 되기를 진심으로 바랐던 것이었다. 그는 무엇보다도 자기의 제한된 여건 뿐 아니라, 83 세의 나이로서 자신의 건강에 대해서도 잘 알고 있었다. 불안정하고 빈곤이 가득 찬 한국이라는 나라의 시련기를 헤치면서 이끌고 나간다는 것은 자기처럼 나이가 많은 사람에게는 분명히 너무나 힘에 부치는 일이라고 하였다.

그러나 이렇듯 어떠한 관직에도 흥미가 없다 고 그가 되풀이 해서 말했음에도 불구하고, 그를 존경하던 수많은 사람들이 계속 그가 대통령으로 출마해 줄 것을 강력히 주장하고 나섰으며, 계속해서 '기회가 주어진다면 그러한 공직을 수락하겠다' 는 한마디만 한다면 압도적으로 대통령에 당선될 것임을 확신시키면서, 수많은 정치단체, 민간단체, 그리고 종교단체들이 그에게 대통령 출마를 청원했다.

그들의 출마 촉구는 앞서 지적한 바와 같이 새로 선출된 국회의원 대다수, 미군정의 한국 측 상대방인 남한 과도 정부 내 고위층 관리들의 3분지 2, 그리고 수많은 신문 발행인의 은밀한 간청으로, 그 무게가 더하여졌다. 서재필은 크게 감동됐으나 출마만은 단호히 거절했다. 그는 자기를 지지해 주는 데 대해 진심으로 감사의 뜻을 표하면서, 그들이 보여준 지지를 다른 후보자에게 돌릴 것을 촉구하며, "어떤 사람이든 대통령으로 당선된다면, 그 선출된 사람을 지지해 달라"고 당부했다.

한편 이승만의 국회의원 무투표 당선에 대해 선거 부정이 있었다는 비난과 소동이 일어났으나, 결국 그는 1948년 7월 19일 대한민국 초대 대통령으로 선출되었다. 국회의 표결 결과를 보면 이승만이 180표, 어떤 공직도 수락하지 않겠다고 선언한 바 있었던 김구가 18표, 그리고 서재필이 1표를 각각 획득했다. 서재필은 그가 한 표를 받았다는 이야기를 듣자

웃음을 지으며 "누군가 그 표를 던진 사람은 총살감이다"라고
농담 삼아 말했다.

사진: 대통령 선거를 위해 과도 입법의회 의원들이 투표하는
모습 (1948년 7월).

서재필 도미 중지 운동

대통령이 된 이승만에게는 서재필이 반대파의 중심인물이
될 가능성이 있었으므로, 그가 한국에 남아 있는 것이 불안할
수 밖에 없었다. 그러나 서재필은 그렇게 할 의사가 전혀 없었고,
그렇기에 이것이 그가 한국을 떠나기로 결정한 이유 가운데
하나였다. 한편 서재필은 새로 당선된 대통령이면 누구에게나
그렇듯이 이승만에게도 신혼 기간(Honeymoon period)이
필요하다고 느꼈고, 자기가 그런 일에 도움이 될 수 있다면

416

전적으로 도울 용의도 있었다. 그러나 일단 한국을 떠나기로 결정한 후, 서 박사는 필자가 자기와 매우 가까운 관계에 있었기에 필자가 한국에 남게 되면, 이승만 행정부에 대해 첩자 역할을 하는 간접 수단으로 오해 받을 수도 있다는 생각을 하고 있었다.

한편 대통령 선거가 끝난 뒤 여러 신문과 일반인들 사이에서는 서재필이 앞으로 어떻게 할 것인가에 대한 여러 가지 억측이 떠돌았다. 과연 그가 '한국에 그대로 남아 있을 것인가, 아니면 다시 미국으로 돌아갈 것인가?' 하는 것이 주요 궁금 거리였다. 그러자 서재필은 "내가 장차 언젠가 요청만 받는다면 대한민국 정부 고문직에 봉사할 것을 고려해 보겠으나, 우선은 미국으로 돌아가기로 결정했다"고 발표했다.

그런가 하면 대한민국 국회는 서재필이 미국으로의 귀환 결정을 다시 고려하도록 촉구하는 결의문까지 통과시켰다. 그러는 동안 매일 같이 그의 사무실에는 수많은 방문객들이 몰려와, 그에게 '한국을 버리지 말라'고 권유했다. 서재필은 자기를 사랑하고 신임하는 이 모든 사람의 성의 표시에 대해 감격을 참지 못했다. 동시에 그는 육체적, 정신적으로 지쳐서 나중에는 호텔 방안에 머물며 필자에게 그의 대리인 역할을 맡겼다.

한편 몇몇 저명한 인사들은 서재필이 체류만 한다면 그를 '원장으로 모시고 병원을 짓겠다'고도 했고, 몇몇 민간 지도자들은 그를 '발행인으로 한 신문사를 설립하려 하니 한국에 머물러 달라'고 요청했으며, 또한 교육계 일부 지도자들은 '서 박사의 이름을 붙인 대학을 설립하겠다'고 말하면서, 그가 총장직을 맡아줄 것을 간청하기도 했다. 또 수많은 문화단체와 청년단체들은 서재필이 한국에 체류할 것을 촉구하는 결의문을 채택하고 그들의 대표를 시켜서 박사에게 전달했다.

그러나 서재필이 떠나지 않기를 바라는 수많은 인사와 단체들 가운데서, 정말로 그의 결정을 번복 시킬 수 있는 유일한 위치에 있는 이승만 대통령은 빠져 있었다. 오히려 이승만은 침묵함으로 서재필의 출국을 원한다는 것을 표현하였다. 사실상 서재필의 본심은 한국에 체류하는 것이었다. 그는 "내가 이승만 정권의 비위를 건드리지 않고서도, 한국의 민주화와 평화 통일을 위한 선교사 역할을 할 수 있을 것이다"고 느꼈다.

그러나 그는 이상에서 언급한 여러 단체들로부터 재정적인 지원을 받는데 대해서는 분명히 반대했다. 그들이 재정적으로 지원하겠다는 것을 고맙게 여기면서도, 서재필은 그것은 자기가 이제껏 받아본 일이 없는 자선 행위에 가깝다고 생각했기 때문이었다. 또한 한국 정부로부터 초청을 받는다는 것에 관해서도 그의 심정은 착잡하였다. 즉 그의 마음 한구석에는 정부가 모든 국민의 대표 기관이기 때문에 한국 정부가 초청한다면 수락해도 괜찮다는 생각이 있었지만, 다른 마음 한구석에는 이승만이 정부를 자기 것으로 생각하고 있는 판국에, 그와 같은 초청을 받는다는 것은 이승만이 자기에게 호의를 베푸는 것으로 간주될 가능성이 클 것이기 때문에 마음이 내키지 않았다.

나는 서재필이 자비로 한국에 체류할 수만 있다면 제일 좋을 것이라고 생각하고, 서 박사에게 그의 재정 상태에 관해 물어보았다. 만약에 그럴 수만 있다면, 서재필이 단순히 한국에 있는 것만으로도 미국과 한국을 위한 효율적인 감시자 역할을 할 수도 있을 것 같다는 생각이었다. 그러나 서글프게도 그것은 거론할 필요도 없는 상황이었다. 그는 "펜실베니아주 미디아에 집 한 채와 은행에 미화 3,000 불 밖에 없다"고 하였다. 나는 놀라운 심정을 억제하며 "그러면 미국으로 돌아가서 어떻게 생활하실 계획입니까?" 물었더니, 그는 침착한 어조로 "다시 의사로 개업하지, 그것 밖에는 아는 것이 없으니까"라고 말했다.

서재필의 출국을 만류하던 최후의, 그리고 가장 유력했던 지도자들은 김구, 김규식, 안재홍이었다. 그들은 공중의 눈에 띄지 않는 장소에서 비밀리에 서재필과 만나기를 원하였으나, 기자들의 눈을 피해 가면서 이 네 사람이 자리를 같이 한다는 것은 불가능한 일이었다. 그러므로 결국에는 필자의 주동 아래 서재필 호텔 방 안에서 송별연을 베풀기로 결정했다. 이와 같은 사실을 기자들이 알게 된다 해도 조선호텔 방 안으로는 들어오지 못할 것이기 때문이었다. 김구와 김규식이 서재필의 체류를 설득하기로 한 이유는 두 가지였다.

첫째, 서재필과 같은 중도파 지도자가 한국에 있어서 이승만을
제재하지 않으면, 그가 나라를 통일한다는 수단으로 전쟁을
도발할 가능성이 있다.

둘째, 그들이 평양에서 김일성 및 김두봉과 대화를 해 본 결과, 서
박사는 남쪽에서와 마찬가지로 북쪽에서도 지극히 많은
사람들의 존경을 받고 있기 때문에, 김구와 김규식은 서재필의
한국 체류가 평화적인 남북통일의 가능성을 크게 증가시킬
것이다.

그러면서 그들은 서재필이 체류하기 원하기만 하면 생활
수단을 강구하는 데는 큰 문제가 없을 것이라고 확신했다.
서재필은 이들 세 지도자들을 위시해 자기의 체류를 원하는
다수의 동포들에게 감사의 뜻을 표했다. 그러면서 그 세
지도자들이 이승만의 위험성이 있는 정책에 관해 느끼고 있는
불안감을, 자기 역시 가지고 있다고 말했다. 그러나 최소한
당분간은 한국을 떠나기로 한, 자기의 결정을 변경시킬 수는
없음을 분명히 했다. 그렇게 하는 것이 한국을 위하는 일로
확신한다면서 서재필은 다음과 같이 그 이유를 설명했다.

사람들이 나를 존경한다면 그것은 내가 원칙에 따라 살기로
했기 때문일 것이오. 그러기에 내가 한국에 있든 미국에 있든 별로
차이는 없을 것이요. 내가 어디에 있든지 고국에 대한 나의 관심과
애정은 추호도 변함이 없을 것이요. 또한 내가 미국으로 돌아가는
것이 어찌해서 현명한 결정으로 생각하느냐 하는 데는 두 가지
이유가 있소.

첫째, 현명했든 어쨌든 간에 국민이 이승만을 대통령으로 선출했으니 그에게는 허니문 기간이 필요하며
둘째, 내가 이곳에 있음으로써 이승만이 불안해하는 탓이요.

이제껏 나는 공직에 욕심이 있는 그의 경쟁 상대가 아니며 나의 논평들은 한국을 위해서 하는 말이라는 점을 분명히 해왔지만, 그는 내가 상습적으로 그를 비판하는 사람으로 생각하고 있는 것 같소. 그렇게 생각하는 것은 그의 잘못이지만 그렇게 생각하는 한, 그가 그런 생각을 하도록 만들 구실이라면 무엇이나 내가 미리 방지할 생각이요. 하나님의 뜻이 있다면 최소한 약 1년 동안 그렇게 해보겠소. 여러분도 똑같이 해주길 바라오.

김구와 김규식 그리고 안재홍은 서재필이 고국을 떠난다는 것을 무척 유감스럽게 여기면서도, 그가 설명한 이유에 깊이 감동하였다. 그들은 또한 서재필이 사용한 '약 1년 동안'이라는 말에 희망을 얻었다. 그가 얼마 후에는 다시 한국으로 귀국할 생각을 하고 있는 것 같이 느껴졌기 때문이었다. 여하간 김구는 서재필의 위와 같은 말을 수긍하면서, "그러나 한국의 장래가 암담하다는 예감이 듭니다"라고 덧붙여 말했다.
그런지 6개월 만에 김구는 괴한의 흉탄을 맞고 쓸어졌다. 암살범이었던 안두희는 체포된 후, 재판 결과 사형 선고를 받았지만, 형은 집행되지 않은 채 오히려 그는 조용히 석방되어 익명으로 살도록 허락되었다.

서재필이 한국에 체류하던 마지막 몇 주일 동안은 그에게 무척 고통스러운 기간이었다. 새로 만들어 낀 의치(Denture)가 맞지 않아 아프기도 했거니와, 그의 미국으로의 귀환 계획을 만류하는 마지막 순간의 청원들이 쇄도했기 때문이었다. 그에게 한국 체류를 강청했던 사람들은 그를 오랫동안 존경하던 사람들만이 아니었다. 수개월 전까지 만 해도 이승만을 한국의 구세주라고 칭송했던 많은 사람들도 서재필에게 한국을 버리지 말라 는 요청과 함께 그에게 몰려들었다.

한편, 서재필에게 송별 행사에 참석해 달라는 초청장도 수없이 계속 답지했지만, 대부분의 초청은 부득이 거절할 수밖에 없었다. 분망했던 마지막 주일 어느 날, 대통령 비서 이기붕이 서 박사와 그의 딸 뮤리엘과 필자를 대통령 부처가 초대한다는 만찬 초대장을 들고 왔다. 나는 이와 같은 사실을 서 박사에게 알렸으나 그에게는 선약이 많았기 때문에 그 초청을 수락할 수 없었다.

이승만이 대통령으로 당선된 뒤, 당선 축하를 하기 위해 서재필이 이승만을 방문했었다는 사람들이 있으나, 이것은 사실이 아님을 밝혀 두고 싶다. 서재필이 직접 가서 이승만을 축하한 일은 없고 축하의 글을 보낸 일은 있었으며, 그에 대해 이승만은 다음과 같이 회답한 바 있었다.

친애하는 서 박사님, 축하 메시지를 보내주신 데 대해 감사합니다. 저에게는 그 메시지가 선생님께서 저의 요청으로 우리의 망명정부에 대한 승인을 얻으려는 희망을 갖고 미주 위원회의 고문직을 맡으시고 일해 주시던 과거를 회상시켜 주고 있습니다.

사진: 서재필이 미국으로 돌아오기 전 서울에서 가진 송별 모임. 태극기 앞에 앉은 서재필, 그의 오른 쪽에 계신 분이 안재홍 (1948 년)

필자는 세번째로 고국을 떠나게 된 서박사를 출발 전날 저녁에 만나 뵈려고 조선호텔 현관에 들어설 때 신익희 국회의장이 다녀가시는 것을 보았다. 2층으로 올라가 보니 서박사는 침대에 엎드려서 울고 계셨다. 그는 혼잣말로 "나는 외로운 사람이다. 가정생활도 그러했고, 사회생활도 뜻대로 된 일이 별로 없다"고 하셨다. 나는 그분이 진정하기를 기다려서 이야기를 시작했다.

내 짐작에 서박사의 심중은 외국 부인과 동거생활 40여
년에 진정한 사정을 서로 교환할 수 없었고, 갑신 혁명 이후
한국의 완전 독립과 민주화를 위해서 온갖 노력을 다 했지만
그 성과가 아직까지 뚜렷하지 못한 까닭이었다. 그는 심중에
은근히 바라기는 국회에서 서울 시내의 어떤 간선도로라도
이름을 <재필로>라고 명명해 줄 것을 기대하고 있었다. 그러나
당시 국회는 그러한 어떤 구상을 생각할 여유도 가지지 못했다.

필자가 "연배로 보든지, 주객의 형편으로 보든지, 이승만
대통령이 찾아와서 마지막 전별 인사를 올려야 함에도 불구하고,
반대로 서박사께서 경무대까지 고별 인사차 갔다가 만나보지도
못하고 호텔로 돌아온 후, 그 후 이 대통령은 호텔로 와서 단
3분 동안 인사한 후 돌아갔으니, 이것을 매우 유감으로
생각합니다"라고 말했더니 서박사는 "나는 이승만이란
개인을 만나려고 간 것이 아니고, 대한민국 대통령에게 고별
인사를 드리려고 갔던 것이다" 라고 말했다.

제 15 장 최후의 망명

1948 년 9 월 11 일 서재필은 새벽 6 시 이전에 잠에서 일어났다. 청명하고 상쾌한 아침이었다. 6 시 30 분에는 김구를 접견하게 되어 있었다. 노장 민주주의 지도자 김구는 정각에 나타나 서재필과 단 둘이 약 30 분간 이야기했다. 김구가 그렇게 일찍 서재필을 만나려 했던 것은 인천까지 가서 그를 전송하고 싶었지만, 그렇게 멀리 나가는 것이 자신의 신변상 안전하지 못하다는 비서들의 만류도 있었을 뿐 아니라, 앞으로 언제 다시 면담할 수 있을지 모르는 고령의 지도자와 잠시나마 단 둘이 만나 자기 충심에 쌓인 우국의 심정을 전하고 노 선배의 권고를 청하려는 의도에서 새벽 회담을 가진 것이다.

사실상 김구와 서재필 두 사람 사이의 상호 존경심과 친분 관계는 단시일에 두터워진 것이라고 해도 과언은 아니었다. 두 사람은 일본이 패전한 후, 한국으로 귀국할 때까지 서로 만난 일조차 없었다. 김구는 영어로 대화를 전혀 못했고 미군 당국자들은 영어를 잘하는 조선인을 통해서 조선인 지도자들을 알게 되었는데, 통역하는 사람 대개가 이승만 계통이었으므로, 이들은 "김구가 중국 상해에서 독재자 같은 존재였다"고 김구에 대해 부정적으로 미군 당국자들에게 얘기했다. 따라서 미군정 고관들과 접촉이 가까웠던 서재필은 처음에 김구를 그러한 인물로 생각했다.

그러나 남북 단독 선거 문제를 둘러싸고 김구가 이승만과의 친교를 끊은 후, 김규식 및 그 밖의 여러 중도파 인사들을 통해서 김구는 서재필의 참된 인품을 알게 되었으며, 서재필은 김구가 우국지사 임을 인식하게 되었다. 비록 서재필이 남한 단독 총선거 문제에 관해 김구와 의견을 달리하였었지만, 그는 옳다고 믿는 원칙을 고수하는 김구의 용기를 존경했다. 그리하여 1948년 여름 동안에 두 사람 사이의 상호 존경심과 친분 관계는 점차로 두터워졌다.

일단 서로가 믿을 수 있는 사이가 되자 김구는 서재필에게 "이승만이 시종일관 그에게 유리할 때마다 자기를 이용하면서도 미군 최고 사령부와 자기 사이를 이간시켜 왔다"고 말했다. 이어 김구는 "이승만이 선거 이후로 자신의 인기가 놀랄 정도로 떨어지게 되자, 자신의 잠재적 경쟁 상대자가 될 만한 인물들을 숙청하라"고 지시했다고 말했다. 그리고 나서 김구는 귓속말로 서재필에게 얼마 멀지 않아

"나에게도 심상치 않은 일이 일어날 것이라는 불길한 느낌이
든다"고 말했다. 앞서 이야기한 대로 그는 1949년 여름에
드디어 괴한의 흉탄에 쓰러지고 말았다.

아침 7시에 서재필은 그의 딸 뮤리엘 및 필자와 함께 조반을
끝내고 조선호텔 마당으로 나갔다. 거기에는 서재필과 그
일행을 전송하러 나온 사람들로 가득 차 있었다. 그 가운데
몇몇 사람들 만이 간신히 몇 마디의 송별인사를 나누었을 뿐
대부분의 사람들은 너무나 슬픔에 잠겨 말문을 열지 못했다.
그러자 입법국회의원 선거 때 용감히 이승만에게 도전했던
최능진이 앞으로 나와 서재필에게 머리를 숙여 인사를 하고는
나에게로 와서 손을 흔들며 우울한 어조로 "저승에서
만납시다"라고 말했다.

그럭저럭 오전 일곱 시 반이 지났다. 출발 시간이 된 것이다.
나는 서 박사와 같이 대기중인 리무진을 탔고, 서 박사의 딸
뮤리엘과 미군 사령부 대표들은 다른 자동차를 탔다. 우리
일행은 눈물을 흘리며 손을 흔드는 군중에게 목례하면서
조선호텔을 떠나 인천으로 향했다. 차 안에서 서 박사는
오랫동안 눈을 감고 말이 없었다. 마침내 나는 침묵을 깨뜨리고
"치통이 좀 어떠신지요?" 하고 물었다. 그랬더니 서 박사는
"아직도 이가 아프긴 하지만 그보다 더 가슴 아픈 것은 김구
선생이 나에게 말한 자신에게 불길한 일이 일어날 것 같다 고
보고한 말이요. 조금 후에 더 자세히 말하지"라고 말했고, 또

침묵이 뒤따랐다. 그러는 동안 나는 김구의 보고가 무엇에 관한 것이었을까 궁금해 하였다.

우리 일행이 인천에 도착한 것은 오전 8시 10분경 이었다. 이미 부둣가에는 백 여 명이 넘어 보이는 군중이 모여 있었다. 그들 가운데는 김규식 박사 내외, 신흥우, 백상규, 국회부의장 김동원, 서울시장 김형민, 그리고 서 박사의 일가와 친구들이 눈에 띄었다. 맨 먼저 김규식이 우리 일행과 악수를 나누었다. 두 노인은 서로 포옹하고 감격의 눈물을 흘렸다. 서 박사가 "나는 당신만 믿으니 한국의 완전 독립과 민주화가 되도록 잘 도와주시오" 하고 김 박사에게 한 말씀은 서박사의 마지막 부탁의 말씀이었다. 그리고는 서 박사와 다른 사람들과의 악수가 끝날 때까지 기다렸다가 김규식은 다음과 같은 말로 군중들을 격려했다.

동지 여러분, 이 시간은 눈물 흘릴 때가 아닙니다. 왜냐하면 사실은 서 박사께서 우리를 영구히 작별하고 떠나시는 것은 아니기 때문입니다. 과거 60 년 동안에 두 번이나 서 박사께서 영원히 떠난 것으로 생각되었지만, 두 번 모두 다시 돌아오셨습니다. 그 분은 또다시 돌아올 것입니다. 그는 조선에 대한 사랑을 남겨놓고 떠나십니다. 의지가 있으면 길이 있다고 하지 않습니까? 서 박사께서 조선을 사랑하시고 보국의 의지가 강하시니까 세 번째 기회가 꼭 올 것입니다. 그러니 우리는 소망을 잃지 맙시다.

김규식이 삼창을 선창할 때 군중은 우렁차게 소리쳤다.

"서재필 박사 만세"

이와 같은 감사의 표시에 고마운 마음을 억제하지 못하는 서재필은 한동안 말이 없다가 드디어 목멘 목소리로 "대단히 감사합니다. 내가 조선과 조선 국민을 얼마나 생각하느냐에 대해서는 이미 충분히 말해왔기 때문에 더 이상 되풀이 하지 않겠습니다. 하나님의 은총이 여러분에게 있으시기 바랍니다"라는 간단한 말로 답례했다.

이 말을 남기고 서 박사는 뮤리엘 및 필자를 옆에 대동하고 미 육군 수송선 제너럴 하지스호를 향해 천천히 걸어 나갔다. 우선 그 수송선까지 가기 위해 우리 세 사람과 육군 장교 2명이 함께 작은 배에 올라탔을 때, 서 박사는 부둣가에 남아있던 친구들을 향해 마지막 고별인사로 손을 흔들어 보였다.

미 수송선에 올라가자 우리 일행에게는 각기 특등실이 배정되었다. 방들은 시원하고 널찍했으며 편안했다. 여장을 푼 후 우리는 갑판 위로 올라와 햇볕을 쬐고 바다의 선선한 바람을 마시면서 쉬기 위해 갑판 위의 의자에 앉았다. 그러다가 선박 밑의 떠들썩하는 소리에 우리의 시선이 옮겨갔다. 그 수송선에는 미국으로 돌아가고 있던 수백 명의 미군 병사들이 작은 선박으로부터 옮겨 타고 있었는데, 그들이 데리고 지내던 작은 개들을 수송선에 데리고 들어가지 못하게 하였기 때문에, 그 개들을 떼어 놓느라고 마지막 순간까지 쓰다듬어주다가 수송선으로 병사들이 올라가니, 개들이 한사코 그 병사들을

따라 물 속으로 뛰어들었다. 참으로 눈물 나는 이별의
장면이었다.

사진: 대한민국 정부가 수립 된 후인 1948 년 9 월 11 일 "조국의
혁명 원로 서재필" 이 미국으로 출국하는 것을 보도한 조선일보
1948 년 9 월 12 일 자 기사.

사진: 수송선 제너럴 하지스호

마지막 태평양 항해

수송선 제너럴 하지스호가 인천을 출항한 것은 토요일 오후 12시 30분이었다. 날씨는 상쾌했고 바다는 잔잔했다. 계속해서 이틀 동안 날씨도 좋았고 바다도 잔잔했다. 그러나 서 박사는 몸이 편치 못했다. 온 몸이 아프고 식욕이 없으며 밤에는 잠을 잘 수 없다 고 하셨다. 처음에는 뮤리엘과 내 생각으로 우리가 떠나기 전, 몇 주일 동안 서 박사가 정신적, 육체적으로 과로해서 몸살이 난 것으로 알았고, 따라서 며칠 휴식하면 건강이 회복될 것으로 믿었으나, 며칠이 지나도 차도가 없자 해상에서 무슨 변이나 당하는 것이 아닌가 하는 근심을 하게 되었다. 서 박사 자신도 죽을 병이 든 것으로 생각했기 때문인지, 그가 미국에 도착한 뒤 써서 보내기로 약속했던, 한국 주재 미국 대사로 임명된 지 얼마 안 된 "존 뮤쵸"(John Muccio) 대사에게 보내는 메모를 고통 중에서도 내게 받아 쓰도록 했다. 뮤쵸대사에게 보내는 편지 내용은 다음과 같다.

이것은 내가 캘리포니아에 도착하는 즉시로 귀하께 보내 드리기로 약속했던 편지입니다. 귀하가 이미 한국 실정을 많이 알고 계시리라 생각하기 때문에 그 점에 관해서는 길게 쓸 필요가 없을 것 같습니다. 다만 내가 귀하께 드리고 싶은 말씀은, 현 한국 정부 내의 몇몇 주요 인물에 관한 것입니다. 이들 가운데 많은 사람들을 내가 개인적으로 모두 잘 알지는 못 하지만 그 가운데 몇 사람은 잘 알고 있습니다. 예를 들어 이승만 박사는 내가 여러 해 동안 알아 온 사람이며 사실상 그의 정부 내에서 나만큼 그를 잘 아는 사람은 없을 것입니다. 나는 또한 국회의원들 가운데도 아는 사람들이 있는데, 그들은 모두가 한국을 위해 옳은 일이라면 무엇이나 할 의사를 갖고 있습니다. 그러나 이 박사를 포함해 이 모든 사람이 정부나 사업 면에서 실제 경험이 없는 사람들이며, 미국 대학 교육을 받은 이 박사를 제외하고는 별로 교육을 받은 사람도 없습니다. 이 박사가 다소 능력은 있는 사람이고 한국을 위한 애국자이긴 하지만, 경험이 부족하기 때문에 그의 견해는 협소하고 그의 일부 생각은 실제적인 것이 못됩니다. 또 그의 내각 구성원을 보면 한 사람을 제외하고는 모두가 남자로서, 이들은 한국 국민 대다수의 신임을 받지 못하고 있는 것 같습니다. 그러나 이승만 정부는 제대로 한국을 위해 일할 수 있는 능력이 있는지 없는지를 보여줄 만한 시간적 여유가 아직까지는 없었기 때문에, 그 정부에 대하여 내가 현재 가지고 있는 좋지 않은 감정은 공평하지 못한 것이라고 생각합니다.

나는 서울을 떠나기 전에 한국 사람들에게 이승만 정부가 그 능력을 사용할 기회를 주도록 권유했습니다. 1년 정도를 두고 보면 그 정부가 과연 기대하는 만큼 일을 해낼 수 있는지 없는지를 확실히 말해 줄 것으로 생각합니다. 나는 국민들이 이 대통령과 그의 정부에게 그러한 기회를 주게 되기를 바라는 동시에, 그들이 한국은 물론 그들 자신을 위해서라도 좋은 방향으로 성과를 거두게 되기를 충심으로 바라고 있습니다. 그리고 귀하의 자문과 워싱턴의 우호적인 지도로서 그들이 올바른 길을 걷게 될 것이라고 생각합니다. 그러나 귀하는 그들의 행동을 면밀히 지켜보아야 할 것이며, 만약 그들이 올바른 길에서 이탈하는 것을 발견하게 되면 귀하가 친절한 자문을 해주셔야겠으며, 때로는 귀하가 확고한 태도를 취해야 할지도 모릅니다. 이것은 비밀에 속하는 내용이니 그리 아시고 선처하여 주시기 바랍니다.

  인천항을 떠난 지 나흘째 되던 날, 서재필은 치아를 검사하기 위해 그 기선 내의 치과 의사 사무실을 찾아갔다. 치과 의사는 매우 유능한 사람으로 보이는 육군 대위였다. 그가 서재필에게 어디가 아프냐 고 묻자 서재필은 이가 썩었다 고 대답했다. 의사는 그의 치아를 조사하고 나서, 서 박사의 의치를 엄지 손가락과 둘째 손가락으로 꼭 쥐고 살짝 교묘하게 뽑아냈다. 그 순간 서재필은 격렬한 통증으로 의자에서 떨어질 뻔했으나 2, 3분이 지나자, 훨씬 나아졌다 고 하였다. 그는 잘 맞지 않았던 의치의 날카로운 가장자리가 잇몸을 눌렀기 때문에 구강 신경을 건드려 아파했는데, 의사가 의치를 교정한 후 통증이 사라졌다.

  그 후부터 나머지 항해 기간 중 별일이 없었다. 밤잠도 잘 자고 식욕도 다시 회복되어 식사도 즐길 수 있었다. 특히 그는 아침 식사로 살짝 삶은 계란과 토스터, 그리고 홍차를 좋아했다. 그는 또한 매일 몇 시간씩 갑판 위에 올라가 햇볕을 쪠면서 선객들과 환담을 나누었다. 그리고 자기가 한국에서 보낸 지난 15개월 동안의 즐거웠던 일과 그다지 유쾌하지 못했던 몇몇 체험들을 돌이켜 보기를 즐겼다. 그러다가 서 박사는 나에게 서울을 떠나던 날 새벽에 김구가 자기를 찾아와서 한 이야기를 말해주었다.

첫째, 자신은 누구 못지않게 서재필이 떠나는 데 대해 섭섭해 했지만, 서재필의 신변 안전을 위해 그렇게 하는 것이 현명한 일이다 고 생각했다.

둘째, 믿을 만한 정보에 의하면 이승만은 일반 국민과 특히 국회 의원 내부에서의 자신의 지지가 너무 갑자기 하락한 데 놀라, 폭력적인 수단을 취해서라도 자기의 위치를 굳게 하기로 결정했다.

셋째, 이승만은 그의 산하 비밀 경찰에게 명령하여 자기의 경쟁 적수가 될 만한 인물들을 감시하고, 필요하다면 그들을 숙청하라고 지시했고, 따라서 김구 자신이 제일 위험한 상태에 있다.

항해 도중 서재필은 같은 배를 타고 미국으로 유학가는 한국 학생들과도 몇 차례 만나 담화했다. 30 여 명의 남녀 학생들은 미국과 캐나다에 있는 대학교들로부터 입학 증서를 받고 가는 중이었는데, 유학하는 동안 해야 할 일, 해서는 안될 일, 등에 관해 예비 지식을 얻기 위해 서 박사 및 나와 담화하기를 요청하여 선장에게 부탁하여 회의 장소를 구하여 진지한 담화를 나누었다. 보건, 정치, 사회 문제 등등에 대한 학생들의 질문에 서 박사는 성실하고 정확하게 대답하며 학생들을 친절히 대우했다. 그러다가 한 청년이 다소 익살맞은 어조로 자기가 가장 두려워하는 것은 미국에 있는 동안, 서양 음식을 먹어야 한다는 것이라면서 자기는 도저히 양식이 구미에 맞지 않는 것 같다 고 하자, 서 박사는 "노력해 보시오. 2 억의 미국 국민이 모두 양식이 맛있고 건강에 좋다고 생각하는데"라고 대응하였다.

어쨌든 두주일에 걸쳐 태평양 바다를 건너 우리 항해의 마지막 날인 9월 25일, 우리를 태운 기선이 샌프란시스코항에 정박했을 때 나는 부둣가에 수십 명의 사진사들과 기자들이 기다리고 있는 것을 보고, 아마도 저들이 서 박사를 기다리는 것이 아닐까 생각하며 옆에 서있는 서 박사를 향해 이승만은 박사님을 박대했지만 미국은 저렇게 환영하는군요 라고 귀띔하려는 순간, 뒤에서 '길을 비켜라'는 큰 소리가 들려왔다.

나는 우리 뒤에 따라오는 젊은 여자와 그를 둘러싼 두 남자들을 돌아보며 실망했다. 그리고는 내가 미국 뉴스 미디아의 정보 수준을 지나치게 높게 평가했다는 사실을 깨달았다. 부둣가에서 기다리는 기자들은 한국의 대통령직을 거절하고 미국에서 평민으로 살기 위해 돌아오는 서재필을 기다리는 것이 아니라, 전시에 일제를 지원한 혐의로 체포되어 잡혀 오는 일본계 2세 여자, "도쿄 로즈(동경 장미꽃)"를 기다렸던 것이다. 그녀가 갑판 위에서 수명의 감시원들과 카드놀이를 하고있을 때, 승객들은 그녀가 누구인지 알았으나 첫날부터 마지막 날까지 그녀를 아는 체 하지 않았었다. 그러나 배가 미국에 도착하자 기자들의 법석이는 소동은 마치 그녀를 귀빈 대우하는 듯했다.

귀화한 나라에 다시 상륙

여하간 서재필 앞에는 다정한 환영이 기다리고 있었다. 동경 장미꽃을 환영하는 군중에 밀려서 근 한 시간을 기다린 후 배에서 내리니, 부두에는 40여 명의 친척, 친구들과 내외 인사들이 그를 환영했다. 그의 장녀 스테파니 보이드 여사는 멀리 펜실베니아 미디아에서부터 이곳 샌프란시스코까지 마중 나왔고, 서울을 몇 주 전에 출발하여 이미 미국에 도착한 4, 5인의 미국인 선교사 친구들은 서재필을 맞이하려고 머물러 있었다가 환영 나왔다. 샌프란시스코 뿐 아니라, 남가주 지역에 거주하는 조선 동포들 수십 명도 부두로 환영하러 나와 로스앤젤레스를 꼭 방문해 달라고 요청하였다. 그 날 저녁 서박사, 그의 두 딸들, 그리고 필자, 모두 4명은 그 지역 거주 교포들의 만찬에 초대받았다. 그 자리에서 서재필은 간단한 감사의 뜻을 표시한 후 이승만 정권이 수립된 경로를 설명하며, "거기에는 여러 문제점들이 많았으나, 일단 이미 일어난 역사적 사실이므로 국내와 해외의 모든 겨레가 성원하고 인내하여 이승만 정권이 국민에게 약속한 것을 잘 성취할 수 있도록 도와주어야 한다"고 말했다.

사진: 미국으로 오는 배에서 임창영, 서재필, 뮤리엘 양
(1948 년)

사진: 기차로 로스앤젤레스에 도착한 서재필과 뮤리엘. 국민회
총회장과 필립 안(안창호의 아들)이 마중 나옴(1948 년).

   그 다음날 (9 월 26 일) 필자는 서 박사와 그의 두 딸들과
작별 인사를 나누고 미 동부로 떠나는 저녁 기차에 몸을 실었다.

풀만(Pullman) 침대차는 편안하고 음식도 구미에 잘 맞았으나 3천리 미 대륙을 횡단하는 지루함을 참기는 그래도 어려웠다. 마침내 10월 1일에 내 가족과 다시 상봉했다. 한편 서 박사는 두 딸들과 함께 남가주에 있는 로스앤젤레스에 가서 약 10일 동안 그곳 교포들의 대접을 받고, 그 후 펜실베니아 미디아 자택으로 돌아와서 내게 다음과 같은 내용의 편지를 보내왔다.

나는 금요일 오후에 귀가했소. 매우 피곤하나, 내일이나 모래에 치과 의사와 이비인후과 의사를 찾아보려 하오. 로스앤젤레스에서는 파벌 관계를 초월해서 많은 교포들이 우리를 정성껏 대해 주었소. 특히 〈대한인 국민회의〉(KNA) 사람들이 우리에게 친절히 해주었소. 군이 귀가한 후 어떻게 지내는지 궁금하니 할 수만 있다면 한번 오시오. 서재필.

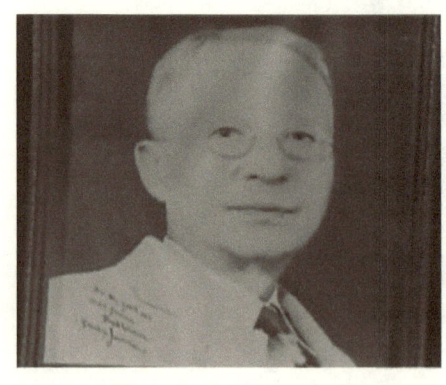
사진: 서재필

이와 같은 편지를 받고 나는 즉시 서 박사에게 전화를 걸고는 그를 격려하며 원기를 내시도록 부탁했다. 우리 집은 내가 미국으로 돌아오기 직전에 다른 집으로 이사를 했기 때문에 나는 서 박사에게 이사한 집이 자리가 잡히는 대로 그를 방문키로 약속했다. 몇 주일 후에 약속대로 미디아로 서 박사를 찾아갔다. 그의 집에 가면서 나는 정신적으로나 육체적으로 피로할 대로 피로해 있을 서 박사를 어떻게 격려할 수 있을까 생각해 보면서, 다소 불안한 마음으로 서 박사 댁에 도착하니 따님 뮤리엘 양이 나오면서 나를 데리고 그녀의 언니 댁으로 갔다.

서 박사는 거기서 나를 기다리면서 텔레비전 앞에 앉아 운동 경기를 구경하고 계셨다. 서 박사는 나를 만나자 반가운 안색으로 나를 껴안으며 격려해 주었다. 내가 서 박사를 격려할 필요도 없을 정도로 그의 원기는 왕성했다. 나는 서 박사의 모습이나 행동이 "선생님의 제자 이승만에 의해 고국으로부터 쫓겨난 망명객 같은 기색은 전혀 없고, 20 년 이상 젊어 보입니다"고 농담삼아 말했더니 그는 "모든 일에 밝은 면과 어두운 면, 양면이 있는 법인데, 나는 밝은 면 만을 보기로 했소"라고 대답하고 나서, "그러나 이 말이 결코 한국 국민과 이승만 정권이 당면하고 있는 불길한 장래에 대해 내가 전혀 모르고 있다는 것을 의미하는 것은 아니요"라고 덧붙였다.

그러면서 서 박사는 우리가 이승만에게 Honeymoon 기간을 주자고 약속하지 않았느냐 하시며 한 1년 동안은 그에 대한 비난을 삼가면서 우리 각자의 삶에 주의를 돌리는 것이 최상책이라고 말했다. 그리고는 "나는 다시 병원 개업을 할 예정이니, 자네도 조속한 시일 내에 교수직을 찾게 되길 바라오" 하셨다.

나는 기적이 일어나지 않는 한, 다음 학기까지 직장을 찾기 어렵겠지만, 뉴욕에 있는 직업적 강연 알선소 한 두 군데로부터 순회 강사로 초청을 받았으니 수락할 예정이라고 대답했다. 그리고 순회 강연은 제가 별로 좋아하지 않는 여행을 많이 하게 되어 있지만 그로 인해 저에게는 더 많은 청중들과 접촉할 기회가 있을 것이라고 말씀드렸다.

1948년 12월 31일 자로 서 박사가 나에게 보낸 두 번째 편지 내용에는 계속적인 한국에 대한 관심과 나에 대한 걱정이 적혀 있었다.

크리스마스를 기억해 준 데 대해 임자와 부인에게 감사하오. 임자도 가족과 함께 크리스마스를 즐겼기 바라오. 우리는 그날 하루 종일 집에 있다가 저녁때는 스테파니 집으로 저녁을 먹으러 갔었소. 참 잘 차린 저녁이었소. 비록 한국을 떠날 때 비하면 훨씬 건강이 좋은 편이지만 아직도 피로하고 힘이 없어서 그동안 별로 한 일이 없소. 한국에는 많은 변화가 일어나고 있소. 그리고 이승만 정부가 자립할 때까지 워싱턴이 당분간은 그 정부를 도와주려 하고 있는 것 같소. 이승만씨와 국회가 그들이 맡은 바 역할을 다하게 되길 바라고, 이제는 그들이 더 이상 반미적이지는 않은 것으로 생각되오. 조만간 임자가 좋은 직장을 찾게 되길 바라며 어떻게 되어가는지 궁금하니 수시로 연락해 주시오. 그리고 내 도움이 필요하다면 알려주시오. 새해에는 임자와 임자 가족에 만복이 있기를 빌면서.
서재필

1949년이 되면서부터 서 박사의 건강은 굉장히 좋아졌다. 1949년 2월 21일 자 편지에서 서재필은 워싱턴에 있는 친구들을 방문할 계획이며, 그 다음 달에는 병원 개업을 시작하기 위해 사무실을 임대할 생각이라고 말했다. 그 후 3월 5일 자 편지에서 그는 워싱턴 상황에 관해 알리면서 다음과 같이 썼다.

우리는 워싱턴에서 이틀을 지낸 후 수요일 오후에 귀가하였소. 우리는 와드만 파크 호텔에서 장면씨가 베푼 환영회에 갔다가, 우리가 한국에서 알던 여러 명의 미국인들과 한국인들을 만났소. 그 가운데 김활란씨도 있었소. 그녀가 아직도 여기 있을 줄은 몰랐소. 나는 또한 몇 가지 용무로 잠시 여기에 와 있는 무쵸 대사도 만났소. 그는 며칠 내로 미국 상원이 그의 임명을 승인하는 즉시로, 주한 미국 대사로서 한국으로 돌아가 신임장을 증정받게 될 것이오. 이와 동시에 장면도 워싱턴에서 신임장을 증정받게 될 것이라고 하는데, 장면씨는 매우 호감이 가는 사람 같소. 그는 워싱턴에서 한국 대사관으로 쓰게 될 건물을 구하는 중이라는 데 그 돈은 경제협력처(ECA)에서 나올 예정이라고 하오. 서재필

1949년 6월 서재필은 병원 개업을 시작할 준비를 하고 있었다. 그래서 그는 우선 펜실베니아주 미디아 330 West State Street 에 새로 병원 사무실을 정하고 미디아의 여러 지역 신문에 그가 의사 개업을 시작한다는 사실을 알렸다. 그의 병원 진료 시간은 매주 월요일부터 금요일까지 오후 2시에서 5시로 되어 있었다. 나는 그가 건강도 괜찮아지셨고 다시 그날그날

의사 업무에 종사하게 된 것을 기쁘게 생각하였다. 그러나 그의 이런 기쁨은 한국에서 김구가 괴한에게 암살 당하고, 남한과 북한 군대 간의 소규모 전투가 자주 일어나고 있다는 보도로 인해 모두 사라졌다. 이와 같은 소식을 들은 그는 크게 격분하였고, 6월 28일 자 편지에서 그는 자기의 분노를 다음과 같은 말로 표현했다.

나는 김구 선생이 암살 당했다는 소식을 듣고 매우 유감스럽게 생각하오. 암살 이유는 모르지만, 여하간 이것은 세계의 이목 앞에 한국의 명예를 훼손시키고 있소. 범인이 처벌받게 되길 바라고, 또한 오늘 나는 라디오를 통해 주한 유엔위원단의 특보에 의하면 남북 군대 간의 전투가 일어났다고 말한 것으로 들었는데, 자세한 내용은 모르지만 그 보도에 관해 무척 걱정이 되고 있소. 서재필

1949년 5월에 필자는 펜실베니아주 피츠버그시에 있는 차담 대학(Chatham College)의 교수 직을 수락했다. 그 소식을 받은 서 박사는 기뻐하시면서 우리가 9월에 피츠버그로 떠나기 전에 우리 가족을 만나보러 뉴저지 프린스턴에 있는 우리 집을 방문하겠다고 약속하셨다. 드디어 7월에 서 박사는 뮤리엘 양과 함께 자동차로 프린스턴에 내려와 우리와 즐거운 하루를 지냈다.

서재필

사진: 뉴저지 프린스턴에 있는 필자와 한복을 입은 필자의
아내(보배)를 방문하러 온 서재필 (1949년),

사진: 미디아 집에서 휴식 중인 말년의 서재필

사진: 미디아 집에서 애견과 함께한 서재필

　　그는 건강해 보였다. 나는 8월 중에 서 박사의 새 병원 사무실로 찾아가겠다고 약속했었으나, 우리 집 이사와 강의 준비로 바빴기 때문에 그 약속을 지킬 수 없었다. 그러나 전화를 통해 계속해서 서 박사와 연락을 가졌다. 전화 연락으로 안 사실이지만, 그의 건강은 전과 같지 못했고, 따라서 그에게는 경제 사정이 걱정거리가 되었다. 항상 과거에도 그랬듯이 교포들은 서 박사가 경제적으로 그렇게 곤경에 처했을 것이라는 사실을 믿지 않았다. 그들을 일반적으로는 서 박사는 잘 살

것이라는 생각을 가지고 있었다. 그래서 때로는 좋지 못한 인간들이 서 박사의 너그러운 마음을 이용해 먹는 자도 없지 않았다. 1949년 8월 26일 자의 그의 편지에 다음과 같은 내용이 잘 드러나 있었다.

23일 자로 보내준 임자 편지는 잘 받았소. 피츠버그로 이사하기 전 우리에게로 와서 서로 만나 볼 수 없음은 유감이었으나, 그 머나먼 도시로 가족을 데리고 이사 준비를 하자니 얼마나 바쁜지 이해가 되오. 그곳에 무사히 도착하고 그 후 만사가 잘되기를 바라오. 우리는 모두 무고하며 나는 새 사무실에서 다시 병원 일을 보고 있소. 한국으로부터는 이렇다 할 만한 소식이 별로 없소. 그런데 하루는 프랭크 장이라는 한국 사람이 나를 찾아와, 조지 타운 의과대학 졸업생이라면서 뉴욕시에서 개업할 생각이라고 하더군요. 그가 영어를 잘 하는 것 보니 미국에서 출생한 자인 듯 --- 여하간 급한 일이 생겼다고 하면서 그는 나에게 40불을 꾸어 갔소. 그는 필라델피아에 머무는 동안 무슨 의학 공부를 하는데 그 돈이 꼭 필요하다고 말하면서 그 다음 날 갚겠다고 약속했소. 그러나 그 이후 나는 그를 보지도 못했고 그로부터 편지도 받지 못했소. 혹시 임자가 그런 사람의 이름을 들어본 일이 있는지? 그의 말에 의하면 자기 아버지는 샌프란시스코에 살고 있고 몇 년 전에는 자기가 워싱턴에서 이 박사를 도와주었다고 합니다. 그 사람이 나를 바보로 생각했는지 의심이 가기 시작하오. 임자가 그런 사람을 모른다면 한번 알아보도록 해 주었으면 좋겠소. 그는 좋은 올스모빌(Oldsmobile) 자동차를 타고 다니고 옷차림도 모두 부요한 자 같더군. 아직은 확실치 않지만 만약 그 사람이 사기꾼이라면 그런 놈 치고는 번질번질한 사기꾼이오. 서재필

그 후 서재필은 1949 년 9 월 20 일 자로 또다시 필자에게 편지를 보내왔는데, 그 내용은 그가 이승만 정권에 관해 얼마나 불안하게 생각하고 있었나 하는 것을 여실히 보여준다.

이제는 임자가 잘 안정 되었기 바라는 동시에 모든 일이 잘 진행되고 있기 바라오. 우리들은 여전하오. 근자에 안재홍씨로부터 한국어로 쓰인 편지를 받았는데, 그 편지 가운데 일부 내용을 이해할 수 없으니 그 요점을 설명해 주길 바라오. 또한 오늘 양주삼 (감리교) 감독으로부터도 편지를 받았는데, 그 내용인 즉 이승만 정부는 국회의원 17 명을 자기 정부에 반대한 공모 혐의로 검거했다는 것이었소. 이승만은 노골적인 억압 정치를 하고 있는 거요. 서재필

또한 그 다음해인 1950 년 1 월 27 일 자 편지 내용을 보면 쇠약 일로에 있던 고통스러운 병환에도 불구하고 서 박사는 종전과 마찬가지로 경계심을 가지고 한국의 사태 발전을 계속 주시하고 있었음을 볼 수 있다.

임자의 12 일 자 편지는 잘 받았소. 몸이 좀 나은 것 같기는 하지만 내가 원하는 것만큼 원기는 없소. 나는 김규식씨로부터 편지를 받았는데 임자에게도 안부를 전합니다. 그리고 그는 바로 얼마 전에 임자에게도 편지를 보냈다고 전합니다. 그와 같은 능력 있는 사람이 이때에 국가 재건 사업에 적극적으로 활동을 못하고 있다는 것은 애석한 일이오. 나는 미국 국회가 한국 원조 법안을

다시 심의할 것이며, 다음번에는 그것을 통과시킬 것으로 알고 있소. 사업 복구 비용으로 6 천만 불, 그리고 군사 장비 비용으로 몇천만 불이 포함된 것 같소. 서재필

1950 년 4 월 12 자 편지에서는 이승만 정부에 대한 깊은 우려감을 다음과 같은 말로 표현했다.

임자가 보내준 4 월 10 일 자 편지는 잘 받았으며 겸하여 군의 소식을 듣게 되니 반갑소. 나는 비교적 잘 지내는 편이지만 완전히 건강하다고는 할 수 없소. 그저 전보다 식욕과 원기가 더 나아졌고 살도 전에 비하면 좀 오른 편이오. 나는 신문에서 국회의장 신익희씨와 그 밖의 새 국회의원들이 워싱턴을 방문하게 된다는 기사를 읽고 신 선생에게 뉴욕 가는 길에 이곳을 들릴 수 없겠느냐는 편지를 냈더니, 로스앤젤레스에서 그로부터 회답이 왔는데, 그는 예상외로 갑자기 본국으로 돌아오라는 소식을 들었다며 나를 만나러 오지 못한다는 내용이었소. 생각건대 미 국무성이 그에게 빨리 귀국해서 금년 5 월에 헌법에 규정된 대로 국회의원 선거를 치르라고 말한 것 같소. 또한 무쵸 대사도 협의 차 워싱턴으로 오고 있는 것으로 알고 있소. 이승만 박사는 조심하는 것이 현명한 일 일 것이오.

신흥우씨로부터 편지를 받았는데 정월에 주일 대사로 나갔다가 벌써 대사 직을 사임하고 한국으로 돌아간다니 이 급격한 변화들이 모두 무엇을 의미하고 있는 것인지? 이유가 무엇이든 간에, 이 모든 것은 분명히 이승만의 지도력에 대한 불안정성과 불신감을 나타내고 있는 것이오. 이승만과 그의 장관들은 지도자들을 선발하는데 경험이 없기 때문에 자기들을 도울 수 있는 적임자들을

알아보지 못하고 있는 것이오. 사태는 정말로 위험하오. 부활절 때 임자가 올 수 없다니 유감이오. 그럼 6 월에나 만나게 되기를 바라오. 서재필

미국이 이승만 대통령에게 한국 헌법에 규정한 대로 올해 국회의원 선거를 실시하도록 압력을 가하고 있다고 생각한 서재필의 판단은 옳은 판단이었다. 즉 신익희는 급히 귀국해서 꺼리는 이승만에게 선거 실시를 촉구하도록 지시를 받았을 뿐 아니라, 당시 미 국무장관 "딘 애치슨"(Dean Acheson)은 미국의 원조는 "이승만 정권이 헌법상의 의무를 준수함으로 민주 체제를 육성하는 것이 한-미 양국의 이익에 부합한다는 원칙 위에 기반을 두고 있다"는 점을 이승만에게 강조하였다.

이승만은 그해 봄에 자기의 인기가 위험할 정도로 떨어져 있음을 알았기 때문에 선거를 치르지 않거나, 아니면 최소한 선거를 늦추려고 노력 했었다. 처음부터 이승만은 인물의 자격과 명망 같은 것을 거의 무시하고, 그의 행정부를 자기에게 충성하는 인물들로 가득 채웠다. 예를 들면 상공부 장관직에 임영신을 임명했는데 옵서버들에 따른다면 그녀의 유일한 자격이란 20 여 년간 이승만을 충실히 섬기던 지지자 가운데 하나였다는 사실 뿐이었다. 내무장관으로 임명됐던 윤치영의 경우에는 그가 1920 년 이래, 이승만의 측근 보조원 가운데 한 사람이었을 뿐, 그러한 관직을 맡을 만한 훈련이나 경험이 전혀 없었던 사람이었다. 원래는 윤치영이 외무장관직을 원했던 것으로 알려졌다. 또한 이승만의 신변 보호를 자청해 나섬으로

충성심을 입증한 서울 경찰서장 장택상은 내무장관직을 원했음에도 불구하고, 아무 경험도 없는 외무장관직에 임명되었다. 국무총리에 임명되었던 이범석의 경우도 마찬가지였다. 즉 중국에서 자라, 중국 국부군의 직업 군인 생활을 하던 그가 총리직을 맡을 자격은 전혀 없다고 여겨졌다. 왜냐하면 총리직 자리는 다양하고 이론이 분분한 각료들 사이에서 밀접한 실무 관계들을 잘 유지할 수 있어야 했기 때문이다. 그가 이승만에게 내세울 수 있었던 단 하나의 자격이 있었다면, 그것은 반공 청년단의 창설자요 지도자였다는 것뿐이다. 이와 같은 불안한 상태에 주의를 기울이면서 유엔 한국 임시위원단은 임명된 내각 요원들에 대해 광범한 비난을 하였으며, 대통령은 필요한 인재를 제대로 등용하지 못했다 는 느낌을 받았다고 보고했다.

이승만은 필요한 인재를 갖지도 못했을 뿐 아니라, 오히려 그의 임명을 받은 내각 요인들이 건설적인 정책들을 발의하려는 노력을 경계하였는데, 이것은 그의 산하 장관들이 그들 자체의 독자적인 추종자들을 양성하지 못하도록 한 것 임이 틀림없다. 여하간 이와 같은 상황 밑에서 이승만 정부는 국가가 당면했던 절박한 경제적, 사회적 제반 문제들을 전혀 해결할 수 없었다.

여수 순천 반란 사건으로 알려진, 풋내기 상태에 있던 국군 내부에서의 반란이 이와 같은 실정을 잘 반영해 주고 있다. 그러나 이승만 정부는 군대 내의 질서와 규율을 회복하기 위해 꼭 필요한 개혁을 실시해 나가는 대신에, 보복 조치로 대처했다.

즉 공산주의자들의 위협을 박멸하기로 결단했다며 정부는 반란자들의 처벌을 감행하였다. 이와 같은 상황에서 여수와 순천 지역의 농민들 뿐 아니라, 남부 전역을 통한 농촌 지역의 농부들이 논밭을 버리고 산속으로 또는 도시로 도망하였고, 그 결과 양곡과 소비품의 부족으로 인해 위험 상태에 도달해 있던 인플레이션이 더욱 악화됐다. 그래서 1950 년 초기에는 남한이 심각한 위기에 봉착해 있었으며 도처에서 국민의 불만이 역력히 나타났다.

이와 같은 사실에 대해 언급한 1950 년 4 월 17 일에 신흥우가 서재필에게 보낸 편지 내용을 보면 이승만 정부의 실상을 간단하게 나마 들여다 볼 수 있다.

선생님이 친절히 저를 기억해 주신 데 대해 진심으로 감사의 뜻을 표해 올리는 동시에, 이 감사의 뜻을 전해 올리는 것이 지체된 데 대해 용서해 주시기 바랍니다. 서울에서는 제 편지들이 검열관의 손을 거친다는 것을 알고 있었기에 마음대로 선생님께 답장을 올리지 못했습니다. 저는 며칠 내로 한국으로 돌아가게 되었기에, 귀국에 앞서 선생님께 편지를 올리어 어느 정도 저의 생각을 흉금없이 털어놓고 말씀드리려 합니다.

작년 말경 이 박사는 저에게 동경으로 가서 자기가 마땅치 않다고 생각하는 정한범씨 대신으로 주일 대사직을 맡을 생각이 있느냐고 묻기에, 이 박사가 적합하다고 생각되는 직책이라면 무엇이나 나의 최선을 다해 보겠다고 대답했더니, 그 직책을 저에게 맡겨 지난 정월 19 일에 이곳으로 오게 된 것입니다. 제가 일본에 도착한 이래 맥아더 장군과 연합군 최고사령관 산하의 모든 사람들이 저에게 온갖 배려와 호의를 보여 주었으며, 일본의 노장 정치가요, 외교관들인 요시다씨와 시데하라씨까지도 많은 호의와 친절을 베풀어주었습니다. 한국 거류민들은 모든 것을 질서정연하게 잘 정리해 나가고 있다는 기미가 보이기 시작했고, 저 역시 만사가 건설적으로 잘 되어 나간다고 생각하기 시작했습니다.

그러나 예상치 못했던 일이 일어났습니다. 처음부터 저의 임명을 찬성하지 않았던 이 박사 부인이 이 박사와 저 사이에 이간질을 시작했습니다. 저는 그동안 이 박사 부인의 온갖 괴롭힘과 일반적인 불만을 겪어와야 했기 때문에, 결국은 제가 얼마나 노력을 하든 간에 저의 직책을 계속 유지할 수 없다는 결론에 도달한 후, 이 박사에게 사임하겠다는 뜻을 서면으로 표시했습니다. 외관상으로는 그가 나의 사임을 원치 않는 척했으나, 사실은 바라고 기대하고 있었으므로 나의 사임을 재빨리 받아들였습니다.

한국에서 무엇인가 빨리 일이 일어나지 않으면 우리의 장래는 점점 더 위험해 질 것으로 사료됩니다. 다시 말해서 일반 국민을 돕게 될 정말로 건설적인 방향의 무슨 일이 일어나야 하겠다는 말씀입니다. 그렇지 못하면 모든 것이 수포로 돌아갈 것입니다. 저는 진심으로 선생님이 다시 돌아오셔서 우리를 지도해 주시기 염원하고 있습니다. 만약 제게 편지를 하실 경우에는 이 편지 내용에 대해 언급하지 마시기 바랍니다. 신흥우 (주일대사)

1950년 여름은 서재필에게 정신적 괴로움과 악화일로에 있던 육신상 고통이 뒤따랐던 쓰라린 시기였다. 후에 가서 방광암으로 진단이 내려진 병에 이어 한국에서 전쟁이 발발했다는 소식이 전해졌다. 1년 동안이 군사 분계선 상에서

남-북 군대 사이에 소규모 교전이 있어 오다가 한국 시간으로 6월 25일 새벽에 본격적인 전쟁이 일어나자, 미국 측은 그것이 소련이 한반도를 점령하기 위해 정당한 이유 없이 저지른 전쟁이라는 반응을 보였다. 그리고 이에 따라 트루먼 정권은 소련인들이 그 전쟁을 그들 맘대로 할 수는 없다는 사실을 그들에게 알리기로 결정했다. 서재필은 한국 동란에 대한 미국 측 의견을 그대로 받아들이고 북쪽에 있는 동포들이 소련 침략자의 제물이 되었다는 생각에 몹시 가슴 아파했다. 서 박사의 장녀 스테파니 보이드 여사를 시켜 대필해서 나에게 보낸 편지 속에서 그는 자기 심정을 다음과 같이 표현했다.

> 나는 전쟁이 신속히 끝나는 것을 보길 원하는 동시에, 동포들이 어떤 교활한 외국 정부를 위해 불구덩이에서 밤(Chestnut)을 꺼내려는 고양이의 발 노릇을 하지 않게 되기를 바라고 있소. 일단 소련인들은 한국인들을 바보로 만들었소. 한국인들에게는 잃은 것 뿐이고 얻은 것은 전혀 없으니 말이오. 남북한 동포들 모두가 잘못을 깨닫고 모든 사람을 위한 통일된 독립 민주국가를 건설하기 위해 협력해 나가도록 노력하게 되기를 바라오. 서재필

실제로 한국전쟁의 원인과 그 성격은 훨씬 더 복잡했다. 미국의 일부 당파 내 비평가들은 그 전쟁의 책임이 당시 국무장관이었던 딘 애치슨에게 있다고 공박했다. 그들의 이론에 의하면 1950년 1월 12일에 애치슨 장관이 미국 신문기자 협회에서 한 연설을 통해, 한국을 미국의 태평양 방위 전선에서

제외한 것이, 공산주의자들에게 남한을 차지하라는 자청이나 다름없었다는 것이었다.

물론 이 연설이 잘못된 시기에 잘못된 연설이었음에는 틀림없으나 그렇다고 그것이 전쟁의 원인이 되었다고 보기는 어렵다. 즉 애치슨의 연설 결과로 소련인들이 전쟁 준비를 시작했다는 증거는 없다는 말이다. 더구나 소련인들이 그런 말을 그렇게 신중히 받아들였다면 어리석은 자들일 뿐이다. 왜냐하면 미국 정치인들이 하는 말들이 신빙성이 없다는 것은 너무나 잘 알려져 있었기 때문이다. 루즈벨트 대통령은 조선의 독립을 수호하겠다던 미국의 약속을 어기지 않았던가! 1919년에 윌슨 대통령은 미국이 유럽 전쟁에 말려들지 않겠다는 구호를 내걸고 대통령에 재선되었으나, 그 후 실제로는 미국을 세계 대전으로 끌고 가지 않았던가!

또한 일부 사람들은 1945년에 미국이 얄타(Yalta)에서 한 양보 조치들로 소련을 조선의 뒷문으로 들어오게 하여 조선의 운명을 사전에 좌지우지 하도록 만들었다고 주장했으나 이 역시 사실과는 다른 것이다. 그와는 정반대로 얄타에서 루즈벨트 대통령은 스탈린으로부터 히틀러가 패망한 후 3개월 이내에, 소련은 일본을 굴복시키는데 미국과 합세할 것이라는 약속을 받아냈다. 당연히 스탈린은 그에 대한 댓가를 요구했다. 그것은 노일 전쟁에서 일본에게 빼앗겼던 영토를 소련이 다시 찾는 조치에 미국이 동의하라는 것이었다. 이와 같은 요구가 일본을 패망시키는 데 지불해야 할 댓가 치고는 적다는 생각에서 루즈벨트는 스탈린의 제안에 동의했다. 결과적으로 볼 때, 그 흥정은 소련인에게는 득이 되었고 미국에게는 손해가 되었다. 왜냐하면 독일이 1945년 5월 초에 연합군에 항복한 지 약 3개월 만에, 이미 일본은 전투를 더 계속할 능력을 상실했기 때문이다. 또 1945년 8월 6일 히로시마에 원자 폭탄이 떨어짐으로써 일본인들이 완전히 싸울 기력을 잃었으므로, 소련의 대일 전쟁 개입이 필요하지 않았다. 하지만 소련은 이미 얄타협약에 따라 일본에 달겨들 태세를 갖추었고, 히로시마 원폭 투하 이틀 후인 8월 8일에 일본에 대해 선전 포고를 하였다. 그런지 몇 주일 만에 소련군은 도주하는 일본군을 추격하면서 조선의 북방 국경선을 넘어 북한으로 진주했다.

그렇다면 얄타에서 미국에게 유리한 협상 결과로 보였던 그 흥정이 어떻게 해서 미국에 이와 같은 두통거리가 되었겠는가? 그 책임은 미국이 일본을 오판한 데 있었다. 즉 일본군의 능력에 대한 미국의 평가가 시종일관 잘못되었다. 다시 말해 진주만 공격 전에는 미국이 위험할 정도로 일본의 군사력을 과소평가하였고, 그 후에는 미국의 집권자들이 일본을 너무 과대평가하는 경향에 사로잡힌 것이다. 바로 그와 같은 잘못된 판단으로 인해 그들은 '대일 전쟁이 1947년까지 계속될 것이며, 추가로 수백만 명의 미군 생명이 희생될 것이다'고 믿고 있었다. 한국에 관해서도 그와 유사한 오판이 미국 정책의 특징을 이루었다.

미국은 조선에 있던 일본군의 항복을 받기 위해 조선을 분단해서 38 선 이남은 미국이, 그리고 38 선 이북은 소련이 점령하기로 하고 소련의 동의를 받았다고 하나, 사실은 동아시아에서 주도권을 잡으려는 정책 아래, 우리의 민족적 정신을 저평가한 조치였다. 조선이 '적절한 시기'에 가서는 자유 독립 국가가 될 것이라고 한 카이로 선언을, 조선인들은 미국이 조선을 '단 시일내에' 독립하도록 도울 것이라고 해석했다. 그러나 조선이 언제 다시 통일되고 독립될 것이라는 데 대해 미국은 언급을 거부한 채 1945 년 해방 후 남한에 미 군사정권 (미군정)을 수립하자, 우리 동포들은 배신감을 느꼈던 것이다. 미국과 소련은 통일과 자유에 대한 조선 동포들의 열망이 얼마나 큰지를 제대로 인식하지 못했기에, 조선은 미소 냉전의 전투장이 되었던 것이다.

1950 년 크리스마스 휴가를 이용해서 나는 미디어의 서 박사를 방문하였는데, 그 방문은 서 박사와의 마지막 만남이 되었다. 그는 자택에서 두 딸들의 간호를 받으며 병석에 누워있었다. 특히 뮤리엘 양은 서 박사와 함께 있으며 24 시간 아버지를 간호했다. 나는 그의 건강이 무척 악화한 데 놀랐고, 내가 놀람을 감추려고 애쓰는 것을 서 박사는 눈치챘다. 조선의 독립과 온 인류를 위한 인권의 노장 서 박사는 내게 "준비가 되어있다"고 말하며, 자기의 임종 문제를 가볍게 넘겼다.

그는 육신적으로 살아 있건 없건, 그것이 자기에게 별로 중요하지 않다는 듯이, 마음속에 깊이 간직했던 문제들, 즉 한국 국민과 미국 국민의 복지 문제와, 나아가서는 전 인류를 위해 좀 더 밝은 미래 사회를 건설하는 데, 양국 국민이 협력하는 문제 등에 관해 이야기 하기를 고집했다. 육체적으로 매우 불편했음에도 불구하고 그는 예나 다름없이 맑은 정신으로 끝까지 대화를 계속하기를 원했다. 그래서 나는 한국에서의 전쟁 근황 소식을 간단히 설명했다. 그리고는 이것이 서 박사와의 마지막 상면이 될 것 같다는 느낌이 들어, 마지막 열차가 미디아를 출발하는 거의 자정 시간까지 그의 곁에서 자리를 뜨지 않았다. 조용히 누워 계심으로 기운을 쓰지 말도록 설득했으나 서 박사는 한국 전쟁을 주제로 이야기 하기를 원했다. 그의 요지는 대개 다음과 같은 내용이었다.

이 전쟁은 어리석은 데서 시작되었네. 역사의 이 시점에서 전쟁으로 이익을 볼 수 있다고 생각하는 자가 있다면 그자는 바보다. 원자폭탄 시대에 국가의 정책 수단으로 전쟁을 한다는 것은 후손들에 의해 영원히 저주받을 일 일세. 전쟁이 합리화 되는 것은 국가 존폐가 문제 시 되었을 때에 한하는 것인데, 이번 한국전쟁은 작은 나라에서 이제껏 전례 없이 파괴적인 무기들을 가지고 싸우는 세계 전쟁으로 바뀌었고, 따라서 힘없는 조선 동포들은 무자비한 교전의 불 속에 끼어 수십만이 목숨을 잃게 될 것 일세. 또 수백만 명의 무고한 사람들이 불구자가 될 것이고, 도시와 농촌들은 폐허로 변할 것이며, 생존자들은 참상 속에서 몇 세대 동안 서로가 서로에 대해 극도의 적개심을 가지고 살게 될 것이니 이 얼마나 미친 짓이오!

하나님이 도우셔서 내가 이런 일을 끝장나게 할 수 있다면, 나는 싸움을 막기 위해 어디서 누구와를 막론하고 무슨 일이든지 해보겠소. 그렇소. 이와 같은 비극을 끝내기 위해서라면 평양, 서울, 워싱턴, 모스크바에까지 가서 모든 당국자들에게 그렇게 하도록 간청하겠소. 나는 인성을 믿고 있소. 비록 인간은 이성적인 존재로서 선과 악의 양면을 가지고 있지만, 역사는 우리 인간이 악을 억제하고 선을 행해온 것을 보여주고 있소. 마찬가지로 나는 결국에는 우리 동포들도 공존공영을 위해 같이 살며, 같이 일하는 것을 배우게 될 것이라는 확신을 가지고 있소. 그 가운데 통일된 독립된 민주 조선의 길이 열려 있는 것이오.

드디어 나는 억지로 그와 작별 인사를 나누고 떨어지지 않는 발걸음을 재촉해 기차 정거장으로 나가, 미디아와 필라델피아 사이를 왕복하는 지방 열차에 몸을 싣고 30분간 달린 후, 마침내 피츠버그 행 급행열차에 올라탔다. 그리고 두 눈을 감았을 때 내 앞에는 내가 20년 동안, 그렇게 높이 존경하던 <인간 서재필>에 대한 이모저모의 생각이 파노라마처럼 펼쳐졌다.

특출한 재능을 가졌던 인물, 건장한 체구를 가졌던 인물, 새로운 것과 더 나은 것들에 관한 무한한 호기심을 가지고 싸워온 인물, 서재필은 내가 알고 있던 그 어떤 사람들 가운데서도 가장 특출한 사람이었다. 그는 귀족적인 환경 속에서도 더럽혀지지 않았고, 지식을 끝없이 갈망했으며, 애국적이고 인도적인 노력에는 언제나 가담할 자세를 갖추고 헌신하였음에도, 그가 성취한 많은 업적에 관해서는 시종일관 겸손했으며, 역경에 부닥칠 때는 침착함을 유지하고 깊이 있는 사고로 문제를 해결하려 노력한 지극히 철학적인 인간이었다.

그는 또한 여러 면에서 단연 첫째가는 인물이었다. 그는 최초로 미국에서 의사 면허를 받은 조선인이었다. 그뿐 아니라 그는 최초의 조선 신문사 창설자였고, 한국 역사상 최초의 개혁주의 반란(갑신정변)의 지도자이기도 했다. 그러나 그는 한 번도 이와 같은 사실에 관해 자랑하지 않았다. 그에게는 이 모든 것이 환자를 치료하는 것에 못지않게 중요한 그의 임무와 일치되는 것들이었다. 그는 자신이 병원에 입원하는 날도 환자들을 치료했다. 그 후 비록 그는 더 이상 병원에 나가 환자를 치료할 수 없게 되자, 간호원에게 모든 것을 맡기고 계속 자신의 병원 사무실 문을 열고 있었다. 사무실로 찾아오는 환자들의 경우에는 간호원에게 전화로 지시해서 치료를 해주었고, 나머지 다른 환자들은 자신의 집으로 오라고 하여 집에서 치료했다.

자신의 업적에 대해 겸손했음에도 불구하고 그의 명성은 오대양 육대주 너머로 퍼져갔다. 조선 국내와 세계 전역에 산재해 있던 조선 동포들이 서재필과 같은 인간이 있다는 소식을 듣고 얼마나 감동했었는가 는 가히 짐작이 가고도 남음이 있겠다. 그 좋은 한 예로 시베리아에 살고 있던 약 2,000 명의 중년층 조선 이주민들이 보여준 반응을 들 수 있다. 그들이 자신들의 서명을 첨가하여서 1919 년 10 월에 서재필에게 보낸 편지 내용을 보면 다음과 같다.

서재필 박사 각하. 우리는 각하께서 우리 조국의 독립을 위해 온갖 시간과 정력을 바쳐가시며 진력해 오고 계신다는 소식, 우리의 그와 같은 목적 달성을 촉진하기 위해 미국에서 여러 단체를 조직하셨다는 소식, 4천 년 이상의 역사를 가진 우리나라가 영원히 망각의 세계에 묻히지 않도록 조선의 진상을 세계에 소개해 오셨다는 소식, 그리고 문명국가들의 도의적인 각성을 일으키심으로써 2천만이 넘는 우리 민족이 속박에서 벗어나게 될 것 같다는 소식을 듣고 있습니다. 우리는 우리의 투쟁을 성공적인 결론으로 이끌어 가기 위한 각하의 능력과 열성에 절대적인 신임을 갖고 이 고귀한 사업을 각하의 두 손에 맡기겠습니다. 이 단체는 현재 시베리아에 거주하고 있는 조선 민족 가운데 중년층 사람들로 구성되어 있습니다. 이 단체는 8개월 전에 조직되었으며, 여기에 서명한 2천 명 이상의 회원을 갖고 있습니다. 우리의 목적하는 바는 도처에 있는 조선 청년들이 우리의 민족적 대 과업에 그들의 몸을 바치도록 고무시키는 일입니다. 최근에 개최된 한 회합을 통해 우리 회원 일동은 각하만이 지혜롭고 정의로운 길을 따라 우리를 이끌어 주실 수 있는 유일한 자격자라는 데 의견을 모아 만장일치로 각하를 우리 협회의 명예 회장으로 선출한 바 있습니다. 이에 우리는 이 명예 회장직에 대한 각하의 수락을 요청드리는 바입니다. 그렇게 해 주심으로써 각하께서는 우리의 마음을 기쁘게 해 줄 것이며, 우리가 보다 큰 결의를 가지고 우리의 과업을 계속해 나가도록 고무하실 것입니다. 하나님의 충만한 축복이 함께 하시길 빕니다. 시베리아 조선 노장인 협회, 1919년 10월 10일.

사진: 필라델피아 남쪽 미디아 시에 있는 서재필 기념관 (2023 년 사진). 서재필이 1926 년부터 1951 년까지 살았음.

(편집자 주: 서재필 사망 후, 차녀 뮤리엘 양이 1984 년 사망할 때까지 계속 이 집에서 살았고, 현재 서재필 기념 재단 (Philip Jaisohn Memorial Foundation)에 의해 서재필 기념관으로 보존되어 일반인에게 공개되고 있음. 주소: 100 E Lincoln St, Media, PA 19063)

　　1951 년 1 월 5 일, 즉 내가 <평화 민주주의 투사> 서재필을 방문한 지 일주일 만에 나는 서 박사의 두 딸 뮤리엘과 스테파니로부터 서 박사가 그날 아침에 별세하셨다는 전보를 받았다. 나는 그들에게 나와 내 가족의 조의를 표하는 동시에, 그의 서거 통고를 누구에게 할 것이냐 하는 문제를 협의하기

위해 그들에게 황급히 전화로 연락하고는 기차 편으로 미디아 시를 향해 떠났다. 비록 그와 같은 비보가 언젠가는 있을 것으로 오래전부터 예상하고 있었으나 막상 그것을 받고 나는 한동안 넋을 잃었다.

나를 태운 기차가 펜실베니아주 앨리게니 산맥 너머로 기적을 울리며 달리는 동안, 나에게는 슬픔과 분노가 번갈아 가며 치솟았다. 수많은 조선인과 미국인의 은인이었던 서 박사가 2년이나 병환으로 고생한 나머지 그렇게 쓸쓸하고 가난한 역경 속에서 세상을 떠났다는 생각에 슬펐고, 많은 사람들이 그의 고귀한 정신과 원칙에 대한 곧은 절개를 시종일관 왜곡하고 오해했는가 하면, 그의 임종기에 그의 경제적 걱정을 덜어주도록 도울 수 있었던 사람들이 그렇게도 무정하게 그를 외면했다는 점을 생각할 때 분노를 금할 수 없었다. 서재필의 서거에 애도의 뜻을 표한 수많은 친구 가운데 존 하지 장군도 있었다. 그는 뮤리엘 양에게로 누구보다도 먼저 보내온 조문을 통해 다음과 같이 서재필에 대한 깊은 경탄을 표시했다.

본인은 오늘 오후 늦게 보내 주신 통고를 받고 아버님을 잃으신 슬픔을 무슨 말로 위로해 드려야 할 지 모르겠습니다. 본인은 부녀지간에 얼마나 서로 가까웠고 정다웠는지를 잘 알고 있습니다. 본인은 여사께서 어떤 심정이시리라는 것도 잘 알고 있습니다. 본인이 6살 때 과부가 되셨던 나의 어머니도 가족과 이웃들에게 일생 동안 봉사하신 후 88세를 일기로 지난 5월에 세상을 떠나셨습니다. 여사의 부친은 폭 넓고 충만한 이해력을 가지셨고,

동포와 친구와 가족들에게 충실했던 위대한 인물이었습니다. 그는 한국을 사랑했고 그가 택한 나라 미국도 사랑하셨습니다.

한국의 전반적인 사정 가운데서 본인이 한가지 원한 것이 있었다면 그것은 서 박사께서 조선 문제가 해결되는 것을 보실 수 있기를 바란 것이었습니다. 본인은 1947년 워싱턴에서 그를 처음 뵈었던 이래로, 그리고 그가 한국에 나가 계신 동안 줄곧 그분을 좋아했고 존경해 왔습니다. 본인은 그가 '20년만 젊으셨더라면 얼마나 좋았을까!' 하고 수천 번 애석히 생각했습니다. 서 박사께서는 보람 있는 일생을 사셨습니다. 본인도 이 파란곡절 많은 세상을 하직할 시기가 올 때, 이 세상을 더 낫게 만들기 위해 서 박사가 하신 것 만큼의 일을 해놓고 떠날 수 있기를 바라고 있습니다. 본인이 받은 모든 크리스마스 카드 가운데에서 서 박사가 친히 서명하신 카드를 가장 소중히 여기고 있으며, 앞으로 영원히 그것을 간직할 것입니다. 하나님이 여사와 나머지 가족들에게 축복을 주시고 위로해 주시기를 빕니다. 존 하지 드림

이 밖에도 조의를 표하는 수많은 메시지가 답지했는데, 그 중에는 이승만 대통령과 주한 미군정장관 대리이었던 헬믹(Helmick)장군의 전문도 있었다. 또한 후에 가서야 알려진 사실이지만 서 박사가 서거했을 당시 한국에서는 전국적으로 반기를 게양했었다고 하였다.

서 박사의 장례식은 12년 전에 서 박사 부인의 장례식이 거행되었던 같은 장의사에서 1951년 1월 8일 몇 사람 안 되는 친지들이 참가한 가운데 간소하면서도 엄숙한 개인장으로 거행되었다. 몇 사람들의 눈시울이 뜨거워졌을 뿐 그 외에는

아무런 애도의 글도 읽지 않았고, 추도문도 없었다. 무거운 침묵이 흐르는 가운데 조객들은 성공회 목사가 몇몇 성경 구절을 낭독하고 기도하는 것을 묵묵히 듣고 있다가 30분 이내 장례식은 끝났다. 이렇듯 서재필의 가까웠던 친구와 친척들만이 그와의 마지막 고별인사를 나누었다. 그를 잃었다는 애석한 마음이 비할 데 없어서 모두 말 문을 열지 못했다. 또한 그가 남긴 업적은 너무나 잘 알려진 것이었기에 더 이상 반복할 필요도 없었다. 그날 아침 그곳 현지 신문인 <미디어 뉴스>는 다음과 같은 내용의 사설을 게재함으로 그 묵묵했던 침묵을 깨뜨린 유일한 예외가 되었다.

세상에서 가장 적극적인 조선 독립의 주창자 가운데 한 사람이었던 서재필 박사의 하관식이 오늘 거행되었다. 젊었을 때부터 서 박사는 그의 고국인 조선에서 자신과 조선 국민을 위한 자유와 독립의 갈망으로 젖어 있었다. 그리고 그는 자기의 열망을 행동으로 나타냈다. 그러나 불행히도 그의 작은 고국은 침략자들에 대항하는 그의 투쟁을 거의 끝없는 싸움, 심지어는 이겨 내기 어려운 싸움으로 만든, 지구상의 한 지점이었다. 대부분의 역사 속에 중요한 수 많은 문제 인물들은 그들의 행동 동기가 개인의 권력을 장악하기 위한 욕망 때문이었거나, 국민에게 결정권을 부여한 정부 체제에 반대하기 위함이었다. 이 점에서 서 박사는 나라를 위해 그의 고국 땅에서 자유와 정의를 실현해 보려는 열망으로 평생을 보냈다. 대부분의 참다운 역사적 위인들과 마찬가지로 서 박사도 살아있을 때보다는 죽음과 더불어 그가 선택한 미국 사회에서 한층 높게 평가되었다. 미디어 뉴스

사진: 서재필의 사망을 알리는 <미디아 뉴스>에 실린 부고(Obituary) 기사 (1951년 1월)

사진: 서재필의 유품들

사진: Rose Tree Park에 있는 서재필 기념비, 미국 펜실베니아 주, 미디어 시.

사진: 대한민국 미주 대사관 건물 앞에 세워진 서재필 선생 동상. 미국 워싱턴 DC.

사진: 서재필의 유해는 1994 년 한국으로 옮겨져 현재 동작동 국립묘지에 안치되어 있음.

독립 기념관 동상 어록비 (천안):

조선 동포에게 고함.

합하면 조선이 살 테고 만일 나뉘면 조선이 없어질 것이오.

조선이 없으면 남방 사람도 없어지는 것이고

북방 사람도 없어지는 것이니

근일 죽을 일을 할 묘리가 있겠습니까?

살 도리들을 하시오.

1949 년 3.1 절에 즈음하여

사진: 한국 독립 기념관 (천안)에 세워진 서재필 선생의 동상.

제 16 장 결론

옛말에 '호랑이는 죽어서 가죽을 남기고 사람은 죽어서 이름을 남긴다'고 했다. 즉 짐승이 죽으면 조만간 없어지고 말되, 사람은 죽은 후에도 그의 행실이 영구히 존속된다는 말이다. 모든 인간은 빛나는 명성을 후세에 남기기를 갈망한다. 그러나 보통 인간은 너무 근시안적이고 조급하여 오늘의 부귀영화를 위해 수단과 방법을 가리지 않기 때문에, 사후에 더러운 이름을 남길 뿐 아니라 사회와 국가에 큰 해를 끼치게 된다. 서재필은 별세했다. 그는 장관도, 대통령도, 부호도 아니었다. 임종 시에 그는 경제적으로 매우 궁색했으나 그에게 물질적 동정을 표시한 사람들은 거의 없었다. 그러나 세월이 흐를수록 그의 이름은 더욱 빛나고 그의 행적은 많은 인간에게 영감을 주고 있다. 어째서 그런가? 그의 이름 "재필"은

'임무를 떠 맡은 자' 란 의미다. 그의 이름이 가리키는 대로, 그는 사리나 일시적 명예욕을 극복하고 공익과 국위 선양의 임무를 떠맡고 일생동안 노력했기 때문이다.

서재필의 목적은 <혁명>이었다. 혁명이란 비상시에 난관을 극복하고 국가를 위기에서 구하고 백성의 삶을 안정되게 하려는 활동을 의미한다. 서재필의 시대는 비상시기 즉 위기였다. 이것을 이해한 그는 자신이 비록 구식 양반이었지만 그 당시 조선의 제도가 국가 사회에 막대한 해를 끼치고 있음을 인식하자, 그것을 파괴하려는 투쟁을 전개했고, 맹목적으로 중국을 대국으로 숭배하는 것이 조선을 패망으로 이끈다고 생각하자, 그것을 막기 위해 서양 제도를 조선으로 끌어들이려 했고, 일제가 조선을 정복하자 일제로부터의 해방을 위해 자신의 시간과 재산을 희생했다. 혁명운동의 한가지 특색은 기존 세력을 타파하려는 것이므로 반드시 반항이 맹렬하게 있기 마련이다. 따라서 서재필 앞에는 적이 많았다. 그가 별세한 지 35년이 되는 오늘, 그의 이름이 이전보다 더 빛나는 이유도 그는 적들과 시종, 불굴의 투지로 싸웠다는 데 있다.

서재필의 혁명은 불의와 불공평을 타파하려는 투쟁이었을 뿐 아니라, 사회와 인간을 보다 높은 차원으로 끌어 올리려는 운동이었다. 그가 갑신정변에 참여했다가 미국에서 10여 년간의 망명 생활을 한 후 조선으로 귀국하여 처음으로 민중 앞에서 한 말은 **당신들은 모두 다 양반이요!** 이었다.

'인간의 창의적이고 고상한 자질을 지적하면서 이러한 자질을 자기 개발, 그리고 조국의 정의와 국력을 창출하는 데 적용하는 사람은 모두 양반이다'고 주장한 것이다.

근세에 이르러 누구나 다 좋다고 하는 단어는 <민주주의> 이다. '모든 인간은 동등하게 태어났고, 정부는 국민의, 국민을 위한, 국민으로서의 기관이다'고 한다. 그리고 너, 나 할 것 없이 모두가 민주주의자로 자처한다. 그러나 진정한 민주주의자가 몇 명이나 되는가? 미국이나 유럽에 유학했다고 해서, 반공 주의자로 자처하고, 칼을 쥔 자 앞에서는 아부하고, 사사오입 원칙을 따르면서, 민주주의자로 행세할 수 있다는 말인가? 아니다. 참 민주주의는 '인간이 하나님의 형상을 갖고 태어났다는 것을 믿고 피차 존대하는 것이다' 그런 인간을 서재필은 **양반**이라고 불렀다.

그는 '모두가 다 참 민주주의자, 실질적 양반이 되어야 한다'고 권고했을 뿐 아니라, 자신이 스스로 민주주의를 실현했다. 어떤 날 서 박사와 내가 있는 방에 50세 가량 된 점잖아 보이는 남자가 들어와서 서 박사 앞에 절을 했을 때 서 박사는 정중히 "어떠시우?"하고 몇 마디 인사를 나눈 다음, 방문객을 나에게 소개하면서 "이 사람은 내 조카요"라고 말했다. 그는 조카를 양반으로 대우했다.

1948년에 우리들이 미국으로 다시 돌아올 당시에 한국 정계, 실업계, 교육계의 지도급 인사 50여 명이 서 박사와 그의 딸과 나를 전송하는 만찬회를 베풀었는데, 기생 대여섯 명이 접대하였다. 그의 옆에 앉은 기생이 박사에게 아무리 음료수와 음식들을 대접하려 해도, 그는 먼저 기생에게 떠 준 다음에야 받았다.

하루는 내가 보기에 이승만 박사가 고의로 서 박사를 푸대접하지 않았나 하고 생각한 경우가 있었다. 1948 년 5 월 10 일 남한 입법의회 선거가 끝난 후, 국회의원 선출을 축하하기 위해 큰 행사가 거행되었을 때 중앙청 광장에 귀빈들로 가득 찼었다. 단상에는 이승만 박사와 그의 동료들과 외국 손님들이 착석했으나 서 박사는 단상에 앉게 하지 않고 광장으로 안내받았다. 그랬는데 갑자기 소나기가 쏟아지자 단상에 인사들은 시종자들이 우산으로 보호하여 물세례를 피했으나, 팔십여 세의 서 박사는 물독에 빠진 쥐같이 옷이 다 젖었다. 그러나 그는 아무런 불평도 하지 않았다.

서재필의 실행성에 대하여 한가지 예를 더 들고자 한다. 앞서도 말했거니와 거의 매 주일, 이런 자선 단체, 저런 공익 사업기관 등등의 대표들이 찾아와서 그에게 명예 회장, 명예 이사가 되어 주기를 부탁했다. 그러면서 그 단체의 명예 임원들의 명단을 보여주었다. 그것을 들여다본 후 서재필의 대답은 이러했다.

"당신들의 명단에 저명한 인사들이 너무 많소. 당신들이 원하는 것은 명예 임원들 보다는 돈이요" 라고 말하며, 약간의 기부금을 주면서 자기 이름을 기입하지 말라고 했다. 그는 큰 일, 작은 일을 막론하고 자기 이름 내기를 원치 않고, 대신 실제적인 협조자였다. 이러한 점에서 서재필은 실질적인 활동가였고 참된 스승이었다. 그리하여 인간에게 걸어갈 길을 보여준 등불이었다. 이런 등불이 어찌 숨기어 있을 수 있으랴! 그의 행적은 시간과 공간의 장막을 뚫고 보람있는 인간이 되려는 자들에게 영감이 될 것이다.

불행히도 서재필은 통일된 참 민주적 조국이 이룩되는 것을 보지 못하고 별세했다. 그러나 그는 조선의 독립은 정의와 역사의 명령이며, 통일 없이 독립은 불가능하며 자주적 조선이 동양 평화의 선제 조건이라는 것을 확신했다. 그리고 그것을 실현화 하는데 자기 일생을 바쳤다. 그러므로 비록 6.25 동란이 제일 격렬할 때 불귀의 길을 떠났지만, 그는 마지막 성공을 후대들과 하나님께 맡기고 태연하게 "떠날 준비가 다 돼있다"고 한 것이다.

그의 팔십 평생은 파란곡절의 험난한 투쟁, 정의의 투쟁이었다. 그러나 행운의 시기에도, 비운에 봉착했을 때도, 서재필은 시종일관 침착했으며 군자다운 위신을 잃지 않았다. 경제적 난관이 매우 심했을 때 정원에 채소와 감자를 심어 생계를 도우면서도 그를 방문한 자들이 어떻게 지내십니까 하고 물으면, "난 돈을 쓸데가 없소"라고 대답했고, 자기 문방구 판매 회사가 파산에 이르렀을 때 서울에 있는 토지를 팔려고 했지만 일본 총독이 그 돈을 조선 독립운동에 쓰지 않겠다고 약속하면 허락하겠다 고 했을 때, 서재필은 "총독은 내 일에 간섭할 권리가 없다" 하며 일축해 버렸다.

서재필이 제일 강력하게 주장한 것은 <단합>과 <협력>이었다. 따라서 그가 무엇보다도 더 나쁘게 여긴 것은 분파 공작이었다. 어떤 날 동포 한사람이 그를 찾아왔는데 그와 한시간 담화하는 중 서재필이 그 사람은 분파를 일삼는 인간이라고 결론 지은 다음 "당신이 나에게 황제 자리를 준다 해도 나는 원치 않소" 하며 담화를 끝냈다. 반면에 하지 장군이 "존경하는 조선 지도자들이 당신을 모셔 오기를 청한다"고 했을 때, 미국에서 의사 개업을 계속했더라면 그의 말년에 경제적 보장이 확실했건만, 서 박사는 서슴치 않고 한국으로 귀국하기를 승낙했다.

마지막으로, 서재필이 자신을 위해 제일 바랐던 소원은 미국과 조선을 똑같이 충성스럽게 섬기는 것이었다. 이것을 원만히 이행하기가 거의 불가능함을 알았으나 그는 끝날 때까지 그의 노력을 중단하지 않았다. 그리하여 그의 임종 며칠 전에 내가 그와 담화하는 동안 "박사님은 조선과 미국을 누구보다 사랑하셨고, 또 똑같이 사랑하셨는데 그 두 나라에 보내기 원하시는 메시지가 있습니까?" 라고 물어보았더니 그는 이렇게 대답했다.

그들이 다같이 서로 우의를 보존하고 피차간의 권리를 존중하며 어떤 장애가 있어도 계속 친구가 되어 상부상조 하기를 바란다.

한 사람이 두 상전을 섬기기가 불가능하다는 것은 성경에도 지적된 바 있거니와 서재필이 조선과 미국을 섬기는 데 성공했는지 우리는 알 수 없다. 그러나 이 문제를 고려할 때 1948년 서울에 있을 때 가졌던 뉴욕 타임스 특파원 "존스턴" 씨와의 대화가 연상된다. 당시 남한의 세 거두에 대하여 그는 어떻게 평하는지 물었더니 그 특파원의 대답은 다음과 같았다. "이승만은 보스 기질이 강한 정치인(Tammany politician)이고, 김구는 독불장군(Warlord)이며, 김규식은 정치학자(Political scientist)다"고 하였다. 내가 서재필에 대해서는 어떻게 평가하느냐고 하였을 때, 그는 이렇게 대답했다. "그는 성인(Saint)이다" 그렇다면 '성인으로서도 두 상전을 섬기는 것이 불가능한가?'

서 박사를 스승으로 모시게 된 것은 우리들에게 지대한 영광인지라 우리 모두는 그의 제자들이 되기로 결심할 바이다.

부록 1

서재필 박사의 생애 시간표 - 편집자

1. 출생부터 과거 급제 (1864 - 1877)
2. 김옥균 만나고 개화당 활동 (1878 - 1882)
3. 일본 유학생으로 후쿠자와 유키치 만남, 도야마 군관학교 졸업 후 귀국 (1882 - 1884)
4. 갑신정변 실패 후 치토세마루호 선장 도움으로 일본으로 피신 (1884 12월 - 1885 4월)
5. 1차 미국 망명: 샌프란시스코에서 영어를 배우며 기독교인이 됨 (1885 5월 - 1886 9월)
6. 홀렌백 도움으로 힐만 고등학교 졸업 (1886 9월 - 1888 6월), 미국 시민권 획득 (1888 6월 19일)
7. 워싱톤 미국 의무감실 (The Surgeon General) 공무원, 의과대학 졸업, 조선인 최초 의사 (1888 - 1893)
8. 임오군란 (1882)
9. 뮤리엘 암스토롱양과 결혼 (1894)
10. 청일 전쟁에서 일본의 승리 (1894)
11. 민비 시해 (1895 10월)
12. 서재필의 1차 귀국, 중추원 고문 (1896 1월)
13. 아관파천, 독립신문, 독립협회, 독립문, 토론회, 러시아의 영도 조차 반대 운동 (1896 - 1898 5월)
14. 2차 미국 망명(1898 5월): 위스타 연구소 의학 연구원 (1898 - 1905)
15. 문방구 사업 시작, 사업가로 성공, 이승만 방문 (1905)
16. 3.1 운동, 필라델피아 한인대회 (The Korean Congress), 베네딕트 신부 (1919)
17. 독립 운동, 단편 소설 '한수의 여정' 출판 (1919 - 1924)
18. 독립운동에 전념한 결과 문방구 사업 파산 (1924).

19. 태평양 지역 국제회의 참석, 안창호, 신흥우 (1926 7 월)
20. 펜실베니아 의과대학 입학, 재 교육받음 (1926 년 60 세), 의사 개업 (1934), 한국인 최초의 병리학 전문의, 임상 논문 발표 (1926 - 1934), 미국 증권 파동 (1929)
21. 폐병으로 요양원 입원 (1934)
22. 퇴원 후 의사 개업, 미디어 집 근처에 병원 사무실, 신한민보 글 연재 (1935 - 1945)
23. 아내 뮤리엘 암스트롱 사망 (1941 7 월), 서재필 나이 77 세
24. 일본 항복, 조선 해방 (1945 8 월)
25. 하지 장군, 미군 점령군 사령관 남한 도착 (1945 9 월)
26. 이승만 70 세 나이로 미국에서 귀국 (1945 10 월)
27. 김구, 김규식, 기타 상해망명정부 인사들 상해에서 귀국 (1945 - 1946)
28. 83 세의 서재필, 하지 장군의 수석 고문으로 미국에서 귀국 (1947 7 월)
29. 서재필의 주간 라디오 방송, 토지개혁 정책, 남한 단독 선거 (1947 - 1948)
30. 이승만 대통령 선출 (1948 7 월)
31. 최후의 망명: 84 세의 서재필 (1948 9 월)
32. 미디어 집 근처에서 병원 개업, 김구 암살, 6.25 전쟁 (1949 - 1951)
33. 서재필 88 세 나이로 미디어 집에서 별세 (1951 1 월)

부록 2

서재필 기념 재단 소개 - 편집자
(Philip Jaisohn Memorial Foundation)

　서재필 기념 재단은 한국인 최초의 서양의사이자 조국인 대한민국과 제 2 의 조국인 미국을 위해 평생을 헌신한 애국지사 서재필 박사의 숭고한 정신을 계승하기 위하여 1975 년 필라델피아에서 미연방정부와 펜실베니아 주정부의 허가를 받아 설립된 비영리단체로서, 필라델피아 지역에 거주하는 여덟 명의 의사(윤두환. 오동열, 염극용, 박경지, 오성규, 홍금순, 김정선, 이관우)들이 힘을 합쳐 개원한 서재필 의료원에서 출발하였다. 초대 회장은 윤두환, 이사장은 현봉학이 맡았다.

　본 재단은 다음 세대 지도자를 육성하면서, 동포 및 지역 내 타민족들을 대상으로 의료, 사회복지, 가정간호, 노인취업 알선, 건강보험, 법률 및 정신건강 상담 등 다양한 봉사 서비스를 제공하는 것 외에, 교육 장학 사업과 서재필 상, 등 현재 다양한 활동을 전개하고 있다.

　필라델피아 남서쪽 24km 떨어진 미디어 시의 언덕 숲에 위치한 서재필 기념관은 서 박사가 1925 년부터 1951 년까지 거처한 목조 건물로서, 딸 뮤리엘 여사의 사망 이후 1987 년 서재필 기념 재단에 인수되어 1990 년 일반에게 공개되었다.

서재필 기념 재단

필라델피아 사무실 주소: 6705 Old York Rd, Philadelphia, PA 19126
필라델피아 사무실 전화: (215) 224-2000

Lansdale 사무실 주소: 51 Medical Campus Drive, Lansdale, PA 19446
Lansdale 사무실 전화: (215) 997-2101

Jaisohn Wellness Center: 1290 Allentown Rd, Lansdale, PA 19446
Jaisohn Wellness Center 전화: (267) 638-9500

미디어 기념관 주소: 100E Lincoln Street, Media, PA 19063
미디어 기념관 전화: (610) 627-9768
미디어 기념관 예약 전화: (610) 241-6582

Website: www.jaisohn.org

부록 3

ACKNOWLEDGEMENT - 편집자

이 책의 편집과정에서 여러 좋은 의견들을 주신
서재필 기념 재단 이사님들에게 진심으로 감사를 드린다.

이 책에 한글 표현들을 보다 현대적 감각에 맞게 수정하여 준
김동찬 대학 동문과 수차례의 교정을 기꺼이 도운 아내
선영에게 진심으로 감사의 마음을 전한다.

임창영 교수의 영어원본을 한글로 번역하신 유기홍 박사의
한글 번역본을 한국 국회도서관에서 빌려, 책 전체를
iPhone 으로 스캔하여 미국으로 보내준 조카에게 또한 큰
고마움을 전한다.

필라델피아에서 2024 년 6 월
조영일 (드렉셀 공과대학 교수)
서재필 기념 재단 이사